dtv

20 Tage im 20. Jahrhundert

Herausgegeben von
Norbert Frei
Klaus-Dietmar Henke
Hans Woller

Franz-Josef Brüggemeier

Tschernobyl, 26. April 1986
Die ökologische Herausforderung

Deutscher Taschenbuch Verlag

Ein Überblick über die gesamte Reihe findet sich auf S. 312/313

Originalausgabe
Dezember 1998
© 1998 Deutscher Taschenbuch Verlag GmbH & Co. KG,
München
Umschlaggestaltung: christof berndt & simone fischer
Umschlagfoto: Strahlenmessung auf dem Gelände des KKW Tschernobyl
(© Nowosti/Ullstein Bilderdienst)
Satz: Oreos GmbH, Waakirchen
Druck und Bindung: C. H. Beck'sche Buchdruckerei, Nördlingen
Gedruckt auf säurefreiem, chlorfrei gebleichtem Papier
Printed in Germany · ISBN 3-423-30617-3

Inhalt

Tschernobyl, 26.April 1986

Der Unfall

Am 25.April 1986 hatte der Arzt Walentin Petrowitsch Belokon Bereitschaftsdienst. Es war einer dieser Abende, an denen eigentlich nichts Besonderes passierte, die jedoch merkwürdig unruhig waren. Andauernd befand er sich im Einsatz: Bei einer Trinkerei war jemand aus dem Fenster gestürzt, besorgte Eltern riefen wegen ihrer Kinder an, und Belokon war die ganze Zeit unterwegs. Gegen Mitternacht wollte er mit seinem Fahrer Anatoli zur Station zurück, und plötzlich sahen sie es:»Wie das war? Wir fuhren ja nachts, die Stadt war leer, ich saß neben dem Fahrer. Da sehe ich zwei Blitze von Pripjat her, erst kapierten wir nicht, daß es von der Atomstation kam. Wir fuhren an Kutschatow vorbei, als wir die Blitze sahen. Wir dachten, es sei Wetterleuchten. Weil ringsum Häuser waren, konnten wir die Atomstation nicht sehen. Nur die Blitze. Wie beim Gewitter, vielleicht ein bißchen stärker als ein Blitz. Donner hörten wir nicht. Der Motor lief ja. Später am Reaktorblock sagten sie uns, daß es ordentlich gerumst habe. Unsere Dienstleiterin hat die Explosion auch gehört. Erst eine und gleich darauf nochmal eine. Anatoli sagte noch: ›Wetterleuchten – das ist kein Wetterleuchten, ich weiß nicht.‹ Er ist Jäger, deshalb hat ihn das ein bißchen beunruhigt. Die Nacht war still, sternenklar, nichts Auffälliges.«[1]

An der Station war ein Anruf vom Kernkraftwerk angekommen, allerdings ohne nähere Angaben. Sie beschlossen abzuwarten und erfuhren bald darauf, daß es einen Brand und Verletzte gegeben habe und ein Arzt benötigt werde. Belokon nahm seine Tasche, packte Betäubungsmittel ein, da Verbrennungen sehr schmerzhaft sind, und fuhr mit Anatoli zum Kraftwerk. Unterwegs kam ihnen ein Krankenwagen mit Blaulicht entgegen, in dem sich – was sie nicht wußten – Wladimir Schaschenok befand. Schaschenok hatte in jener Nacht in der Reaktorhalle gearbeitet und war bei der Explosion verschüttet, mit heißem Wasser verbrüht und so schwer verletzt worden, daß er bald darauf im Krankenhaus starb. Schaschenok war das erste Todesopfer der Katastrophe von Tschernobyl.

Am Kraftwerk angekommen, fragte sie die Wache: »Wo fahrt ihr hin? – Zum Feuer. – Weshalb ohne Schutzkleidung? – Woher soll ich wissen, daß wir Schutzkleidung brauchen?« Belokon wußte immer noch nicht, was passiert war. Er hatte nur den Arztkittel an, denn es war eine warme Aprilnacht, nicht mal die Haube hatte er mitgenommen. So betrat er das Werksgelände ohne jeden Schutz. Auf dem Gelände traf er Wiktor Kibjonok, einen der Feuerwehrleute, und fragte ihn nach Brandverletzten. Kibjonok antwortete: »Brandverletzte [gibt es] nicht. Aber die Situation ist nicht ganz klar. Irgend etwas macht, daß es meinen Jungen schlecht wird.«[2] Kibjonok selbst wirkte aufgeregt, ja aufgedreht. Das galt auch für die anderen. Eine merkwürdige Stimmung lag in der Luft. Offensichtlich gab es keine Verletzten, und Belokon wollte schon wieder fahren.

Doch etwas stimmte nicht. Zunehmend klagten die Feuerwehrleute über Übelkeit und starke Kopfschmerzen, einige fingen an sich zu erbrechen. Verschwommen erinnerte sich Belokon an alte Vorlesungen über Militär- und Strahlenhygiene. Er hatte nicht besonders gut aufgepaßt, denn wann brauchte er das schon. Dann brachten drei Feuerwehrleute einen jungen, gerade achtzehnjährigen Kollegen. Auch dieser erbrach sich, fing an zu lallen, als ob er betrunken wäre, wirkte aufgeregt und verworren zugleich, doch Belokon konnte nichts Genaues feststellen. Der junge Mann roch nicht nach Alkohol, der Blutdruck war leicht erhöht, stieg jedoch plötzlich an, so daß der Arzt ihm Beruhigungsmittel spritzte. Andere Medikamente hatte er nicht zur Hand. In der Sanitätsstation befanden sich lediglich zwei Sprudelautomaten, der Erste-Hilfe-Raum war sogar verschlossen. Doch Belokon wußte ohnehin nicht, was er tun sollte und woran die Feuerwehrleute litten, von denen immer mehr Hilfe benötigten. Die Symptome glichen sich: Kopfschmerzen, Belag im Hals, Trockenheit, Übelkeit, Brechreiz. Die Leute liefen hinaus auf die Straße und mußten sich übergeben. Das war ihnen peinlich, sie schämten sich.

Allmählich dämmerte dem Arzt, was passiert war: Die Feuerwehrleute litten unter Strahlenschäden und brauchten unbedingt Jodtabletten. Nach einigen Mühen wurden diese endlich aufgetrieben und an die Leute auf dem Gelände verteilt. Gegen 6 Uhr morgens verspürte dann auch Belokon ein Kratzen im Hals und Kopfschmerzen: »Ob ich die Gefahr erkannt habe, Angst hatte? Ja, schon. Und ich hatte auch Angst. Aber wenn die Leute sehen, daß neben ihnen ein Mensch im weißen Kittel steht – das beruhigt sie. Ich habe da gestanden, wie die anderen auch, ohne Atemschutzgerät, ohne Schutz. – Aber warum ohne Atemschutzgerät? – Woher sollte ich es denn nehmen? Ich bin ja rumgelaufen – nirgends irgend etwas. Sollte ich mit Mundschutz arbeiten? Das bringt überhaupt nichts. In der Situation gab's einfach kein Zurück.«[3]

Belokon wußte nicht, was tatsächlich passiert war. Dann wäre seine Angst wohl noch größer gewesen. Ihm war klargeworden, daß die Feuerwehrleute verstrahlt waren und daß etwas mit dem Reaktor nicht stimmen konnte. Doch er hatte keine Ahnung davon, daß sich ein fürchterlicher Unfall ereignet hatte, daß es zu einer kaum vorstellbaren Katastrophe gekommen war. Der Kernreaktor war explodiert und hatte riesige Mengen radioaktiver Stoffe freigesetzt, denen die Menschen auf dem Kraftwerksgelände schutzlos ausgesetzt waren. Belokon hatte Glück. Er wurde nach seinem Einsatz in ein Krankenhaus eingeliefert und mußte wegen erheblicher Strahlenschäden behandelt werden, später sogar in einer Spezialklinik in Moskau. Doch er überlebte. Wiktor Kibjonok hingegen, der Feuerwehrmann, und fünf seiner Kollegen starben ebenso wie insgesamt 31 Personen, die in den Morgenstunden des 26.April versuchten, trotz ihrer Schmerzen die Katastrophe einzudämmen. Auch sie wußten nicht, was passiert war, aber sie hatten keine Zeit, lange Fragen zu stellen. Ihnen war klar, daß der benachbarte Ort Pripjat, vermutlich Kiew und vielleicht die ganze Ukraine gefährdet waren und daß sie handeln mußten. So blieben sie im Einsatz, kämpften gegen das Inferno an und haben es tatsächlich vermocht, die Auswirkungen der Explosion zu mindern. Viele haben dafür allerdings mit ihrem Leben bezahlt.

Reaktionen

Die ersten Nachrichten über das Unglück lösten weltweit Entsetzen aus, und das Thema beherrschte die Weltpresse, vor allem als die freigesetzten radioaktiven Stoffe Westeuropa erreichten. Angst und

Sorge breiteten sich aus, immer neue Schreckensmeldungen trafen ein, die Zahl der Verletzten und Toten stieg nahezu stündlich. In Tschernobyl war der »Größte-Anzunehmende-Unfall«, der seit langem befürchtete GAU eingetreten, ja es wurde sogar von einem Super-Gau gesprochen. Denn hier war nicht nur der Reaktor explodiert. Hier waren auch radioaktive Stoffe freigesetzt worden, da es in Tschernobyl – im Gegensatz zu anderen Kernkraftwerken – keine schützende Betonhülle gab, um diese zurückzuhalten. Entsprechend groß waren die Auswirkungen, nicht nur in der unmittelbaren Umgebung, sondern auch in der Ukraine, in Weißrußland und in weiten Teilen Europas.

Vereinzelt hieß es sogar, die Gesamtzahl der Opfer werde letztlich höher liegen als im Zweiten Weltkrieg. Dazu ist es nicht gekommen, doch auch so waren die Meldungen schrecklich genug. Beim 10. Jahrestag des Unglückes im Jahre 1996 haben die Medien die Zahl von 100 000 bis 150 000 Toten genannt, und diese Zahl hat sich der Öffentlichkeit eingeprägt. Bis heute weckt der Name Tschernobyl Erinnerungen an eine fürchterliche Katastrophe und gilt als das größte technische Unglück in der Geschichte der Menschheit.

Doch es gibt auch ganz andere Aussagen. Diese bestreiten nicht, daß es sich bei dem Unfall um ein schreckliches Ereignis handelte, kommen jedoch zu dem Ergebnis, daß bis jetzt etwa fünfzig Personen verstorben sind. Selbst wenn diese Zahl viel zu niedrig sein sollte und auf das Fünf- oder Zehnfache erhöht wird, bleibt eine enorme Diskrepanz zur Angabe von mehr als 100 000 Toten. Auch von anderen Unglücksfällen ist bekannt, daß ganz unterschiedliche Zahlen vorliegen und daß die Wahrheit irgendwo in der Mitte liegt. Doch in diesem Fall liegen die Angaben so weit auseinander, daß keine Vermittlung oder Erklärung möglich ist.

Es besteht allerdings Übereinstimmung darüber, daß in Tschernobyl der schlimmste Unfall eingetreten ist, der sich in einem Kernkraftwerk ereignen kann. Eine noch größere Katastrophe ist kaum denkbar. Doch was ist, wenn tatsächlich bisher »erst« fünfzig Personen verstorben sind? Hat sich in Tschernobyl dann wirklich ein so großes Unglück ereignet, und sind Kernreaktoren wirklich so gefährlich, wie immer wieder behauptet wird? Das gilt um so mehr, wenn wir die Gefahren bedenken, die mit anderen Energiequellen verbunden sind. So verunglücken jedes Jahr weltweit vermutlich mehrere hundert Bergleute tödlich. Ist daraus zu folgern, daß Kernenergie vergleichsweise sicher ist? Könnte man nicht sogar behaupten, daß Tschernobyl weniger die Gefahren der Kernenergie aufzeigt als vielmehr ihre relativ große Sicherheit?

Diese These zeigt, wie unterschiedlich die Ereignisse von Tschernobyl beurteilt werden können. Es ist allerdings auffällig, daß die kontroversen Positionen in der Öffentlichkeit kaum bekannt sind. In der Mehrzahl der Veröffentlichungen und in den Medien werden nahezu durchgängig die katastrophalen Aspekte des Unglücks betont und die erwähnten hohen Opferzahlen angeführt. Gelegentlich finden sich Hinweise, daß es andere Auffassungen gibt, doch nur selten werden die unterschiedlichen Positionen dargestellt und gegeneinander abgewogen. Das ist bedauerlich, denn gerade ihre Vielschichtigkeit und Widersprüchlichkeit macht die Ereignisse von Tschernobyl so aufschlußreich und interessant.

Der Ablauf

Das Unglück begann mit einem Testlauf. In der Nacht vom 25. auf den 26.April sollte getestet werden, ob bei einem Notfall genügend Strom vorhanden wäre, um den Reaktor zu kühlen. Fiel die Stromversorgung aus, standen als Ersatz Dieselaggregate zur Verfügung, die allerdings vierzig bis fünfzig Sekunden benötigten, ehe sie die erforderliche Leistung erbrachten. Zur Überbrückung dieser Zeit sollten die Generatoren des Kraftwerks dienen, da diese aus eigenem Schwung noch einige Zeit weiterliefen und dabei etwas Strom erzeugten. Der Versuch sollte prüfen, ob dieser Strom die zur Kühlung erforderlichen Wasserpumpen solange antreiben konnte, bis die Dieselaggegrate einsprangen. Ein derartiger Versuch war schon ein Jahr zuvor durchgeführt worden, hatte jedoch nicht das erhoffte Ergebnis gezeitigt.

Da nicht sicher war, ob dieses Mal alles nach Plan ging, wollten die Verantwortlichen den Reaktor nicht ganz abschalten, sondern ihn mit reduzierter Leistung fahren, um den Versuch notfalls sofort wiederholen zu können. Dieses Vorgehen verstieß gegen die Betriebsvorschriften, galt aber als unproblematisch. Tatsächlich jedoch und ohne es zu wissen, begab sich die Reaktormannschaft damit in große Gefahr, denn der in Tschernobyl gebaute Reaktor-Typ war zwar bei vollem Betrieb recht sicher, bei reduzierter Leistung hingegen nur schwer zu beherrschen. Besonders fatal war eine eigentümliche Wirkung der Bremsstäbe, die ein- und ausgefahren werden, um die Aktivität des Reaktors zu bremsen beziehungsweise zu beschleunigen. Diese Art der Steuerung ist bei Kernkraftwerken üblich, doch in Tschernobyl konnte eine unerwünschte Wirkung eintreten. Falls hier sämtliche Stäbe gezogen und anschließend zum Abbremsen des Reaktors wieder eingefahren wurden, war es möglich, daß die Spaltprozesse nicht – wie beabsichtigt – abnahmen, sondern sich plötzlich beschleunigten. Diesen Effekt hatte man bereits 1983 auf einer vergleichbaren Anlage in Litauen festgestellt, andere Kernkraftwerke darüber jedoch nicht informiert. Auch in Tschernobyl war diese ungewollte Konsequenz nicht bekannt, und so fand dort am 25. April ein Versuch statt, der bald nicht mehr zu kontrollieren war.

Um 23 Uhr 10 begann das Bedienungspersonal, die Leistung des Reaktors auf ein Viertel seiner Kapazität zu reduzieren. Aus bis heute nicht geklärter Ursache sank die Leistung jedoch auf weniger als 1 Prozent, so daß die Durchführung des Versuchs gefährdet war. Der zuständige Ingenieur, Anatolij Djatlow, gab deshalb die Anweisung, den Reaktor auf ein höheres Niveau zu bringen. Dazu wurden fast alle Bremsstäbe aus dem Reaktorkern gefahren, und gegen 1 Uhr eine Leistung von 7 Prozent erreicht. Zugleich reagierte der Reaktor bei diesem reduzierten Betrieb jedoch merkwürdig unruhig. An einzelnen Stellen war die Leistung zu niedrig, an anderen viel zu hoch, der Druck schwankte erheblich, und mit viel Aufwand gelang es, den Reaktor einigermaßen zu stabilisieren. So schien es zumindest, wenngleich beunruhigende Meßergebnisse übermittelt wurden. Doch war diesen zu trauen? Kam es nicht immer wieder vor, daß der Rechner fehlerhafte Daten lieferte? Anatolij Djatlow beschloß, den Versuch durchzuführen, zumal dieser nur zwei Minuten dauern sollte.

Um 1 Uhr 23 schaltete der zuständige Maschinist die Turbine ab. Die Hauptpumpen stoppten, die Generatoren liefen langsam weiter und hätten den gewünschten Strom erzeugen können, doch dann überschlugen sich die Ereignisse. Im Reaktorkern begann das Wasser zu sieden. Dampf entstand, der Wärme schlechter ableitet, so daß die Temperaturen weiter anstiegen. Die Uranstäbe erhitzten sich und erhöhten dadurch die Geschwindigkeit der Neutronen, was wiederum die Kettenreaktion beschleunigte. Der Reaktor schien außer Kontrolle zu geraten. Die Maschinisten schlugen Alarm: »Wir müssen den Reaktor sofort mit dem Havarieschutz abschalten, [...] die Leistung steigt.«[4] Der Schichtleiter zögerte. Konnte er sich über den zuständigen Ingenieur hinwegsetzen? Die Situation spitzte sich zu, die Kettenreaktion wurde immer heftiger, und nach kurzem Bedenken löste Schichtleiter Akimow den Havarieschutz aus, um den Reaktor abzustellen – nur 36 Sekunden nach Beginn des Versuches. Ohne daß er es ahnte, wurde dadurch alles nur noch schlimmer, denn jetzt machte sich der fatale Konstruktionsfehler des Reaktors bemerkbar.

Um die Kettenreaktionen zu unterbrechen, wurden die Bremsstäbe eingefahren, die üblicherweise nach etwa achtzehn bis zwanzig Sekunden wirkten. Dazu kam es nicht. Die Stäbe entfalteten vielmehr die gegenteilige Wirkung: Sie bremsten nicht ab, sondern beschleunigten die Kettenreaktion. Innerhalb von nur vier Sekunden schaukelte sich die Energieabgabe des Reaktors auf das Hundertfache seiner Leistung empor. Die Temperaturen stiegen immer weiter an. Die Stäbe blieben auf halber Höhe stecken, die ersten Druckkanäle platzten, und die Maschinisten blickten voller Entsetzen auf die Armaturen. Sie ahnten, was passierte, doch sie konnten es nicht verstehen, hatten sie doch alles richtig gemacht. Auch der leitende Ingenieur war ratlos und gab schließlich den Befehl, den Reaktor mit Hilfe aller Pumpen zu kühlen. Doch dieser war längst außer Kontrolle geraten.

Im Inneren des Reaktors beschleunigten sich die Spaltprozesse, die Temperatur stieg stellenweise auf weit über 1000 Grad an, und in Bruchteilen von Sekunden baute sich ein ungeheurer Druck auf. Dann kam es zur ersten Explosion. Sie erfolgte mit solcher Wucht, daß der obere Teil des 64 Meter hohen Reaktors zerstört und dessen 1000 Tonnen schwere Abdeckplatte in die Luft geschleudert wurde. Kurz darauf erfolgte eine weitere Explosion, die zusammen mit der ersten den Reaktor so schwer beschädigte, daß die Kettenreaktionen unkontrolliert weiterliefen.

In der Schaltzentrale herrschte Chaos. Das Personal stand unter Schock, keiner wußte genau, was passiert war. Schichtleiter Akimow beauftragte zwei seiner Mitarbeiter, in den Reaktorraum zu gehen. Sie sollten dort die Bremsstäbe von Hand einfahren, um endlich die Temperatur im Reaktor zu senken. Die beiden machten sich auf den Weg, ohne zu wissen, daß er für sie den sicheren Tod bedeutete. Ihnen bot sich ein Bild der Zerstörung. Die Hallen waren verwüstet, um sie herum prasselten Flammen und erleuchteten rötlich den Nachthimmel. Die Luft war voller Qualm, es war unerträglich heiß, und beim Atmen brannten ihre Lungen. Schließlich gelangten sie – ohne Gasmasken oder irgendwelche Schutzkleidung – in den Reaktorraum, den sie nicht wiedererkannten. Alles war zerstört, überall lagen Trümmer und glühende Bruchstücke herum. Doch was war mit dem Reaktor? Sie traten an den Reaktorschacht heran und blickten in einen tiefen Krater. Aus ihm leuchtete rotes und blaues, stark flimmerndes Licht, radioaktive Hitze schlug ihnen entgegen, und die beiden hielten instinktiv ihre Hände vor das Gesicht. Etwa eine Minute blieben sie am Krater stehen, schauten sich alles genau an und gingen zurück zur Schaltzentrale: »Den Zentralsaal gibt es nicht mehr«, erklärten sie. »Die Explosion hat alles zerstört. Über uns war nur noch der Himmel.«[5]

In der Zwischenzeit hatte die Feuerwehr begonnen, die mehr als zwei Dutzend Brände zu bekämpfen. Zuerst waren nur 28 Feuerwehrleute im Einsatz. Nach und nach wuchs ihre Zahl auf insgesamt zweihundertvierzig, und mehr als fünf Stunden versuchten sie, mit Wasser die Flammen zu löschen und zugleich den Reaktor zu kühlen – so zumindest der Plan von Ingenieur Djatlow, der weiterhin das wahre Ausmaß der Katastrophe nicht erkannte. Er war immer noch davon überzeugt, daß der Reaktor intakt war und die Strahlung sich im normalen Bereich bewegte. So kämpften die Feuerwehrleute ohne Schutzkleidung gegen die Flammen an, obwohl sie die erhebliche Strahlung schon körperlich spürten und zunehmend davon überzeugt waren, daß etwas Schreckliches vorgefallen sein mußte. Sie ließen jedoch nicht von ihrer Arbeit ab. Allmählich gelang es ihnen, die Brände einzudämmen und dadurch zu verhindern, daß auch die anderen Reaktoren in Tschernobyl außer Kontrolle gerieten. Dabei war die Hitze kaum auszuhalten, das Atmen fiel immer schwerer, und die Lungen schmerzten wie verätzt.

Der Preis ihres Einsatzes war hoch. Fast alle der 28 Feuerwehrleute, die als erste den Unglücksort erreichten, sind später gestorben. Viele der anderen erkrankten schwer, vielfach sind die Beschwerden bis heute nicht abgeklungen. Das lag allerdings nicht an der falschen Beurteilung der Lage durch die Verantwortlichen. Auch eine korrekte Einschätzung der Situation hätte keinen besseren Schutz gegen die Strahlungen bedeutet, denn dazu fehlten alle Voraussetzungen. So gab es weder Jodtabletten noch Schutzkleidung, nicht einmal die Meßgeräte funktionierten.

Gegen 3 Uhr nachts wurde die Moskauer Zentrale angerufen und der Unfall geschildert, aber weiterhin von einem intakten Reaktor gesprochen. Doch die Zweifel wuchsen, und zunehmend waren die Verantwortlichen überfordert. Djatlow brach schließlich unter der Last der Ereignisse zusammen, und in den frühen Morgenstunden wurde Anatolij Sitnikow, ein Physiker, hinzugezogen, um die Situation zu beurteilen. Wie schon die zwei jungen Maschinisten wenige Stunden zuvor, begab sich auch Sitnikow in den Reaktorsaal. Ihm wurde bald klar, was passiert war, doch um Sicherheit zu haben, setzte er sich den ungeheuren Strahlungen aus, schaute sich alles genau an und berichtete schließlich gegen 10 Uhr, daß der Reaktor zerstört sei. Auch er starb bald darauf. Die Strahlungen hatten sein zentrales Nervensystem geschädigt, und der Versuch Moskauer Ärzte, ihm Knochenmark zu übertragen, scheiterte.

Während Sitnikow den Reaktorsaal inspizierte, begann im benachbarten Pripjat ein neuer Tag, ein Samstag. Er versprach, schön zu werden, alles ging seinen normalen Gang. Ungewöhnlich war allenfalls, daß die Straßen mit Seifenlösung abgespritzt und vor öffentlichen Gebäuden Milizionäre postiert wurden. Ansonsten gingen die Kinder wie immer zur Schule, die Einwohner fuhren ins Grüne, zum Angeln, zum Baden oder hinaus auf ihre Datschas. Lediglich Sportveranstaltungen, die im Freien stattfinden sollten, fielen aus. Bald gingen Gerüchte um. Ganz offensichtlich war im Kraftwerk etwas passiert, und die Verantwortlichen in der Stadt wurden mit Anfragen bestürmt. Sie waren ratlos, hatten aber die Anweisung erhalten, alles zu tun, um den Anschein der Normalität zu wahren.

Die Situation änderte sich erst, als am Nachmittag die ersten Experten aus Moskau eintrafen. Anfangs sahen diese keinen großen Handlungsbedarf, doch dann brachen erneut Feuer aus, und die Ereignisse überschlugen sich. Die neuen Feuer stießen noch mehr radioaktive Stoffe in die Atmosphäre, die Unfallstelle mußte unbedingt unter Kontrolle kommen. Dazu wurden in den nächsten Tagen und Wochen Tonnen von Sand sowie Bor und Blei auf den Atomkrater geworfen, um die noch laufenden Reaktionen zu stoppen und den Austritt von Strahlen zu verhindern. Dabei traten neue Probleme auf, und schließlich wurde der zerstörte Reaktor durch eine riesige, bis zu 40 Meter dicke Betonhülle abgedichtet.

Vorerst jedoch verschärfte sich die Situation, und in der Nacht von Samstag auf Sonntag wurde entschieden, die gesamte Bevölkerung von Pripjat zu evakuieren. Um 10 Uhr morgens fuhren Lautsprecherwagen durch die Straßen: »Genossen, wegen eines Unfalls im Kernkraftwerk Tschernobyl ist die Evakuierung der Stadt angeordnet worden. Nehmen Sie ihre Papiere und das Allernotwendigste und nach Möglichkeit Verpflegung für drei Tage mit. Die Evakuierung beginnt um 14 Uhr.«[6] In wenigen Stunden mußte die Bevölkerung ihre wichtigste Habe zusammenpacken, und im Laufe des Nachmittags bestiegen alle 48000 Einwohner Busse, die sie in Behelfsquartiere brachten.

Ausbreitung nach Deutschland und Europa

Nicht nur um Tschernobyl und in der Ukraine wurden die Ereignisse geheimgehalten. Auch die benachbarten Länder erhielten keinerlei Informationen, doch die Auswirkungen ließen sich nicht lange verbergen. Die ersten Anzeichen des Unglücks traten in Schweden auf. Die Techniker eines Kernkraftwerks in der Nähe von Stockholm stellten abnorm hohe Strahlungen fest und lösten eine hektische Suche nach der Ursache aus. Zuerst vermuteten sie die Quelle in ihrem Kraftwerk, konnten jedoch nichts entdecken. Sie riefen deshalb die etwa sechshundert Beschäftigten der Anlage zusammen und prüften sie mit Geigerzählern. Das Resultat war alarmierend, die Kleidung gab außergewöhnlich hohe Strahlungen ab. Auch Messungen außerhalb des Kraftwerks meldeten überhöhte Werte.

In kürzester Zeit trafen vergleichbare Meldungen aus anderen Teilen Schwedens und aus Finnland ein, ebenso aus Dänemark und Norwegen. Irgendwo mußte es eine Quelle geben, die enorme Mengen radioaktiver Stoffe freisetzte und sie über ganz Nordeuropa und möglicherweise weit darüber hinaus verstreute. Diese Stoffe gingen auf Pflanzen und den Boden nieder, wurden von Menschen eingeatmet und bedeuteten eine große, unheimliche Gefahr. Nachfragen in den anderen skandinavischen Ländern ergaben, daß auch dort keine Quelle festzustellen war. Die Stoffe mußten von außerhalb kommen und durch Winde hereingetragen werden.

Der Blick auf die Wetterkarte ergab eine eindeutige Antwort. Seit mehreren Tagen kamen die Winde aus dem Schwarzmeergebiet und hatten auf ihrem Weg die Ukraine und andere Teile der Sowjetunion überquert. Doch als die Schweden sich in Moskau nach einer möglichen Ursache für die radioaktiven Strahlungen erkundigten, wurden ihre Vermutungen als haltlos zurückgewiesen. Aber die Schweden ließen nicht locker. Endlich, am Montagabend um 21 Uhr verlas ein ganz unbeteiligt wirkender Nachrichtensprecher in Moskau folgende Meldung:»Im Kraftwerk Tschernobyl hat sich ein Unfall ereignet. Ein Reaktor ist beschädigt. Es werden Maßnahmen ergriffen, um die Auswirkungen dieses Unfalls zu beseitigen. Die davon Betroffenen erhalten Hilfe. Eine Regierungskommission wurde eingesetzt.«[7]

Auch in Deutschland kursierten mittlerweile Gerüchte über einen Atomunfall in der Sowjetunion. Die Rede war von Tausenden von Toten, Unruhe machte sich breit. In einer ersten Stellungnahme versuchte Forschungsminister Heinz Riesenhuber die Öffentlichkeit zu beruhigen:»Wegen der Windverhältnisse rechne ich nicht damit, daß die Atomwolke auf die Bundesrepublik zutreibt.« Dann drehten die Winde. Erst kamen sie aus dem Norden, dann aus dem Nordosten, und schließlich trug ein Ost-Südostwind radioaktive Partikel aus der Ukraine heran. Die Bevölkerung reagierte verstört. Fahrzeuge aus dem Ostblock wurden mit Geigerzählern kontrolliert und bayerische Bauern gebeten, ihre Kühe im Stall zu lassen. Doch weiterhin schloß Innenminister Friedrich Zimmermann eine Gefährdung für die Bundesrepublik kategorisch aus, diese bestehe »nur in einem Umkreis von 30 bis 50 Kilometern um den Reaktor herum«. Für die besonders Ängstlichen setzte er noch hinzu:»Wir sind 2000 Kilometer weg.« Noch eindeutiger war die Verlautbarung von Regierungssprecher Norbert Schäfer:»Die Bundesregierung stellt fest, daß eine Gefahr für die Bundesrepublik Deutschland nicht besteht und auch nicht eintreten wird.«[8]

Doch die radioaktiven Strahlen hielten sich nicht an Regierungsbeschlüsse. Vielmehr wurden auch in Deutschland beunruhigend hohe Werte gemessen, auf die keiner vorbereitet war. Über die Bevölkerung ging eine Flut von Stellungnahmen und Empfehlungen nieder: Kinder sollten keine größeren Mengen Milch trinken, nicht im nassen Gras spielen oder am besten ganz im Hause bleiben; frisches Gemüse sei sorgfältig zu waschen, Wild und Waldfrüchte seien ganz zu meiden, und polnische Gänse und Lebensmittel aus dem Osten durften nur nach Sonderkontrollen importiert werden. Nie gehörte Einheiten wie Becquerel, Sievert, Curie, Millirem und Rad beherrschten die Nachrichten, und fortwährend wurden neue Grenzwerte bekanntgegeben. Für Milch setzte die Strahlenschutzkommission eine Höchstdosis von 500 Becquerel pro Liter fest. Andere Sachverständige bezeichneten den Wert als viel zu hoch, und für Greenpeace war er gar unverantwortlich. Bliebe er bestehen, müsse »in den nächsten 30 Jahren [...] mit über 7000 Fällen von Schilddrüsen-Krebs gerechnet werden«. Schleswig-Holstein ging deshalb auf 50 Becquerel herunter und Hessen sogar auf 20.[9]

Die Strahlenschutzkommission jedoch hielt an ihrer Empfehlung fest. Zahlreiche Mediziner stimmten ihr zu, andere widersprachen heftig. Gerade die gesundheitlichen Auswirkungen der Katastrophe wurden sehr unterschiedlich bewertet. Professor Hundeshagen aus Hannover sah keine Gefahr, »auch keine Langzeitgefahr«. Andere äußerten sich zurückhaltender und wollten Gesundheitsgefahren nicht ausschließen, während Professor Lengfelder für Deutschland mit »etlichen tausend zusätzlichen Krebsfällen« in den nächsten dreißig Jahren rechnete. Die Bevölkerung reagierte verunsichert. Wem sollte sie glauben? War es sicherer, Kinder gar nicht nach draußen zu lassen? Mußten sie abgeduscht werden, wenn sie wieder hereinkamen? War frisches Gemüse noch gesund, oder waren Konserven zu empfehlen, die vor dem Unglück hergestellt worden waren? »Die Müslis«, so ein Händler aus Hannover, »stehen jetzt alle bei Aldi Schlange, da gibt's H-Milch in Tüten.«[10]

Wenige Tage später drehte der Wind erneut. Frische Luft vom Atlantik sorgte für eine »weitere Normalisierung der radioaktiven Strahlungswerte in der Luft«, so der Deutsche Wetterdienst in Offenbach. Doch von Normalität konnte noch lange keine Rede sein. Der Psychoanalytiker Horst-Eberhard Richter stellte vielmehr »Betroffenheit und Angst von einer Art fest, wie sie noch nie bekannt war«[11]. Nahezu in jeder größeren Stadt wurde gegen Kernkraftwerke demonstriert, Eltern- und Müttervereine entstanden, die Umweltverbände gewannen kräftig an Mitgliedern, und die deutsche Atomindustrie geriet in eine tiefe Krise. Tschernobyl hatte gezeigt, daß Kernkraftwerke nicht so sicher waren, wie immer wieder behauptet wurde. Bei Umfragen sprachen sich 69 Prozent gegen den Bau weiterer Kernkraftwerke aus, 12 Prozent waren für deren sofortige Stillegung und weitere 54 Prozent für einen Ausstieg aus der Kernenergie. Auch die offiziellen Experten gerieten unter Beschuß, nachdem die anfänglich beschwichtigenden Stellungnahmen durch die Ereignisse überholt wurden. Daß keinerlei Gefährdung drohte, war offensichtlich unzutreffend. Doch wie bedrohlich war die Situation wirklich? Genügte es, den Verzehr von Pilzen und Wild vorübergehend zu reduzieren, oder waren tausende von Toten zu befürchten?

Besonders betroffen war das Gebiet um Tschernobyl, wo sich die Schreckensnachrichten häuften. Hier kam es zu Strahlenschäden an Tieren und Pflanzen, Krebserkrankungen der Schilddrüse nahmen zu, besonders bei Kindern, und 1995 berichtete der Gesundheitsminister der Ukraine, infolge des Unfalls seien 125000 Menschen verstorben. Im Gebiet um Tschernobyl waren offensichtlich die schlimmsten Befürchtungen eingetroffen, der Super-Gau hatte katastrophale Auswirkungen gezeigt.

Dies war auch der Tenor der Berichterstattung anläßlich des 10. Jahrestages des Unglücks im Jahre 1996. »Zehn Jahre nach Tschernobyl«, so hieß es in einem Taschenbuch, »steigt die Zahl der Erkrankten und Toten weiter. Hunderttausende wurden verstrahlt, die Bewohner von über 100 Dörfern umgesiedelt. Noch immer leben Zigtausende in stark belasteten Gegenden.«[12] Durchweg wurde von mehr als 100000 Toten gesprochen und immer wieder die Frage gestellt, warum große Teile der Bevölkerung in Deutschland und dem übrigen Europa angesichts derart schrecklicher Zahlen so schnell zur Tagesordnung übergehen konnten. Die Castor-Transporte zeigten zwar, daß große Gruppen die Kernenergie weiterhin vehement ablehnten und teilweise heftig bekämpften. Auch waren Projekte wie die Wiederaufbereitungsanlage in Wackersdorf oder der Schnelle Brüter in Kalkar am öffentlichen Widerstand gescheitert. Doch auch zehn Jahre nach Tschernobyl produzierten Kernkraftwerke in Deutschland noch Strom, der vielbeschworene Ausstieg aus der Kernenergie hatte nicht stattgefunden. Selbst die offiziell so atomkritische SPD hielt sich nicht an ihren entsprechenden Parteitagsbeschluß.

Schon 1986 hieß es in einem Artikel: »Nach Tschernobyl – regiert wieder das Vergessen?«, und in den folgenden Jahren wurden unterschiedliche Erklärungen dafür entwickelt, daß der Schock des Erlebnisses nur bei wenigen zu einem dauerhaften Engagement geführt hatte. Der Psychologe Heiner Keupp sprach von »katastrophenfesten Mentalitäten«, die er vor allem bei unteren Schichten feststellte. Bei diesen sei das Gefühl der Ohnmacht im Alltag ohnehin verbreitet, so daß ein Ereignis wie Tschernobyl keine besondere Bedeutung besitze. Ganz anders verhalte es sich bei den Angehörigen der mittleren und oberen sozialen Schichten. Für diese sei der fast vollständige Kontrollverlust über die eigenen Lebensbedingungen als Folge des Unglücks eine ganz neue Erfahrung gewesen und habe folglich zu einem intensiveren Engagement geführt. Es waren somit vor allem mangelnde Bildung und Trägheit, die dazu führten, daß Tschernobyl keine wirkliche Kurswende bewirkte.

Diese Annahme klingt plausibel. Zumindest schmeichelt sie denjenigen, die sich gegen Kernkraftwerke engagieren. Doch auch in diesem Fall sind hoher Bildungsgrad und Urteilsfähigkeit nicht unbedingt gleichzusetzen. Vielleicht ist sogar das Gegenteil der Fall. Vielleicht haben diejenigen die Auswirkungen des Unglücks besser eingeschätzt, die nicht jeder Katastrophenmeldung glaubten und eine gewisse Skepsis zeigten. Zumindest gibt es zahlreiche Hinweise, die eine andere Betrachtungsweise erlauben, beginnend mit der Frage nach den gesundheitlichen Auswirkungen.

Die Opfer

Über die Zahl der Todesopfer gibt es eindeutige Angaben, die von etwa fünfzig Personen ausgehen. Dazu gehören die 26 Männer, die kurz nach dem Unfall an akutem Strahlensyndrom (ASS) gestorben sind: Bedienungspersonal, Feuerwehrleute und andere Personen, die unmittelbar nach der Katastrophe extrem hohen Strahlungen ausgesetzt waren. Hinzu kommen vier Todesfälle durch Verbrennungen oder herabfallende Gebäudeteile, ein Arbeiter, der an einem Herzinfarkt verstarb, sowie nach ukrainischen Angaben vierzehn weitere Personen, die ebenfalls hohen Strahlendosen ausgesetzt waren. Darüber hinaus sind vermutlich drei Kinder an Schilddrüsenkrebs gestorben, wobei hierzu keine genauen Angaben vorliegen.

Einigermaßen gesichert ist nur, daß unter den zwei Millionen relativ stark bestrahlten Kindern bis 1996 etwa achthundert Fälle von Schilddrüsenkrebs festgestellt wurden. Diese Erkrankung besitzt jedoch eine gute Prognose, die langfristige Heilungschance beträgt 90 bis 95 Prozent. Die weitere Entwicklung bleibt abzuwarten, zusätzliche Todesfälle sind zu befürchten.[13]

Dieses Ergebnis ist schrecklich, doch weit entfernt von den Zahlen, die üblicherweise genannt werden. Wie kommen diese Unterschiede zustande? Warum werden bedeutend höhere Zahlen genannt? Teilweise ist die Erklärung einfach, wie bei den 125 000 Toten, die 1995 vom ukrainischen Gesundheitsminister genannt wurden. Dieser hatte angegeben, daß in dem von der Strahlung betroffenen Gebiet seit 1986 125 000 Personen verstorben waren. Auf den ersten Blick ließe sich vermuten, daß zwischen Strahlung und Todesfall ein Zusammenhang besteht, und dieser Zusammenhang wurde – offensichtlich ohne größere Überlegung – allgemein angenommen. Doch die Zahlenangabe betraf alle Todesfälle, die in der Ukraine zwischen 1986 und 1994 aufgetreten sind, ganz unabhängig von Ursache und Krankheit. Diese Zahl liegt sogar niedriger, als eigentlich zu erwarten war, und ein Zusammenhang mit dem Reaktorunfall läßt sich nicht herstellen. Dies geschieht allerdings bis heute, obwohl der tatsächliche Zusammenhang schon früh geklärt wurde und auch nicht besonders schwer nachzuvollziehen ist.

In den meisten anderen Fällen ist es sehr viel schwieriger, Erklärungen für die einander widersprechenden Aussagen zu erhalten. Das liegt vor allem daran, daß der Unfall in Tschernobyl überwiegend keine eindeutig festzustellenden Auswirkungen hatte – abgesehen von den Personen, die in den ersten Stunden und Tagen nach der Katastrophe extrem hohen Strahlungen ausgesetzt waren und unter denen es die erwähnten etwa fünfzig Todesfälle gab. Ansonsten waren die Strahlungen zu niedrig, um akut Erkrankungen oder gar Todesfälle auszulösen. Eine Ausnahme bildet der Schilddrüsenkrebs bei Kindern, eine sehr seltene Erkrankung, die vor dem Unfall lediglich bei einem von 1 Million Kindern aufgetreten ist. Danach hat sie auf das etwa Hundertfache zugenommen, und dieser Anstieg ist zweifellos auf das Unglück zurückzuführen. Ansonsten ist es äußerst schwierig, eindeutige Zusammenhänge zwischen Erkrankungen und Strahlenbelastung herzustellen.

Das gilt auch für Krebs. Krebserkrankungen können auf Strahlungen zurückgehen, die allerdings in gewissem Umfang ohnehin vorhanden und insofern »natürlich« sind. Nachzuweisen wäre deshalb, daß deren Ausmaß deutlich genug angestiegen ist, um negative Auswirkungen zu haben. Hierzu gibt es unterschiedliche Anschauungen. Einige Fachleute vertreten die Position, daß jeder Anstieg schädlich ist, egal wie gering er auch ausfallen mag, da daraus eine unbedingt zu vermeidende, zusätzliche Belastung für den Organismus resultiere. Mehrheitlich hingegen wird argumentiert, daß Strahlungen unterhalb gewisser Grenzen keine oder nur sehr geringe Auswirkungen hätten und daß diese Grenzen durch Tschernobyl nur selten überschritten worden seien. Wie hoch diese Grenzen festzusetzen sind, ist allerdings ebenfalls umstritten. Eigentlich sind dazu Versuche erforderlich, die jedoch mit Menschen selbstverständlich nicht durchgeführt werden können. Ein Ausweg sind Tierversuche, deren Ergebnisse auf Menschen übertragen werden, doch Tiere reagieren anders als Menschen, und die Übertragbarkeit ist strittig.

Eine gewisse Orientierung bieten die Fälle, wo Menschen ungewöhnlich hohen Strahlungen ausgesetzt waren, etwa durch die Atombombenabwürfe auf Japan und Atombombentests in den fünfziger und sechziger Jahren oder als Personal in Kernkraftwerken sowie von Röntgenabteilungen. Diese Fälle lassen Rückschlüsse auf die Gefährlichkeit von radioaktiven Strahlungen zu. Dazu muß deren Ausmaß bestimmt werden, was in Kraftwerken oder Krankenhäusern durch Messungen geschieht. Ansonsten liegen diese nicht vor, so daß nachträgliche Berechnungen erforderlich sind, die eine zusätzliche Fehlerquelle bedeuten. In einem zweiten Schritt werden Erkrankungen und Todesfälle der betroffenen Personen erfaßt, diese Zahlen mit Kontrollgruppen verglichen und erörtert, ob Erkrankungen häufiger auftraten. Schließlich wird auf dieser Grundlage versucht, die Schädlichkeit bestimmter Stoffe zu bestimmen und entsprechende Werte, sogenannte Grenzwerte, festzulegen. Insgesamt handelt es sich hierbei also um statistische Verfahren, die unvermeidlich mit Ermessensspielräumen verbunden sind und dadurch einen – teilweise sehr großen – Spielraum für unterschiedliche Auslegungen bieten.

Auch die ersten Stellungnahmen unmittelbar nach dem Unfall beruhten auf diesen Verfahren. Ausgehend von den gemessenen Werten wurde geschätzt, wieviele Erkrankungen oder Todesfälle zu erwarten seien, und die verschiedenen Interessengruppen haben ganz unterschiedliche Werte genannt. Gruppierungen wie Greenpeace befürchteten mehrere tausend, wenn nicht 10000 Todesfälle, während eine Mehrheit der »offiziellen« Mediziner keine gravierenden Auswirkungen erwartete. Deren Äußerungen erschienen unter dem Eindruck der Katastrophe als bloße Beschwichtigung, wenn nicht gar als einseitige Interessenvertretung. »Wer garantiert uns,« so die Münchener SPD-Stadträtin Barbara Scheuble-Schaefer, »daß nicht die Atomlobby auf die Meßergebnisse Einfluß nimmt?«[14] Der Unfall in Tschernobyl war eingetreten, obwohl immer wieder behauptet worden war, ein derartiges Ereignis sei ausgeschlossen. War nicht zu befürchten, daß die Experten sich erneut irrten? Lag nicht die Annahme nahe, daß die Warner einmal mehr recht hatten?

1987, ein Jahr nach dem Unfall, veröffentlichte die britische Strahlenschutzbehörde einen Bericht über Langzeitwirkungen des Unglücks in den Ländern der Europäischen Gemeinschaft. Sie versuchte, die Auswirkungen für die kommenden fünfzig Jahre zu bestimmen und errechnete eine Zahl von tausend zusätzlichen Todesfällen durch Krebs. Das ist eine beträchtliche Zahl, die allerdings erläutert werden muß. Denn aufgrund vorliegender Erfahrungen ist anzunehmen, daß in den Ländern der EG in den kommenden fünf Jahrzehnten ohnehin 30 Millionen Menschen an Krebs sterben werden. Gegenüber dieser riesigen Zahl fallen die theoretisch ermittelten tausend zusätzlichen Fälle durch Tschernobyl nicht ins Gewicht, sie machen lediglich 0,003 Prozent beziehungsweise zwanzig pro Jahr aus. Dieser Wert liegt weit unterhalb der statistischen Ungenauigkeiten, so daß zusätzliche Todesfälle nicht eindeutig nachgewiesen werden können, aber anzunehmen sind. Das gilt auch für Berichte über auffällige Erkrankungen oder Mißbildungen bei Neugeborenen, die bisher ebenfalls umstritten sind. Ob und wieviele Erkrankungen und Krebstote in Westeuropa durch Tschernobyl verursacht wurden, wird wohl niemals festzustellen sein.

In der näheren und weiteren Umgebung des Kraftwerks waren die Auswirkungen gravierender. Gerade hier ist die Situation allerdings äußerst verwirrend, da mehrere Faktoren es überaus schwer machen, zu einer verläßlichen Beurteilung zu kommen. An erster Stelle ist die langjährige Zurückhaltung von Informationen und bewußte Irreführung durch Regierung und Behörden der damaligen Sowjetunion zu nennen. Sie haben die Auswirkungen des Unglücks heruntergespielt, wenn nicht ganz geleugnet, und keine oder nur unzureichende Messungen durchgeführt. Selbst der Ablauf des Unglücks steht bis heute nicht exakt fest und mußte mühsam rekonstruiert werden. Hinzu kamen Kompetenzstreitigkeiten innerhalb der Regierung und der Bürokratie, zunehmende Spannungen zwischen der Ukraine, Weißrußland und Moskau sowie nicht zuletzt gravierende ökonomische und soziale Mißstände. Diese waren (und sind) so ausgeprägt, daß der Gesundheitszustand der Bevölkerung auch ohne die Katastrophe erheblich beeinträchtigt war und Krankheiten sich häuften. So ist kaum zu entscheiden, ob bestimmte Erkrankungen auf Strahlungen zurückzuführen sind oder ob die Gesundheit der Bevölkerung nicht ohnehin sehr angegriffen war und sich nach dem Zusammenbruch der Sowjetunion noch verschlechterte. Auch liegen nur unzureichende Daten vor, so daß es schwerfällt, die Häufigkeiten von Krankheiten vor und nach dem Unglück miteinander zu vergleichen.

1989 änderte sich die Situation. Die Regierung der Sowjetunion lud im Oktober dieses Jahres die Internationale Atom-Energie-Behörde in Wien ein, zusammen mit internationalen Fachleuten und Institutionen die Auswirkungen des Unfalls vor Ort zu untersuchen. Zwischen Mai 1990 und Januar 1991 haben mehr als zweihundert Wissenschaftler aus insgesamt 25 Ländern fast fünfzig Projekte durchgeführt, 35 Orte detailliert untersucht, eine enorme Menge an Daten erhoben, mit Bewohnern und einheimischen Experten gesprochen und versucht, ein möglichst zutreffendes Bild zu gewinnen.[15]

Seit dem Unfall waren mehr als vier Jahre vergangen, und es war methodisch und technisch sehr aufwendig, die tatsächlichen Belastungen zu rekonstruieren. Doch insgesamt war das Ergebnis eindeutig: Die gesundheitlichen Schäden waren weit geringer als anfänglich befürchtet. Dieser Befund bestätigte sich in den folgenden Jahren, zuletzt auf einer großen internationalen Konferenz, die im April 1996 in Wien stattfand. Nach deren Erkenntnissen ist von 31 Personen auszugehen, die unmittelbar infolge des Unglücks starben; hinzu kamen in den folgenden zehn Jahren weitere vierzehn Personen, bei denen ein Zusammenhang vermutet wird, der

Tod aber nicht direkt auf die Bestrahlung zurückgeführt werden kann. Als wichtigste Auswirkung auf die öffentliche Gesundheit ist die starke Erhöhung von Schilddrüsenkrebs bei Kindern anzusehen. Bis Ende 1995 wurden achthundert Fälle festgestellt, unter denen es drei Todesfälle gab. Bei anderen Krebsarten hingegen, einschließlich der Leukämie, war kein statistisch erkennbarer Anstieg zu bemerken.

Es gibt allerdings eine auffällige Häufung diffuser Krankheitsbilder in der Bevölkerung und insbesondere bei den sogenannten Liquidatoren, eine Gruppe von etwa 200 000 Personen, die 1986 und 1987 bei Aufräum- und Reparaturarbeiten eingesetzt wurden. Allgemeine Gesundheitsstörungen haben ebenso zugenommen wie Angst, Depressionen und verschiedene psychosomatische Störungen. Die Erklärung hierfür liegt auf der Hand, denn unabhängig von allen Messungen und Werten bedeutete der Unfall eine erhebliche Belastung, war er doch verbunden mit Evakuierungen, zahllosen Verboten, fortwährender Sorge um ernsthafte Erkrankungen und vor allem der Angst um die Zukunft der Kinder. Gerade hier machte sich bemerkbar, daß die Bevölkerung lange Jahre hindurch nicht die volle Wahrheit erfuhr, sondern getäuscht wurde und die Strahlungen als eine unsichtbare, über allen schwebende Gefährdung erlebte.

Es genügt also nicht, nur die Krankheiten zu berücksichtigen, die direkt oder indirekt auf Strahlungen zurückgehen. Hinzu kommen die Evakuierung und Umsiedlung von mehr als 200 000 Personen; die Errichtung einer Zone von 4 300 Quadratkilometern um das Kraftwerk, die von der Bevölkerung nicht betreten werden darf und sich in die drei benachbarten Länder Weißrußland, Ukraine und Rußland erstreckt; eine erheblich verstrahlte Fläche von der Größe des Saarlandes; mehrere 100 000 Kubikmeter Abfall und belastete Böden; mehr als achthundert Abfallhalden mit radioaktivem Müll und Material aus dem zerstörten Reaktor, deren Standorte vielfach nicht bekannt sind, die aber das Grundwasser bedrohen; Veränderungen an Tieren und Pflanzen, die langfristige genetische Veränderungen befürchten lassen; verstrahlte landwirtschaftliche Produkte und Verbote, Frischmilch, Waldbeeren und Pilze zu verzehren, die noch in den nächsten Jahrzehnten erhöhte Belastungen aufweisen werden; abgestorbene Bäume und verendete Tiere im Umkreis von 10 Kilometern um Tschernobyl; eine zusätzliche Verarmung der Bevölkerung, die ihre landwirtschaftlichen Produkte wegen der Belastung nur eingeschränkt nutzen und verkaufen kann, und schließlich die Sorge, wie lange der Betonmantel um den Reaktor noch hält.

In der Kombination dieser Faktoren, und nicht in der verengten Debatte über Todesfälle, werden die tatsächlichen, für die betroffenen Menschen überaus belastenden Auswirkungen des Reaktorunglücks deutlich. Sie waren einer Gefahr ausgesetzt, die sie selbst nicht beurteilen konnten und die deshalb um so bedrohlicher wirkte. Sie wurden im ungewissen gelassen und oftmals schlicht belogen. Sie wurden aus vertrauten Zusammenhängen herausgerissen und an fremde Orte gebracht, die teilweise ebenfalls durch das Unglück belastet waren. Sie lebten schon vor dem Unglück in armseligen materiellen Verhältnissen, die sich durch das Unglück und den Zusammenbruch der Sowjetunion noch erheblich verschlimmerten. Sie verloren ihre Hoffnung und machten sich große Sorgen um die Zukunft, insbesondere um die ihrer Kinder.

Nachwirkungen

Über die Ursachen des Unglücks wurde von Beginn an intensiv diskutiert und vor allem gefragt, ob ein solches Ereignis auch in einem anderen Kernkraftwerk eintreten könne. Die sowjetische Regierung und die zuständigen Behörden haben den Unfall in den ersten Monaten und Jahren auf menschliches Versagen zurückgeführt. Der Versuch sei falsch angelegt und nicht genehmigt gewesen, der Reaktor durch zusätzliche Fehler des Personals außer Kontrolle geraten. Derartige Fehler hat es fraglos gegeben, und die dafür Verantwortlichen wurden 1987 zu langjährigen Haftstrafen verurteilt – sehr zur Erleichterung der westlichen Atomindustrie, denn diese konnte argumentieren, daß vergleichbares Fehlverhalten in ihren Anlagen ausgeschlossen sei. Die Kritiker hingegen waren nicht überzeugt. Für sie blieben Kernkraftwerke prinzipiell so kompliziert und gefahrenträchtig, daß menschliche Fehler nicht vollständig auszuschließen seien.

Ende der achtziger Jahre waren die Informationen allerdings noch so bruchstückhaft und irreführend, daß eine verläßliche Beurteilung gar nicht möglich war. Erst in der Folgezeit wurden vollständigere Informationen geboten und ein freier Zugang zur Anlage eingeräumt. Dadurch hat sich die Beurteilung des Unglücks und seiner Ursachen grundlegend gewandelt. Mittlerweile herrscht Konsens, daß das Bedienungspersonal zwar Fehler gemacht hat, daß diese aber weniger gravierend waren, als lange behauptet wurde. Und vielfach waren diese Fehler gar nicht zu verhindern, da das Personal über mögliche Gefahren und Konstruktionsmängel nicht informiert worden war, obwohl diese andernorts bereits zu kritischen Situationen geführt hatten. Das gilt insbesondere für den beschriebenen »positiven Scram-Effekt«, demzufolge sich beim Einfahren der Bremsstäbe die Aktivität des Reaktors so dramatisch erhöhen konnte, daß der Prozeß der Kernspaltung außer Kontrolle geriet. Hinzu kamen unzureichende Betriebsvorschriften, eine mangelhafte Ausbildung des Personals, zu geringe Sicherheitsmargen oder das Fehlen einer wirksamen Hülle um den Reaktor, die die bei einem Unfall austretenden radioaktiven Stoffe zurückhalten konnte.

Eine derartige Häufung von Pannen und Fehlern ist auffällig, auf andere Kernkraftwerke nur bedingt zu übertragen und in erster Linie durch Mängel des sowjetischen Regierungs- und Gesellschaftssystems zu erklären, das keine öffentliche und nicht einmal eine nennenswerte interne Diskussion über Probleme der Kernenergie zuließ. Zudem wurde in Tschernobyl versucht, nicht nur Strom, sondern gleichzeitig auch waffenfähiges Plutonium zu erzeugen, und deshalb die riskante Konstruktion des Graphitreaktors gewählt. Die Konsequenzen waren verheerend, hätten aber vermutlich vermieden werden können, wenn die Kenntnisse über die Mängel des Reaktors weitergeleitet und die geplanten Maßnahmen zu deren Beseitigung durchgeführt worden wären.

Die Mißwirtschaft hielt nach dem Unglück an, den Opfern wurde allerdings auch Hilfe zuteil. Zahlreiche Institutionen und Personen taten ihr Bestes, um die Not zu lindern, angefangen bei den Feuerwehrleuten, die ihr Leben riskiert hatten. Diese Hilfe fiel nicht immer so großzügig aus wie erhofft, dazu waren die materiellen Möglichkeiten in der Sowjetunion und später der Ukraine, Weißrußlands und Rußlands zu begrenzt. Um so wichtiger waren die Bemühungen aus dem Westen, sei es durch staatliche Stellen, die Industrie oder durch zahlreiche private Initiativen, die sich besonders um die Kinder von Tschernobyl kümmerten. Besonders vielversprechend war die Zusage der G-7-Länder, neue Kraftwerke zu finanzieren, um die verbliebenen Reaktoren in Tschernobyl schließen zu können, da diese unter denselben Konstruktionsfehlern litten und die umliegenden Länder gefährdeten. Diese Sorge um die eigene Sicherheit ist verständlich, doch zusätzlich spielten noch ganz andere Motive eine Rolle.

Mit den zugesagten Geldern wollte die Ukraine zuerst Gaskraftwerke bauen, die billiger und sicherer sind. Sie wurde aber von westlichen Industrieländern, insbesondere Frankreich, Deutschland und den USA gedrängt, die Nuklearenergie auszubauen und zwei im Bau befindliche Kernkraftwerke fertigzustellen. Dazu war die Ukraine nach einigem Zögern bereit und sollte 1,8 Milliarden Dollar erhalten, sehr zur Freude der westlichen Atomindustrie. Der Unfall in Tschernobyl hatte ihre Planungen zunichte gemacht, in Deutschland und den USA war der Bau von Kernkraftwerken unmöglich geworden. Da war es ein später Triumph und eine Art Wiedergutmachung, ausgerechnet in der Ukraine wieder zum Zuge zu kommen und Großaufträge für das französische Unternehmen Electricité de France, die deutsche Siemens-Tochter Kraftwerk Union und die amerikanische Firma Westinghouse zu erhalten. Der Plan schien perfekt, nur die Stellungnahme eines Sachverständigenrats war noch einzuholen. Es ging um viel Geld, und die G-7-Länder verlangten ausdrücklich, daß eine »Wirtschaftlichkeitsanalyse von einem unabhängigen Gremium vorgenommen wird«.

Zur allgemeinen Überraschung lehnten die Sachverständigen den Plan, die beiden Kernkraftwerke auszubauen, ab und nannten dafür mehrere Gründe: Die Energiekapazitäten der Ukraine überstiegen – auch ohne Tschernobyl und ohne die zwei zusätzlichen Kraftwerke – den Bedarf bei weitem. Das gestand die Regierung ein, verwies jedoch darauf, daß sie auf den Export von Elektrizität angewiesen sei, um angesichts der verheerenden wirtschaftlichen Situation überhaupt Devisen erwirtschaften zu können. Andere Möglichkeiten habe sie nicht, und hauptsächlich aus diesem Grunde werden – allen westlichen Einwänden zum Trotz – die beiden in Tschernobyl verbliebenen Reaktoren weiter betrieben, obwohl sie mit dem zerstörten weitgehend identisch sind. Sie wurden mittlerweile umgerüstet, gelten aber immer noch als sehr risikoreich. Die Überkapazität, so die Gutachter weiter, bleibe wenigstens bis zum

Jahre 2010 bestehen und werde auch ohne den Bau neuer Kraftwerke noch zunehmen, da die Schwerindustrie in der Ukraine modernisiert werde und deshalb weniger Energie benötige. Zudem seien die vorgelegten Kostenrechnungen mangelhaft, die Investition deshalb überaus riskant. Es sei viel sinnvoller, den über Gebühr verschwenderischen Energieverbauch zu reduzieren. Auch diesem Argument stimmte die Regierung der Ukraine prinzipiell zu und räumte ein, daß ohne größeren Aufwand mehr als 40 Prozent des Energieverbrauchs eingespart werden könnten. Angesichts dieser Möglichkeiten und der ohnehin bestehenden Überkapazität empfahlen die Gutachter, andere Wege der Energieversorgung zu prüfen. Der Ausbau der Kernkraftwerke hingegen sei überflüssig, unwirtschaftlich und möglicherweise sogar gefährlich, denn es sei fraglich, ob die Reaktoren auf westliche Sicherheitsstandards hochgerüstet werden könnten.

Die Sachverständigen lehnten den Bau von Kernkraftwerken ab, wollten allerdings sicherstellen, daß der Ukraine die zugesagten Mittel tatsächlich zufließen. Denn diese waren eigentlich bewilligt worden, um der Bevölkerung in der Ukraine zu helfen. Doch möglicherweise nicht wirklich, denn als die Wissenschaftler ihre Ergebnisse vorstellten, schlug ihnen eine »fast feindliche Stimmung« entgegen und man teilte ihnen mit, ihr Befund sei »politisch nicht akzeptabel«. Frankreich, Deutschland und die USA üben weiterhin großen Druck aus. Die genannten Firmen wollen die Aufträge erhalten, die Ukraine drängt auf die zugesagten Mittel, wobei sie die Gefährdung durch die verbliebenen Reaktoren in Tschernobyl als Druckmittel benutzt, und die Sachverständigen sind deshalb aufgefordert, ihre Studie zu überarbeiten. Der Ausgang ist zur Zeit ungewiß.[16]

Das Beispiel Tschernobyl

Die Geschichte von Tschernobyl ist tragisch, erschreckend und deprimierend. Doch ist sie auch typisch für die aktuellen Umweltprobleme? Wird hier beispielhaft deutlich, was tagtäglich um uns herum, in Deutschland, Europa und der ganzen Welt, passiert? Ist Tschernobyl exemplarisch für unseren Umgang mit der Umwelt generell? Oder handelt es sich um eine Ausnahme? Um ein Ereignis, das in dieser Form nur in den staatssozialistischen Ländern Osteuropas passieren konnte und viel über die Defizite von Diktaturen aussagt, aber nur wenig über unsere Situation?

Für einen großen Teil der Medien ist die Antwort klar: Tschernobyl ist beispielhaft für die Gefahren und Entwicklungen, die uns alle bedrohen. Auch von vielen Wissenschaftlern wird diese Position vertreten. Der Soziologe Ulrich Beck veröffentlichte 1986 unter dem Eindruck des Unglücks sein bahnbrechendes Buch »Risikogesellschaft«. Im Vorwort schrieb er: »Arm an geschichtlichen Katastrophen war dieses Jahrhundert wahrlich nicht: zwei Weltkriege, Auschwitz, Nagasaki, dann Harrisburg und Bhopal, nun Tschernobyl.[...] Alles Leid, alle Not, alle Gewalt, die Menschen Menschen zugefügt haben, kannte bisher die Kategorie der ›anderen‹ – Juden, Schwarze, Frauen, Asylanten, Dissidenten, Kommunisten usw. Es gab Zäune, Lager, Stadtteile, Militärblöcke einerseits, andererseits die eigenen vier Wände – reale und symbolische Grenzen, hinter die die scheinbar Nichtbetroffenen sich zurückziehen konnten. Dies alles gibt es weiter und gibt es seit Tschernobyl nicht mehr. Es ist *das Ende der ›anderen‹*, das Ende all unserer hochgezüchteten Distanzierungsmöglichkeiten, das mit der atomaren Verseuchung erfahrbar geworden ist. *Not läßt sich ausgrenzen, die Gefahren des Atomzeitalters nicht mehr.*«[17]

Dieser Text klingt plausibel, und die meisten werden ihn zutreffend finden, denn er drückt aus, daß seit Tschernobyl alle bedroht sind. Tatsächlich jedoch ist er überaus problematisch. Denn er setzt nicht nur die Katastrophen des Zweiten Weltkriegs und die Schrecken von Auschwitz gleich mit Harrisburg und Tschernobyl. Das ist schon schlimm genug. Er geht noch einen Schritt weiter und setzt die Bewohner der Bundesrepublik im Jahre 1986 auf eine Stufe mit den Opfern der Kriege und Konzentrationslager. Das ist angesichts der Fakten weit überzogen. Eine derartige Formulierung war wohl nur unter dem Eindruck der Ereignisse von Tschernobyl möglich, die dazu geführt haben, Maßstäbe und Urteilsfähigkeit zu verlieren.

Zehn Jahre später sollten wir eine größere Distanz besitzen, doch die Positionen zu Tschernobyl haben sich kaum verändert. Abwägende Beurteilungen sind rar. Schon das ist ein interessanter Befund und wirft die Frage auf, wie es sich bei anderen Umweltproblemen verhält. Auch hier sind die Debatten oftmals emotional und politisch sehr aufgeladen, was angesichts der großen Probleme verständlich ist und sogar wünschenswert sein kann, um neue Weichenstellungen durchzusetzen. Zu fragen ist allerdings, ob dies auf Kosten sachlicher Analysen geht und inwieweit unterschiedliche Argumente noch zur Kenntnis genommen werden. Auch hier sind Zweifel angebracht.

Es ist ein wesentliches Merkmal heutiger Umweltprobleme, daß sie gar nicht oder nur begrenzt wahrgenommen werden können. Berichte über spektakuläre Tankerunfälle, Robbensterben oder Smogkatastrophen erwecken einen anderen Eindruck, doch sind derartige Ereignisse nicht typisch. Typisch sind vielmehr Stoffe wie Dioxin oder Blei, die nur mit sehr empfindlichen Geräten zu messen sind; typisch sind Gefährdungen durch Kohlendioxid (CO_2) und andere Verbindungen, deren Bedeutung nur durch komplexe Modelle bestimmt werden kann, und typisch sind minimale, chronische Belastungen. Wie die Strahlungen in Tschernobyl rufen sie keine akuten, unmittelbar wahrnehmbaren Wirkungen hervor. Sie lassen sich nur ausnahmsweise einzelnen Erkrankungen zuordnen, bieten einen weiten Spielraum für unterschiedliche Auffassungen und können zu heftigen Auseinandersetzungen führen, die oftmals großes Interesse in den Medien finden. Dieses Interesse ist eigentlich erstaunlich, denn es geht um hochkomplexe Zusammenhänge, die nur wenigen Fachleuten verständlich sind. Die öffentliche Diskussion erfordert deshalb starke Vereinfachungen, wobei Probleme nicht nur anschaulich dargestellt, sondern auch dramatisch zugespitzt werden, um Aufmerksamkeit zu erregen. Gerade bei Umweltproblemen geschieht dies vielfach mit den besten Absichten, um auf drohende Gefahren hinzuweisen, die ahnungslose Öffentlichkeit wachzurütteln und Druck auf Parteien und Institutionen auszuüben. Diese Dramatisierung hat aber auch zur Folge, daß Probleme oftmals nur noch in zugespitzter Form Interesse finden. Andere gehen unter. Doch selbst dramatische Darstellungen lassen sich nur begrenzte Zeit durchhalten, so daß das öffentliche Interesse bald nachläßt, sich neuen Problemen zuwendet oder weitgehend erlischt – wie im Falle Tschernobyl geschehen.

Nicht weniger auffällig ist die Tendenz, Probleme zu leugnen oder deren Bedeutung herunterzuspielen. Das war in Tschernobyl ganz offensichtlich der Fall, besonders bei der sowjetischen Regierung, die sowohl vor wie nach dem Unglück lange Zeit beschwichtigte und keine Diskussion zuließ. Derartige Beschwichtigungen und die unvollständige Weitergabe von Informationen erfolgten auch in Deutschland. Die Geschichte der Atomenergie ist geradezu ein Musterbeispiel dafür, daß Informationen vorenthalten, die Öffentlichkeit getäuscht, falsche Versprechungen gemacht, Probleme heruntergespielt oder ganz geleugnet und immer wieder nicht realisierbare Zusagen gemacht wurden. Ähnliches gilt für zahlreiche andere Fälle, oftmals gekoppelt mit der Argumentation, daß man nichts unternehmen könne, daß keine Alternativen bestünden oder daß diese viel zu kostspielig seien. Erinnert sei nur an die Debatten um die Entschwefelung von Kohlekraftwerken oder die Einführung des Katalysators. Immer wieder und mit großer Hartnäckigkeit wurde behauptet, technische Lösungen seien nicht vorhanden, die vorgeschlagenen nicht ausgereift und vor allem nicht zu bezahlen. Mittlerweile haben sich beide Verfahren durchgesetzt und sind so selbstverständlich geworden, daß die alten Auseinandersetzungen im nachhinein geradezu unwirklich erscheinen.

Diese Hinweise zeigen, wie politisch aufgeladen Auseinandersetzungen um Umweltprobleme sein können. Es ist vor diesem Hintergrund keine einfache Aufgabe, die Entwicklung der Umweltbelastungen in den letzten hundertfünfzig Jahren darzustellen und zu bewerten. Hinzu kommt, daß historische Untersuchungen erst in begrenzter Zahl vorliegen. Die Zahl der Bücher zu aktuellen Ereignissen ist nicht mehr zu überschauen, während historische Betrachtungen Mangelware sind. Dabei sind diese unverzichtbar, um heutige Umweltprobleme genauer bestimmen zu können; um wichtige Weichenstellungen und Vorläufer zu erkennen; um herauszufinden, wie frühere Generationen sich verhalten haben, und um unsere Handlungsmöglichkeiten genauer einschätzen zu können. Dazu sollen die folgenden Kapitel einen Beitrag leisten.

In deren Mittelpunkt steht die Zeit von etwa 1840 bis heute, also die Zeit seit der Industrialisierung, denn es ist unbestritten, daß die Industrialisierung den Umgang der Menschen mit der Natur grundlegend verändert hat. Besonders herausgehoben werden das 20. Jahrhundert und hier wiederum die Jahre nach 1945, da seitdem die Veränderungen besonders tiefgreifend und rapide verlaufen sind. Wie groß diese Veränderungen wirklich sind, wird allerdings erst deutlich, wenn wir sie mit der Situation am Vorabend der Industrialisierung vergleichen. Das geschieht deshalb im folgenden Kapitel, und zwar beginnend mit Robert Malthus, der 1798 ein bis heute einflußreiches Buch veröffentlicht hat. Darin versuchte Malthus, Grenzen des Wachstums nachzuweisen, und nahm zugleich die heutige Frage vorweg, wie eine nachhaltige Entwicklung aussehen könne.

Kapitel 1

Vor dem Umbruch

Grenzen des Wachstums

1 798 erschien in London ein Buch, dessen Inhalt, Thesen und Wirkung mit dem Bericht des »Club of Rome« im Jahre 1972 zu vergleichen sind. Auch dieses Buch wurde in kürzester Zeit in verschiedene Sprachen übersetzt und überall diskutiert; sein Verfasser wurde weltberühmt und beeinflußt noch heutige Diskussionen; er baute seine Argumentation ebenfalls auf empirischen Daten und Hochrechnungen auf und befaßte sich mit demselben Thema: den Grenzen des Wachstums. Der Verfasser hieß Thomas Robert Malthus und das Buch: ›An Essay on the Principles of Population‹, oder – so die deutsche Übersetzung – ›Versuch über die Bedingungen und Folgen der Volksvermehrung‹. Hierin versuchte Malthus nachzuweisen, daß die Kapazität der Erde begrenzt sei und vor allem durch einen zu schnellen und zu starken Anstieg der Bevölkerung bedroht werde.

Malthus ging von der Annahme aus, daß bei den Menschen, wie bei allen anderen Lebewesen auch, ein fundamentaler Drang bestehe, sich zu vermehren, und daß dieser Drang größer sei als das Potential der Erde, genügend Nahrungsmittel zu erzeugen. Es sei ein Irrtum, »die Produktivkraft der Erde als unbegrenzt« anzusehen und »eine Zunahme ohne Ende« zu erwarten. Vor allem die Zunahme der Bevölkerung erfolge derart rapide, daß dieser Anstieg unbedingt begrenzt werden müsse, sei es freiwillig (Enthaltsamkeit, Geburtenbeschränkung und so weiter) oder durch Zwangsmaßnahmen (Heiratsverbote, Zölibat). Andernfalls seien große Krisen, Hungersnöte und selbst Kriege unvermeidlich, bis die Bevölkerung wieder auf die angemessene Größe gesunken sei.[1]

Diese Ausführungen fanden große Resonanz, nicht nur bei den Zeitgenossen. Vielmehr wurde auch in den folgenden Jahrzehnten die Gefahr einer Überbevölkerung immer wieder diskutiert, und gerade in der aktuellen Umweltdebatte spielt die Sorge vor einem raschen Anstieg der Weltbevölkerung eine zentrale Rolle. Malthus selbst, das wissen wir mittlerweile, hat nicht recht behalten. Vielmehr ist die Bevölkerung in England schon zu seinen Lebzeiten und dann vor allem im 19.Jahrhundert erheblich angestiegen, ohne daß die von ihm prophezeiten Katastrophen eintraten. Dennoch sind seine Ausführungen aufschlußreich, denn Malthus blickte nicht – wie er es eigentlich vorhatte – in die Zukunft. Er hat vielmehr eine zutreffende Analyse der Gesellschaften am Vorabend der Industriellen Revolution verfaßt. Denn es war eine immer wieder bestätigte Erfahrung, daß dem Wachstum von Landwirtschaft und Gewerbe enge Grenzen gesetzt waren und daß ein zu großer Anstieg der Bevölkerung erhebliche Probleme, Krisen und Hungersnöte auslösen konnte. Ein Bevölkerungsanstieg, wie er im 19.Jahrhundert stattfand, war nicht nur für Malthus unvorstellbar. Und generell gab es noch keinen Begriff von einem derart großen und lang anhaltenden Wachstum, wie es die Industrialisierung kurze Zeit später hervorbringen sollte.

Diese Feststellung gilt selbst für Adam Smith, dessen ganzes Denken darum kreiste, die Produktivität und damit das Angebot an Waren zu verbessern beziehungsweise das Wachstum der Wirtschaft zu fördern. Erreichen wollte er dies vor allem durch eine Produktion für den Markt, Arbeitsteilung und Spezialisierung, wie sein berühmtes Stecknadelbeispiel deutlich macht. Danach konnte ein einzelner Arbeiter pro Tag bis zu zwanzig Nadeln herstellen, zehn Arbeiter hingegen, die arbeitsteilig vorgingen, bis zu 4800 Nadeln. Smith war zuversichtlich, daß die Umsetzung seiner Vorschläge den Reichtum der Nationen, den ›Wealth of Nations‹ – so der Titel seines Buches – vermehren werde, doch auch für ihn war dies nur innerhalb enger Grenzen möglich, und diese Grenzen waren durch den Ertrag des Bodens vorgegeben. Denn die landwirtschaftliche Produktion erzeugte – so Smith – nicht nur die Nahrungsmittel für die Bevölkerung, sondern auch diejenigen Rohstoffe, die als Grundlage der gewerblichen Produktion unentbehrlich waren. Deren Wachstum unterlag dadurch erheblichen Einschränkungen, denn die Erträge des Bodens konnten nur bedingt gesteigert werden.[2]

Boden und Landwirtschaft

Die zentrale Bedeutung, die hier dem Boden zugemessen wird, erscheint heute schwer verständlich. Für vorindustrielle Gesellschaften jedoch kann sie gar nicht hoch genug veranschlagt werden, denn deren Produktionsweise beruhte noch um 1800 fast vollständig auf – wie wir heute sagen würden – nachwachsenden Rohstoffen, und diese Rohstoffe wurden durch die Bearbeitung des Bodens gewonnen. Das gilt nicht nur für die Landwirtschaft, wo die Bedeutung des Bodens unmittelbar einleuchtet und die zu diesem Zeitpunkt in Deutschland etwa 60 bis 70 Prozent der Bevölkerung beschäftigte. Das gilt auch für die zahlreichen Gewerbe und selbst die entstehenden Fabriken, die direkt oder indirekt auf landwirtschaftliche Rohstoffe angewiesen waren: Baumwolle, Hanf oder Flachs, Stroh und vor allem Holz, die unmittelbar dem Boden entstammten, aber auch Wolle, Leder, Knochen und andere Produkte, die über die Tierzucht oder Formen der Weiterverarbeitung gewonnen wurden. Besonders groß war die Bedeutung des Holzes, das nicht nur die wichtigste Energiequelle lieferte, sondern mit Fug und Recht als Zentralressource dieser Zeit bezeichnet wird. Holz war Baumaterial für Häuser, Schiffe und Wagen; aus ihm wurden viele Gegenstände des täglichen Gebrauchs ebenso hergestellt wie Werkzeuge in der Produktion. Selbst das berühmte Symbol der Industrialisierung, die »Spinning Jenny«, die gleichzeitig mehrere Fäden spinnen konnte, war aus Holz gefertigt.

Die Bedeutung der Kohle war um 1800 gering. Am weitesten fortgeschritten war deren Nutzung in England, wo jährlich etwa 15 Millionen Tonnen verfeuert wurden und damit fünfmal soviel wie im restlichen Europa zusammengenommen. Doch der eigentliche Durchbruch stand noch bevor: 1900 lag der Verbrauch in England bei über 200 Millionen Tonnen und 1913 bei fast 300 Millionen Tonnen. Ähnlich lagen die Verhältnisse bei Eisen, Kupfer, Blei und anderen nichtorganischen Rohstoffen, die ebenfalls nur nachgeordnete Bedeutung besaßen. Um 1800 war selbst die wirtschaftlich so hoch entwickelte englische Gesellschaft immer noch, um eine Formulierung des Wirtschaftshistorikers Edward A. Wrigley aufzugreifen, »an advanced organic society«, die auf der Nutzung organischer, erneuerbarer Rohstoffe beruhte, und diese Feststellung trifft noch stärker auf Deutschland sowie die anderen europäischen Länder zu.[3]

Damit verbunden war eine große Abhängigkeit von der Natur, insbesondere in der Landwirtschaft, deren Erträge stark von Schwankungen des Wetters abhingen. Schon in guten Jahren fielen die Ernteerträge nicht zu üppig aus. Eine schlechte Ernte konnte zu einer Versorgungskrise und – wenn diese mehrfach auftrat – zu einer Hungersnot führen. Diese Hungersnöte blieben vielfach auf bestimmte Gebiete beschränkt, wie überhaupt große regionale Unterschiede bestanden. Auch waren nicht alle Gruppen der Bevölkerung von Mißernten in gleicher Weise betroffen, so daß Verallgemeinerungen problematisch sind. Gleichwohl läßt sich schätzen, daß um 1800 bis zu 80 Prozent der Landbevölkerung eine wenig gesicherte Existenz führten und den regelmäßig wiederkehrenden Unbilden des Wetters weitgehend ausgeliefert waren.

Angesichts dieser prekären Lebensumstände ist es erstaunlich, daß weniger als die Hälfte der Fläche landwirtschaftlich genutzt wurde. So umfaßten in Preußen Äcker etwa 35 Prozent der Gesamtfläche und Wiesen weitere 8 Prozent. Der Anteil des Waldes betrug 22 Prozent und der Gewässer 1,8 Prozent, während fast ein Drittel der Fläche mit dem Begriff Ödland beziehungsweise Weiden bezeichnet wurde. Diese Bezeichnung ist insofern zutreffend, als die betreffenden Gebiete als »öde« und damit als unfruchtbar galten. Hierbei handelte es sich um Überschwemmungsgebiete entlang der Flüsse, um Moore, Heiden oder andere Flächen, die sich angesichts der damaligen Kenntnisse und (Finanz-)Mittel nicht oder nur sehr bedingt für die Landwirtschaft eigneten. Heidegebiete konnten zur Schafzucht dienen oder Flußauen als Weideland, doch insgesamt haben Menschen nur sehr begrenzt in dieses Ödland eingegriffen. Heute würden diese Gebiete mit dem Ausdruck »naturnah« bezeichnet werden, um deutlich zu machen, daß menschliche Eingriffe zwar vorkommen oder vorgekommen sind, aber keine wesentliche Veränderung bewirkt haben.

Generell gilt, daß abgesehen von entlegenen Wald- und Höhengebieten oder den Wattenmeeren die mitteleuropäischen

Landschaften seit längerem durch menschliche Eingriffe verändert worden waren, zuletzt durch die systematische Trockenlegung von Bruchgebieten, darunter vor allem des Oderbruchs, im 18.Jahrhundert. Hierdurch wurden die letzten weithin unbesiedelten Landschaften Deutschlands endgültig kultiviert, und um 1800 gab es kaum noch von Menschen unberührte Natur. Die Landschaft war geprägt durch Felder, Wiesen und Wälder, durch Hecken, Bäche, Bäume und Gebüsche, durch Straßen, einzelne Bauwerke, Dörfer und Städte, die Menschen angelegt oder verändert hatten. Doch zugleich darf die Reichweite dieser Eingriffe nicht überschätzt werden. Dazu waren die Kenntnisse und Möglichkeiten zu gering sowie die Abhängigkeit von der Natur zu groß.

Von den Ackerflächen wurden jeweils etwa 60 Prozent mit Getreide und weitere 14 Prozent mit sogenannten Brachfrüchten bewirtschaftet, während die verbliebene Fläche von immerhin 25 Prozent entsprechend dem Turnus der vorherrschenden Dreifelderwirtschaft brachlag und sich gewissermaßen selbst überlassen blieb. Zudem waren die einzelnen Parzellen oftmals sehr klein, ohne daß immer klare Abgrenzungen zwischen ihnen zu erkennen waren. Das gilt auch für Heide, Buschland, Wald oder Weide und die bestellten sowie unbestellten Felder, die ebenfalls vielfach noch nicht klar voneinander geschieden waren. Die Flur änderte häufig ihre Gestalt, wenn Flächen anders genutzt, bebautes Land aufgegeben oder brachliegendes intensiv genutzt wurde. Dieses Vorgehen war nicht zuletzt deshalb erforderlich, weil die örtlichen Voraussetzungen, das heißt die Qualität und Beschaffenheit des Bodens, von ausschlaggebender Bedeutung waren. Gerade hier machte sich bemerkbar, daß die Kenntnisse etwa der Zusammensetzung des Bodens oder der Bedeutung von Mineralien noch rudimentär und die Möglichkeiten, die jeweiligen Gegebenheiten durch Düngung oder andere Maßnahmen entscheidend zu verändern, beschränkt waren. Die jeweilige Nutzung mußte sich deshalb auf die örtlichen Bedingungen einstellen, Pflanzen und Früchte entsprechend auswählen und eine länger dauernde gleichartige Nutzung vermeiden, da sonst der Boden schnell erschöpft war. Zum traditionellen Ackerbau gehörte deshalb »ein rhythmisch wechselndes Erscheinungsbild der Landschaft, das Stabilität eigentlich nur in unmittelbarer Umgebung des Dorfes kannte, d. h. so weit das Gartenland reichte. Alles andere war demgegenüber stetem Wechsel unterworfen, der um so deutlicher ausfiel, je mehr er die Außenbereiche berührte. Dort gab es nicht einmal eine fixe Grenze von Feld und Wald.«[4]

Die Landschaft war möglicherweise artenreicher als heute, obwohl hierzu keine eindeutige Aussage möglich ist. Für eine größere Vielfalt sprechen die kleinräumige Gliederung, die weite Verbreitung von Büschen und Hecken, die Vielzahl kleinerer und größerer Gewässer, die wenig intensive Nutzung und die Notwendigkeit, sich an die Standortbedingungen anzupassen. Dadurch bestanden zahlreiche Nischen und Biotope sowie eine große Vielfalt unterschiedlicher Pflanzen und Früchte, die im 19. und vor allem im 20. Jahrhundert zugunsten weniger, besonders ertragreicher Arten verdrängt wurden. Andererseits ist zu berücksichtigen, daß viele später aus anderen Regionen und Kontinenten eingeführte oder eigens gezüchtete Pflanzen und Tiere noch nicht bekannt waren. Auch spricht einiges dafür, daß die Böden arm waren und schlechte Wachstumsbedingungen boten, sei es aufgrund der übermäßigen Nutzung oder der nur begrenzten Fähigkeit, Mangelzustände durch Dünger oder andere Maßnahmen zu kompensieren.[5]

Transport und Energie

Die Abhängigkeit von natürlichen Faktoren war besonders ausgeprägt im Bereich der Energie sowie des Transportes. Energie stand in verschiedenen Formen zur Verfügung, vor allem als menschliche und tierische Arbeit, als Wind- und Wasserkraft sowie nicht zuletzt in der Form von Holz, das aufgrund seiner überragenden Bedeutung vielfach über große Entfernungen transportiert wurde. Dieser Transport allerdings war nur dann zeit- und kostengünstig möglich, wenn er auf dem Wasserwege erfolgen konnte, sei es auf Flüssen oder über das Meer. In diesen Fällen wurden sogar besonders wertvolle Stämme, die etwa als Masten für den Schiffbau benötigt wurden, aus Rußland über Tausende von Seemeilen bis nach England transportiert. Auf dem Landwege hingegen war ein derartiger Transport äußerst mühsam und erfolgte lediglich über bedeutend geringere Entfernungen, denn die Straßen und Wege befanden sich in einem schlechten Zustand.

Dementsprechend lagen die großen Siedlungen und Städte traditionell an Flüssen, und auch die neuen Fabriken wurden vorzugsweise dort angesiedelt, um die Transportkosten niedrig zu halten. Zusätzlich hatte die Bevölkerung zugenommen, die Nachfrage nach Holz stieg an und damit die Preise, da es für diesen wichtigen Rohstoff nahezu keinen Ersatz gab.[6] So kam es zu lokalen und regionalen Engpässen, und Historiker haben in der letzten Zeit intensiv darüber diskutiert, ob damals eine allgemeine Holznot herrschte. Das war wohl nicht der Fall, doch mehr als zuvor wurde der Wald als ein Wirtschaftsgut betrachtet, das eine gute Rendite abwerfen konnte. Dazu war es allerdings erforderlich, die traditionelle Nutzung etwa durch dörfliche Unterschichten zurückzudrängen, und in diesem Zusammenhang sind zahlreiche der Warnungen vor einem drohenden Holzmangel zu sehen, die nicht zuletzt diese Zurückdrängung und die statt dessen propagierte forstwirtschaftliche Nutzung der Wälder rechtfertigen wollten.

Gleichzeitig gab es eindeutige Beispiele für eine zu starke Nutzung, ja für einen Raubbau, der insbesondere im Umkreis von Glashütten stattfand. Diese Betriebe hatten einen enormen Energiebedarf, da die Herstellung eines Kilogramm Glases etwa 2400 Kilogramm Holz erforderte. Sie wurden deshalb in waldreichen Gegenden betrieben und galten als »die eigentlichen Waldverwüster«[7]. Vergleichbare Schäden haben Erzhütten verursacht, die zusätzlich zu ihrem hohen Holzbedarf noch Emissionen freisetzten und ebenfalls überwiegend in abseits gelegenen Gebieten betrieben wurden. Doch derartige Fälle bedeuteten eine Ausnahme.

Abgesehen von Erzhütten wurden nennenswerte Emissionen eigentlich nur von Gerbern, Metzgern, Leimkochern oder vergleichbaren Gewerben freigesetzt, die mit Gestank verbunden waren oder organische Abfälle in die Gassen oder Gewässer leiteten. Entsprechend gab es seit langem Bemühungen, derartige Betriebe unterhalb von Ortschaften und an Flüssen anzulegen. So erging in Preußen am 5. April 1796 eine Verordnung in Anbetracht derjenigen Betriebe, die »bösartige und der Gesundheit schädliche Ausdünstungen« erzeugten. Deren Ausdünstungen seien »nicht nur höchst unbequem«, sondern vielmehr der Gesundheit äußerst nachteilig und würden die Mortalität vermehren, wenn sie nicht an fließenden Gewässern und außerhalb der Städte betrieben würden.[8] Ansonsten gab es kaum vergleichbare Belastungen. Holz als wichtigstes Brennmaterial erzeugte zwar Rauch und Qualm, die allerdings kaum Belästigungen verursachten. Auch gab es regelmäßige Klagen über verschmutzte Gassen und Wassergräben, doch auch hier dürften keine größeren Probleme bestanden haben. Generell können wir davon ausgehen, daß Gewerbe und Haushalte die Umwelt nur gering, meist lokal begrenzt und zudem mit organischen, d. h. abbaubaren Stoffen belasteten. Die Gesellschaften um 1800 könnten deshalb als »nachhaltig« im Sinne der heutigen Debatten bezeichnet werden.

Eine nachhaltige Gesellschaft?

Der Begriff der Nachhaltigkeit wurde vor etwa zweihundertfünfzig Jahren – vor dem Hintergrund der Klagen über die Holznot – in der deutschen Forstwirtschaft geprägt und bezeichnete ursprünglich eine Nutzung der Wälder, bei der in langfristig festgesetzten Zeiträumen jeweils nur so viel Holz aus einem Wald entnommen wird, wie in diesen Zeiträumen nachwächst, so daß die Nutzung des Holzes dessen Wachstumsrate nicht überschreitet. Von Deutschland aus verbreitete sich dieser Begriff in der internationalen Forstwirtschaft, wurde darüber hinaus aber kaum beachtet. Das änderte sich erst in den letzten zehn bis fünfzehn Jahren, als er – übersetzt mit »sustainability« – in der amerikanischen Umweltdebatte Bedeutung erlangte und von dort nach Deutschland – wenn man so will – re-importiert wurde. Spätestens mit der UN-Umwelt-Konferenz von Rio de Janeiro im Jahre 1992 hat sich der Begriff der Nachhaltigkeit dann durchgesetzt und steht mittlerweile im Zentrum der aktuellen Umweltdebatte.[9]

Vereinfacht ausgedrückt ist mit Nachhaltigkeit der Versuch gemeint, die wirtschaftliche und gesellschaftliche Entwicklung auf eine tragfähige, stabile Basis zu stellen. Es geht also weniger um Grenzen des Wachstums, sondern vielmehr darum, ein auf Dauer angelegtes, nachhaltiges Wachstum zu ermöglichen. Als Voraussetzung hierfür werden üblicherweise vier Punkte genannt, von denen der erste die alte forstwissenschaftliche Definition aufgreift, die anderen jedoch darüber hinausgehen und zusätzliche Aspekte benennen:

1. Die Nutzung erneuerbarer Ressourcen darf nicht größer sein als deren Regenerationsrate.
2. Die Freisetzung von Stoffen darf nicht größer sein als die Aufnahmefähigkeit der Umwelt.
3. Die Nutzung nicht erneuerbarer Ressourcen muß minimiert werden und darf nur in dem Umfang erfolgen, in dem ein gleichwertiger Ersatz in Form erneuerbarer Ressourcen geschaffen wird.
4. Das Zeitmaß der menschlichen Eingriffe muß in einem ausgewogenen Verhältnis zum Zeitmaß natürlicher Prozesse stehen, sei es der Abbauprozesse von Abfällen, der Regenerationsrate von erneuerbaren Rohstoffen oder Ökosystemen.

Es ist auffällig, daß diese vier Punkte sämtlich die Nutzung von Ressourcen betreffen. Offensichtlich wird implizit angenommen, daß eine nachhaltige Ressourcennutzung quasi automatisch eine stabile, auf Dauer angelegte Entwicklung der Gesellschaft bewirkt. Das ist allerdings nicht unbedingt der Fall und ist vor allem für frühere historische Phasen eine problematische Annahme.

Wenn wir diese vier Punkte auf heutige Industriegesellschaften anwenden, scheint der Befund eindeutig: Sie sind von einer nachhaltigen Entwicklung weit entfernt. Die Freisetzung von Stoffen ist oftmals größer als die Aufnahmefähigkeit der Umwelt, etwa bei Schwermetallen oder chemischen Verbindungen. Der Verbrauch nicht erneuerbarer Ressourcen wie Kohle, Erdöl oder Gas wird nicht minimiert, sondern ständig erweitert, ohne daß der geforderte Ersatz in Sicht ist. Und die Nutzung erneuerbarer Ressourcen schließlich ist vielfach größer als deren Erneuerung, wenn wir lediglich an den weltweiten Rückgang der Wälder denken.

In der aktuellen Diskussion besonders umstritten ist der dritte Punkt. Hier bestehen sehr unterschiedliche Vorstellungen darüber, in welchem Ausmaße der Verbrauch nicht erneuerbarer Ressourcen reduziert und wie Ersatz gesichert werden kann. So läßt sich etwa argumentieren, daß ein Ersatz um so eher möglich ist, je größer der Handlungsspielraum einer Wirtschaft oder Gesellschaft ausfällt, und daß der beste Weg, diesen Handlungsspielraum zu erweitern, darin besteht, die technischen Möglichkeiten und vor allem die Produktionskapazitäten auszubauen. Denn diese Kapazitäten erlauben es, nach Alternativen zu suchen und diese auch zu finanzieren. So gesehen würden wirtschaftliches Wachstum und technischer Fortschritt die Nachhaltigkeit einer Gesellschaft nicht gefährden, sondern geradezu fördern, denn sie stellen die erforderlichen Kapazitäten bereit – eine überraschende Argumentation, bedeutet sie doch nahezu das Gegenteil dessen, was mit dem Begriff ursprünglich gemeint ist.

Diese Argumentation ist gleichwohl nicht ganz von der Hand zu weisen, und sie zeigt, wie unbestimmt und auslegbar die unter Punkt drei genannte Formulierung ist. Es wäre deshalb überzeugender, den ersten, gewissermaßen traditionellen Aspekt der Nachhaltigkeit in den Mittelpunkt zu stellen und die zentrale Bedeutung erneuerbarer Ressourcen zu betonen. Denn zweifellos ist eine Wirtschaft dann nachhaltig, wenn sie Jahr für Jahr nur das verbraucht, was nachwächst. Eine derart enge Auslegung des Begriffs der Nachhaltigkeit wäre konsequent, doch sie erscheint für die heutige Situation als völlig unrealistisch und wird auch nicht ernsthaft vorgeschlagen. Es ist jedoch aufschlußreich, den engen Begriff von Nachhaltigkeit auf vorindustrielle Gesellschaften anzuwenden, da diese Gesellschaften und deren Art zu wirtschaften – wie gezeigt – fast ausschließlich auf erneuerbaren, organischen Ressourcen beruhten und demzufolge die Nutzung dieser Ressourcen nicht größer sein durfte als die Regenerationsrate. Schon um ihre Existenz zu sichern, konnten diese Gesellschaften jeweils nur das nutzen, was innerhalb eines Jahres oder – allgemeiner gesprochen – innerhalb bestimmter Vegetationszyklen nachwuchs. Es war nicht ausgeschlossen, daß mehr Ressourcen verbraucht wurden, doch dies bedeutete Raubbau, und Raubbau größeren Umfangs gefährdete die Lebensgrundlagen. Auch haben diese Gesellschaften nur geringe und zudem wenig schädliche Mengen an Emissionen freigesetzt, und schließlich war ihr Verbrauch an nicht erneuerbaren Ressourcen wie Kohle oder Erzen zu vernachlässigen, so daß die vier genannten Kriterien erfüllt waren.

Es ließe sich also argumentieren, daß Deutschland um 1800 eine nachhaltige Gesellschaft war. Doch diese Argumentation verbleibt auf einer sehr abstrakten Ebene und deckt viele der tatsächlich bestehenden Probleme zu, die übrigens auch in der aktuellen Debatte erörtert werden. So fällt es etwa schwer, die räumlichen Einheiten zu benennen, die als nachhaltig bezeichnet werden können. Auf die Umgebung von Glashütten kann der Begriff fraglos nicht angewandt werden, da deren Betrieb gerade nicht auf Dauer angelegt war. Und wie verhält es sich mit einer Dorfgemeinschaft oder Region, in deren Gebiet lediglich Weizen angepflanzt wurde? Strenggenommen war deren Vorgehen nicht nachhaltig, da die Bewohner allein mit den von ihnen erzeugten Produkten nicht überleben konnten. Auch haben sie möglicherweise Wälder abgeholzt oder Wiesen umgepflügt, um die Anbaufläche zu vergrößern und dadurch Raubbau betrieben. Gesichert wurde ihre Nachhaltigkeit erst durch den Handel mit anderen Dörfern oder Städten, die sich ebenfalls spezialisiert hatten und ohne Handel gleichfalls nicht bestehen konnten.

Unmittelbar einleuchtend ist diese Feststellung für größere Städte wie Berlin, das um 1800 etwa 100000 Einwohner zählte und auf sich allein gestellt nicht existieren konnte. Doch wo ist die Grenze zu ziehen? Um 1800 gab es einen umfangreichen internationalen Handel, der zu ausgeprägten Spezialisierungen und einer großen gegenseitigen Abhängigkeit einzelner Regionen voneinander geführt hatte. England importierte, wie erwähnt, den größten Teil des hochwertigen Bauholzes aus Nord- und Osteuropa oder Baumwolle aus Indien. Manche Gebiete Deutschlands und auch Europas hatten sich auf Viehzucht, Akkerbau oder Weinerzeugung spezialisiert, andere auf gewerbliche Produktion, und sie alle trieben Handel miteinander, ohne den sie nicht mehr bestehen konnten und vor allem nicht wollten. Legen wir also kleine räumliche Einheiten zugrunde, waren viele Gebiete und wohl fast alle Städte um 1800 nicht mehr nachhaltig.

Gehen wir hingegen von größeren Einheiten aus, verändert sich das Bild. Doch wie groß sollen diese Einheiten sein? Selbst eine Beschränkung auf einzelne Länder scheint angesichts der intensiven internationalen Wirtschafts- und Handelsverflechtungen in vielfacher Hinsicht nicht mehr angemessen zu sein.

Der rege Handel und die damit verbundene Spezialisierung hatten im 18.Jahrhundert zu einem Wachstum der Wirtschaft beigetragen und dadurch die Lebensbedingungen, vor allem die Versorgungssicherheit verbessert. Importe aus anderen Regionen konnten Ernteausfälle und Mißernten ausgleichen, so daß die Abhängigkeit von der Natur allmählich abnahm. Sie war jedoch noch nicht überwunden, denn weiterhin war der Transport von Getreide, zumal auf dem Landweg, kostspielig und zeitaufwendig. Und wenn Mißernten größere Regionen betrafen, war ein Ausgleich ohnehin schwierig, wenn nicht unmöglich, so in Deutschland in den Jahren 1763, 1771/72 und 1811.

Überlagert und verschärft wurde diese naturbedingte Krisenanfälligkeit durch ein rapides Wachstum der Bevölkerung, die in Deutschland im 18.Jahrhundert von etwa 16 Millionen auf 23 bis 24 Millionen zunahm. Vielfach wurde dieser Anstieg von den Landesherren gefördert, die darin einen Ausdruck ihrer Stärke sahen; doch zugleich bedeutete er eine zunehmende Belastung. Diese fiel lange Zeit nicht so gravierend aus, da auch die landwirtschaftliche Produktion deutlich zunahm. Gegen 1800 allerdings häuften sich die Krisensymptome, insbesondere die Preise für Nahrungsmittel stiegen steil an, und die Lebensbedingungen der unteren Schichten verschlechterten sich. Malthus schien recht zu haben, ein starker Anstieg der Bevölkerung führte offensichtlich zwangsläufig zu Krisen. Vieles sprach dafür, daß die Grenzen des Wachstums erreicht waren.

Doch diese Grenzen konnten verrückt werden, das zeigte schon der Blick nach England. Dort war es gelungen, die Produktion in Landwirtschaft und Gewerbe deutlich zu erhöhen, und England wurde deshalb von vielen als Vorbild gesehen. Dazu waren allerdings nicht nur neue Techniken, andere Fruchtfolgen oder ein Ausbau des Transportsystems erforderlich. Unverzichtbar waren grundlegende Veränderungen in Wirtschaft und Gesellschaft, die auf eine Stärkung des Eigentums, eine konsequentere Produktion für den Markt und eine allgemeine Liberalisierung hinausliefen. Das damit verbundene Programm hatte in England Adam Smith formuliert, der vor allem in Preußen unter den leitenden Beamten viele Anhänger gefunden hatte. Smith war der Überzeugung, daß der Volkswohlstand vermehrt werden konnte – doch selbst für ihn konnte dies nur in gewissen Grenzen geschehen.

Die bisherigen Erfahrungen hatten gezeigt, daß die Handlungsspielräume klein waren, denn die Menge der nachwachsenden Rohstoffe ließ sich nur langsam und vor allem nicht beliebig steigern, da der verfügbare Boden begrenzt war. Es gab Reserven in der Form des erwähnten Ödlands, dessen Bearbeitung allerdings einen hohen Aufwand erforderte und deshalb bisher unterblieben war. Auch war es möglich, durch Düngung, neue Fruchtfolgen, Bewässerung oder Spezialisierung den Ertrag zu verbessern. Doch beide Möglichkeiten ließen sich nicht beliebig ausweiten, zumal die unterschiedlichen Formen der Bodennutzung um dieselben Flächen konkurrierten. Zusätzliches Holz konnte nur gewonnen werden, wenn Boden nicht länger als Akker- und Weideland genutzt, sondern mit Bäumen bepflanzt wurde, während ein Anstieg der Getreideproduktion oder ein Ausbau der Schafzucht ebenfalls andere Nutzungen ausschlossen. Vermehrter Handel und damit verbundene Spezialisierung erlaubten es, den Spielraum zu vergrößern, doch sie konnten nichts daran ändern, daß die Gesellschaften vor der Industrialisierung auf einer organischen Basis beruhten und die damit verbundenen Grenzen nicht aufheben konnten. Adam Smith war deshalb der Meinung, sie würden schließlich in einen Gleichgewichtszustand übergehen, in einen – wie wir es heute nennen würden – »stationary state«. In diesem Zustand habe ein Land »jenes reichliche Maß von Reichtümern erworben [...], das die Natur seines Bodens und Klimas und seine Lage gegen andere Länder ihm zu erwerben erlaubten, das daher keine weiteren Fortschritte machen konnte, aber auch keine Rückschritte machte«[10].

Dies war eine optimistische Vorhersage, von der Länder wie Deutschland noch weit entfernt waren. Hier war trotz aller Fortschritte des 18. Jahrhunderts die Lebensgrundlage der großen

Mehrheit weiterhin prekär und unsicher. Ihre Welt war nachhaltig, da sie nachwachsende Rohstoffe nutzte, doch sie war nicht nachhaltig, wenn wir unter diesem Begriff eine langfristige, auf Stabilität angelegte Entwicklung verstehen. Diese Unterscheidung ist wichtig: Nachhaltigkeit im Sinne der Ressourcennutzung ist zu trennen von der Nachhaltigkeit wirtschaftlicher oder gesellschaftlicher Entwicklung. In der anfangs genannten Definition fehlt diese Unterscheidung. Eine nachhaltige Nutzung von Ressourcen wird gleichgesetzt mit einer stabilen, auf Dauer angelegten Entwicklung. Historisch trifft diese Aussage nicht zu. Selbst um 1800 war die nachhaltige Ressourcennutzung noch nicht mit einer langfristigen Stabilität verbunden. Das Gegenteil war der Fall. Einen Ausweg bot erst der massive Einsatz von Kohle, der die Abhängigkeit vom Boden endgültig aufhob und zugleich – etwa zur Mitte des 19. Jahrhunderts – eine Wirtschaftsweise etablierte, die gerade nicht mehr auf der nachhaltigen Nutzung von Rohstoffen beruhte.

Besonders deutlich hatte die damaligen Grenzen des Wachstums 1761 der Engländer Robert Wallace in der Schrift: ›Various Prospects of Mankind, Nature and Providence‹ benannt. Wallace setzte sich darin kritisch mit politischen Utopien der Aufklärung auseinander und entwickelte eine überraschende Argumentation. Er war politisch konservativ, räumte aber ein, daß eine gerechte, demokratische und friedliche Gesellschaft geschaffen werden könne. Den üblichen konservativen Einwand, diese Gesellschaft werde am Ehrgeiz und Machtstreben der Menschen scheitern, wies er zurück, die Zielsetzung sei nicht utopisch. Das Problem liege ganz woanders, denn in einer gerechteren Gesellschaft werde die Bevölkerung und die Nachfrage nach Gütern zunehmen, da die Menschen dann – befreit von bisheriger Not – neue Bedürfnisse entwickeln und sich zu stark vermehren würden. Und hier lag für ihn das eigentliche Problem.

Es war für Wallace undenkbar, daß die wirtschaftliche Produktion im erforderlichen Maße zunehmen werde. Für eine derartige Auffassung sah er keinerlei empirische Anhaltspunkte, und genau hieran werde die angestrebte bessere Gesellschaft scheitern: »Wie herausragend auch immer die utopischen Gesellschaften ihrer eigenen Natur nach sein werden, sie sind völlig unvereinbar mit den gegenwärtigen Bedingungen der Natur und mit der begrenzten Ausdehnung der Erde. Es wäre deshalb unmöglich, die gestiegene Zahl der Menschen zu ernähren, die unter einer perfekten Regierung aufwüchsen, die Erde würde überfüllt.«[11] Die Folgen seien allgemeine Not, Unruhe, Anarchie und dadurch das Scheitern der Utopie an den nahezu unverrückbaren Grenzen des Wachstums. Er empfahl deshalb, das Ideal einer gerechten Gesellschaft gar nicht erst anzustreben. Denn diese müsse notwendig scheitern und werde in ihrem Scheitern viel größeres Elend hervorrufen als die unvollkommenen Gesellschaften der Gegenwart. Hier besteht eine interessante Parallele zur heutigen Debatte. Auch heute scheint es vorstellbar zu sein, daß sich weltweit die politischen Forderungen nach mehr Demokratie, Freiheit und Gleichheit durchsetzen, doch zugleich herrscht weitgehend Konsens darüber, daß der im Westen damit verbundene Lebensstandard nicht überall auf der Welt erreicht werden könne.

Wir wissen mittlerweile, daß die von Wallace beschriebenen Grenzen im 19. Jahrhundert überwunden wurden. Nicht nur die Bevölkerung wuchs, sondern auch Landwirtschaft, Gewerbe und Industrie, und dies zudem in einem Ausmaß, das bis dahin unvorstellbar war und nicht einmal als Utopie formuliert wurde. Wir wiederum können uns kaum noch in die Welt um 1800 hineinversetzen, zu groß sind die Unterschiede nach fast zweihundert Jahren industriellen und wirtschaftlichen Wachstums.

Kapitel 2

Der Umbruch im 19. Jahrhundert

Bevölkerung

Die für die Umwelt wichtigste Veränderung im 19. Jahrhundert war ein historisch einmaliger Anstieg der Bevölkerung. Um 1800 lebten auf dem Gebiet des späteren Deutschen Reiches knapp 24 Millionen Menschen, etwa 10 Millionen mehr als ein Jahrhundert zuvor. Schon dieser Anstieg war ungewöhnlich hoch und hatte Ängste vor einer Überbevölkerung ausgelöst. Die dann einsetzende Entwicklung war noch beeindruckender. Am Vorabend des Ersten Weltkriegs lag die Zahl bei etwa 65 Millionen, die Bevölkerung hatte sich seit 1800 nahezu verdreifacht und absolut um 40 Millionen zugenommen.

Es liegt auf der Hand, daß dieser Anstieg gravierende Auswirkungen auf die Umwelt hatte, denn die größere Bevölkerung benötigte mehr Fläche für Verkehr, Wohnen und Landwirtschaft, mehr Nahrungsmittel und insgesamt mehr Ressourcen. Das gilt um so mehr, als das Wachstum der Wirtschaft das der Bevölkerung noch um ein Mehrfaches übertraf. 1913 betrug das Nettosozialprodukt fast 50 Milliarden Reichsmark und lag nahezu zehnmal so hoch wie ein Jahrhundert zuvor.[1] Das sind bemerkenswerte Zahlen, die Malthus in doppelter Hinsicht widerlegen. Es war nicht nur gelungen, die befürchteten Krisen und Hungersnöte zu vermeiden und die wachsende Bevölkerung zu ernähren. Der Lebensstandard war darüber hinaus sogar angestiegen und dies um so mehr, je stärker die Bevölkerung wuchs. Zugespitzt formuliert legen diese Entwicklungen die gegenteilige These nahe. Ein deutlicher Bevölkerungszuwachs führt nicht – wie Malthus angenommen hatte – über kurz oder lang zu gravierenden Krisen, er ist vielmehr eine Voraussetzung für ein rapides und beeindruckendes Wachstum der Wirtschaft.

In den ersten Jahrzehnten des 19. Jahrhunderts war diese Entwicklung noch nicht zu erkennen. Damals überwogen vielmehr die Ängste vor einer Zunahme insbesondere der ärmeren Schichten. Vor allem nach 1840 häuften sich die Klagen »über steigende Armut und Nahrungslosigkeit unter ganzen arbeitenden Klassen, über Verarmung ganzer Bezirke«[2]. Die Zunahme der »Eigentumslosen«, so der zeitgenössische Ausdruck, löste große Sorgen aus, und viele sahen in der Auswanderung ihre einzige Hoffnung. Allein zwischen 1841 und 1885 haben mehr als 4,2 Millionen Menschen Deutschland verlassen, knapp 3,9 Millionen davon in Richtung Übersee. Auch danach hielt die Auswanderungswelle an, ging allerdings im Gefolge der Industrialisierung deutlich zurück.

Der Beginn der Industrialisierung wird für Deutschland üblicherweise auf die dreißiger Jahre des 19. Jahrhunderts datiert, wobei die eigentliche Expansion erst nach 1850 stattfand. Jetzt wuchs die Wirtschaft so rapide, daß die »Eigentumslosen« Arbeit fanden. Die Sorge um einen Anstieg der Bevölkerung ging zurück, sie wurde sogar durch Stolz über deren Zunahme abgelöst. Erneut galt eine große Bevölkerungszahl als Ausdruck nationaler Stärke, zumal im Vergleich zu Frankreich, das zu Beginn des 19. Jahrhunderts die führende Macht auf dem europäischen Kontinent war und auch die höchsten Bevölkerungszahlen aufweisen konnte. Diese nahmen, wie in ganz Europa, in den folgenden Jahrzehnten zu, stiegen jedoch langsamer und nach 1871 sogar kaum noch an, während in Deutschland 1914 beinahe so viele Menschen wohnten wie in England und Frankreich zusammengenommen. Diese Entwicklung wurde mit großer Zustimmung betrachtet, lediglich vereinzelt erklangen kritische Stimmen. Die sogenannten »Neo-Malthusianer«, die sich ausdrücklich auf Malthus beriefen, warnten vor dem zu schnellen Bevölkerungsanstieg und gründeten 1900 eine »Gesellschaft zur Bekämpfung der Überbevölkerung Deutschlands«, die jedoch weitgehend bedeutungslos blieb. Das galt um so mehr, als etwa zu dieser Zeit die Zahl der Geburten zurückging, was genau die gegenteilige Befürchtung auslöste, die Sorge nämlich, Deutschlands Macht könnte schwinden und das deutsche Volk sogar aussterben. Ängste verursachte vor allem der anhaltende Bevölkerungsanstieg in Rußland und führte zu Warnungen vor der »slawischen Gefahr«

und der »russischen Dampfwalze«, die schließlich entscheidend zum Ausbruch des Ersten Weltkriegs beitrugen.

Parallel hierzu setzte um die Jahrhundertwende unter dem Begriff der Eugenik eine andere Debatte ein. Das eigentliche Problem lag nach Meinung der daran Beteiligten nicht in der Quantität, sondern in der Qualität der Bevölkerung. Eine Zunahme – so ihre These – gebe es vor allem in den unteren Schichten, während in den mittleren und oberen die Kinderzahl stagniere oder sogar zurückgehe. Dies sei fatal, denn die unteren Schichten seien minderwertiger, würden sich aber stärker vermehren als die wertvolleren Gruppen der Gesellschaft. Es komme deshalb darauf an, auf wissenschaftliche Weise die Erbanlagen eines Volkes zu verbessern, wozu zahlreiche Vorschläge entwickelt wurden. Als minderwertig bezeichnete Personen sollten streng kontrolliert oder gar mit Heiratsverboten belegt, die oberen Schichten hingegen durch vielerlei Unterstützung dazu bewegt werden, mehr Kinder zu bekommen. Gefordert wurden eine obligatorische Eheberatung, die Sterilisation vermeintlich Ungeeigneter und sogar gezielte Züchtungsversuche. Insgesamt jedoch erlangten diese Forderungen keine weite Verbreitung, dazu waren sie zu kontrovers und liefen zudem auf Formen der Geburtenkontrolle hinaus, wodurch sie den ohnehin beklagten Rückgang der Bevölkerung verstärkt hätten. Größere Resonanz fanden sie erst in der Weimarer Republik und dann während des Nationalsozialismus.

Landwirtschaft

Die wohl größte Herausforderung des 19. Jahrhunderts bestand darin, die rapide zunehmende Bevölkerung zu ernähren. Das ist in erstaunlichem Maße gelungen. Zwischen 1800 und 1875 hat sich die agrarische Produktion nahezu verdreifacht und anschließend bis zum Ersten Weltkrieg noch einmal fast verdoppelt. So stieg allein von 1871 bis 1912 die Produktion von Getreide von 17,3 Millionen auf 27,9 Millionen Tonnen an, die von Kartoffeln von 23,5 Millionen auf 50,2 Millionen Tonnen, und die Zahl der Schweine erhöhte sich von 7 auf 25 Millionen Stück. Die Landwirtschaft hatte im Verlauf des 19. Jahrhunderts einen enormen Produktionszuwachs zu verzeichnen, der noch über den

Bevölkerungszuwachs hinausging und nicht nur die Gefahr von Hungerkrisen bannte, sondern zu einer deutlichen Steigerung des Lebensstandards führte.[3]

Dabei sah die Ausgangssituation um 1800 alles andere als gut aus, denn die Landwirtschaft war wenig produktiv. Allein 15 bis 30 Prozent der Ernte, je nach Boden und Jahr, mußten als Saat zurückgehalten, konnten also nicht verbraucht werden. Hinzu kamen die Abgaben an die Grundherren, die bis zu 40 Prozent der Ernte beanspruchten und im Laufe des 18. Jahrhunderts versuchten, diese Quote noch zu erhöhen. Viele Bauern konnten deshalb gerade den eigenen Bedarf befriedigen. Dazu trug auch bei, daß nur ein Teil des Bodens intensiv bewirtschaftet wurde. Der Anteil des Ackerlandes wird auf etwa 25 Prozent geschätzt; hinzu kamen 20 bis 30 Prozent Ödland sowie ein etwa genauso großer Anteil für die Allmende. Hierbei handelte es sich um eine gemeinschaftlich genutzte Fläche, die angesichts der knappen Ressourcen einen zentralen Bestandteil der lokalen Ökonomie bildete. Hier holten die Bauern und andere Dorfbewohner Brenn- und Bauholz, sie nutzten diese Fläche als Weide für Kühe und Schafe, trieben im Herbst, wenn Eichen und Buchen Früchte trugen, die Schweine hinein oder setzten den Boden zur Düngung der Äcker ein.

Stellenweise betrafen diese Regelungen sogar den privaten Besitz, indem etwa Eigentümer ihre Grundstücke nur vier bis sechs Jahre lang als Äcker bestellen durften und sie dann auf ebenso lange Zeit liegenlassen mußten, damit die Gemeinde oder andere Berechtigte sie als Weide nutzen konnten. Derartige Vorschriften sollten einen Schutz gegen eine zu starke Nutzung bieten, wurden jedoch, wie die Einrichtung der Allmenden generell, zunehmend kritisiert. Denn angesichts der Bevölkerungszunahme gab es eine wachsende Tendenz, diese Flächen über Gebühr zu nutzen und dadurch allmählich auszulaugen. Diese Gefahr war um so größer, als die einzelnen Berechtigten wenig Anreiz besaßen, sich zurückzuhalten oder gar durch zusätzliche Arbeit den Ertrag zu steigern, da dieser allen und nicht lediglich ihnen zugute kam. So erschwerte die Institution der Allmenden eine effektivere Nutzung des Bodens, die allerdings auch auf den privat genutzten Parzellen Probleme aufwarf, denn neben der Last der

Abgaben ist zu berücksichtigen, daß die Parzellen oftmals sehr klein, schwer voneinander abzugrenzen und mit diversen Nutzungsrechten belegt waren.

Nicht überall waren die Voraussetzungen für eine intensivierte Landwirtschaft gleich ungünstig oder die Abgaben erdrückkend. Doch fraglos war die Landwirtschaft in Deutschland, von Ausnahmen abgesehen, weniger produktiv als in England, und so mehrten sich die Stimmen, die für grundlegende Reformen plädierten. Hierfür gab es kein einheitliches Programm, sondern eine Vielzahl von Vorschlägen. Gefordert wurde unter anderem eine Abschaffung der traditionellen Abhängigkeiten, wie sie in der Form von Leibeigenschaft, Abgaben und zahlreichen Sonderrechten der Grundherren weiterhin bestanden; eine Beseitigung der Allmende und eine neue Aufteilung des Bodens, um größere Flächen zu schaffen; die Urbarmachung zusätzlichen Landes und verstärkte Ausgaben zur Trockenlegung, Düngung und Bewässerung; eine allgemeine Verbesserung des Bodens sowie der Viehzucht oder der Übergang zu neuen Pflanzen und Fruchtfolgen und so weiter.

Diese Vorschläge waren in ihrem Kern hochbrisant, denn sie strebten die ungehinderte private Verfügung über den Boden und dessen Erträge an. Prägnant formuliert hat diese Position im Jahre 1809 Albrecht Thaer, einer der bekanntesten Reformer, für den die Landwirtschaft den Zweck hatte, durch Produktion oder weitere Verarbeitung »vegetabilischer und thierischer Substanzen Gewinn zu erzeugen oder Geld zu erwerben«. Dieser Zweck werde um so besser erfüllt, je höher der Gewinn ausfalle, und die »vollkommenste Landwirtschaft« sei diejenige, »welche den möglich höchsten, nachhaltigen Gewinn, nach Verhältniß des Vermögens, der Kräfte und der Umstände, aus ihrem Betrieb zieht«. Das Ziel eines Landwirtes sei nicht »die möglich höchste Produktion, sondern der höchste reine Gewinn«, der nicht nur ihm einen Vorteil bringe, sondern von dem auch die Allgemeinheit, »das allgemeine Beste« profitiere.[4]

Diese Position war geprägt durch die Lehre von Adam Smith und hatte wichtige Befürworter unter den leitenden preußischen Beamten. Sie stieß aber auch auf Opposition, etwa bei Graf Yorck von Wartenburg, der darin lediglich einen Triumph des

Profitdenkens, des – wie er es ausdrückte – »Plusmachersystems« sah: »Wie aber wird das schöne Land bei diesem Plusmachersystem verwüstet werden! [...] Der Spekulant, der ein Gut erwirbt, denkt nur an die Gegenwart; er wird eilen, die schönen Eichen- und Buchenwälder niederzuhauen, weil sie nicht so viel einbringen wie [ein] Weizenfeld. Nach Jahren aber wird der Wind die entfernten Sandhügel über die Weizenfelder wehen, und statt des schönen grünen Waldes, der Auge und Herz erfreut, werden wir dürren Buchweizen, die magerste aller Ackerfrüchte, erblicken. Jene vaterländischen Bäume werden Fremdlinge werden und den Birken und amerikanischen Pappeln Platz machen, die schneller wachsen; die Kiefernwälder werden sie noch Gnade finden lassen, da Bau- und Brennholz unentbehrlich ist und die Holzdiebe doch auch bestehen müssen.«[5]

Dieses Zitat klingt wie moderne ökologische Kritik an der neuen, rationellen Landwirtschaft, doch dahinter verbargen sich ganz andere Motive. Die neue Landwirtschaft und die damit verbundenen Reformen griffen tief in traditionelle Rechte und Privilegien ein. Sie stießen deshalb auf großen Widerstand und konnten erst unter dem Eindruck der Niederlage gegen Napoleon verwirklicht werden. Diese war so vernichtend ausgefallen, daß Reformen in Preußen und den anderen deutschen Staaten nicht länger aufgeschoben werden konnten. Jetzt war es möglich, grundlegende Veränderungen der politischen, rechtlichen, ökonomischen und sozialen Rahmenbedingungen durchzusetzen, und hier, in den institutionellen Veränderungen, liegen die entscheidenden Gründe für den deutlichen Anstieg der landwirtschaftlichen Produktion. Hier wurde ein Zusammenhang deutlich, der sich später mehrfach bestätigen sollte. Die von Malthus und anderen befürchteten Grenzen des Wachstums waren das Ergebnis ungünstiger politischer, sozialer und ökonomischer Rahmenbedingungen, sie beruhten nur zu sehr geringen Teilen auf vorgegebenen natürlichen Faktoren.

Im Gefolge der Agrarreformen wurden traditionelle Abhängigkeiten und Lasten nach und nach beseitigt und der Boden als ein Wirtschaftsgut etabliert, das möglichst ökonomisch zu nutzen war. Diese Prozesse zogen sich mehrere Jahrzehnte hin und hatten gravierende soziale Auswirkungen, denn die Abhängigkeiten wurden nicht einfach abgeschafft, es mußten vielmehr Entschädigungen gezahlt werden. Diese führten zu weitreichenden Umverteilungen, von denen vor allem die Großgrundbesitzer, aber auch eine breite Schicht mittlerer und größerer Bauern profitierten, während die kleineren Bauern von ihrem ohnehin geringen Besitz oftmals so viel abgeben mußten, daß sie nicht überleben konnten. Besonders betroffen waren die landlosen Schichten. Frühere Verpflichtungen von Grundbesitzern, sie in schlechten Zeiten zu unterstützen, entfielen ebenso wie das Recht, die Allmende zu nutzen. Diese wurde vielmehr unter den Besitzenden aufgeteilt, so daß die Vor- und Nachteile dieser Reformen sehr ungleich verteilt waren.

Diese Durchsetzung individueller Eigentumsrechte hatte weitreichende Auswirkungen auf Natur und Landschaft, denn nicht nur wurde der Boden effektiver genutzt, sondern zugleich die Bereitschaft vergrößert, Finanzmittel zu mobilisieren und in die Landwirtschaft zu investieren. Die Folge waren ein Ausbau der Be- und Entwässerungssysteme, die Bewirtschaftung zusätzlicher Flächen, eine verbesserte Düngung, die verstärkte Haltung von Vieh in Stallungen, der Anbau neuer Früchte und grundlegende Veränderungen der Landschaft. Die Vielzahl kleiner Parzellen wurde durch größere, zusammenhängende Flächen abgelöst, fruchtbare Waldgebiete in Ackerland umgewandelt und weniger ertragreiche Böden mit Bäumen bepflanzt. Überschwemmungsgebiete wurden trockengelegt, trockene Heide- und Sandböden bewässert und bisheriges Ödland intensiv bewirtschaftet. Der Anteil dieser naturnahen Flächen ging deutlich zurück, in Preußen beispielsweise von knapp 33 Prozent im Jahre 1802 auf weniger als 5 Prozent zur Jahrhundertwende.[6]

Wohl kein anderer Prozeß hat im 19. Jahrhundert die natürliche Umwelt so sehr verändert wie dieser Übergang zur intensiven Landwirtschaft. Die Landschaft wurde homogener und geometrischer. Die Zahl der Büsche, Bäume und Hecken auf den Ackerflächen ging zurück; Wege, die sich durch die Felder schlängelten, wurden begradigt oder verschwanden ebenso wie eine Vielzahl kleiner Bachläufe; andere wurden ausgebaut oder das Gefälle vergrößert, um für einen besseren Abfluß zu sorgen; die Übergänge zwischen Wald, Weide und Ackerflächen waren nicht länger fließend, sondern deutlich markiert. Die Waldränder erschienen fortan als »scharfe, wie mit dem Lineal gezogene Grenzen, während der Wald sich bis dahin anmutig und allmählich mit einzelnen Bäumen und Buschwerk in das Kulturland aufgelöst hatte«[7].

Diese Veränderungen zogen sich über das gesamte 19. Jahrhundert hin und waren auch danach noch nicht abgeschlossen. Sie erfolgten in so kleinen Schritten, daß die Auswirkungen nur allmählich deutlich wurden. Nennenswerte Kritik setzte deshalb spät ein, eigentlich erst gegen Ende des 19. Jahrhunderts. Einer der wichtigsten Kritiker war Ernst Rudorff, der 1904 den Bund Heimatschutz mit begründete und bereits 1880 die Gemeinheitsteilungen und Verkoppelungen beklagte. Man sei bemüht, so schrieb er, »das bunte, anmutige Land zu einem möglichst kahlen, glatt geschorenen, regelmäßig geviertelten Landkartenschema umzuarbeiten. Jede vorspringende Waldspitze wird dem Gedanken der bequemen geraden Linie zu Liebe rasirt, jede Wiese, die sich in das Gehölz hineinzieht, vollgepflanzt [...]. Die Bäche, die die Unart haben, in gewundenem Lauf sich dahinzuschlängeln, müssen sich bequemen, geradeaus zu fließen.«[8]

Diese Veränderungen waren weitreichend, erfolgten aber vorwiegend mit traditionellen Techniken und Methoden. Der Einsatz größerer Maschinen spielte erst gegen Ende des 19. Jahrhunderts eine nennenswerte Rolle; noch im Jahre 1907 waren im Deutschen Reich lediglich rund vierhundertvierzig Dampfpflüge im Einsatz. Ähnlich langsam setzten sich neue Dünger durch. Gerade hier bestand ein großer Nachholbedarf, und es wurde viel experimentiert, da die Kenntnisse sehr zu wünschen übrigließen. Vielfach führten heute banal anmutende Mittel zu großen Erfolgen, darunter der Übergang zur Stallfütterung. Hatte das Vieh bis dahin draußen geweidet und dabei auf den ohnehin nicht sehr fruchtbaren Wiesen einen großen Teil des Grases zertreten, so konnte dieses jetzt gemäht und zugleich der Dung gezielt gesammelt und auf den Äckern ausgetragen werden. Zudem setzte sich der Anbau von Luzerne und Klee durch, die den Stickstoffanteil des Bodens vermehrten und dadurch den Ertrag erhöhten.

Derartige Maßnahmen wurden weithin angewandt, wie überhaupt die prinzipielle Bedeutung der Düngung seit langem bekannt war. Doch die zugrundeliegenden Mechanismen haben erst Carl Sprengel und dann vor allem Justus von Liebig analysiert, der um 1840 nachwies, wie wichtig eine ausreichende Versorgung des Bodens mit Mineralien war: Phosphorsäure, Kalk, Kali und Ammoniak. Und er formulierte das sogenannte Gesetz vom Minimum, wonach zu geringe Mengen eines dieser Stoffe nicht durch einen Überschuß von einem der anderen Stoffe ersetzt werden konnten. Da jeder Anbau von Pflanzen mit dem Verlust von Nährstoffen verbunden sei, müsse Ersatz geschaffen werden, um das gestörte Gleichgewicht wiederherzustellen. Für Liebig beruhte der europäische Feldbau »auf der Ausraubung der Felder«, und falls es nicht gelänge, die Folgen des Raubbaus zu kompensieren, würden die Völker Europas »zu ihrer Selbsterhaltung gezwungen sein, sich ohne Aufhören gegenseitig in grausamen Kriegen zu zerfleischen und zu vertilgen, um das Gleichgewicht herzustellen«[9].

Als besonders wichtig galt der Ersatz der Phosphate, die aber schwer zu beschaffen waren und lange Zeit aus Tier- und Menschenknochen gewonnen wurden. Auf der Suche nach diesem Material wurden »die Gräber- und Schlachtfelder Europas ausgebeutet, so die uralten Beinhäuser Siziliens und die Schlachtfelder von Leipzig, Waterloo und des Krimkrieges. Liebig schätzte die von 1810 bis 1860 nach England eingeführte Menge von Phosphaten insgesamt ›in Knochen ausgedrückt‹ auf 4 Millionen Tonnen.«[10] Problematisch war auch, daß Phosphorsäure und Kali schwer löslich sind und deshalb von den Pflanzen nur begrenzt aufgenommen werden können. So setzten sich die neuen Erkenntnisse erst nach 1870 durch, als die Löslichkeit der Mineraldünger verbessert, zusätzliche Kalilager erschlossen und neue Verfahren zur Erzeugung sogenannter Superphosphate entdeckt wurden. Es gelang nämlich, diese aus der Thomasschlacke zu gewinnen, die beim Schmelzen phosphatreicher Erze in großen Mengen anfiel und für die es bis dahin keine sinnvolle Verwendung gegeben hatte. Erst danach kann von einer systematischen und allgemein durchgeführten Düngung gesprochen werden, die dem Boden die fehlenden Stoffe zurückgab und zur erwähnten beeindruckenden Ertragssteigerung führte.

Dazu trugen auch Bewässerung, Trockenlegung und andere

Maßnahmen bei, die den Boden verbesserten, den Handlungsspielraum der Bauern deutlich erweiterten und diese unabhängiger von lokalen Standortfaktoren machten. Sie konnten Früchte
anbauen, die bisher nicht oder schlecht gediehen, arme Heidebö-
den in ertragreiche Äcker umwandeln, bestimmte Pflanzen über
mehrere Jahre hinweg einsetzen und dabei entstehende Defizite
ausgleichen oder die bereits vorhandene Spezialisierung noch
verstärken, indem sie in der Magdeburger Börde, dem Rheinland
und anderen Gegenden großräumig Zuckerrüben anpflanzten
oder sich im Umkreis der Städte auf Obst- und Gemüseanbau
oder die Milch- und Viehwirtschaft konzentrierten. Diese Entscheidungen hingen nur noch teilweise von natürlichen Faktoren
ab, zunehmend wichtiger wurden die Verkehrsanbindung und
Nähe zu Absatzmärkten, wie überhaupt die natürlichen Kreisläufe stark durch menschliche Eingriffe beeinflußt wurden.

Ein gutes Beispiel dafür ist der Anbau der Zuckerrübe, der
nach 1860 in großem Maßstab erfolgte, als es gelang, besonders
zuckerhaltige Rüben zu züchten und die für den Anbau benötigten Düngermengen zu beschaffen. Ausschlaggebend hierfür waren die Arbeiten von Liebig, vor allem aber der Bau der Eisenbahnen, die den preiswerten Transport des Düngers und nicht
zuletzt der gewaltigen Rübenmengen erlaubten. Zu deren Verarbeitung wurden eigene Zuckerfabriken und riesige Verbundbe-
triebe errichtet, die den Anbau und die Verarbeitung der Rüben
übernahmen. So entstand in Wanzleben in der Nähe von Magde-
burg einer der größten landwirtschaftlichen Betriebe Europas,
der nach der Jahrhundertwende 18000 Arbeiterinnen und Arbeiter auf dem Feld und in Stallungen beschäftigte sowie 22000 weitere in den angeschlossenen Betrieben. Aus dem benachbarten
Klein Wanzleben kam vor 1914 mehr als die Hälfte des weltweiten Bedarfs an Rübensamen, der hier in einem wissenschaftlichen
Großlabor gezüchtet wurde.[11]

Die Abwässer der Zuckerfabriken enthielten zahlreiche organische Bestandteile, die zur Düngung auf Wiesen geleitet oder in
Absetzbecken zu einem hochwertigen Dünger getrocknet wurden. Vielfach gelangten sie allerdings ohne jede weitere Vorkeh-
rung in Bäche und Flüsse und richteten verheerende Schäden an.
Denn dann begannen die organischen Bestandteile zu faulen, er-

zeugten einen fürchterlichen Gestank und hatten zugleich einen so hohen Sauerstoffbedarf, daß Fische, andere Lebewesen und schließlich auch die Gewässer abstarben. Über diese Mißstände wurde schon früh geklagt, und es ist kein Zufall, daß der erste Umweltroman, Wilhelm Raabes ›Pfisters Mühle‹ aus dem Jahre 1884, dieses Thema behandelt. Raabe schildert darin den Kampf des Müllers Pfister gegen eine Zuckerrübenfabrik und bezeichnet die Flußverschmutzung als »eine von den größern Fragen der Zeit. Deutschlands Ströme und Forellenbäche gegen Deutschlands Fäkal- und andre Stoffe. Germanias grüner Rhein, blaue Donau, blaugrüner Neckar, gelbe Weser gegen Germanias sonstige Ergießungen.«[12]

Die neue Form der Landwirtschaft konnte unmittelbar Schäden hervorrufen, und sie hat die Landschaft erheblich verändert. Erhebliche Belastungen wie beim Rübenanbau bedeuteten freilich ebenso wie großflächige Monokulturen noch eine Ausnahme. Insgesamt war die Landschaft bei weitem nicht so monoton und gradlinig wie von Rudorff beschrieben, und vor allem war sie nicht zu der Sandwüste verkommen, die Graf Yorck von Wartenburg beschworen hatte. Die Güter waren nicht nur von Spekulanten erworben worden, und die neuen Besitzer hatten nicht nur die Gegenwart oder kurzfristigen Gewinn im Blick. Es gelang vielmehr, die Auslaugung des Bodens zu verhindern, seine Fruchtbarkeit deutlich zu steigern und die Versorgung der Bevölkerung auf eine tragfähigere und damit nachhaltigere Basis zu stellen.

Wald

Nicht minder auffällig waren die Veränderungen beim Wald, dessen Bestand im 18. Jahrhundert angesichts der Bevölkerungsvermehrung erheblich abgenommen hatte. Eine ausgeprägte Holzkrise hat es offensichtlich nicht gegeben, wohl aber eine verstärkte Nutzung, denn der Wald diente nicht nur zur Gewinnung von Holz, sondern auch für zahlreiche andere Zwecke. In ihm wurde Streu aufgelesen, Plagge gestochen, Harz und Gerberlohe gewonnen, Eicheln sowie andere Früchte gesammelt und Schweine, Schafe, Ziegen, Pferde und Rinder geweidet. Diese Tiere fraßen

besonders gerne die zarten Triebe neuer Bäume, so daß die bewei-
deten Waldflächen immer lichter wurden, die verschiedenen Nutzungen ineinander übergingen und in der Nähe von Ortschaften
von einem klar abgrenzbaren Wald im heutigen Sinne nicht gesprochen werden konnte. Um 1800 waren große Waldflächen
durch übermäßigen Holzschlag und intensive Beweidung erheblich ausgedünnt, wenn nicht verschwunden, so daß die Klagen
über Holzmangel eine gewisse Berechtigung hatten.

Etwa zu dieser Zeit setzten große Aufforstungen ein. Dahinter standen der Wunsch der Landesherren, zusätzliche Einnah-
men zu erschließen, und der Ehrgeiz der Forstleute, die neuen
Erkenntnisse der Forstwissenschaft in die Praxis umzusetzen.
Dazu mußten vor allem die zahlreichen Nebennutzungen unter-
bunden werden, was großen Widerstand hervorrief. Denn diese
Nebennutzungen waren nicht nur wichtig zur Sicherung der
Versorgung, sie beruhten auch auf alten Gewohnheitsrechten. Sie
wurden deshalb zunehmend kriminalisiert und zahlreiche Un-
tertanen wegen Holzdiebstahls verfolgt und bestraft. Allmählich
setzten sich die neuen Auffassungen durch, die Nutzungen wurden sorgfältig voneinander getrennt und großflächige Wälder
neu angelegt. Dies geschah ganz systematisch, mit Waldwegen,
die sich möglichst rechtwinklig kreuzten, einer konsequenten
Aufforstung und schließlich einer Abholzung bis hin zur Kahl-
schlagwirtschaft, bei der ganze Bestände zur gleichen Zeit gefällt
wurden.

Bei den neuen Bäumen handelte es sich überwiegend um Kiefern und Fichten, die schnell wachsen und bald Ertrag liefern.
Das gilt auch für importierte »exotische« Gehölze wie Dougla-
sie, Sitkafichte, Japanische Lärche oder die Hemlocktanne, die
breite Verwendung fanden – sehr zum Unwillen von Kritikern.
So beklagte der erwähnte Graf Yorck von Wartenburg, daß Ei-
chen- und Buchenwälder abgeholzt würden. Diese »vaterländischen Bäume« würden zu Fremdlingen und müßten den Birken,
Kiefern und amerikanischen Pappeln weichen. Andere Kritiker
äußerten sich sachlicher und wiesen auf die Anfälligkeit von Monokulturen, insbesondere bei Nadelhölzern hin, die bei Trockenheit leichter in Brand gerieten oder – wie etwa Fichten – sehr fla-
che Wurzeln hätten und deshalb sturmanfällig seien. Es ist auffäl-

lig, wie sehr bei dieser Debatte von Beginn an sachliche, romantische und nationale Argumente miteinander vermischt waren. Das verweist auf eine für Deutschland geradezu sprichwörtlich emotionale Beziehung zum Wald, die bis heute anhält und dazu führte, daß der aktuelle Begriff des »Waldsterbens« in andere Sprachen übernommen wurde.

Diese Haltung zeigte auch Otto von Bismarck, als er sich 1890 über seinen wenig geliebten Nachfolger Leo von Caprivi äußerte: »Ich kann nicht leugnen, daß mein Vertrauen in den Charakter meines Nachfolgers einen Stoß erlitten hat, seit ich erfahren habe, daß er die uralten Bäume vor der Gartenseite seiner, früher meiner, Wohnung hat abhauen lassen, welche eine erst in Jahrhunderten zu regenerierende, also unersetzbare Zierde der amtlichen Reichsgrundstücke in der Residenz bildeten. Kaiser Wilhelm der Erste, der in dem Reichskanzlergarten glückliche Jugendtage verlebt hatte, wird im Grabe keine Ruhe haben, wenn er weiß, daß sein früherer Gardeoffizier alte Lieblingsbäume, die ihresgleichen in Berlin und Umgebung nicht hatten, hat niederhauen lassen, um un poco più de luce zu gewinnen. Aus dieser Baumvertilgung spricht nicht ein deutscher, sondern ein slavischer Charakterzug. Die Slaven und Kelten, beide ohne Zweifel stammverwandter als jeder von ihnen mit den Germanen, sind keine Baumfreunde, wie jeder weiß, der in Polen und Frankreich gewesen ist; ihre Dörfer und Städte stehen baumlos auf der Ackerfläche wie ein Nürnberger Spielzeug auf dem Tische. Ich würde Herrn von Caprivi manche politische Meinungsverschiedenheit eher nachsehen als die ruchlose Zerstörung uralter Bäume.«[13]

Durchgesetzt allerdings hat sich eine pragmatische Position, nicht nur wegen ökonomischer Vorteile. Hinzu kam, daß die Böden durch die zahlreichen vorherigen Nutzungen oftmals ausgelaugt waren und nur eine Bepflanzung mit anspruchslosen Bäumen wie Fichten und Kiefern zuließen. Zudem enthalten diese Sorten mehr Harz als Buchen, Eichen oder Ahorn, sind dadurch für Rehe und anderes Wild nicht so schmackhaft und folglich weniger von Verbiß betroffen. Nadelholzkulturen setzten sich also durch, und im 19. Jahrhundert erfolgten großflächige (Wieder-) Aufforstungen, die zur Bildung riesiger Waldgebiete führten. Bald allerdings wurden auch die Probleme der Monokulturen deutlich. So zerstörten Nonnenraupen in den Jahren 1889 bis 1891 einen Forst bei München, und es kam immer wieder zu Waldbränden oder Sturmschäden. Noch allerdings waren die Wälder jung und dadurch widerstandsfähig. Erst mit zunehmendem Alter wurden sie anfälliger, was dann in unseren Tagen, beim Waldsterben, nur zu deutlich wurde.[14]

Flüsse

Im Frühjahr 1881 debattierte der Reichstag über ein Thema, das die Öffentlichkeit sehr erregte: die verheerenden Hochwasser am Rhein, die erhebliche Zerstörungen verursacht hatten. Derartige Hochwasser waren nicht neu, und zuvor hatte es wieder einmal ungewöhnlich viel geregnet, so daß ein einleuchtender Grund für die Überschwemmungen bestand. Doch in der Öffentlichkeit, von Experten und im Reichstag wurden die Eingriffe des Menschen am Rhein und seinen Zuflußgebieten als Ursachen festgemacht. In den Worten des Zentrumsabgeordneten Alexander von Schalscha:

»Nun, meine Herren, wie steht es denn mit unserem gegenwärtigen System? Dasselbe besteht im Großen und Ganzen darin, daß wir die Wasser schnell ableiten; wir bauen Buhnen, Dämme, wir machen Durchstiche. [...] Die beschleunigte Abführung des Wassers ist das Augenmerk, auf welches jetzt bei allen Regulirungen hingearbeitet worden ist.« Hinzu komme die Entwaldung der Höhen: »Ja, meine Herren, was thun denn die Wälder auf der Höhe? Die Wälder auf der Höhe hemmen den Wasserzufluß. Und um diese Kalamitäten zu beseitigen, thun wir was? Wir thun das, was gerade nach meiner Ansicht das Gegentheil von dem nützlichen ist, wir sorgen dafür, daß das Wasser schnell weggeht, anstatt das Wasser aufzuhalten, anstatt Mittel und Wege zu finden, diejenigen Uebelstände, die durch die Entwaldung hervorgetreten sind, auf andere Weise wieder ins gleiche zu bringen, anstatt dessen potenziren wir diese Uebelstände durch das jetzige System.«[15]

Ausgangspunkt dieser Debatten war die Regulierung des Rheins, die nach 1825 in großem Maßstab erfolgte. Eigentlich sollten damit Überschwemmungen verhindert werden, denn wiederkehrende Hochwasser waren ein Merkmal dieses Flusses. Über weite Strecken hatte der Rhein kein eigentliches Flußbett, sondern strömte mit mehreren, weitverzweigten Armen durch ein breites Tal, das wegen der regelmäßigen Überschwemmungen nicht bewohnt und auch ansonsten kaum genutzt wurde. Es gab bereits Dämme oder Deiche, die einen gewissen Schutz boten, aber als unzureichend empfunden wurden, zumal mit der Bevölkerungszunahme der Druck wuchs, weitere Gebiete zu besiedeln, darunter die sehr fruchtbaren Rheinauen. Großherzog Karl-Friedrich von Baden beauftragte deshalb im Jahre 1800 den Ingenieur J.G. Tulla, einen Plan für die sogenannte Rektifikation des Rheins zu entwickeln.

1825 legte Tulla seinen Plan vor und beschrieb ausführlich die zahlreichen Überschwemmungen und Veränderungen des Flußlaufes, wodurch ganze Ortschaften verschwinden könnten oder zumindest äußerst bedroht seien. Unbedingt erforderlich sei deshalb die »möglichst gerade Leitung der Flüsse, die Abschneidung ihrer Nebenarme, die Demolirung der schädlichen Dämme u.s.w.«. Andernfalls würden »die Sturmglocken nicht verstummen, das Brechen der Dämme nicht immer gehindert und bald dieser bald jener Ort und seine Gemarkung unter Wasser gesetzt werden«[16].

Entsprechend wurden in den folgenden Jahrzehnten der Rhein und zahlreiche andere Flüsse vertieft, begradigt und mit Deichen versehen, Nebenarme abgeschnitten, die Flußbreite reduziert und sogenannte Buhnen errichtet, um den Abfluß zu beschleunigen, die Flüsse schiffbar zu machen und zusätzliches Land zu gewinnen. Die dabei ergriffenen Maßnahmen haben sich gegenseitig in ihrer Wirkung verstärkt. Ein schmaleres und begradigtes Flußbett erhöhte die Geschwindigkeit des Wassers, das mit größerer Kraft abfloß, dadurch das Flußbett vertiefte, die Schiffahrt erleichterte, zu einer Senkung des Grundwassers – am Rhein um mehrere Meter – führte und die Gefahr von Hochwasser reduzierte. Diese Wirkungen waren erwünscht, doch zugleich wurde den ausgedehnten Auenwäldern das Wasser entzogen, Weiden und Erlen starben ab, weil ihre Wurzeln nicht mehr bis zum Grundwasser reichten, und großflächige Feuchtgebiete, Seen und Moore trockneten aus. Dabei gingen ihre spezifischen

Tier- und Pflanzenwelten verloren, doch andere traten an deren Stelle, so daß nicht pauschal von einem Verlust gesprochen werden kann.

Die Auswirkungen dieser Maßnahmen auf die Hochwasser sind schwer zu beurteilen. Der Ausbau des Rheins begann am Oberlauf, hat dort die Fließgeschwindigkeit erhöht und für die weiter unten gelegenen Gebiete eine größere Gefährdung verursacht. Auch traten Schäden und Entwicklungen auf, die vorher nicht bedacht worden waren. Das Grundwasser ging stärker als vorhergesehen zurück, Bäume starben ab, und die Nutzung des Bodens wurde eingeschränkt. Doch zugleich bedeuteten die Ausbaumaßnahmen einen effektiveren Schutz, so daß sie verstärkt und auf weitere Gebiete ausgedehnt wurden. Zwischen 1890 und 1900, also im Anschluß an die erwähnte Reichstagsdebatte, wurde ein zweites großes Flußbauprogramm durchgeführt und zwischen Basel und Karlsruhe auf beiden Seiten des Rheins ein durchgehender Hochwasserdamm errichtet. Die Gefahr von Hochwassern blieb allerdings bestehen, zumal der Ausbau zusätzliche Gefahrenquellen schuf, sei es durch die größere Fließgeschwindigkeit oder den Wegfall natürlicher Überschwemmungsgebiete, in denen sich Hochwasser bis dahin hatte ausbreiten können. Hinzu kam die schon im Reichstag beklagte Entwaldung der Höhenzüge, wodurch die Aufnahmefähigkeit des Bodens verringert und die abfließende Wassermenge vergrößert wurde.

Diese Zusammenhänge haben bereits Zeitgenossen beklagt und, so eine Veröffentlichung aus dem Jahre 1879, ›Die naturwidrige Wasserwirtschaft der Neuzeit, ihre Gefahren und Nachtheile‹ für Überschwemmungen verantwortlich gemacht.[17] Doch die Bedeutung der verschiedenen Maßnahmen ist umstritten, da allein schon zur Frage der Entwaldung keine verläßlichen Angaben vorliegen und es fraglich ist, wie umfangreich diese tatsächlich waren. Zu berücksichtigen ist ferner, daß Schäden teilweise nur deshalb auftraten, weil jetzt Gebiete besiedelt oder genutzt wurden, die vorher wegen wiederkehrender Überschwemmungen brachgelegen hatten. Und schließlich legen neuere Untersuchungen den Schluß nahe, daß die damaligen Überschwemmungen vor allem durch ungewöhnlich große Niederschläge verursacht wurden.[18]

Energie

Die bisher beschriebenen Veränderungen der Umwelt wurden in erster Linie durch den großen Anstieg der Bevölkerung verursacht, weniger durch die Industrialisierung, deren Auswirkungen sich verstärkt in der zweiten Hälfte des 19. und dann vor allem im 20. Jahrhundert bemerkbar machten. Über den Begriff der Industrialisierung und deren Ursachen gibt es ganz unterschiedliche Auffassungen, und wie bei allen komplexen Prozessen verbieten sich auch hier einfache Erklärungen. Für die Umweltgeschichte jedoch läßt sich ein Faktor herausheben, der mehr als alle anderen einen tiefgreifenden Wandel bewirkte: der Übergang zur Kohle.

Die vorindustriellen Gesellschaften beruhten – wie beschrieben – weitgehend auf nachwachsenden Rohstoffen. Es war möglich, deren Menge zu steigern und sie effektiver zu nutzen, Handel zu treiben oder sich auf bestimmte Pflanzen und Produkte zu spezialisieren und damit die materielle Basis zu erweitern. Es war jedoch nicht möglich, über längere Sicht mehr zu verbrauchen als nachwuchs. Als vorübergehender Ausweg konnte Raubbau betrieben werden, doch gerade dieser ließ sich nicht beliebig lange aufrechterhalten. Auf Dauer mußte die energetische Bilanz der damaligen Gesellschaften positiv sein. Besonders deutlich läßt sich dies für die Landwirtschaft zeigen. In Energieeinheiten ausgedrückt, mußte der Ernteertrag eines Feldes größer sein als die Energiemenge, die bei Aussaat, Bestellung der Felder, Ernte, Verarbeitung der Produkte, zur Ernährung der damit befaßten Menschen und Tiere und so fort benötigt wurden. Deshalb war es so problematisch, wenig ertragreiche Felder zu bestellen, da hier die Bilanz schnell negativ war. Der Einsatz von Kohle veränderte diese Situation grundlegend, er erlaubte der modernen Landwirtschaft eine notorisch negative Energiebilanz. Hier wird heute etwa 90 Prozent der benötigten Energie nicht länger durch die Ernte gewonnen, sondern in Form von Dünger, Maschinen, Benzin, Diesel oder Strom von außen zugeführt.

Diese Entwicklung hat der Einsatz von Kohle ermöglicht und zugleich die bis dahin bestehenden Begrenzungen von Raum und Zeit weitgehend aufgehoben. Die Grenzen der Zeit sind nahezu entfallen, da fortan ein Energieträger zur Verfügung stand, der nicht Jahr für Jahr nachwachsen mußte und dadurch zwangsläufig begrenzt war. Und die Begrenzungen des Raumes verloren an Bedeutung, weil der Stellenwert natürlicher Standortfaktoren in Landwirtschaft und Gewerbe deutlich abnahm, weil sich die Versorgungsgebiete und Transportmöglichkeiten enorm vergrößerten und weil Ressourcen nicht mehr vor allem durch die Bearbeitung des Bodens gewonnen wurden, sondern durch Bergbau und vergleichbare Förderungstechniken. Die vorhandene Fläche war nicht länger ein entscheidender Faktor. So hätte in England bereits um 1800 nahezu die gesamte Fläche des Landes mit Wald bedeckt sein müssen, um mit Holz diejenige Energiemenge zu erzeugen, die aus Kohle gewonnen wurde.[19]

Die Geschwindigkeit dieses Prozesses darf nicht überschätzt werden. In Deutschland setzte die Kohle sich erst nach 1850 durch, als die Eisenbahn ihren Siegeszug antrat. Bis dahin war auch bei der Kohle ein Landtransport viel zu kostspielig; zudem bestanden technische Schwierigkeiten bei deren Einsatz. So erfolgten noch 1850 mehr als 75 Prozent der Hochofenproduktion mit Hilfe von Holzkohle, und viele Gewerbe weigerten sich, Kohle zu verfeuern, da sie Verunreinigungen ihrer Produkte befürchteten oder zusätzliche Ausgaben für neue Apparaturen scheuten, denn oftmals vertrugen die alten die größere Hitze nicht. Interessant ist allerdings, daß trotz dieser langsamen Verbreitung von Kohle die Klagen über die Holznot bald nach 1800 verstummten. Offensichtlich war diese doch nicht so ausgeprägt gewesen, wie vielfach behauptet wurde.

Der eigentliche Durchbruch der Kohle (und auch der Industrialisierung) erfolgte in Deutschland mit der Eisenbahn und hatte gravierende Auswirkungen auf die Umwelt, denn Kohle setzt beim Verbrennen bedeutend mehr Gase und andere schädliche Bestandteile frei als Holz. Das fiel um so mehr ins Gewicht, als sie in enormen Mengen verfeuert wurde und allein dadurch die Luft erheblich belastete. Zudem dient Kohle als Rohstoff für zahlreiche Verfahren etwa in der Chemie, stellt riesige und preiswerte Energiemengen für unterschiedlichste Zwecke zur Verfügung und hat nicht nur die Art zu wirtschaften, sondern auch das Alltagsleben völlig verändert. Es gelang, Wohnungen tatsächlich warm zu halten, fließendes Wasser in nahezu jeden Haushalt zu legen, Straßen und Häuser zu beleuchten und den Lebensstandard deutlich zu steigern – Erfolge, die um 1800 nicht nur utopisch waren, sondern überwiegend nicht einmal gedacht wurden, allerdings auch die Umwelt belasteten.

Luftverschmutzung

Auseinandersetzungen über den Einsatz von Kohle und den damit verbundenen Rauch haben eine lange Tradition, gewannen ihre eigentliche Bedeutung jedoch erst mit dem Einsatz von Dampfmaschinen, die große Mengen Kohle benötigten und wegen ihrer Explosionsgefahr ohnehin argwöhnisch betrachtet wurden. Preußen erließ deshalb im Jahre 1831 Vorschriften, die deren Sicherheit regelten und für ihre Schornsteine eine Mindesthöhe von ungefähr 20 Metern vorschrieben: Rauch und Dampf sollten sich nicht zwischen den Häusern fangen, sondern in die Höhe gelangen, sich dort verteilen und dadurch unschädlich werden.

Parallel dazu wurde am traditionellen Vorgehen festgehalten und versucht, belästigende Betriebe außerhalb bewohnter Gegenden zu errichten. Das gelang immer weniger, denn die Städte wuchsen so rasch, daß verlagerte Betriebe binnen kurzem wieder von Häusern umgeben waren; außerdem erlaubte es die Kohle endlich, Betriebe an jeder Stelle zu errichten, und gerade Städte boten sich an, denn dort gab es eine ausgebaute Infrastruktur, bessere Absatzmöglichkeiten und zahlreiche Arbeitskräfte. Hier befanden sich allerdings besonders hohe Häuser, und die Schornsteine mußten deshalb oftmals deutlich über 20 Meter erreichen, um Emissionen wirklich verteilen zu können. Damit waren jedoch erhebliche Kosten verbunden, die nur wenige Betriebe aufbringen konnten und auch wollten.

Exemplarisch deutlich wurden viele der neuen Probleme auf den Freiberger Hütten bei Dresden, die seit Jahrhunderten Erze verarbeiteten, seit etwa 1840 in sprunghaft steigenden Mengen. Erze enthalten hohe Schwefelmengen, die beim Rösten (= Erhitzen) entweichen, und angesichts der gestiegenen Produktion Schäden anrichteten, die in diesem Ausmaß bisher nicht aufgetreten waren und vor allem die Vegetation betrafen. Entsprechend beschwerten sich die Bewohner der benachbarten Dörfer, und die Regierung entsandte als Sachverständigen den Agrarwissenschaftler Adolf Stöckhardt. Dessen Bericht war eindeutig. Er stellte »einen deprimirenden, ja zuweilen vernichtenden Einfluß auf die Vegetation« fest.[20] Die Früchte und das Gras sähen kümmerlich aus, stellenweise fänden sich ganz kahle Stellen, »auf denen für dieses Jahr alle Vegetation verschwunden war«. Stöckhardt hatte keinen Zweifel, daß der Hüttenrauch diese Schäden verursacht hatte und daß hauptsächlich die darin enthaltene schweflige Säure »einen sehr nachtheiligen Einfluß auf die Vegetabilien« ausübe.[21]

Mit diesem Bericht begann eine Debatte, die sich bis nach der Jahrhundertwende hinzog. In ihrem Verlauf wurden systematische Versuche mit Tieren und Pflanzen durchgeführt, technische Lösungsversuche ausprobiert, der Schornstein mehrfach erhöht und selbst die Landwirtschaft umgestellt, um das Ausmaß der Schäden zu verringern. So ging 1860 ein neuer Schornstein in Betrieb, der immerhin eine Höhe von 60 Metern erreichte. Doch die Ergebnisse waren verblüffend. Selbst bei dieser Höhe wurden die Schadstoffe nur teilweise verdünnt und gelangten, zumal bei feuchter Luft, in benachbarte Waldgebiete, in denen bereits nach kurzer Zeit »ein auffallendes Erkranken und Absterben« der Fichten auftrat.[22] Hinzu kam der besonders starke Zug der neuen Esse, der eigentlich erwünscht war, um die Schadstoffe in große Höhen zu bringen. Doch hier und in zahlreichen späteren Fällen war damit ein Dilemma verbunden, denn der Zug war so stark, daß auch »größere Mengen Metalloxyde, insbesondere arsenige Säure mit fortgerissen« wurden, aufgrund ihres hohen spezifischen Gewichts allerdings in der näheren Umgebung niederfielen und »acute Arsenikvergiftungen« bei Tieren hervorriefen. Der hohe Schornstein habe, so ein erstes Resümee aus dem Jahre 1861, »bis jetzt nur den Erfolg gehabt, den Schadens-Rayon zu erweitern«. Der Rauch werde über größere Gebiete verteilt, schädige jetzt jedoch Stellen, »wohin er früher nicht gelangen konnte«[23].

Später wurde ein höherer Schornstein errichtet, mit einer Höhe von 140 Metern bis 1928 der höchste in Europa. Dieser bot eine bedeutend effektivere Verdünnung, garantierte erneut jedoch keine Unschädlichkeit. Jetzt traten Schäden in 10 Kilometern Entfernung auf und führten zu der Erkenntnis, daß Schadstoffe nicht einfach verschwinden können, da man »aus der Welt [...] nichts Stoffliches schaffen« könne.[24] Diese Erkenntnis war nicht neu und der Bau hoher Schornsteine kein Irrweg, der in naivem Glauben an technische Lösungen beschritten wurde. Vielmehr waren in Freiberg zahlreiche Versuche durchgeführt worden, um die schädlichen Bestandteile des Hüttenrauchs zurückzuhalten. Dazu hatten die Freiberger Hüttenleute sogenannte Flugstaubkammern errichtet, in denen schwere Bestandteile sich ablagern konnten; sie hatten die Öfen verändert und versucht, die Emissionen gezielt zu erfassen sowie möglichst dichte Verbindungsrohre zu installieren; außerdem hatten sie Kalk und andere Stoffe dem Rauch zugeführt, um Schadstoffe daran zu binden und so auszuscheiden. Vergleichbare Versuche wurden an zahlreichen anderen Orten durchgeführt, denn Probleme, wie sie in Freiberg bestanden, gab es auch anderswo. Über die Ergebnisse fand ein internationaler Austausch statt, doch der Erfolg blieb gering. Das lag an immer noch geringen chemischen und physikalischen Kenntnissen, an unzureichenden technischen Möglichkeiten oder an Materialien, die den neuen Belastungen nicht gewachsen waren. Doch entscheidend war letztlich das Kostenargument, das sich im Laufe des 19. Jahrhunderts durchsetzte und bis nach dem Zweiten Weltkrieg fortwirkte.

Zwischen Behörden, Gerichten und Unternehmern bestand vielfach Konsens, daß Ausgaben zur Minderung von Emissionen möglichst keine zusätzlichen Kosten verursachen, sondern sich selbst finanzieren sollten, vor allem durch den Verkauf der zurückgehaltenen Stoffe. In Freiberg wurde deshalb versucht, die schwefligen Bestandteile aufzufangen und aus ihnen Schwefelsäure zu gewinnen. Dies gelang mit Hilfe sogenannter Bleikammern, und die Erlöse lagen höher als die Kosten, doch derartige Fälle bedeuteten eine Ausnahme. Die Vertreter des Kostenarguments versuchten deshalb, die wirtschaftliche Bedeutung von Betrieben gegen die dadurch verursachten Schäden aufzurechnen. In aller Regel lag der Wert der Produktion bedeutend höher, und folglich wurde argumentiert, die Schäden seien als ökonomisch unerhebliche Begleiterscheinung zu akzeptieren. Hinzu kam, daß die meisten technischen Maßnahmen wie der Einbau von Filtern, die Errichtung von Staubkammern oder das Anbringen zusätzlicher Dichtungen dem eigentlichen Produktionsprozeß nachgeschaltet waren und vielfach erst erfolgten, wenn der Betrieb bereits aufgenommen war. Derartige Maßnahmen waren jedoch problematisch, da sie nicht nur wenig effektiv, sondern zugleich sehr kostspielig waren und deshalb mit guten Argumenten zurückgewiesen werden konnten. Diese Aspekte sind unter dem Begriff »end-of-pipe-technology« bis heute wichtig. Es ist ein neuartiges Phänomen, daß bei der Entwicklung neuer Verfahren oder dem Bau von Betrieben von Beginn an versucht wird, Schadstoffe gar nicht erst entstehen zu lassen.

Fraglos wurden die positiven Auswirkungen technischer Vorkehrungen oftmals überschätzt oder schädliche Folgen nicht hinreichend bedacht, doch es ist unzutreffend, pauschal von einer allgemeinen Fortschritts- und Technikgläubigkeit zu sprechen, die erst heute überwunden worden sei. Damit werden die Kenntnisse und Leistungen früherer Generationen unter- und die unseren zugleich überschätzt. Vor allem jedoch entsteht der Eindruck, die meisten Fehler und Versäumnisse hätten sich bei einer größeren Skepsis gegenüber Technik und Fortschritt vermeiden lassen. Das wäre eine elegante Lösung der Umweltprobleme, doch leider liegen die Dinge nicht so einfach. Das Freiberger Beispiel zeigt vielmehr, daß die Beteiligten die Probleme erstaunlich genau verstanden, zahlreiche Lösungen ausprobiert und schließlich Wege beschritten haben, deren begrenzte Wirksamkeit ihnen nur zu bewußt war.

Wie komplex die Problematik in Freiberg tatsächlich war, haben nicht zuletzt die Experimente der dort eingesetzten wissenschaftlichen Kommission gezeigt. Zu ihren Mitgliedern gehörte der erwähnte Stöckhardt, der die Schädlichkeit der schwefligen Säure prüfte und dazu Pflanzen unterschiedlichen Konzentrationen dieser Säure aussetzte. Mit den zur Verfügung stehenden Mitteln konnte er eine Verdünnung von 1:1000000 herstellen. Selbst dann traten noch Schäden auf, zwar erst nach längerer Einwirkung und nicht auf dramatische Weise. Doch genau hier liegt das Problem von Emissionen. Nur selten zeigt sich ihre Wirkung sofort und auf deutlich wahrnehmbare Weise. Überwiegend wirken sie chronisch, rufen erst einmal geringe Symptome hervor, und diese Symptome sind zudem nicht spezifisch, sondern können ganz verschiedene Ursachen haben. So kann ein Absterben von Pflanzen auf Emissionen zurückgehen, aber auch auf Trockenheit, mangelnde Düngung, Befall mit Mikroorganismen oder andere Faktoren, wobei die Veränderungen der Pflanzen in diesen Fällen sehr ähnlich sind. Es ist deshalb bis heute sehr schwierig, Emissionsschäden, deren Ursachen und die dabei ablaufenden Mechanismen eindeutig nachzuweisen.

In Freiberg wurde dies bei einem Tierversuch deutlich. Im Umkreis der Hütten waren Kühe erkrankt, und es war umstritten, ob dies auf direkte Einwirkungen des Rauches zurückging, durch belastetes Futter verursacht wurde oder andere Gründe hatte. Die Kommission führte deshalb einen Fütterungsversuch durch, vermutlich den ersten Tierversuch zur Ermittlung von Emissionsschäden in Deutschland. Entsprechend unbeholfen mutet er heute an, zumal nur wenig Geld zur Verfügung stand, so daß zunächst nur eine Kuh gekauft werden konnte. Dieser Versuch wurde bald abgebrochen, da bei lediglich einem Tier kein sinnvolles Ergebnis zu erwarten war. Dann wurden zwei Ochsen gekauft, von denen einer belastetes Futter erhielt und erwartungsgemäß deutlich an Gewicht verlor. Eine Wiederholung ergab denselben Befund. Das Ergebnis war eindeutig, zugleich jedoch höchst unbefriedigend. Darauf wies der Vorsitzende der wissenschaftlichen Kommission ausdrücklich hin.

Die Versuche hatten beeindruckende Ergebnisse geliefert und in Deutschland die wissenschaftliche Untersuchung von Rauchschäden begründet. Doch für die Praxis waren die Ergebnisse enttäuschend. Es gelang nicht, eindeutige Kriterien für die Schädlichkeit oder Unschädlichkeit von Emissionen zu benennen. Daß diese in hohen Konzentrationen schädlich und bei sehr großer Verdünnung weitgehend unbedenklich waren, lag auf der Hand. Doch wo war diese Grenze zu ziehen? Darüber wurde kontrovers diskutiert, und es dauerte bis weit in das 20. Jahrhundert, teilweise bis in die jüngste Vergangenheit hinein, ehe größere Klarheit bestand. Doch selbst heute sind die Befunde nicht eindeutig, dazu sind die Zusammenhänge zu komplex, so daß gerade bei Grenzwerten große Ermessensspielräume bestehen und die Werte immer wieder korrigiert werden.

In Freiberg hatte sich gezeigt, daß nicht alle Pflanzen oder Tiere in gleicher Weise geschädigt wurden. Die Landwirte wurden deshalb aufgefordert, gezielt diejenigen Pflanzen und Tiere auszuwählen, die sich als resistent erwiesen. Doch dabei blieb man nicht stehen. Die Forderungen liefen vielmehr bald darauf hinaus, die Landwirtschaft komplett umzustellen und sie grundsätzlich an die Industrie anzupassen. So sollten die Bauern in Freiberg die Felder und das Futter kalken, um die Wirkung der schwefligen Säure zu neutralisieren; gezielt Kartoffeln und andere Wurzelpflanzen anbauen, die weniger empfindlich seien; auf Rinder und Milchwirtschaft ganz verzichten, statt dessen Schweine halten und die Tiere verkaufen, bevor sie zu sehr erkrankten. Dies alles war aufwendig, kostspielig und von zweifelhaftem Erfolg, doch einige der Maßnahmen bewährten sich, und grundsätzlich wurde hier ein Weg beschritten, der sich auch andernorts durchsetzte. Es bildete sich ein Konsens heraus, daß nicht nur die Industrie etwas gegen Emissionen unternehmen müsse. Vielmehr wurden auch die Landwirtschaft und die Bevölkerung generell aufgefordert, Vorkehrungen zu treffen und sich mit den neuen Bedingungen zu arrangieren.

In der zweiten Hälfte des 19. Jahrhunderts setzte sich allgemein eine Mischung verschiedener Ansätze durch: Filter und andere nachgeschaltete Techniken; Bemühungen, Schadstoffe zu verwerten; eine Anpassung an die neuen Bedingungen und nicht zuletzt hohe Schornsteine, um Emissionen weitflächig zu verteilen und zu verdünnen. Dazu war in Freiberg wegen der umgebenden Berge ein besonders hoher Schornstein erforderlich, doch ansonsten herrschten hier günstige Bedingungen, denn die Hütten lagen isoliert und waren nicht von anderen Betrieben umgeben. In Oberschlesien, dem Ruhrgebiet und anderen städtischen Ballungszentren lagen die Dinge anders. Hier stand eine Fabrik neben der anderen, und diese waren zudem über eine so große Fläche verteilt, daß die Emissionen nicht wirklich im – wie es hieß – unendlichen Meer der Lüfte verschwinden konnten. Sie gingen vielmehr in der Umgebung nieder, zumal die Mehrzahl der Schornsteine mit 20, 30 oder vielleicht auch 60 Metern nicht hoch genug war. Die Folge war deshalb nicht die angestrebte Verteilung oder Verdünnung, sondern das genaue Gegenteil: eine Konzentration und Lokalisierung der Belastungen.

Diese Entwicklung verlief anfangs eher zufällig, indem sich Industriebetriebe an Orten häuften, an denen die Infrastruktur, Rohstoffe oder andere Faktoren günstige Voraussetzungen boten. Zunehmend jedoch bildete sich die Auffassung heraus, daß in industriell geprägten Gegenden besondere Maßstäbe gälten und daß diese von der Industrie bestimmt würden. Die Bewohner einer Industriegegend, so ein Gericht im Jahre 1913, könnten »an die Luftverhältnisse nicht solche Ansprüche stellen, wie man sie in einem Bade- oder Luftkurort« stelle. Doch um Verhältnisse wie in einem Luftkurort ging es um diese Zeit schon gar nicht mehr. Es gab vielmehr Gegenden wie bei Altena in Westfalen, da wuchs »nicht einmal mehr ein Grashalm, kein Strauch, kein Baum, es ist alles vollständig weg, und das infolge der Dämpfe solcher Fabriken« – so ebenfalls im Jahre 1913 ein Zentrumsabgeordneter im preußischen Parlament. Und er fuhr fort: »Ich meine, wo eine solche Gegend schon ist, da kann man vielleicht sagen: da sollen sie dahin gehen und sich alle auf einen Ort zusammenlegen. Aber in die hochkultivierten Gegenden gehören sie nicht.«[25]

So bildeten sich einzelne Bezirke, innerhalb der Großstädte bestimmte Stadtteile und schließlich ganze Regionen wie das Ruhrgebiet heraus, in denen Belastungen konzentriert, lokalisiert und regionalisiert wurden. Hier herrschten Zustände, die andernorts – etwa in den besseren Wohnvierteln oder gutbürgerlichen Städten – nicht gewollt wären und weitgehend auch vermieden werden konnten. Festgeschrieben wurde diese Entwicklung im Jahre 1900 im ›Bürgerlichen Gesetzbuch‹. Dessen § 906 hielt fest, daß Emissionen zu dulden waren, wenn sie »nach den örtlichen Verhältnissen bei Grundstücken dieser Lage gewöhnlich seien«. Dabei blieb es bis weit nach dem Zweiten Weltkrieg. Immer wieder wurde den Bewohnern industrieller Gebiete mitgeteilt, sie müßten selbst ausgeprägte Belästigungen in Kauf nehmen, da diese nun einmal üblich seien. Auf den Punkt brachte diese Argumentation eine Entscheidung des Reichsgerichts aus dem Jahre 1915, das sich mit Schäden befaßte, die eine Kokerei im nördlichen Ruhrgebiet verursacht hatte. Durch deren Dämpfe waren zahlreiche Obstbäume eingegangen, wie das Gericht ausdrücklich festhielt. Doch das sei nicht weiter bedenklich, denn das betroffene Gebiet trage den »typischen Charakter einer Industriegegend«. Weit und breit biete sie dasselbe Bild, überall sehe man kranke und tote Obstbäume. Soweit Bäume vereinzelt noch gesund seien, trügen sie mit ganz verschwindenden Ausnahmen keine Früchte, und generell könne in der Umgebung der Kokerei kein Obstbau mehr betrieben werden. Das sei in der Gegend üblich, die Bevölkerung habe sich damit abgefunden, und so war das Urteil eindeutig: Die Kokerei mußte keinen Schadensersatz zahlen.[26]

Wasserverschmutzung

Im Jahr 1904 richtete der »Internationale Verein gegen Verunreinigung der Flüsse, des Bodens und der Luft« einen dringenden Appell an den Reichstag. Er beschrieb mit dramatischen Worten die »zunehmende Verunreinigung, ja, Verpestung der meisten unserer deutschen Gewässer«. Verantwortlich dafür sei vor allem die Ableitung von Fäkalien, die nicht nur »unsere herrlichen Flüsse verpesten«, sondern durch die Einleitung auch als Dünger verlorengingen. Das sei eine volkswirtschaftliche Vergeudung, denn als Ersatz müßten jährlich für über 100 Millionen Mark »künstliche Dungstoffe aus dem Auslande« eingeführt werden. Der Verein forderte deshalb ein wirksames Gesetz, um den Städten und der Industrie deutlich zu machen, daß sie kein Recht hätten, »ihres meist nur scheinbar höheren Gewinnes wegen die deutschen Flüsse in Kloaken umzuwandeln«.[27]

Die Flußverschmutzung war vor allem eine Folge des Städtewachstums. Noch in der ersten Hälfte des 19. Jahrhunderts waren die Städte überwiegend klein. Lediglich Berlin und Hamburg waren um 1816 Großstädte im heutigen Sinne mit 198 000 beziehungsweise 128 000 Bewohnern, Düsseldorf hingegen zählte 23 000, Halle 20 000 und München 54 000. Noch 1871 lebten 75 Prozent der Bevölkerung in Orten mit weniger als 5 000 Einwohnern. Fäkalien warfen dort kaum Probleme auf. Sie wurden überwiegend in Gruben gesammelt, als Dünger in den eigenen

Gärten genutzt oder periodisch abgefahren. Das fiel um so leichter, als die Orte noch nicht so dicht besiedelt, sondern von Gärten durchzogen und von Feldern und Äckern umgeben waren. Das schnelle Wachstum der Städte veränderte die Situation grundlegend, seit der Jahrhundertmitte häuften sich Klagen über die Verschmutzung der Straßen und Gassen, den damit verbundenen Gestank und über katastrophale hygienische Zustände. Als Abhilfe wurden kleinere Kanalisationen angelegt, in die jedoch in der Regel keine Fäkalien eingeleitet werden durften. Dazu war deren Gefälle zu gering, und es fehlte vor allem an ausreichenden Wassermengen.

Die Wasserversorgung erfolgte überwiegend noch durch Brunnen. In geringem Umfang gab es bereits Zuleitungen von außerhalb, und zur Mitte des Jahrhunderts entstanden erste Wasserwerke, doch insgesamt war der Wasserverbrauch noch sehr niedrig. Entsprechend gering waren die Abwassermengen, so daß es nicht möglich war, feste Stoffe aus den Kanalisationen fortzuschwemmen. Diese Stoffe blieben vielmehr liegen, konnten zu Verstopfungen führen und verursachten erheblichen Gestank. Es schien nur einen Ausweg zu geben – die aus England bekannte Schwemmkanalisation. Bei diesem System wurden Regenwasser, Abwässer und Fäkalien nicht länger getrennt behandelt, sondern vermischt und gemeinsam in angrenzende Flüsse fortgeleitet. Den Städten war damit geholfen, doch die Flüsse wurden verschmutzt, und es war zu klären, wie diese Abwässer gereinigt werden sollten. Dazu gab es mehrere Möglichkeiten.

Das einfachste und billigste Verfahren bestand darin, die Abwässer durch sogenannte Durchlaufbecken zu leiten und/oder sie mechanisch zu reinigen. Die Durchlaufbecken verringerten die Fließgeschwindigkeit, so daß schwere Stoffe sich absetzen konnten. Hinzu kamen Rechen oder andere Verfahren, um größere Gegenstände zurückzuhalten. Aufwendiger waren Rieselfelder, auf die Abwässer geleitet wurden, um dort zu versickern. Dafür waren bei größeren Städten wie Berlin oder Frankfurt riesige Flächen erforderlich, die allerdings zur Landwirtschaft genutzt werden konnten, da die in den Abwässern enthaltenen Fäkalien ein guter Dünger waren. Schließlich gab es um die Jahrhundertwende erste Ansätze zu einer biologischen Klärung, bei der die Abwässer durch Mikroorganismen gereinigt wurden.

Das Hauptproblem bei sämtlichen Verfahren war die Finanzierung, denn bis 1918 mußten die Kosten von den jeweiligen Kommunen beziehungsweise deren Einwohnern getragen werden, während es heute dafür größere Zuschüsse durch Land oder Bund gibt. Die Einführung von Kanalisationen war deshalb umstritten, denn nicht jeder wollte und konnte die damit verbundenen Kosten aufbringen. Das galt zumal für Kläranlagen, die nicht nur viel Geld kosteten, sondern den Städten keinen greifbaren Nutzen brachten. Für sie war es einfacher und billiger, die Abwässer ungeklärt in einen Fluß zu leiten, denn dessen Verschmutzung betraf nicht sie selbst, sondern die flußabwärts gelegenen Orte.

Für dieses Vorgehen gab es wissenschaftliche Begründungen, die sogenannte Bodentheorie und die Theorie von der Selbstreinigungskraft der Flüsse, die vor allem der berühmte Professor für Hygiene Max Pettenkofer und seine Schüler vertraten. Seit Jahrhunderten, so die Vertreter der Bodentheorie, sei der Grund in den Städten durch »die Exkremente von Menschen und Thieren sowie durch Abfälle von Haushaltungen und Schlachthäusern durchseucht«, das Wasser aus den Brunnen werde immer gefährlicher.[28] Hier liege die Ursache zahlreicher Krankheiten, insbesondere der gefürchteten Cholera. Unbedingt erforderlich seien deshalb eine zentrale Wasserversorgung sowie der Bau von Kanalisationen, um die Abwässer fortzuschaffen und in den Städten die Verhältnisse zu bessern. Eine Klärung hingegen sei nicht erforderlich, da die Abwässer in den Flüssen verdünnt und zusätzlich durch deren Selbstreinigungskraft unschädlich gemacht würden.

Angesichts derartiger Argumente blieb die Reinigung der Abwässer unbefriedigend, und entsprechend groß war die Verschmutzung der Flüsse. So hieß es 1898 über die Luppe, die Abwässer aus Leipzig aufnahm, daß in den anliegenden Wäldern Holzarbeiter die Arbeit verweigerten, »weil sie im Sommer den Geruch, den dieser Fluß exhalirt, nicht zu ertragen vermögen«. Sogar das Wild sei überall dort verschwunden, »wo es zum Trinken aus den beschmutzten Wassermassen gezwungen war«. Fenster müßten in der Nähe des Flusses »den ganzen Sommer über hermetisch geschlossen bleiben, weil sonst ein Aufenthalt in diesen Häusern geradezu unerträglich wird«. Selbst Fälle von Malaria breiteten sich aus, und die Behauptungen, »daß die Flüsse sich selbst reinigen«, seien lediglich Ausreden.[29] Es sei – so damalige Kritiker – unsinnig und unwirtschaftlich, die Flüsse erst mit den Abwässern zu verschmutzen und anschließend »das unreine Wasser mit großen Kosten [...] wieder nutzbar« zu machen.[30] Diesen Argumenten schloß sich die preußische Regierung an und verbot 1877 die Einleitung ungeklärter Abwässer in öffentliche Gewässer.

Wenige Wochen später tagte der »Deutsche Verein für öffentliche Gesundheitspflege«, dessen Mitglieder das preußische Vorgehen vehement kritisierten. Flüsse waren für sie »die natürlichen Wege zur Beseitigung alles Unrates«, und von diesem »natürlichen Recht« werde überall Gebrauch gemacht, »solang die Welt besteht«. Ein Verzicht darauf würde so viel an »Verlegenheiten, Kosten und Übelständen erzeugen, daß unsere ganze Lebensweise auf den Kopf gestellt« wäre.[31] Der Verein plädierte deshalb für eine Aufhebung des Einleitungsverbotes, den Bau von Kanalisationen und die Erarbeitung exakter Grenzwerte für Flußverschmutzungen, um auf deren Grundlage die Frage der Abwässer beurteilen zu können.

Eine Minderheit stimmte gegen diese Anträge und gründete im Oktober desselben Jahres den bereits erwähnten »Internationalen Verein gegen Verunreinigung der Flüsse, des Bodens und der Luft«. Dessen Mitglieder befürworteten das Einleitungsverbot und lehnten alle Vorschläge ab, »die darauf ausgehen, unsere Flüsse in Kloaken herabzuwürdigen«. Doch ihre Argumente fanden kein Gehör. Unter dem Druck insbesondere der Kommunen, die ihre Kosten gering halten wollten, setzte sich vielmehr eine großzügige Genehmigungspraxis durch. Daran änderten auch die 1888 vorgelegten Grenzwerte nichts, im Gegenteil. Diese lagen sehr hoch und sahen eine Gefährdung erst dann gegeben, wenn Flußwasser Anzeichen von Fäulnis mit üblem Geruch und Gasentwicklung aufwies. Kläranlagen und selbst Rieselfelder blieben dadurch eine Ausnahme, die Verschmutzung der Flüsse nahm rapide zu.

Dabei hatten die Warner vor einer Verschmutzung des Flußwassers zusätzliche Unterstützung durch Robert Koch erfahren. Koch hatte 1882 den Erreger der Tuberkulose und 1884 den Cholerabazillus entdeckt und damit zum ersten Mal nachgewiesen, daß Krankheiten durch Bakterien verursacht werden konnten. Jetzt schien es endlich möglich zu sein, die gefürchteten Infektionskrankheiten zu vermeiden. Es sprach vieles dafür, daß verunreinigtes Trinkwasser Bakterien übertragen konnte, doch diese Erkenntnisse wurden nicht sofort allgemein akzeptiert, zumal im Falle der Cholera die Beweisführung noch nicht schlüssig war. Vor allem Pettenkofer blieb skeptisch und führte 1892 seinen berühmten Selbstversuch durch. Er trank eine Lösung mit den Erregern, die Koch für die Cholera verantwortlich machte, doch nichts passierte, Pettenkofer blieb gesund. Die Anhänger von Robert Koch gaben an, Pettenkofer absichtlich eine verdünnte Kultur geschickt zu haben, denn sie hätten seine Absicht geahnt. Möglicherweise hat ihn aber auch die erhebliche Menge Bier gerettet, die er anschließend trank. Denn sie hat die Lösung verdünnt und den Magen übersäuert, wodurch die Bakterien eventuell abstarben.

Koch schien widerlegt, wurde jedoch kurz darauf auf fast makabre Weise bestätigt, denn in Hamburg brach eine Choleraepidemie aus, bei der es in nur zwei Monaten 18000 Kranke und 7600 Tote gab. Die Hansestadt verfügte seit langem über eine gut ausgebaute Kanalisation und hatte somit die zentrale Forderung Pettenkofers erfüllt, besaß allerdings weder Kläranlagen noch ein Wasserwerk. Das Trinkwasser wurde aus der Elbe entnommen und die Abwässer in diesen Fluß geleitet. Sicherheitshalber erfolgte die Einleitung weit unterhalb der Entnahmestelle, doch in Hamburg griff diese Maßnahme nicht. Denn die Elbe wurde bei Flut zurückgestaut, so daß verseuchtes Abwasser zurückfloß und ins Trinkwasser gelangte. Auffallend war nun, daß die Bewohner Altonas und die Insassen des Zentralgefängnisses kaum von der Cholera betroffen waren, und bald wurde die Ursache dafür erkannt: Sie waren nicht an die Hamburger Trinkwasserleitung angebunden, sondern verfügten über eine eigene Versorgung. Das Gefängnis besaß einen eigenen Brunnen und Altona ein Wasserwerk, das zwar ebenfalls aus der Elbe gespeist wurde, dieses Wasser aber durch Sandfilter reinigte.[32]

Die Wirkung von Sand als Filter war seit längerem bekannt. Sandfilter waren preiswert, technisch einfach zu handhaben und effektiv genug, um einwandfreies Trinkwasser zu gewinnen. Zusätzlich entwickelten Chemiker das Verfahren der Chlorierung, das nach 1900 in belasteten Regionen wie dem Ruhrgebiet und in trockenen Sommern zur Desinfektion eingesetzt wurde. Diese Verfahren konnten Epidemien, wie sie 1892 noch in Hamburg gewütet hatten, verhindern und eine insgesamt befriedigende Versorgung mit Trinkwasser sicherstellen. Das war ein erfreuliches Ergebnis. Weniger erfreulich war jedoch, daß diese Methoden indirekt zur Verschmutzung der Flüsse beitrugen, denn sie waren so effektiv und kostengünstig, daß es nicht mehr zwingend notwendig erschien, Gelder für Kläranlagen und vergleichbare Einrichtungen auszugeben, die die Belastung der Flüsse reduzierten.

Noch aus einem anderen Grund gab es um 1900 weniger Anlaß als zuvor, die Einleitungen in die Flüsse zu klären: Die Landwirtschaft war nicht mehr auf die Düngung durch Fäkalien angewiesen. Die Schwemmkanalisation war ja auch deshalb kritisiert worden, da sie es nicht länger erlaubte, Fäkalien zu erfassen und als Dünger zu nutzen. Diese wurden vielmehr unwiederbringlich fortgeschwemmt. Die Rieselfelder hatten einen Kompromiß dargestellt, doch deren Einführung blieb wegen der hohen Kosten auf größere Städte beschränkt. Und sie änderten nichts daran, daß die Landwirtschaft einen vermeintlich unentbehrlichen Dünger verlor. Als Alternative war deshalb das Tonnen- oder Kübelsystem propagiert worden, das bis in das 20. Jahrhundert hinein weit verbreitet war. So wurden noch 1906 in Neumünster, Kiel, Weimar, Posen, Heidelberg und zahlreichen anderen Orten Fäkalien in Tonnen gesammelt und von Landwirten aus der unmittelbaren Umgebung abgeholt, durch die Eisenbahn über größere Entfernungen transportiert oder auch durch Druckleitungen auf Feldern ausgebracht, was zugleich die Flüsse entlastete. Noch zu Beginn des 20. Jahrhunderts wurde über diese Fragen erbittert gestritten. Das Problem der Düngung war dabei offensichtlich genauso wichtig, wenn nicht wichtiger, als die Verschmutzung der Flüsse, und die Heftigkeit dieser Auseinandersetzung ist heute schwer zu verstehen. Ein Grund mag die Skepsis gegenüber den Behauptungen der Chemiker und Agrarwissenschaftler gewesen sein, sie hätten einen vollwertigen, ja sogar einen überlegenen Düngerersatz gefunden. Doch wichtiger war vermutlich ein anderer Aspekt. Die Auseinandersetzungen fanden in einer immer noch ländlich geprägten Gesellschaft statt, und es bereitete offensichtlich Probleme, eine seit Menschengedenken unentbehrliche Ressource plötzlich einfach wegzuschwemmen, sie nur noch als Abfall zu betrachten. An diesem Konflikt wurden – historisch wohl zum ersten Mal – die Konturen einer Wegwerfgesellschaft deutlich, die sich nach dem Zweiten Weltkrieg durchsetzen sollte. Die Zeitgenossen hatten noch keinen Begriff dafür und die tatsächliche Bedeutung dieser Entwicklung wohl auch nicht erkannt. Doch es gab ein verbreitetes Unbehagen und offenkundig ein Gefühl dafür, daß etwas Neuartiges passierte.

Um 1900 allerdings hatten sich die Kanalisationen bereits weitgehend durchgesetzt, vor allem in großen Städten. Diese waren zu dicht bebaut, erstreckten sich über zu große Flächen und zählten zu viele Mietskasernen, als daß Senkgruben oder Tonnen noch eine Alternative sein konnten. In kleineren und mittleren Städten hingegen waren Tonnen weiterhin verbreitet, stießen jedoch auch hier zunehmend an Grenzen. Die mit den traditionellen Verfahren verbundenen Unannehmlichkeiten, Mühen und der Gestank wurden zunehmend abgelehnt und als Relikte einer überwundenen Welt betrachtet. WCs galten als ein Zeichen der Modernität, des Aufstiegs und auch des Wohlstandes. Deren Befürworter verwiesen immer wieder auf das Vorbild der Weltstädte London und Paris und beklagten die deutsche Rückständigkeit.

Hinzu kam ein praktisches Problem. Die Wasserspülungen haben die Inhalte der Senkgruben und Tonnen so sehr verdünnt, daß sie als Dünger uninteressant wurden. Im Jahr 1906 beschloß die Deutsche Landwirtschaftsgesellschaft, alle Versuche einzustellen, die Fäkalien für die Landwirtschaft nutzbar zu machen. Dazu hatte sie einen eigenen Ausschuß gegründet, eine Versuchsstation errichtet und erhebliche Summen aufgebracht. Das Ergebnis war eindeutig. Nur die Schwemmkanalisation sei in der Lage, »die Fäkalstoffe aus der Stadt überhaupt fortzuschaffen, und zwar in gesundheitlich einwandfreier Weise«. Die anderen Verfahren könnten »für beschränkte Verhältnisse noch passend sein«, seien jedoch in »gesundheitlicher und ästhetischer Beziehung nicht einwandfrei«, und es bereite zunehmend Probleme, die »Landwirte zu veranlassen, die Fäkalien in dieser Form anzunehmen«[33].

Nach und nach setzte sich mit der Schwemmkanalisation ein Verfahren durch, das eine Trennung der eingeleiteten Stoffe nicht mehr erlaubte. Bei dem Tonnensystem war eine Trennung noch möglich gewesen. Auch hatte es Vorschläge gegeben, die Vorteile dieses traditionellen Systems mit moderner Technik zu kombinieren, darunter das Liernur-System. Dieses sah zwei Rohrnetze vor, eines für Haus- und Regenwasser, und ein zweites, das sämtliche Aborte mit Auffangkesseln verband und luftdicht abgeschlossen war. Die Kessel wiederum waren an Dampfmaschinen angeschlossen, die Unterdruck erzeugen und dadurch die Fäkalien ansaugen sollten. Diese konnten so zentral gesammelt, an Landwirte verkauft oder weiterverarbeitet werden, etwa in sogenannten Poudrette-Fabriken, in denen Fäkalien getrocknet und zu einem Pulver gemahlen wurden, das sich als Dünger eignete. Poudrette-Fabriken gab es bereits, und sie sind ein weiterer Beleg dafür, wie lange und mit welchem Erfindungsgeist versucht wurde, an den traditionellen Düngern festzuhalten. Ihr Betrieb verursachte jedoch zu hohe Kosten und war mit großer Belästigung der Nachbarn verbunden, so daß sie keine nennenswerte Bedeutung erlangten. Das gilt noch mehr für das Liernur-System, das überaus kostspielig, technisch aufwendig und anfällig war, so daß es über einzelne Versuchsanlagen nicht hinauskam, zumal zusätzlich ein Problem auftrat, das in diesem System gar nicht vorgesehen war: die industriellen Abwässer.[34]

Industrielle Abwässer haben in den Debatten über die Flußverschmutzung lange Zeit keine große Rolle gespielt. Sie traten anfangs nicht in denselben Mengen auf wie die Ableitungen der Städte und galten vor allem als nicht so gefährlich. Sorgen bereiteten in erster Linie organische Verschmutzungen wie Essensreste oder Fäkalien, die Dünste freisetzten, nach traditioneller Auffassung Miasma[35] hervorbrachten und seit den Entdeckungen von Koch als Quelle bakterieller Infektionen galten. Bei industriellen Abwässern wurden derartige Gefahren nicht gesehen und vielfach sogar behauptet, sie würden desinfizierend wirken. Diese These hielt sich bis weit in das 20. Jahrhundert hinein, obwohl die Mengen industrieller Abwässer sprunghaft zunahmen und deren schädliche Wirkungen nicht länger zu leugnen waren. All die Rüben- und Zuckerfabriken, chemischen Betriebe, Färbereien, Zechen, Eisen- und Metallhütten, Kokereien oder Fabriken der Schwerindustrie hatten einen enormen Wasserbedarf und produzierten kaum vorstellbare Mengen an Schmutzwasser.

Der Umgang mit den industriellen Abwässern erinnert an das Problem der Luftverschmutzung. Konsequente Bemühungen, diese zu reinigen, waren ebenso selten wie Versuche, darin enthaltene Stoffe zu verwerten. In der Regel wurden Abwässer vielmehr weitgehend ungeklärt eingeleitet, eventuell durch ein Stichrohr in die Flußmitte, um sie besser zu verdünnen. Wenn eine Reinigung durchgeführt wurde, beschränkte sich diese in der Regel auf Absatz- oder Rückhaltebecken. Vorherrschend war auch hier das Prinzip der Verdünnung und Verteilung, das weithin akzeptiert war und das etwa der Sozialdemokrat Karl Liebknecht durch besondere Maßnahmen perfektionieren wollte. Das oberste Ziel, so Liebknecht, bestehe darin, die Situation in den Städten zu verbessern. Zum besseren Abtransport der Abwässer könnten eigene Kanäle bis zu den Meeren gebaut werden, denn spätestens in der unendlichen Tiefe der Weltmeere würden die Abwässer bis zur Unschädlichkeit verdünnt oder gar ganz verschwinden.[36]

Zusätzlich kam – unter dem Begriff der Opferstrecke – auch das Prinzip der Lokalisierung zur Anwendung. Gemeint waren damit Abschnitte von Flüssen oder Bächen, die, so ein führender Wissenschaftler im Jahre 1887, den Interessen der Industrie zu opfern seien und deshalb besonders stark verschmutzt werden dürften. Mit zunehmender Industrialisierung wurden diese Opferstrecken immer länger, und schließlich wurde gefordert, ganze Flüsse wie die Wupper, die Emscher oder die Bode preiszugeben – so eine Veröffentlichung aus dem Jahre 1890. Diese Flüsse sollten nicht mehr zum Baden, als Tränke oder zur Fischerei dienen, sie müßten vielmehr neue Aufgaben übernehmen und seien als »die wohlthätigen, natürlichen Ableiter der Industriewässer nach dem Meere« zu betrachten. Die Fischerei oder andere traditionelle Nutzungen hätten nur geringe ökonomische Bedeutung und müßten »dem überwältigenden Interesse der Industrie weichen«[37].

Im 19. Jahrhundert hat sich der Zustand der Flüsse und anderer Gewässer vollständig gewandelt. Zu Beginn waren diese allenfalls im Umkreis von Gerbereien, Abdeckereien und ähnlichen Betrieben oder durch Abwässer größerer Städte verschmutzt, und diese Verschmutzungen betrafen jeweils sehr kleine Strecken. Davon abgesehen war das Wasser so sauber, daß es ohne größere Vorkehrungen als Trinkwasser, für das Vieh oder in den Gewerbebetrieben benutzt werden konnte. Um 1900 sah die Situation ganz anders aus. Eine Kommission des Reichsgesundheitsamtes urteilte apodiktisch: »Ein offener Flußlauf besitzt niemals den Charakter eines gesunden Trinkwassers.« Wer daraus trinke, müsse »persönlich die Gefahr einer Gesundheitsschädigung übernehmen«[38]. Die »natürliche« Aufgabe der Flüsse hatte sich grundlegend geändert. Sie sollten als »wohltätige Ableiter« das Schmutzwasser der Industrie und der Städte aufnehmen und es in die Tiefe der Meere befördern. Wasser mußte deshalb in eigens errichteten Werken aufbereitet, aus großer Tiefe gefördert oder über weite Entfernungen herangebracht werden, bevor die Menschen es genießen konnten. Und als Beweis des erreichten Fortschritts wurden Badeanstalten errichtet – immer mehr Flüsse und Seen waren dafür einfach zu schmutzig.

Abfall

Wer um 1900 einen Spaziergang vor die Tore einer größeren Stadt unternahm, sah überall Scherben, Konservenbüchsen, Stücke von Reifröcken und Korsetts, Sprungfedern oder zerbrochene Kämme herumliegen. An den Hecken und Rainen hingen Papier- und Lumpenfetzen, dazwischen gab es ganze Scherbenberge und verlassene Kiesgruben, die mit Kehricht ausgefüllt waren – so ein zeitgenössischer Bericht. Er beschrieb ein neuartiges Phänomen: die zunehmenden Mengen an Müll und Abfall.

Bis zur Industrialisierung und selbst in deren frühen Phasen traten Müll oder Abfall kaum auf. Dafür gibt es vor allem zwei

Gründe. Die Gesellschaften waren zu arm, als daß sie in größerem Umfange Gegenstände einfach fortwerfen konnten. Eigentlich gab es kaum etwas, das nicht mehr benötigt wurde, zumal – und dies ist der zweite Grund – die Gegenstände des Alltags und die Produkte von Handwerk und Gewerbe überwiegend organischer Herkunft waren. So wurden Kleidungsstücke immer wieder geflickt, aufgetragen, als Lappen genutzt und, wenn sie schließlich doch zerfielen, zu Papier verarbeitet; Essensreste wurden an das Vieh verfüttert oder auf den Kompost gebracht und zusammen mit anderen Stoffen zur Düngung genutzt, wie überhaupt die meisten Materialien letztlich verwesten oder zur Feuerung benutzt werden konnten. Gegenstände aus Glas oder Metall, bei denen dies nicht möglich war, waren kostbar, dadurch selten, und gerade sie wurden nicht einfach weggeworfen. Auch dies änderte sich mit der Industrialisierung, denn sie brachte zunehmend Gegenstände hervor, die nach einer gewissen Zeit nicht mehr benötigt wurden und zudem nicht ohne weiteres zerfielen oder verwesten.

Beides wird in der gerade zitierten Schilderung deutlich. Sie nennt Scherben und Gegenstände aus Eisen, die im Alltag bereits verbreitet waren, nach Gebrauch oder bei einer Beschädigung fortgeworfen wurden und nur langsam verrotteten. Sie zeigt aber auch, daß es sich hierbei immer noch um kleine Mengen und um ein neuartiges Phänomen handelte. Das wird schon daran deutlich, daß der Unrat nur im Frühjahr zu sehen war, wenn der Boden noch kahl war. Einige Wochen später hingegen deckte »das spriessende Grün mitleidig das Schlimmste zu«. Auch befanden sich diese Gegenstände auf Feldern, die »mit städtischem Kehricht gedüngt« wurden, woraus zu entnehmen ist, daß der Kehricht überwiegend noch organische oder mineralische Bestandteile enthielt und deshalb noch als Dünger verwendet werden konnte. Und schließlich wird ausführlich beschrieben, daß der Unrat mehrfach nach brauchbaren Bestandteilen durchsucht wurde.[39]

An den Abladestellen gab es »Dutzende von armen Leuten, die in dem Unrath umhersuchen, um noch irgend verwerthbare Dinge aufzufinden«. Die wertvolleren Gegenstände waren schon vorher durch Händler oder »Klüngelskerle« eingesammelt worden, und viele Arme lebten davon, daß sie nachts die Kehrichtbehälter nach verwertbaren Resten durchsuchten. Es fand also, um den heutigen Begriff zu benutzen, ein Recycling statt, das nicht institutionalisiert war und auch nicht von großen Betrieben durchgeführt wurde. Doch es war recht effektiv, da nahezu alles »irgendwie« noch gebraucht werden konnte.

Zunehmend wurde Kritik an dieser Vorgehensweise geübt, denn die Menge des Abfalls stieg kontinuierlich an, während die Art und Weise, damit umzugehen, sich eher wildwüchsig entwickelt hatte. Die Beschwerden über zahllose wilde Kippen vor den Städten häuften sich, generell ließ die Lagerung des Mülls zu wünschen übrig, und hygienische Probleme nahmen zu, so daß eine Vielzahl von Alternativen vorgeschlagen wurde. Die größten hygienischen Vorteile schien die Müllverbrennung zu bieten, die erstmalig 1896 in Hamburg zur Anwendung kam. Durch eine Verbrennung, so deren Befürworter, entfalle der mühsame Transport des Mülls in das Umland, zumal dieser mit dem Wachstum der Städte über immer größere Entfernungen erfolgen müsse. Überdies erfordere die Lagerung des Mülls riesige Flächen, und in Krisenzeiten, wie bei der Choleraepidemie im Jahre 1892, sei nicht einmal gesichert, daß die umliegenden Gemeinden den Unrat auch abnähmen. Die Verbrennungsanstalt hingegen sei »hygienisch völlig einwandfrei« und garantiere eine »völlige Unschädlichmachung«[40]. Diesen Argumenten folgten andere Gemeinden, und bis 1914 wurden sechs weitere Anlagen errichtet. Sie setzten sich jedoch nicht durch, denn ihr Bau und Betrieb verursachten unerwartet hohe Kosten.

Eigentlich sollte die Verbrennung zusätzliche Energie erzeugen, die man dann verkaufen konnte. Doch die Erträge fielen geringer aus als behauptet, teilweise mußte den Abfällen sogar Kohle zugegeben werden, um eine einwandfreie Verbrennung zu erreichen. Zudem stellte sich das Problem der Verbrennungsrückstände – wie übrigens auch bei heutigen Anlagen. Die Verbrennung bewirkt eine erhebliche Gewichtsabnahme, da flüssige Bestandteile des Mülls verdampfen. Die Reduktion des Volumens hingegen fällt geringer aus, es verbleiben vielmehr erhebliche Rückstände, die gelagert oder auf andere Weise beseitigt werden müssen. Schließlich war bei der Verbrennung eine weitere Verwertung der im Abfall enthaltenen Stoffe ausgeschlossen.

Genau dies rief heftige Kritik hervor, und es gab alternative Systeme, die eine möglichst komplette Verwertung des Mülls anstrebten. Eines davon wurde 1898 in Pullach bei München in Betrieb genommen.

In München wurde der Abfall der Haushalte in Müllwagen gesammelt und per Eisenbahn direkt nach Pullach gebracht. Dort befanden sich Siebanlagen und Fließbänder, um in Handarbeit – meist durch Frauen – die einzelnen Bestandteile herauszulesen, nach Gruppen zu sortieren und die so gewonnenen Rohstoffe zu verarbeiten: Stoffreste und Lumpen, Papierabfälle und Glas, Speisereste, die in einer eigenen Mästerei verfüttert wurden, und Knochen zur Herstellung von Knochenmehl und Leim. Übrig blieben Feinmüll, der mit Chemikalien versetzt als Dünger angeboten wurde, sowie nicht verwertbare Reste. Doch der Absatz des Feinmülls war schwierig, auch das Vorhaben, mit dem groben Müll Moorland urbar zu machen, warf Probleme auf. Die Menge des nicht verwertbaren Mülls nahm deshalb stetig zu, das Unternehmen mußte dafür einen Verbrennungsofen errichten, und die Kosten stiegen. Die Stadt München mußte pro Einwohner einen Zuschuß von 0,77 Mark pro Jahr leisten, deutlich mehr als in Hamburg, wo 0,39 Mark erforderlich waren.[41]

Ähnlich ambivalent waren die Erfahrungen in Charlottenburg. Dort hatte die Stadt das sogenannte Dreiteilungssystem eingeführt, das frappant an heutige Verfahren erinnert und von einer privaten Firma betrieben wurde. In Charlottenburg wurde der Hausmüll getrennt nach Asche und Kehricht, Speiseresten und organischen Abfällen und schließlich groben Stoffen wie Papier, Lumpen, Metall oder Flaschen, die weiterverwertet und dazu über große Strecken transportiert wurden: Küchenabfälle in das 14 Kilometer entfernte Seegefeld, wo sie gereinigt, gekocht und an Schweine verfüttert wurden, und Asche in das 30 Kilometer entfernte Rötehof, wo sie zur Aufschüttung diente. Die Grobstoffe wurden möglichst verkauft oder als Brennmaterial benutzt. Doch auch hier waren die Kosten unerwartet hoch, das Dreiteilungs-System wurde 1912 eingestellt, und die private Firma ging kurz darauf bankrott.[42]

Die so lautstark propagierte Verwertung rechnete sich ebensowenig wie die Verbrennungsanlagen. Die Städte bauten deshalb die bestehenden Verfahren nach und nach aus und setzten auf Deponien, deren Kosten konkurrenzlos niedrig und die hygienisch nicht so bedenklich waren wie behauptet. Zumindest nicht auf kurze Sicht, denn langfristig hat die Deponierung zahlreiche Probleme verursacht, die vielfach erst heute deutlich werden. Im Kaiserreich und lange darüber hinaus verblieb dadurch die Verwertung bei Schrotthändlern, Lumpensammlern und den Personen, die Mülltonen sowie Deponien durchstöberten und sich dadurch eine bescheidene Existenz sicherten. Ein systematischer Ausbau unterblieb. Dazu kam es erst während des Ersten Weltkriegs, als der Nachschub unterbrochen war und im Abfall enthaltene Stoffe plötzlich wieder interessant wurden. Doch diese Situation war nur von kurzer Dauer, und es ist bezeichnend, daß die systematische Sammlung von Abfällen in Deutschland nur in Notsituationen erfolgte: während der beiden Weltkriege und später in der DDR, die nicht genügend Devisen für den Ankauf von Rohstoffen besaß. Ein Umdenken, das an die traditionelle, bis gegen Ende des 19. Jahrhunderts übliche Praxis anknüpft und Überreste nicht einfach wegwirft, hat erst vor wenigen Jahren begonnen.

Automobile

Deutschland war bis 1914 ein weitgehend autofreies Land. Zu diesem Zeitpunkt gab es erst 70000 Personenkraftwagen, die sehr unterschiedliche Reaktionen auslösten. Automobile waren Meisterwerke der Technik, sie erlaubten im Straßenverkehr zuvor unerreichbare Geschwindigkeiten und versprachen eine neue Freiheit. Die Bedeutung von Raum und Zeit hatte schon die Eisenbahn grundlegend verändert. Den Raum hatte sie, so Heinrich Heine, getötet, übriggeblieben war nur die Zeit. Eine Reise, die mit der Postkutsche Tage gedauert hatte und zudem sehr unbequem war, erfolgte jetzt komfortabel und in wenigen Stunden, Züge erreichten um die Jahrhundertwende Geschwindigkeiten von etwa 100 Stundenkilometern. Daran war bei den Automobilen noch nicht zu denken. Doch die Bahn hatte einen großen Nachteil. Ihre Streckenführung war festgelegt, und für Orte, die abseits davon lagen, hatte sich wenig geändert. Von Köln kam man in wenigen Stunden nach Berlin, während die Reise in die Eifel weiterhin mit Pferd oder Kutsche erfolgte – und das dauerte. Autos hingegen konnten an nahezu jede Stelle gelangen. So erschienen bald Reiseberichte, deren Verfasser begeistert von einer neuen Freiheit, herrlichen Landschaften und reizvollen Städten berichteten.

Diese Freude war nicht ungetrübt, denn die Automobilisten stießen teilweise auf geradezu feindliche Ablehnung. Auf die Wagen gingen Steinhagel nieder, die Insassen wurden wüst beschimpft und mußten sich sputen, heil davonzukommen. Das ist verständlich, denn die Automobile waren ein Fremdkörper auf den Straßen. Selbst wenn sie lediglich Geschwindigkeiten von 20 bis 30 Stundenkilometern erreichten, waren sie doch viel schneller als die anderen Verkehrsteilnehmer, die Pferdefuhrwerke oder Fußgänger, die ansonsten das Tempo bestimmten. So wurde in Baden für Automobile anfangs eine Geschwindigkeit von 9 Kilometern pro Stunde festgelegt, die 1909 durch ein neues Gesetz auf 20 Kilometer pro Stunde erhöht werden sollte – zum Entsetzen des sozialdemokratischen Reichstagsabgeordneten Karl Wilhelm Stolle, der die Automobile förmlich »über die Landstraßen rennen« sah. Wenn sonntags die »in der Fabrik abgearbeiteten Leute einen Ausgang machen und frische Luft schöpfen wollen, dann kommt ein Auto gesaust, spritzt rechts und links den Straßenschmutz in die Höhe, so daß den Leuten [...] das beste Kleid ruiniert wird«[43]. Auch der Abgeordnete Prinz zu Schönaich-Carolath klagte über zu hohe Geschwindigkeiten, die Ochsengespanne oder Pferde scheuen ließen und die Landbewohner davon abhielten, überhaupt noch in die Stadt zu fahren. Die Automobilisten sähen sich als Herren der Straße und würden »nur aus Vergnügen oder aus Sport auf unseren Straßen, die wir gebaut und bezahlt haben, dahinsausen und überall Beunruhigung und Gefahr verbreiten«. Diesen Unfug dürfe die Regierung nicht länger dulden.[44]

Die so gescholtenen Automobilisten beurteilten die Situation ganz anders. Auch sie beklagten die häufigen Zusammenstöße mit den anderen Straßenbenutzern, doch die Schuld daran trage »die Unvorsicht der letzteren«. Sie hätten sich noch nicht an die Pkws und deren Geschwindigkeit gewöhnt, sondern würden abrupt ihre Richtung ändern. Bei dem traditionell langsamen Tempo auf den Straßen war dieses Verhalten kein Problem gewesen, jetzt hingegen konnte man dadurch plötzlich vor ein Auto geraten. Dessen Fahrer müsse daher um jeden »beweglichen Körper, der ihm auf einer Landstraße in Sicht kommt«, in möglichst weitem Bogen herumfahren und die Geschwindigkeit so weit drosseln, daß er jederzeit anhalten könne. Das sei äußerst ärgerlich, denn so werde »der Zweck des Automobils – schnell vorwärts zu kommen – heute noch stark beeinträchtigt«[45]. Doch nach und nach kamen die Autofahrer schneller voran. Wie selbstverständlich wurden sie die Herren der Straße, auf Kosten der anderen Verkehrsteilnehmer, die sich anpassen und die Straßen den Autos überlassen mußten – ohne sich jedoch sicher fühlen zu können, wie die wachsende Zahl der Unfälle mit ihren Verletzten und Toten zeigte.

Auch die Straßen wurden den Bedürfnissen der Automobile angepaßt, wobei anfangs vor allem der Staub große Probleme bereitete. Die meisten Straßen waren mittlerweile befestigt, aber noch lange nicht alle gepflastert, so daß die Automobile bei trockenem Wetter riesige Staubmengen aufwirbelten. Sie wurden als »Staubaufwirbelungsmaschine 1'ter Ordnung« bezeichnet, und es gab eine Vielzahl von Vorschlägen zur Abhilfe dieses Mißstandes. Einige davon sahen vor, die Automobile mit zusätzlichen Wassertanks auszurüsten und an den Rädern Düsen anzubringen, um den aufgewirbelten Staub zu besprühen. Andere setzten bei den Straßen an und suchten nach Möglichkeiten, durch unterschiedlichste Stoffe den Staub zu binden. Das einfachste Mittel war Wasser, und viele Städte setzten Sprühwagen ein, doch Wasser verdunstete zu schnell. Die anderen Mittel waren nicht wirkungsvoller, und langfristig setzten sich die Verfahren durch, die wir bis heute kennen. Die Straßen erhielten neue Beläge, zuerst Pflasterung, dann Teer und Asphalt.

Die Frage der Abgase hingegen, die heute so sehr im Vordergrund steht, spielte damals keine nennenswerte Rolle. Es gab erste medizinische Untersuchungen und Messungen, doch die tatsächliche Problematik wurde noch nicht erkannt. Statt dessen häuften sich Klagen über den Gestank der Auspuffgase, zu deren Bekämpfung sogenannte Desodoratoren wohlriechende Düfte erzeugen sollten. Offensichtlich hatte aber der Erfinder selbst kein großes Vertrauen in seinen Vorschlag. Als eigentlichen Ausweg empfahl er das Elektromobil, hielt aber gleich resignierend fest, daß dieses leider zu teuer sei.[46] Kritische Stimmen wie diese waren verbreitet, dürfen aber nicht überbewertet werden. Parallel dazu gab es eine große Begeisterung für Automobile und erste Rennen, die einen wahren Autokult auslösten. Doch auch dieser steckte vor 1914 noch in den Anfängen, wie überhaupt die Bedeutung des Autos und der dadurch verursachten Probleme gering blieb. Es war allerdings ein besonders deutliches Merkmal dafür, was sich seit 1800 alles geändert hatte.

Deutschland sah mittlerweile ganz anders aus. Es war bedeutend reicher geworden, zählte bedeutend mehr Menschen, die länger lebten und einen höheren Lebensstandard genossen, aber auch in einem zuvor unbekannten Maße Ressourcen verbrauchten, die Landschaft veränderten und enorme Mengen an Schadstoffen freisetzten. Knapp zusammengefaßt hat diese Situation 1912 ein Mitglied des preußischen Parlaments, der Abgeordnete von Kloeden: »Meine Herren, wir sind so stolz auf unser Zeitalter! Wir haben vor 40 Jahren hier in Berlin ein Lied gesungen: ›Da hab' ich Respekt vor dem menschlichen Geist.‹ Ja, meine Herren, vor 1000 Jahren, als halbe Barbaren, hatten wir reine Flüsse, reine Luft und reinen Boden, und heute hat der Kulturmensch verschmutzte Flüsse, verseuchten Boden und verstänkerte Luft. Wo bleibt da der Kulturfortschritt und der Respekt vor dem menschlichen Geist?«[47]

Und wo blieben, so muß man fragen, die Reaktionen der Zeitgenossen? Haben sie all diese Veränderungen akzeptiert? Haben sie diese überhaupt bemerkt? Oder haben sie sogar versucht, etwas dagegen zu unternehmen?

Bürger und Behörden

Es ist eine verbreitete Annahme, daß Belastungen von Landschaft, Natur und Umwelt erst seit wenigen Jahren kritisch betrachtet werden. Diese Annahme ist falsch. Hierüber gab es vielmehr Debatten und Auseinandersetzungen, die bis weit vor die Industrialisierung zurückreichen. Diese blieben anfangs vereinzelt und nahmen mit dem Fortschreiten der Industrialisierung deutlich zu, so daß auf den ersten Blick ein enger Zusammenhang zwischen dem Ausmaß der Belastungen und der Zahl der kritischen Äußerungen bestand. Diesen Zusammenhang hat es gegeben. Fraglos waren die Debatten am Vorabend des Ersten Weltkriegs bedeutend zahlreicher und intensiver als zu Beginn der Industrialisierung. Doch zugleich war der Zusammenhang weniger eng, als es den Anschein hat, und er reicht vor allem nicht aus, um die Entstehung, Verbreitung und Ausprägung der Kritik zu erklären.

Kritische Äußerungen kamen nicht in erster Linie aus den besonders belasteten industriellen Ballungsgebieten, sondern von den Bewohnern der weniger betroffenen bürgerlichen Wohnviertel. Auch die Organisationen des Natur- und Heimatschutzes waren von Vertretern des Bürgertums dominiert, während vergleichbare Initiativen bei Arbeitern seltener vorkamen, obgleich gerade diese unmittelbar neben den lärmenden und qualmenden Fabriken lebten. Zudem fanden einige der heftigsten Auseinandersetzungen in der Frühphase der Industrialisierung statt, so daß kritische Äußerungen nicht lediglich als ein Reflex der zunehmenden Belastung gesehen werden können. Häufigkeit und Ausprägung der Kritik hängen vielmehr von zahlreichen Faktoren ab: von der Fähigkeit, öffentliches Interesse zu erzeugen; von wissenschaftlichen Kenntnissen; vom Verhalten der Behörden und nicht zuletzt von der Möglichkeit, die eigene Position wirksam und notfalls vor Gerichten vertreten zu können. Deutlich wurde dieser Zusammenhang bereits bei einem der ersten Konflikte, der im Jahre 1802 in Bamberg stattfand.[48]

Am 12. Mai 1802 bat der Bamberger Stadtrat und Gastwirt Strüpf um die Erlaubnis, unmittelbar vor den Toren der Stadt eine Glashütte errichten zu dürfen. Die Erfolgsaussichten waren gut, denn die Stadt befand sich wegen der napoleonischen Kriege in einer tiefen wirtschaftlichen Krise. Der Absatz der Waren stockte, die Zahl der Armen wuchs, und es fehlte an Arbeitsmöglichkeiten. Darauf wies Strüpf ausdrücklich hin, und die zuständigen Stellen waren ihm wohl gesonnen. Doch der Antrag rief große Proteste bei den Anwohnern hervor und löste eine heftige Auseinandersetzung aus. Innerhalb weniger Monate wurden zahlreiche Streitschriften, Aufsätze und Zeitungsartikel veröffentlicht; die Anwohner schlossen sich zusammen, sammelten mehr als hundert Unterschriften und legten Einspruch ein.

Der Konflikt entzündete sich an dem Plan von Strüpf, die Glashütte unmittelbar vor der Stadt zu errichten und zu deren Befeuerung Kohle zu verwenden. Beide Aspekte waren neu. Bis dahin lagen Glashütten und andere Betriebe, die große Mengen Energie erforderten, in waldreichen Gegenden, um die dortigen Holzvorräte nutzen zu können. Diese Gebiete waren zumeist wenig besiedelt, so daß die anfallenden Emissionen kein größeres Problem schufen. Das galt auch für die vereinzelten Versuche, Kohle als Energiequelle zu nutzen. Dies geschah meist unmittelbar neben den Abbauorten der Kohle, die in der Regel von größeren Städten weit entfernt lagen.

Die neue Glashütte sollte in der Vorstadt Weiden liegen, nur durch den Stadtgraben von Bamberg getrennt. Nur wenige hundert Meter entfernt befand sich zudem das Ludwigshospital, damals eines der berühmtesten Krankenhäuser Deutschlands. Befürchtet wurde – so eine Schrift aus dem Jahre 1802 –, daß durch den Kohlerauch der geplanten Anlage »die Rechte der hiesigen Einwohner gekränkt, ihr Eigentum bedroht, ihre Gesundheit und ihr Leben gefährdet« werde.[49] Insbesondere der freigesetzte Schwefel schade der Gesundheit und sei »das größte Gift für alle Gewächse«[50]. Diese Befürchtungen haben nicht alle geteilt. Andere haben die beschworenen Gefährdungen bestritten und statt dessen die Vorteile betont. Die geplante Hütte sichere vielen »ihr täglich Brod«, das ganze Land werde »immer glücklich und gesegnet bleiben«[51].

Die Auseinandersetzung zog sich über mehrere Monate hin. Die Einwohner wandten sich an die Behörden und Gerichte, und ihr Anwalt erreichte einen vorübergehenden Baustop. Dagegen wehrte sich Strüpf, so daß der Fall schließlich bis vor das Reichsgericht gelangte. Gutachter wurden eingeschaltet, um mögliche Auswirkungen auf die Gesundheit beurteilen zu können, darunter auch Ärzte aus dem Bamberger Krankenhaus. Der Ausgang des Konfliktes war unklar – bis die bayerische Regierung die Macht in Bamberg übernahm. Diese war ihr als Folge der Napoleonischen Kriege im Herbst 1802 zugefallen, und die neuen

Machthaber entschieden bald darauf, den Antrag von Strüpf zu genehmigen, allerdings mit einer wichtigen Auflage: Die Glashütte sollte nicht am geplanten Ort, sondern in größerer Entfernung von der Stadt errichtet werden, um die Bewohner Bambergs zu schonen.

Dieser Konflikt zeigt deutlich, daß mehrere Elemente zusammenkommen müssen, damit aus diffusem Unmut und vereinzelten Beschwerden eine größere Auseinandersetzung entstehen kann. Es genügt nicht, daß ein Problem besteht oder daß einzelne Kritik äußern, vielmehr müssen zusätzliche Faktoren gegeben sein. Die Gegner der Glashütte konnten durch Zeitungsartikel, Aufsätze und selbst Bücher Öffentlichkeit herstellen; sie konnten auf den Sachverstand angesehener Ärzte zurückgreifen; sie verfügten über finanzielle Mittel und konnten einen Anwalt einschalten; und sie befanden sich – dies ist besonders wichtig – in einer rechtlich günstigen Situation. Ein großer Teil der Beschwerdeführer besaß Eigentum in der Nähe der geplanten Glashütte. Sie befürchteten einen Wertverlust und konnten deshalb die Gerichte anrufen. Darüber hinaus verfügten sie über weitgehende Mitspracherechte bei der Vergabe der Baugenehmigung und konnten sogar gegen Entscheidungen der Behörden vorgehen.

Die neu zuständige bayerische Regierung war über diese Möglichkeiten geradezu entsetzt. Hier und in anderen »modernen« Staaten, darunter vor allem Preußen, hatten die Behörden zu diesem Zeitpunkt schon durchgesetzt, daß ihre Entscheidungen kaum noch angefochten werden konnten. So war es in Preußen zwar möglich, gegen Bescheide Einspruch einzulegen, doch dieser Einspruch wurde durch die Bürokratie selbst entschieden. Dadurch konnte allenfalls erreicht werden, daß übergeordnete Instanzen sich damit befaßten, doch es war nicht möglich, Gerichte anzurufen und eine unabhängige Prüfung vornehmen zu lassen. Die Auswirkungen dieser Regelung waren überaus weitreichend, was bei einem Vergleich mit heutigen Auseinandersetzungen deutlich wird. Wohl alle großen Umweltkonflikte der letzten Jahrzehnte wurden vor Verwaltungsgerichten ausgetragen. Hier kann Beschwerde eingelegt und erreicht werden, daß Genehmigungen etwa zur Errichtung einer Müllverbrennungsanlage, eines Flugplatzes oder einer Autobahn in einem öffentlichen Verfahren diskutiert, kritisiert und eventuell widerrufen werden. Hierdurch wurde und wird nicht nur Öffentlichkeit hergestellt, damit ist auch eine große mobilisierende Wirkung verbunden, denn solange keine endgültige Entscheidung vorliegt, macht es Sinn, sich zu engagieren, Unterschriften zu sammeln, Gutachten zu besorgen und Druck auszuüben. Das war auch in Bamberg der Fall – bis die bayerische Regierung die Macht übernahm. Sie verkörperte den modernen Verwaltungsstaat. Gleich in einer der ersten internen Stellungnahmen wurde das Verhalten der Bamberger Behörden heftig kritisiert und mit Nachdruck betont, daß die Verwaltung über die Konzession autonom entscheiden und jegliche Einschaltung von Gerichten unterbinden müsse. Dies geschah dann auch, und diese Position setzte sich in den kommenden Jahren allgemein durch, wobei die bald erlassenen Gewerbeordnungen die Handlungsmöglichkeiten noch zusätzlich einschränkten. Vorbild hierfür war Preußen. Die preußische Gewerbeordnung von 1845 wurde 1871 in leicht veränderter Form vom Kaiserreich übernommen und blieb in seinen Grundzügen bis weit nach dem Zweiten Weltkrieg bestehen. Sie hat in diesem Zeitraum den Umgang mit Umweltproblemen entscheidend geprägt und muß deshalb näher vorgestellt werden.

Gewerbeordnung und belastende Betriebe

Die Gewerbeordnungen enthielten spezielle Regelungen für diejenigen Betriebe, die »erhebliche Nachteile, Gefahren oder Belästigungen« für die unmittelbaren Anwohner sowie die allgemeine Öffentlichkeit verursachen konnten. Ihre Betreiber mußten deshalb bei den Behörden einen Antrag auf Genehmigung stellen und die Öffentlichkeit über ihre Pläne informieren, so daß diese innerhalb bestimmter Fristen (meist vier Wochen) Einspruch erheben konnte. Die Behörden hatten diese Einsprüche sowie die eingereichten Unterlagen zu prüfen und konnten die Genehmigung gewähren, aber auch verweigern, wobei dieser Fall eine Ausnahme blieb. Wenn Bedenken bestanden, wurden statt dessen meist Änderungen verlangt oder Auflagen erlassen, um Nachteile, Gefahren oder Belästigungen möglichst gering zu halten. Daß diese nicht ganz ausgeschlossen werden konnten, verstand sich von selbst, und dieses Ziel wurde auch nicht angestrebt. Gegen eine Genehmigung, deren Verweigerung und auch die Auflagen konnten Anwohner und Antragsteller Beschwerde einlegen, die jedoch auf dem Dienstwege behandelt und nicht durch Gerichte überprüft wurde. Entscheidend war deshalb die Position der Behörden und hier insbesondere der zentralen Instanzen in den Hauptstädten. Diese erließen die Richtlinien und fällten die letztliche Entscheidung, falls Einsprüche sich über mehrere Instanzen hinzogen.

Die Notwendigkeit dieser Regelungen war umstritten. Vor allem die Vertreter von Wirtschaft und Industrie beschwerten sich, denn sie sahen darin einen Verstoß gegen das Prinzip der Gewerbefreiheit. Die preußische Regierung wies deshalb ausdrücklich darauf hin, daß das Konzessionsverfahren zwar eine Beteiligung der Öffentlichkeit erlaube, nicht zuletzt aber »im Interesse der Unternehmer« erfolge. Denn einmal genehmigte Anlagen seien »gegen nachträgliche Beschwerden und Auflagen gesichert« und könnten weitgehend ungestört betrieben werden.[52] Diese Zielsetzung wurde 1869/71 durch eine eigens eingeführte Formulierung (§ 26) zusätzlich abgesichert, die große Bedeutung erlangen sollte. Nachbarn konnten fortan nicht mehr die Schließung »einer mit obrigkeitlicher Genehmigung errichteten gewerblichen Anlage« durchsetzen. Sie konnten nur noch Einrichtungen verlangen, »welche die benachtheiligende Einwirkung ausschließen«, und dies nur dann, wenn die entsprechenden Maßnahmen den Betriebsablauf nicht beeinträchtigten und die Profitabilität nicht gefährdeten. Waren diese Bedingungen nicht gegeben, hatten Nachbarn und Anwohner Belästigungen und selbst Schäden zu akzeptieren und besaßen nur noch die Möglichkeit, eine Entschädigung zu verlangen. Konzessionierte Industriebetriebe wurden durch diese Regelungen in erheblichem Maße privilegiert, da der übliche Schutz des Eigentums zu Lasten der Nachbarn oder anderer Geschädigter eingeschränkt wurde.[53]

Bei den Behörden bestand zumindest anfangs eine gewisse Unsicherheit, wie sie mit den neuartigen Belastungen umgehen sollten. Das ist schon deshalb verständlich, weil die Beamten sich weitgehend aus den konservativen agrarischen Eliten rekrutierten und teilweise Kapitalismus und Industrialisierung mit einer gewissen Skepsis, wenn nicht Ablehnung betrachteten. Doch zunehmend setzte sich eine industriefreundliche Position durch. Nur durch die Förderung der Industrie schien es möglich, den Rückstand gegenüber Frankreich, Belgien und vor allem England aufzuholen sowie der wachsenden Zahl der Armen eine Perspektive und Beschäftigung zu bieten. Unnötige Auflagen für die Industrie waren deshalb zu vermeiden, und hierzu zählte auch die Haftung für Emissionsschäden. Hierüber kam es immer wieder zu Auseinandersetzungen, bis 1848 das Obertribunal, das höchste preußische Gericht, ein aufsehenerregendes Urteil fällte.

In diesem Fall hatte ein Nachbar Schadensersatz von dem Besitzer einer chemischen Fabrik gefordert, da die »der Fabrik entsteigenden salzsauren Dämpfe auf die Kreszenz nachtheilig eingewirkt und alles vegetabilische Leben zerstört« hätten. Auch das Gericht stellte fest, daß eine Schädigung vorlag und daß die beklagte Fabrik diese verursacht hatte. Dennoch wurde Schadensersatz abgelehnt. Ein Anspruch – so das Gericht – bestehe nur, wenn der Verursacher einen Schaden bewußt herbeigeführt habe. Davon könne jedoch keine Rede sein. Die Fabrik des Beklagten sei vielmehr polizeilich genehmigt worden, und ihr Besitzer habe lediglich »einen erlaubten und rechtmäßigen Gebrauch von seinem Eigenthume« gemacht.[54]

Dieses Urteil war problematisch. Es erlaubte eine nahezu ungehinderte Nutzung des Eigentums und Entfaltung privater Initiative, die für die wirtschaftliche Entwicklung so dringend gefordert wurden. Zugleich bedeutete es jedoch, daß »der Nachbar die Vernichtung seines Eigentums geduldig zu leiden [habe] und keinen Anspruch auf Ersatz« stellen könne – so ein juristischer Kommentar. Dieser Rechtsauffassung zufolge »müßte eine wechselseitige Vernichtung des Eigenthums als geordneter Zustand angesehen werden [...]. Dabei könnte die bürgerliche Gesellschaft doch unmöglich bestehen.«[55] Diese Zuspitzung war nicht beabsichtigt, vielmehr bestand ein Dilemma, auf das die Unternehmer mit Nachdruck verwiesen. Die Öffentlichkeit habe ein Interesse am Ausbau der Industrie, und der Staat besitze ein eigenes Genehmigungsverfahren, um schädliche Betriebe zu kontrollieren. Sei nun ein Betrieb genehmigt und verursache Schäden, so sei es nicht gerechtfertigt, daß die Öffentlichkeit von den Vorteilen der Produktion profitieren wolle, die damit verbundenen Kosten aber einseitig den Unternehmern anlaste.

Erforderlich war deshalb ein Kompromiß zwischen den verschiedenen Positionen, der kurze Zeit später gefunden wurde, als sich das Obertribunal im Jahre 1852 erneut mit Emissionsschäden befaßte und ein bis heute wichtiges Argument entwickelte. Die Fortschritte der Industrie, so das Gericht, hätten »in neuerer Zeit Anlaß zu einem Gebrauche des Eigenthums gegeben [..., das] in der Regel mehr oder weniger mit Nachtheilen für Andere verbunden ist«. Es sei möglich, diese Nachteile einzuschränken, sie könnten jedoch nicht grundsätzlich vermieden werden, und es sei deshalb nicht zulässig, die entsprechenden Betriebe in jedem Fall haftbar zu machen.[56] Andererseits sei es ebensowenig tragbar, jede Verpflichtung auf Schadensersatz zu verneinen. Es komme vielmehr darauf an, für die Belastungen ein Maß oder – wie es hieß – die »gehörigen Schranken« festzulegen, und dies sei Aufgabe der Behörden. Inhaltlich hatte das Gericht damit die Einführung von Grenzwerten gefordert, wenngleich dieser Begriff damals noch nicht gebräuchlich war. Doch die wesentlichen Elemente dieses Konzeptes waren beschrieben: Da es unmöglich sei, Emissionen gänzlich zu verhindern, müßten Grenzen festgelegt und diese so bestimmt werden, daß erhebliche Schäden oder Gefährdungen unterblieben. Und wer, so die logische Folgerung, diese Grenzen einhielt, mußte für Schäden nicht aufkommen.

Dieser Vorschlag eröffnete einen gangbaren Weg, wenngleich das Problem dadurch noch nicht gelöst, sondern erst einmal auf eine andere Ebene verschoben war, denn nun galt es, die entsprechenden Grenzen zu bestimmen. Heute geschieht dies durch die Festlegung von Höchstmengen beziehungsweise von maximalen Konzentrationen, die mit dem Rauch oder Abwässern entweichen dürfen, und es gibt hochkomplexe Meßverfahren, um die Einhaltung dieser Werte zu kontrollieren. Diese Möglichkeiten bestanden bis vor wenigen Jahrzehnten eher ausnahmsweise und waren vor allem zu ungenau, um eine effektive Kontrolle zu ermöglichen. Weithin herrschte zudem die Auffassung vor, daß es gänzlich unmöglich sei, zur Regelung dieses Problems allgemeine Grundsätze aufzustellen. Es komme vielmehr »gar sehr auf die besonderen Umstände und auf die thatsächliche Lage des zu entscheidenden Falles an«[57]. Wie weit der freie Gebrauch des Eigentums gehen könne, wann die »gehörigen Schranken« überschritten und wann Entschädigungen zu zahlen seien, müsse von Fall zu Fall entschieden werden. Dafür waren die Behörden zuständig, bei denen sich die erwähnte industriefreundliche Position durchsetzte. Hinzu kam der unbefriedigende Stand von Wissenschaft und Technik, denn es bereitete große Probleme, sich bei Auseinandersetzungen auf gesicherte wissenschaftliche Befunde zu berufen und wirksame Abhilfe zu schaffen.

Wissenschaft und Technik

Wissenschaftliche Argumente haben seit den ersten Auseinandersetzungen eine große Rolle gespielt. Das galt schon in Bamberg und traf noch mehr auf Freiberg zu. Gerade hier wurden umfangreiche Untersuchungen durchgeführt, um die einzelnen Bestandteile des Rauches zu analysieren, deren Schädlichkeit für Menschen, Tiere und Vegetation zu bestimmen und dafür exakte Werte zu ermitteln. Das Ergebnis dieser Bemühungen war ambivalent. Die Wissenschaftler kamen zu wichtigen Erkenntnissen etwa über die Schädlichkeit von schwefliger Säure, doch es gelang ihnen nicht, die erwünschten Grenzwerte mit der geforderten Eindeutigkeit zu bestimmen oder wirksame sowie – worauf es besonders ankam – kostengünstige Lösungen zu entwickeln.

Eine Ausnahme bedeutete der Bau von Bleikammern, die schweflige Säure zurückhielten und die Herstellung von Schwefelsäure ermöglichten. Doch selbst in Freiberg war der Erfolg begrenzt. Weiterhin entwichen große Gasmengen, da es zu aufwendig war, die zahlreichen undichten Stellen zu beseitigen und – was heute die Regel ist – geschlossene Kreisläufe zu etablieren. Dies fiel um so stärker ins Gewicht, als die Menge der verarbeiteten Erze deutlich anstieg. Dadurch nahm zugleich die Menge der Schadstoffe so sehr zu, daß alle Bemühungen, diese zurückzuhalten, konterkariert wurden – eine Entwicklung, die bei Umweltproblemen immer wieder zu beobachten ist. Ein zentrales Merkmal der letzten hundertfünfzig Jahre war und ist, daß der Verbrauch an Ressourcen und damit die Menge an Emissionen so stark zugenommen haben, daß Bemühungen um deren Reduktion oftmals ins Leere liefen. Heute zeigt sich dies besonders bei den Abgasen der Autos. Die Einführung der Katalysatoren hat eine deutliche Verbesserung gebracht, die allerdings durch die schnell anwachsende Zahl der Pkws nahezu zunichte gemacht wurde.

In Freiberg gab es einen zweiten Faktor, der die Untersuchungen der Wissenschaftler begünstigte – sie mußten nur eine Schadensquelle berücksichtigen: die Erzhütten. Die Zahl möglicher Schadstoffe ließ sich dadurch erheblich einschränken, und nach kurzer Zeit bestand Konsens, daß vor allem die schweflige Säure Probleme verursachte. Normalerweise war die Situation viel komplexer, denn mit der Zunahme der Fabriken wurde es immer schwieriger, diejenige eindeutig zu benennen, die einen Schaden verursachte, und es fiel ebenso schwer, den dafür verantwortlichen Stoff zu isolieren. Beides war jedoch erforderlich, denn nur bei einem eindeutigen Nachweis konnte auf Schadensersatz geklagt und verhindert werden, daß die beklagte Fabrik alle Verantwortung leugnete und auf benachbarte Anlagen verwies, die ebenfalls Emissionen freisetzten. Auch war ein eindeutiger Nachweis erforderlich, um wirksame Gegenmaßnahmen ergreifen zu können.

All dies bereitete große Probleme, da sowohl das vorhandene Wissen wie auch die Meßmethoden ungenügend waren. Das galt um so mehr, als die fraglichen Schäden in aller Regel nicht in der Form akuter Vergiftungen auftraten. Nur ausnahmsweise – etwa bei Unfällen – wurden Schadstoffe in so großen Mengen freigesetzt, daß Schäden sofort zu erkennen waren und ein eindeutiger Zusammenhang hergestellt werden konnte. Üblicherweise waren die Konzentrationen bedeutend geringer, die Auswirkungen traten chronisch auf, teilweise erst nach sehr langer Zeit, und sie waren zudem unspezifisch, das heißt sie äußerten sich in allgemeinen Krankheitssymptomen. Es war schwer zu entscheiden, ob Veränderungen an Pflanzen durch Emissionen verursacht waren oder durch große Trockenheit, unzureichende Düngung, Erschöpfung des Bodens oder einen Befall mit Schädlingen. Das

Erscheinungsbild war in diesen Fällen sehr ähnlich, und beklagte Fabriken führten deshalb immer wieder an, daß derartige Faktoren und nicht ihre Emissionen die eigentliche Ursache von Schädigungen seien. Diese Einwände waren nicht völlig von der Hand zu weisen, zumal die verschiedenen Faktoren gleichzeitig auftreten konnten und dadurch die Frage nach Ursache und Wirkung aufwarfen. War ein Befall mit Schädlingen ein Beleg dafür, daß Pflanzen durch Emissionen geschwächt und deshalb anfälliger waren? Oder hatten nicht vielmehr die Schädlinge ihrerseits die Pflanzen so sehr angegriffen, daß die normalerweise vertretbaren Emissionen nun einen Schaden verursachten?

Dieselbe Problematik bestand bei den Auswirkungen von Schadstoffen auf die menschliche Gesundheit. In diesen Fällen war die Bereitschaft einzugreifen größer und die Behörden dazu sogar verpflichtet. Gerade hier allerdings waren die Zusammenhänge äußerst komplex. Eine Erkrankung der Atemwege konnte durch Schadstoffe in der Luft verursacht werden, aber auch durch schlechte Arbeitsbedingungen, feuchte und kalte Wohnungen, einen schlechten Ernährungs- und Gesundheitszustand, unzureichende Hygiene und zahlreiche andere »Umwelt«-Faktoren, deren jeweilige Bedeutung nur schwer abzuschätzen war. Im Vordergrund der öffentlichen Debatten standen die allgemeinen Umweltbedingungen, insbesondere die Arbeits- und Lebensverhältnisse, die auf dem Lande und in den rasch expandierenden Städten oftmals katastrophal waren und ganz offensichtlich die Gesundheit gefährdeten. Doch zunehmend wurde auch den Emissionen in Luft, Wasser oder Boden Gewicht beigemessen. So äußerte sich das oberste medizinische Gutachtergremium in Preußen mehrfach zur Frage der Luftverschmutzung und hielt 1902 in einer grundlegenden Stellungnahme fest, daß »eine gesundheitliche Schädigung durch übermäßige Rauchentwicklung anzuerkennen« sei, die nicht nur Kranke oder vereinzelte Personen betreffe, sondern auch die große Mehrheit gesunder Menschen. Diese Nachteile träten besonders in Großstädten sowie Industriezentren auf, deren Bevölkerung ohnehin »einer ganzen Reihe übler Einflüsse« ausgesetzt sei, und es sei deshalb erforderlich, durch Verordnungen und Erlasse dagegen vorzugehen. Diese Auffassung sei schon seit längerem in »maßgebenden Kreisen« vertreten worden und habe durch die »wissenschaftliche Forschung der letzten Jahrzehnte in steigendem Maße eine kräftige Stütze gefunden«[58].

Doch so eindeutig waren die Forschungsergebnisse nicht. Mittlerweile lagen zwar zahlreiche Beobachtungen und umfangreiche klinische Erfahrungen vor, doch weiterhin fehlte es an genauen Zahlen und verläßlichen Meßmethoden. Die Mediziner konnten keine exakten Zahlen vorlegen oder gar Grenzwerte angeben. Das war auch deshalb so schwierig, weil sie mit Menschen keine Versuche durchführen konnten und deshalb auf indirekte Beweisführungen – etwa durch Tierversuche – angewiesen waren, deren Ergebnisse weiterhin zu wünschen übrigließen. Eine Alternative bestand in der Erstellung umfassender Statistiken, um die Bedeutung einzelner Faktoren quantitativ erfassen zu können. Heute sind derartige epidemiologische Studien ein entscheidendes Instrument, um die Bedeutung von Schadstoffen, die Gefährlichkeit von Kernreaktoren oder die Auswirkungen von Unglücken wie in Tschernobyl zu beurteilen. Vergleichbare Erhebungen wurden auch um die Jahrhundertwende durchgeführt. Das vorhandene Zahlenmaterial war allerdings nicht detailliert genug und ließ nur recht allgemeine Aussagen zu. Auch die Schlußfolgerungen waren sehr pauschal, da zu viele Faktoren eine Rolle spielten, deren jeweiliges Gewicht nicht genau genug bestimmt werden konnte. Sobald der übliche wissenschaftliche Maßstab angelegt werde, sei – so eine zeitgenössische Äußerung – der Nachweis eines Zusammenhangs von schlechter Luft und Erkrankungen kaum zu erbringen. Es fehle allein schon an hinreichender Kenntnis darüber, »wie sich die durch Rauch bedingte Luftverschlechterung überhaupt im Lande verteilt, und ob die verunreinigte Luft einigermaßen mit den Bezirken der häufigen Lungenerkrankungen« zusammenfalle. Entsprechende Luftmessungen lagen ebensowenig vor wie detaillierte Krankenstatistiken, das vorliegende Material über die Luftverschmutzung sei leider ein »ganz minimales«[59].

Überwiegend herrschte die Auffassung vor, daß gesundheitsschädliche Konzentrationen »im Freien gewöhnlich bei weitem nicht erreicht« würden. Zwar sei nicht auszuschließen, daß »lokal oft noch höhere Werte sich finden« ließen, doch die Untersuchung der Luft in den Städten führte zu überraschend niedrigen

Werten und bestätigte die These, daß Schadstoffe bis zur Unschädlichkeit verdünnt würden.[60] Eine generelle Gefährdung wurde deshalb nicht angenommen, zumal einzelne Statistiken ganz unerwartete Ergebnisse brachten. Erhebungen bei Bergleuten hatten gezeigt, daß diese auffallend wenig von Lungentuberkulose betroffen waren. Dies hing vermutlich damit zusammen, daß Bergleute überdurchschnittlich gut verdienten und sich entsprechend gut ernähren konnten; auch handelte es sich bei ihnen überwiegend um Personen, die über eine gute Gesundheit verfügten und deshalb für Tuberkulose weniger anfällig waren. Einige Zeitgenossen stellten jedoch einen ganz anderen Zusammenhang her und meinten, das Einatmen von Kohleteilchen sei nicht unbedingt schädlich, sondern würde sogar »einen gewissen Schutz gegen die Tuberkulose« verleihen.[61]

Noch heftigere Debatten als die Belastung der Luft hatte die Verschmutzung der Gewässer ausgelöst, wobei die grundsätzliche Problematik sehr ähnlich war. Auch hier war es schwierig, die Schädlichkeit einzelner Stoffe zu bestimmen, Verursacher zu identifizieren oder Grenzwerte anzugeben. Dabei hatte die Entdeckung der Bakterien durch Robert Koch eine gesichertere wissenschaftliche Basis geboten, doch die daraus gezogenen Konsequenzen waren unterschiedlich. Gegründet auf die Erkenntnisse der Bakteriologie und bestärkt durch die Erfahrungen mit der Hamburger Choleraepidemie, wurden erhebliche Anstrengungen unternommen, um die hygienischen Verhältnisse in den Städten zu verbessern und für einwandfreies Trinkwasser zu sorgen. 1900 errichtete der preußische Staat sogar eine eigene Forschungsanstalt, die »Königliche Versuchs- und Prüfungsanstalt für Wasserversorgung und Abwässerbeseitigung«, die Grundlagenforschung betreiben und Gemeinden sowie Industrie beraten sollte. Die Erfolge waren unterschiedlich. Die Gemeinden gingen allmählich dazu über, ihre Abwässer zu behandeln, und vor allem nach der Jahrhundertwende wurden effektivere Reinigungstechniken eingesetzt. Die Industrie hingegen war weniger kooperativ. Sie fühlte sich durch die Entdeckungen Kochs bestärkt und betonte, eigentlich gefährlich seien die organischen Verschmutzungen, nicht hingegen ihre Abwässer. Außerdem scheute sie die zusätzlichen Kosten und verfügte auch nicht über vergleichbar wirksame Klärmethoden, wie sie für organische Stoffe vorhanden waren.

Bei den Debatten um die städtischen Abwässer ist zwischen der Situation in den Städten einerseits und der Flußverschmutzung andererseits zu unterscheiden. Die Bereitschaft, etwas gegen die Verschmutzung der Flüsse zu unternehmen, war lange Zeit gering, während erhebliche Anstrengungen unternommen wurden, die hygienischen Zustände in den Städten zu verbessern. Dies gilt vor allem für Großstädte wie Berlin, Hamburg oder Frankfurt, die dafür große Summen ausgaben. Das ist insofern erstaunlich, als die Kenntnisse nicht viel besser waren als bei der Luftverschmutzung. Auch hielten die Ergebnisse von Pettenkofer einer kritischen Überprüfung kaum stand und wurden schließlich durch die Entdeckungen Kochs weitgehend widerlegt. Doch in diesem Falle spielte die unsichere wissenschaftliche Basis keine so große Rolle, die Kommunen waren trotzdem zu großen Ausgaben bereit. Es ist schwierig, hierfür eine Erklärung zu finden. Eine wichtige Rolle dürfte die stärkere Professionalisierung der Befürworter von Kanalisationen gespielt haben. Sie waren in einem Verband zusammengeschlossen, der regelmäßig Tagungen abhielt, Schriften veröffentlichte und Druck ausübte. Sie bekleideten wichtige Funktionen in ihren Städten, gehörten teilweise zur Stadtverwaltung, und es gab technisch zuverlässige und beeindruckende Systeme, die Abhilfe versprachen. Zudem waren diese Systeme ein Beleg für Modernität und Leistungsfähigkeit. Die Befürworter der Kanalisation wurden nicht müde, die Rückständigkeit der deutschen Städte zu beklagen und die Vorzüge der englischen Vorbilder zu preisen. Und schließlich wurden bisher vertraute Gerüche zunehmend als ekelerregend abgelehnt. Die Bevölkerung, insbesondere die bürgerlichen Schichten, verlangten immer mehr – wie 1905 in Heidelberg – die »sauberen und geruchlosen Wasseraborte«. Bei ihnen setzte sich eine veränderte Wahrnehmung durch, aus traditionellen Gerüchen wurde Gestank, und entscheidend waren somit nicht wissenschaftliche Kenntnisse, sondern eine zunehmende Professionalisierung, die Strahlkraft technischer Großprojekte und eine veränderte Sensibilität.

Eine Begeisterung für technische Lösungsversuche hatte bereits James Watt gezeigt, als er 1785 schrieb: »Ich glaube, wir sind am Vorabend des Tages, an dem wir den Feuerrauch loswerden.«[62] Er hatte ein Verfahren patentieren lassen, bei dem Rauchgase durch ausgebrannte glühende Schlacke geführt wurden, die als Filter dienen und den Ruß zurückhalten sollte – allerdings ohne den gewünschten Erfolg. Auch in Bamberg hatte die Regierung behauptet, durch eine entsprechende Technik mit starkem Luftzug und hoher Verbrennungstemperatur ließe sich der Rauch vermeiden. Die Einwände der Anwohner hätten »bloß Grund in technischer Unkunde, und erhalten als vollkommen falsch durch die Technologie ihre Abfertigung«[63].

Diese Angabe war korrekt, denn bei hohen Verbrennungstemperaturen fallen tatsächlich weniger Rauch und Ruß an, doch es war nicht einfach, diese Temperaturen zu erreichen. Sie erforderten ausreichend Zug und damit hohe Schornsteine; die Öfen mußten entsprechend konstruiert und vielleicht sogar ausgetauscht werden; der Verbrauch an Brennmaterial stieg an, der Materialverschleiß war höher, und die Heizer mußten besser ausgebildet sein und mehr Zeit aufwenden. Außerdem trat ein unerwünschter Nebeneffekt auf, da ein großer Zug viele Teilchen in die Luft fortriß, die eigentlich zurückgehalten werden sollten. Und schließlich führten höhere Temperaturen dazu, daß der Verbrennungsprozeß gründlicher erfolgte und dadurch die in Kohle oder Erzen enthaltenen Gase vollständiger freisetzte. Die sichtbaren Bestandteile wie Rauch und Ruß gingen zurück, doch zugleich wuchs die Menge der nicht sichtbaren, aber besonders schädlichen Gase.

Es bestanden also erhebliche technische Probleme bei der Lösung der Rauchfrage, und es gab eine kaum überschaubare Vielzahl von Vorschlägen, neuen Öfen, Schornsteinen, Rosten und so weiter, die insgesamt jedoch wenig Besserung brachten. Sie waren vielfach zu teuer, erfüllten in der Praxis nicht die Versprechungen ihrer Erfinder und waren ohnehin nicht wirksam genug, um den rapiden Anstieg der Emissionen aus Kohlefeuerungen, Fabriken oder chemischen Verfahren auch nur annähernd kompensieren zu können. Hinzu kam, daß es sich bei den meisten Vorschlägen um nachgeschaltete Verfahren handelte, die besonders teuer und wenig effektiv waren. Und sie mußten bei einer

Vielzahl von Schadensquellen ansetzen. Das war technisch am ehesten in großen Fabriken möglich, wo die Betriebsstätten konzentriert waren und es erlaubten, die Abgase zentral aufzufangen, sie über einen gemeinsamen hohen Schornstein abzuleiten oder sie zu verarbeiten. Viel schwieriger war dies bei der großen Zahl kleiner Betriebe, die in der Regel derartige Maßnahmen nicht mit vertretbarem technischen oder finanziellen Aufwand durchführen konnten.

Zu erwähnen sind auch die zahlreichen Bemühungen, entweichende Stoffe aufzufangen und zu verwerten. Die Freiberger Bleikammern erlaubten die Produktion von Schwefelsäure; aus der Thomasschlacke der Hochöfen ließ sich ein wichtiger Dünger gewinnen; und die besonders schädlichen Gase der Kokereien begründeten mit der Kohlechemie sogar einen eigenen Wirtschaftszweig, der eine Vielzahl neuer Produkte hervorbrachte, allerdings seinerseits neue Schadstoffe freisetzte. Weniger spektakulär als diese Ansätze war die große Zahl kleiner Verbesserungen, indem etwa wirksamere Dichtungen und Ventile entwickelt wurden, belastbarere Materialien zum Einsatz kamen oder sich zunehmend geschlossene Systeme durchsetzten, die vor allem den diffusen, wenig kontrollierten Austritt von Emissionen reduzierten.

Etwas besser sah es bei Abwässern aus, denn die Kanalisation kann als ein zentrales Auffangsystem gesehen werden, vergleichbar einem gigantisch hohen Schornstein. Waren die Häuser und Betriebe erst einmal an eine Kanalisation angeschlossen, konnten sämtliche Abwässer zusammengeführt und in einer gemeinsamen Kläranlage gereinigt werden, so daß es auch technische Gründe dafür gab, daß im Fall der Abwässer mehr geschah als bei der Luftverschmutzung. Diese Möglichkeiten wurden allerdings nur teilweise genutzt, wie überhaupt Ansätze, Belastungen erst gar nicht entstehen zu lassen, bei Rauch, Gasen oder Abwässern bis weit in das 20. Jahrhundert hinein keine nennenswerte Rolle gespielt haben. Das lag in technischen Schwierigkeiten begründet, wie sie gerade skizziert wurden. Hinzu kam das Vertrauen auf das Prinzip der Verdünnung, und nicht zuletzt bestand kein besonderer Druck, entsprechende Anstrengungen zu unternehmen. Die Behörden verhielten sich eher abwartend, wenn nicht industriefreundlich; die Anwohner konnten wenig unternehmen, und vor Gericht sowie in Verwaltung und Stadtplanung setzte sich das Prinzip der Ortsüblichkeit durch, das für industrielle Gebiete überaus negative Auswirkungen hatte.

Ortsübliche Belastung und Stadtplanung

In Dresden wurde um 1860 der Vorschlag diskutiert, die Stadt in Zonen einzuteilen und dabei Gebiete festzulegen, in denen keine Fabriken gebaut werden durften. Dieser Vorschlag wurde vor allem von den Unternehmern unterstützt, was überraschend klingt, jedoch Sinn macht. Denn als Ausgleich sollte es ausgesprochene Fabrikbezirke geben. Die Unternehmer hatten mittlerweile gelernt, daß die Regelungen der Gewerbeordnung nicht nur Kontrolle, sondern auch Schutz bedeuteten, und sie hofften, daß die Aufteilung der Stadt in Zonen ihren Fabriken »eine gewisse Immunität gegen Beschwerden über Rauch- und Rußbelästigungen« gewähren würde. In diesen Bezirken sollten keinerlei Beschwerden mehr möglich und zudem die Verpflichtung, Schadensersatz zu zahlen, aufgehoben sein. Doch diese Forderung ging den Behörden zu weit. Die Baupolizei betonte in ihrer Stellungnahme, die angestrebte »vollständige Immunität« sei nicht zu rechtfertigen, denn dazu müßten wesentliche Elemente des öffentlichen sowie des privaten Rechts außer Kraft gesetzt werden.[64]

Die Dresdener Unternehmer waren über das Ziel hinausgeschossen. Doch die Bemühungen, die Ansiedlung der Industrie durch die Stadtplanung zu steuern, hielten an. Sie häuften sich gegen Ende des 19. Jahrhunderts, doch die zentralen Behörden waren skeptisch. Sie befürchteten, dieses Mittel werde vor allem gegen die Industrie eingesetzt, und blockierten alle Vorstöße. Eine Änderung ergab sich erst 1898, und zwar durch ein Urteil des preußischen Oberverwaltungsgerichts. Dieses räumte den kommunalen Behörden die Möglichkeit ein, die Errichtung belastender Betriebe in bestimmten Stadtteilen zu verbieten.

Dieses Urteil löste zahlreiche Aktivitäten aus, zuerst und besonders ausgeprägt in Steglitz. Dieser Villenort vor den Toren Berlins erließ bereits am 1. Oktober 1890 eine Polizeiverordnung, mit der er die Errichtung von belastenden Fabriken generell untersagte und sich faktisch zu einer »industriefreien Zone« erklärte. Konkret ging es um die geplante Ansiedlung einer Chemiefabrik, die – so ein Zeitungsartikel – »in ganz Steglitz eine kaum zu beschreibende Aufregung [hervorrief], weil Jedermann befürchtete, die bisher so gute Luft werde verdorben und weiteres Wohnen in Steglitz unmöglich werden«. Die Gemeindevertretung schloß sich diesem Protest an und lehnte den Antrag ab.

Zu dieser Zeit hatte sich in gutbürgerlichen Orten wie Steglitz offensichtlich eine erhebliche Abneigung gegen drohende Umweltbelastungen durch die Industrie herausgebildet. Das legen zumindest die Formulierungen des Ministers für Handel und Gewerbe nahe, der ausdrücklich Verständnis für die Sorgen der Bewohner bekundete. Ortschaften wie Steglitz, in denen die Industrie »bisher keinen Fuß« gefaßt habe und deren Aufblühen auf die Hoffnung gründe, »daß dieser Zustand auch in Zukunft erhalten bleibe«, hätten ein »Anrecht darauf, gegen industrielle Belästigungen in besonderem Maße geschützt zu werden«. Die feindselige Stimmung, »die die dortigen Einwohner jedem in ihrer Nähe geplanten industriellen Unternehmen« entgegenbrächten, gehe jedoch zu weit, es sei nicht zulässig, jede industrielle Tätigkeit zu verbieten. Diesen Argumenten schloß sich das Innenministerium an und verfügte die Aufhebung der Polizeiverordnung.[65]

Auch die Steglitzer waren also über das Ziel hinausgeschossen. Das ist verständlich, denn die bis dahin gemachten Erfahrungen zeigten, daß die tatsächlichen Belastungen in der Regel höher lagen, als zuvor angegeben. Auch hatte es sich als äußerst schwierig erwiesen, deren Reduzierung durchzusetzen, und schließlich bestand nahezu keine Hoffnung, sich einmal genehmigter Betriebe wieder zu entledigen. Die Gewerbeordnung sah zwar die Möglichkeit vor (§ 51), gewerbliche Anlagen »wegen überwiegender Nachteile und Gefahren für das Gemeinwohl« stillzulegen, doch dieser Paragraph erlangte in der Praxis nahezu keine Bedeutung. Da schien es erfolgversprechender, Fabriken erst gar nicht zuzulassen und zu verhindern, daß sie auch nur den Fuß in die Tür bekamen.

Die Position der Gemeinde Steglitz war zu radikal und gegen

den Willen der Ministerien nicht durchzuhalten. Doch in den nächsten Jahren verfeinerte sich das Instrumentarium. Die Gemeinden lernten, das Mittel der Stadtplanung effektiver einzusetzen. Deren großer Vorteil bestand darin, daß sie nicht auf einzelne Betriebe abzielte, sondern ganz allgemein Belästigungen oder Gefährdungen reduzieren wollte. Dadurch entfiel das bei Einzelfällen nahezu unlösbare Problem, Schadstoffe, Ursache oder Mechanismen eindeutig zu benennen. Es war bedeutend einfacher, einen Konsens über eine allgemeine Gefährdung durch Gase, Rauch und Staub zu erzielen, als die Gefährdung durch eine bestimmte Fabrik nachzuweisen. Auf diese Weise wurde es möglich, einzelne Gebiete – wie es in Steglitz hieß – »auch in Zukunft« zu schonen. Das war jedoch nicht die einzig mögliche Konsequenz.

Die Kehrseite der Medaille waren diejenigen Gebiete, in denen Fabriken konzentriert wurden und deren Bewohner ungewöhnlich hohe Belastungen akzeptieren mußten. Daß hiervon die oberen Schichten profitierten, die anderen hingegen eine zusätzliche Verschlechterung ihrer ohnehin ungünstigen Lebensbedingungen hinnehmen mußten, war den Zeitgenossen klar. In Steglitz sollte durch das Verbot einer Industrieansiedlung »einer größeren Zahl von Beamten, Schriftstellern, Kaufleuten u.s.w., deren Gesundheit nach des Tages Last und Mühen den Aufenthalt in frischer, reiner Luft fordert, ein so bequem zu erreichender Vorort, wie Steglitz bisher war, erhalten« bleiben.[66] Die Arbeiter und deren Familien hingegen seien belastbarer. Es sei unbestritten, so ein führender Stadtplaner, daß »gar nicht alle Teile der Bevölkerung eines gleichen Schutzes« bedürften.[67] Stellenweise hieß es sogar, daß nicht Emissionen der Industrie, sondern die Anwesenheit von Arbeitern die eigentliche Belastung ausmachten. Gegen belästigende Betriebe könnten die Behörden etwas unternehmen. Sie seien jedoch machtlos gegenüber denjenigen »Unannehmlichkeiten, die für die Ortschaften mit dem Anwachsen der Fabrikbevölkerung verbunden sind und die von den Bewohnern in der Regel lästiger empfunden werden als die industriellen Betriebe selbst«[68].

Wie groß diese Belastungen durch die Industrie ausfallen konnten, zeigt die Äußerung eines Gutachters, der kurz nach

1900 zur Situation in Hoerde, einer Gemeinde bei Dortmund, Stellung nahm. In diesem Fall hatte eine Hausbesitzerin ein Hüttenwerk verklagt, da sie wegen der starken Emissionen nur eine reduzierte Miete verlangen könne. Vor Gericht führte der Gutachter aus: »Ich wohne seit zwanzig Jahren in Bochum, habe bei Westwind eine gelbbraune, dicke, mit Rauch, Ruß und Asche geschwängerte Atmosphäre (vom Bochumer Verein) einzuatmen; bei Nordwind erreichen ekelhafte Haldendämpfe (von mehreren Zechen) meine Nase, bei Südwind genieße ich die Dämpfe von Eisenwerken, der Gasanstalt, chemischen Fabriken usw. Ruß und Rauch belästigen mich, wo ich gehe und stehe, und starke Geräusche und Erschütterungen allerart stören mich tags beim Arbeiten und verscheuchen nachts meinen Schlaf – das ist alles recht lästig und unangenehm, muß aber in Industriegegenden ertragen werden [...]. Hoerde ist eine Fabrik- und Hüttenstadt im höchsten Maße und kein Luftkurort oder Sommerfrische. Wer daher nach Hoerde zieht, wird dort bewußtermaßen eine Atmosphäre erwarten müssen, welche durch einen umfangreichen Fabrikbetrieb der Eisenindustrie verunreinigt wird: Gerüche aller Art werden seine Geruchsnerven irritieren, und starke Geräusche werden seine Gehörnerven in lebhafte Schwingungen versetzen, denn wo der Märker Eisen reckt und streckt, da pflegen schwere Eisen- und Stahlmassen angewendet zu werden und keine gepolsterten Luft-Gummi-Kissen.« [69]

Diese Formulierung war etwas pathetisch und fiel insofern aus dem Rahmen, doch inhaltlich wurde sie von vielen geteilt, immer wieder vorgebracht und von den Gerichten weithin akzeptiert. In Hoerde war die Situation jedoch etwas komplizierter. Die Hütte setzte eine andernorts nicht mehr gebräuchliche Feuerungstechnik ein, die besonders viel Flugasche erzeugte, und mußte deshalb einen Teil des Schadens ersetzen. Auch in industriellen Ballungsräumen gab es also Grenzen der Belastung. Doch diese Grenzen wurden von den Behörden und Gerichten äußerst großzügig definiert: Die Industrie besaß das grundsätzliche Recht, ihre Umgebung in erheblichem Ausmaße zu belasten, solange sie ungewöhnliche Zuspitzungen vermied.

Die Möglichkeiten der Anwohner waren im übrigen durch eine weitere Regelung beschränkt. Sie konnten nur klagen, wenn sie über Eigentum verfügten. So haben in Hoerde die Mieter ebenfalls über die erhebliche Belastung geklagt, doch sie waren am Verfahren nicht beteiligt. Auch haben sie sich offensichtlich nicht zusammengeschlossen und ihrerseits Druck ausgeübt, obwohl das Verfahren sich über mehrere Jahre hinzog. Das mag damit zusammenhängen, daß sie auf der Hütte arbeiteten und keine Schwierigkeiten haben wollten; auch hatten sie sich möglicherweise an die Belastungen gewöhnt. Doch hinzu kam, daß sie juristisch keine Handhabe besaßen, gegen die Hütte vorzugehen. Faktisch verlief dadurch die Auseinandersetzung unter Ausschluß der Öffentlichkeit und konnte nicht – wie es heute der Fall ist – eine mobilisierende Wirkung entfalten. Im Gegenteil: Gegen Ende des Kaiserreichs war mehr als deutlich geworden, wie gering die Möglichkeiten waren, gegen Belastungen vorzugehen, zumal in industriellen Gebieten.

Natur- und Heimatschutz

Ein Volk, so der bekannte Autor und Begründer der Volkskunde Wilhelm Heinrich Riehl im Jahre 1854, müsse seine Wurzeln schützen, um eine Zukunft zu haben, und die Wurzeln der Deutschen lägen in der Natur und im ursprünglichen Volkstum. Der »ausstudirte Städter, der feiste Bauer« seien Personen der Gegenwart, doch sie verträten ein in »Bildung abgeschliffenes, in Wohlstand gesättigtes Volk«, das nicht überleben könne. Die Zukunft hingegen verkörpere der »armselige Moorbauer, der rauhe, zähe Wildbauer«. In deren Dörfern seien Reste »uranfänglicher Gesittung« bewahrt, und sie müßten deshalb ebenso gesichert werden wie »die Sanddünen, Moore, Heiden, die Felsen- und Gletscherstriche, alle Wildniß und Wüstenei«. Jahrhundertelang habe der Fortschritt sein Recht gefordert und sich durchgesetzt. Jetzt hingegen komme es darauf an, auch für das Recht der Wildnis zu kämpfen.[70]

Riehl vertrat eine Position, die von Beginn an die Entstehung der kapitalistischen Industriegesellschaft begleitet hat und die neben den bisher beschriebenen technischen, juristischen und wissenschaftlichen Aspekten zu berücksichtigen ist, wenn wir den Umgang mit Natur und Umwelt im Gefolge der Industrialisierung verstehen wollen. Diese Position war gekennzeichnet durch eine Kritik einseitiger ökonomischer Argumente und des Fortschritts, ohne diese grundsätzlich zu verwerfen; sie griff zurück auf ein romantisierendes Bild der Vergangenheit, beschwor die Bedeutung des Landes sowie des Waldes, sah darin ein besonderes Merkmal der Deutschen, und betrachtete die Rückkehr zu diesen mythischen Wurzeln als Alternative zur beklagten Gegenwart.

Neuen Aufschwung erhielten diese Argumente im Jahre 1904, als der »Bund Heimatschutz« gegründet wurde. Treibende Kraft hierbei war Ernst Rudorff, ein angesehener Musiker. Dieser hatte bereits 1880 in den ›Preußischen Jahrbüchern‹ seinen berühmt gewordenen Aufsatz ›Über das Verhältnis des modernen Lebens zur Natur‹ veröffentlicht und darin grundsätzliche Kritik an »national-ökonomischen Vorteilen« geübt, um derentwillen »die Keime zerstört werden, aus denen frisches geistiges Leben erblühen kann«. Die Wurzeln des germanischen Wesens lägen »recht eigentlich« in einem »innigen und tiefen Gefühl für die Natur«[71].

Wie der Bund Heimatschutz argumentierte auch Rudorff »vorwiegend rückwärtsorientiert« und beschwor eine intakte Welt, »die ohne Hast zufrieden und in Harmonie dahinlebte und die Veränderungen nur allmählich, eben ›instinktiv‹ vollzog«[72]. Einen vollständigen Verzicht auf Technik und die Fortschritte der Moderne propagierte er gleichwohl nicht und rückte vor allem in späteren Äußerungen von seiner grundsätzlichen Kritik etwas ab. Nur ein Narr könne fordern, so formulierte er 1904, »die Menschheit oder ein einzelner Staat solle auf Eisenbahnen, auf Elektrizität und Fabriken verzichten«[73]. Noch deutlicher fiel die grundsätzliche Bejahung der Moderne bei dem Maler und Architekten Paul Schultze-Naumburg aus, dem ersten Vorsitzenden des Bundes Heimatschutz. Auch für ihn hatte früher eine tiefere Verbundenheit zwischen Mensch und Natur bestanden, doch er wollte nicht nur nach hinten blicken und »antiquarischen Idealen« huldigen. Den Begriff der unberührten Natur bezeichnete Schultze-Naumburg als »Ausnahmefall«. Menschliche Eingriffe seien auch künftig unvermeidbar, müßten jedoch behutsamer und planvoller erfolgen als bisher. Dazu sei ein Dialog zwischen »neuer Zeit und Heimatschutz« erforderlich, um gemeinsam nach Lösungen zu suchen.[74]

Gleich beim ersten Konflikt erfuhren die Heimatschützer, wie schwer es war, ihre Vorstellungen zu verwirklichen.[75] Die badische Regierung wollte bei Laufenburg am Oberrhein ein Kraftwerk errichten, um neue Industrien anzuziehen, doch seine Errichtung hätte die Zerstörung der dortigen Stromschnellen bedeutet, wogegen die Heimatschützer protestierten. Sie mobilisierten die Öffentlichkeit, erhielten unter anderem die Unterstützung von Werner Sombart und Max Weber, sammelten Unterschriften und wollten durch eine alternative Planung die Stromschnellen schonen. Die regionalen Behörden, die Konzessionäre und die badische Regierung ließen sich davon jedoch nicht beeindrucken, zumal die örtliche Bevölkerung das Projekt unterstützte und Alternativen zu kostspielig seien. Behörden und Regierung setzten das Kraftwerk deshalb durch, sagten allerdings zu, bei dessen Bau auf die Landschaft Rücksicht zu nehmen. Resigniert zog sich auch der Bund Heimatschutz auf diese Position zurück und wollte zumindest erreichen, »daß die Gestaltung des Wasserwerkes [...] in möglichst schöner Form geschieht«[76].

Diese Betonung ästhetischer Aspekte hatte schon vorher eine große Rolle gespielt, blieb in den folgenden Jahren bestimmend und wurde weitgehend von bürgerlichen Eliten getragen, unter denen Bildungsbürger und Architekten, die 1907 fast 15 Prozent der Mitglieder stellten, eine besondere Bedeutung besaßen. Arbeiter spielten keine Rolle, wie überhaupt die Zahl der Mitglieder im Bund Heimatschutz klein blieb. Vor allem hat er es nicht vermocht und auch nicht ernsthaft versucht, all die Ingenieure und Techniker, die sich mit der Verschmutzung von Luft und Wasser beschäftigten, in nennenswerter Zahl anzusprechen. Der Bund Heimatschutz war an den damit verbundenen Problemen und Konflikten nicht näher interessiert. So wurde die Rauchplage in seinen Mitteilungen nur einmal behandelt, als über die Eingabe sächsischer Villenbesitzer gegen die Errichtung einer Steingutfabrik berichtet wurde.[77] Diese Beobachtung gilt generell und ist nicht auf Fragen der Luftverschmutzung oder den Bund Heimatschutz beschränkt. Bis vor wenigen Jahren ist es nur sehr bedingt zu einer Zusammenarbeit oder einem gemeinsamen Vorgehen der unterschiedlichen Gruppierungen gekommen, die sich mit Belastungen von Umwelt und Natur befaßten: Land- und Forstwirte, Ingenieure, Naturwissenschaftler, Heimat- und Naturschützer. Es gab Kontakte und einen Austausch, der jedoch begrenzt blieb. Generell gilt, daß bis zur Thematisierung der Ökologie in den letzten drei Jahrzehnten dieses Jahrhunderts die »Isolation von Naturschutz und urban-industriellem Umweltschutz [...] geradezu konstitutiv« war.[78]

Die große Bedeutung ästhetischer Aspekte, das Beharren auf ländlichen Vorbildern oder die Pflege von Volkskunst und Bräuchen in der Heimatschutzbewegung fallen auf und legen es nahe, darin ein Fehlen »gesellschaftlicher Perspektive[n]« zu sehen.[79] Doch diese Feststellung ist zu sehr an heutigen Vorstellungen orientiert, denen übrigens keines der damaligen Konzepte genügen würde, insbesondere nicht der verbreitetste gesellschaftliche Gegenentwurf, die Verheißung einer sozialistischen Zukunft durch die Arbeiterbewegung. Bei dieser war die Kritik an der Technik- und Fortschrittsgläubigkeit bekanntlich so schwach ausgeprägt, daß für die konservativen Natur- und Heimatschützer nahezu keine Anknüpfungspunkte bestanden. Um so wichtiger war ihnen die Betonung ästhetischer Argumente, die durchaus ambivalente Auswirkungen hatte. Eine Konsequenz waren letztlich unergiebige Kontroversen – etwa über die vehement abgelehnten Flachdächer –, die Beschwörung ländlicher Idyllen oder eine Rechtfertigung der Jagd auf Fischottern, deren Verschwinden »für das Landschaftsbild in keiner Weise in Betracht« käme, da sie ohnehin so versteckt lebten. Möglich waren jedoch auch ganz andere Konsequenzen. Rudorff beklagte eine »Unterschätzung ästhetischer Gesichtspunkte« und führte darauf den fehlenden Schutz ursprünglicher »Waldgrenzen, der Waldwiesen, der natürlichen Bachläufe, bedeutsamer Stege und Hecken« sowie seltener Pflanzen zurück.[80] Gegen die Zerstörung der Landschaft wurde immer wieder deren »einstige Schönheit« beschworen, wie überhaupt der Heimatschutzbewegung »primär eine ästhetische Motivation« zugrunde lag, deren Bedeutung nicht unterschätzt werden darf. Denn ästhetische Argumente boten die wohl wichtigste Möglichkeit, um die in der Gesellschaft dominierenden Nützlichkeitserwägungen zu kritisieren.[81]

Anfänglich hatten selbst die Befürworter des Vogelschutzes zwischen nützlichen und unnützen Vögeln unterschieden, wobei als »unnütz« alle Raubvögel und die Arten galten, die Ernten oder Fischereiinteressen bedrohten. Diese Auffassung blieb nicht ohne Widerspruch, und allmählich erfolgte eine Abkehr von derartigen Nützlichkeitserwägungen, die nicht zuletzt ästhetisch begründet wurde. Zugespitzt läßt sich formulieren, daß die Betonung ästhetischer Aspekte ein Ersatz für heutige ökologische Argumente war, die damals noch nicht zur Verfügung standen. Diese Aspekte erlaubten eine grundsätzliche Kritik, die nicht nur einzelne Elemente oder Schadstoffe heraushob und sich nicht im Gestrüpp der Nachweisprobleme verhedderte. Ästhetische Aspekte waren vielmehr zentrale Elemente alternativer Konzepte, die idyllisierend, rückwärtsgerichtet oder sehr abstrakt ausfallen konnten, jedoch auch unmittelbar praktische Auswirkungen besaßen und gerade konkrete Maßnahmen in Stadtplanung, Pflanzen-, Tier- und Landschaftsschutz oder der Naturdenkmalpflege begründeten, darunter 1902 das »Gesetz gegen die Verunstaltung landschaftlich hervorragender Gegenden«, das vor allem die Aufstellung von Reklameschildern verhindern sollte.[82]

Insgesamt kann keine Rede davon sein, daß beim Bund Heimatschutz eine gesellschaftliche Perspektive gefehlt habe. Diese wurde vielmehr sehr explizit vertreten, war allerdings konservativ, agrarromantisch, teilweise sogar antisemitisch geprägt und unterschied sich wesentlich von den heute gängigen Umwelt- oder Naturschutzkonzepten. Gerade der Bund Heimatschutz zeigt, daß die Vorstellungen davon, wie eine erstrebenswerte Natur oder Gesellschaft aussehen soll, das Ergebnis spezifischer Präferenzen sind. Diese Vorstellungen müssen nicht – im heutigen Sinne – »kritisch« oder »progressiv« ausfallen, und historisch betrachtet war überwiegend das Gegenteil der Fall.

Naturdenkmäler

Eine andere, für den Umgang mit Natur und Umwelt wichtige Strömung war die Naturdenkmalpflege, die wesentlich angestoßen wurde durch eine Äußerung von Wilhelm Wetekamp (1859–

1945), Mitglied des preußischen Parlaments und Oberlehrer in Breslau. Anläßlich der Beratungen über den Unterrichtsetat beklagte dieser im März 1898, daß keinerlei Mittel vorhanden seien, um die »Denkmäler der Entwicklungsgeschichte der Natur zu schützen«. Beeinflußt von den amerikanischen Nationalparks, forderte er die Errichtung größerer »Staatsparks«, um »einen Theil unseres Vaterlandes in der ursprünglichen, naturwüchsigen Form zu erhalten« oder auch den »Naturzustand einigermaßen wieder herzustellen«[83]. Das Kultusministerium unterstützte diesen Vorschlag und hielt nach Rücksprache mit anderen Ministerien die Notwendigkeit fest, besonders charakteristische »Erscheinungen auf dem Gebiete der Thier- und Pflanzenwelt wie in der Oberflächengestaltung der Erde als Denkmäler der Entwicklungsgeschichte der heimischen Natur« zu erhalten. Diese Denkmäler seien schon weitgehend erfaßt, und es komme jetzt darauf an, »die allgemeine Aufmerksamkeit auf deren Erhaltung [...] hinzulenken«[84].

Den Auftrag, eine Denkschrift zum weiteren Vorgehen zu verfassen, erhielt Hugo Conwentz (1855–1922), der als Museumsleiter Organisationstalent bewiesen und eine einschlägige Erhebung über zu schützende Sträucher und Bäume veröffentlicht hatte. Vor allem jedoch teilte Conwentz die Vorstellungen der Ministerien, die bedeutend enger gefaßt waren als die weit gespannten und fortschrittskritischen Forderungen der Heimatschützer. 1904 erschien die Denkschrift und vertrat eine enge Definition von Naturdenkmälern. Conwentz verstand darunter leblose oder belebte »Naturträger im Gelände bzw. eine ursprüngliche charakteristische Landschaft oder Lebenszustand in der Natur«, die von »kulturellen Einflüssen völlig oder nahezu unberührt geblieben« und darüber hinaus »von hervorragendem, allgemeinem oder heimatlichem, wissenschaftlichem oder ästhetischem Interesse« waren.[85] Er räumte ein, daß diese Definition im Einzelfall erweitert werden müsse, da in Preußen und anderen Kulturstaaten völlig unberührte Landschaften kaum noch existierten, und war später (1912) bereit, diesen Begriff auch auf umfangreichere Naturschutzgebiete auszudehnen. Doch er sprach sich entschieden gegen die umfassenden Vorstellungen der Heimatschützer aus, über Naturdenkmäler hinaus auch Pflanzen und Tiere oder gar die Heimat insgesamt zu schützen.

Conwentz' Position war deshalb wichtig, weil er die 1906 in Preußen gegründete »Staatliche Stelle für Naturdenkmalpflege« leitete und damit allein schon aufgrund seines Amtes großen Einfluß besaß. Hinzu kamen das erwähnte Organisationstalent und nicht zuletzt der Umstand, daß die von ihm propagierte Zielsetzung leichter in die Praxis umzusetzen war als die Vorstellungen von Rudorff und anderen Heimatschützern. Conwentz war zwar an der Gründung des Bundes Heimatschutz beteiligt gewesen, gehörte bis zu seinem Tod dessen Vorstand an und war in der Naturdenkmalpflege sehr erfolgreich, doch hierbei handelte es sich um ein begrenztes Gebiet. Conwentz machte aus seiner Abneigung gegenüber den weitgespannten Zielen der Heimatschützer keinen Hehl und war viel eher bereit, die Veränderungen im Gefolge von Industrialisierung oder intensivierter Landwirtschaft zu akzeptieren.[86] Deswegen wurde er immer wieder kritisiert, da seine pragmatische Selbstbescheidung »nach Ansicht des Heimatschutzes das vorgenommene grundsätzliche Ziel in letzter Konsequenz verfehlen mußte«[87].

Naturfreunde, Arbeiterschaft und alternative Bewegungen

Auch in der Arbeiterschaft bestand mit den 1895 gegründeten »Naturfreunden« eine Organisation, die für einen Schutz der Natur eintrat. Im Vordergrund stand bei dieser Gruppe das Wandern in der freien Natur, wobei nach der Jahrhundertwende zwei unterschiedliche Vorstellungen deutlich wurden. Ein ästhetisch-naturromantisches Naturverständnis auf der einen und eine stärker politische, kapitalismuskritische Strömung auf der anderen Seite, die anprangerte, daß weite Teile der Natur sich in privatem Besitz befänden und nicht zugänglich seien.[88] Ein Adliger, dessen einziger Verdienst darin bestehe, »daß er eine ganze Reihe gleichartiger Ahnen« besitze, könne »tausende werktätige, schaffende, also nützliche Menschen ausschließen vom Naturgenuß, damit seine Jagdbeute ungestört bleibt«[89]. Diese Kritik weitete sich aus und richtete sich vor allem gegen die »Verschandelung von Naturschönheiten« durch kapitalistisches Profitstreben. So beklagten die Naturfreunde die Plünderung von Mooren zur Torfgewinnung oder den Abbau von Basalt für den Straßenbau. Derartige Kritik häufte sich nach 1910, und die Naturfreundebewegung wurde jüngst sogar als das »ökologische Frühwarnsystem der Arbeiterbewegung« gesehen.[90] Diese Formulierung erscheint überzogen, denn tatsächlich standen die »Naturfreunde« innerhalb der sozialistischen Bewegung von Beginn an unter einem erheblichen Legitimationsdruck. Ihnen wurde vorgeworfen, das von ihnen angestrebte Naturerlebnis würde von den eigentlich wichtigen politischen Zielen ablenken, und sie blieben eine kleine Gruppierung ohne großen Einfluß.[91]

Wichtiger als die Zielsetzungen der »Naturfreunde« waren innerhalb der Arbeiterbewegung Forderungen nach einer Verbesserung der Lebensbedingungen in den Industrie- und vor allem Arbeitervierteln. So haben deren Vertreter immer wieder die hohe Belastung der Luft beklagt, vor allem jedoch die erhebliche Verschmutzung der Abwässer und Flüsse. Darin sahen sie eine große Gefahr für Hygiene und Gesundheit, und hierauf konzentrierten sich ihre Bemühungen, die nach heutigen Begriffen durchaus als Umweltschutz verstanden werden können. Ob sie aber einen stärkeren Schutz der Natur bedeutet hätten, erscheint zweifelhaft, da die Vorschläge vielfach ambivalent ausfielen. So hatte Karl Liebknecht den bereits erwähnten Vorschlag gemacht, Abwässer durch Kanäle direkt in das Meer zu leiten, denn dieses sei »schließlich groß genug, um alles aufnehmen und klären zu können«[92].

Diese Vorschläge sind nach heutigem Verständnis wenig überzeugend, doch sie widersprechen einer verbreiteten Annahme, derzufolge Arbeiter und die Arbeiterbewegung generell an den hier behandelten Fragen wenig Interesse entwickelten. Es gibt vielmehr Hinweise darauf, daß auch Arbeiter sehr wohl registrierten, wie sehr gerade sie von den Belastungen betroffen waren. So enthalten die 1912 von Adolf Levenstein veröffentlichten Arbeiterbriefe Klagen über die Zerstörung der Natur und »die stinkigen Bergwerke, rußigen Städte, schmutzigen Straßen und Wohnungen, egoistischen Menschen und modernen Barbaren«. Die freie Natur erschien demgegenüber als »Stätte, wo ein Tempel der Menschenliebe und des Friedens errichtet werden könnte«, und als Vorgriff auf den erhofften Zukunftsstaat, »wo diese Herrlichkeit nicht einem einzigen gehören wird«[93]. Auch gab es Auseinandersetzungen, an denen Arbeiter beteiligt waren, so ein anonymes Schreiben »Vieler Arbeiter der Kolonie Haus Schottland« bei Bochum aus dem Jahre 1879 an den Arnsberger Regierungspräsidenten. Sie erhoben Einwände gegen den geplanten Bau einer chemischen Fabrik, »wovon wir die Dämpfe weil wir nur 300 Schritte davon liegen alle einathmen müssen«. Weiter hieß es: »Hochgeehrter Herr Präsident, wir arbeiten auf Schottland meist an die Hochöfen und Schmelzöfen und Walzwerk, wo es auch nicht sehr gesund ist, wenn wir aber abends zu Hause sind da wohnen wir gesund und haben reine Luft und gute Gärten und wir bitten Sie als Vater über uns alle die chemische Fabrik die Konzession nicht zu geben, wenn Sie wollen kriegen sie sie nicht.«[94]

Das Bild ist also widersprüchlich, und es ist schwierig, zu eindeutigen Aussagen zu kommen. Das gilt nicht nur für die Arbeiterschaft, sondern auch für die anderen sozialen Gruppen. Selbst eine Analyse der zahlreichen Auseinandersetzungen hilft nur begrenzt weiter, denn in den weitaus meisten Fällen blieben diese lokal begrenzt, so daß deren Charakter, Zielsetzung und soziale Basis entscheidend von den lokalen Gegebenheiten geprägt wurden.[95] Wenn besonders günstige Bedingungen vorlagen wie in Bamberg oder Freiberg, konnten daraus umfassende Auseinandersetzungen resultieren. Das war jedoch nur selten der Fall.

Üblicherweise gab es Konflikte in ganz durchschnittlichen Orten, deren Einwohner weder über besondere Kenntnisse noch Kontakte verfügten. Vor allem anfangs waren diese Orte ländlich geprägt, und es kann deshalb nicht verwundern, daß Einwände vielfach von Landwirten kamen, ohne daß aus dieser Beobachtung auf ein besonderes Engagement von Bauern geschlossen werden kann. Strenggenommen läßt sich daraus nur folgern, daß in ländlichen Gebieten besonders viele Landwirte wohnten. Generell gilt, daß die »soziale Zusammensetzung von Oppositionsgruppen wenig mit sozialer Stellung und Bewußtsein, dafür aber um so mehr mit der Struktur der Fabriknachbarschaft« zu tun hatte.[96] Zu bedenken ist auch, daß die Quellen oftmals keine näheren Angaben zu Beruf oder sozialer Stellung der daran Beteiligten enthalten. Wo diese vorhanden sind, werden ganz unterschiedliche Gruppen genannt wie Landwirte, Adlige, Klein- und Bildungsbürger, Handwerker, Arbeiter und Tagelöhner oder Beamte.

Detaillierte Angaben über die quantitative Bedeutung der einzelnen Gruppen und vor allem über deren grundsätzliches Interesse an den hier behandelten Fragen können derzeit nur mit großen Vorbehalten gemacht werden. So waren Vertreter des Bürgertums an den Auseinandersetzungen und vor allem den öffentlichen Debatten offensichtlich stärker beteiligt als Angehörige der unteren Schichten. Doch es ist unklar, ob diese Beteiligung Ausdruck eines grundsätzlich größeren Engagements war oder nicht vielmehr darauf zurückzuführen ist, daß sie als Haus- und Grundbesitzer bedeutend bessere Handlungsmöglichkeiten besaßen.

Daneben gab es eine Vielzahl weiterer Gruppierungen und Strömungen, die wir nach heutigen Begriffen der Umweltbewegung zurechnen würden. Charakteristisch für diese war, daß sie von ganz unterschiedlichen Ansätzen ausgingen, verschiedene Schwerpunkte hatten und als gemeinsamen Nenner am ehesten eine mehr oder minder ausgeprägte Kritik an der zunehmenden Industrialisierung und Verstädterung sowie am »modernen Leben« generell äußerten. Soweit sich feststellen läßt, haben diese Gruppierungen sich aber nicht an konkreten Auseinandersetzungen um Fabriken oder Abwässer beteiligt, sie interessierten sich für andere, grundsätzlichere Aspekte. Dazu zählten die Vogel- und Tierschützer, von denen eine besonders lautstarke Gruppe vehement gegen Versuche an lebenden Tieren (Vivisektion) agitierte. Ihr prominentester Vertreter war Richard Wagner, der die »allerunmenschlichste Thierquälerei« beklagte, die »in unseren staatlich autorisierten Vivisektions-Sälen« ausgeübt werde. Wer, so fragte er anklagend, möchte »nicht Sozialist werden«, wenn der Staat diese Quälerei weiter dulde.[97] Wichtig waren auch die zahlreichen Personen und Zusammenschlüsse, die an Naturheilkunde interessiert waren, eine Rückkehr zu einem natürlichen Leben forderten, sich wie die Vegetarier zumindest für eine natürliche Ernährung einsetzten oder fernab der Großstädte in ländlichen Gemeinschaften leben wollten. Und schließlich sind die Wandervögel sowie vergleichbare Jugendgruppen zu nennen, die ähnlich wie die heutigen alternativen Bewegungen nach neuen Formen des Zusammenlebens suchten und für die das Naturerlebnis eine große Bedeutung besaß.[98]

Berühmt geworden ist die Rede, die Ludwig Klages 1913 hielt, als sich Jugendverbände zur Jahrhundertfeier der Völkerschlacht bei Leipzig auf dem Hohen Meißner trafen. Die Mehrzahl der Zeitgenossen, so führte er aus, sei »in Großstädten zusammengesperrt und von Jugend auf gewöhnt an rauchende Schlote, Getöse des Straßenlärms und taghelle Nächte«. Sie habe keinen Maßstab mehr für die Schönheit der Landschaft, glaube schon Natur zu sehen beim Anblick eines Kartoffelfeldes und finde höhere Ansprüche befriedigt, »wenn in den mageren Chausseebäumen einige Stare und Spatzen zwitschern«. Und werde einmal an die vergangene Schönheit deutscher Landschaften erinnert, so gebe es »alsbald wieder wetterfeste Redensarten genug von ›wirtschaftlicher Entwicklung‹, Erfordernissen des ›Nutzens‹, unvermeidlichen Nöten des ›kulturellen Prozesses‹, um den mahnenden Vorwurf zu bannen«. Doch tatsächlich würden die Menschen weltweit Zerstörungen anrichten durch das Abholzen der Wälder in Deutschland und auf dem ganzen Erdball, das Morden der Zugvögel und die Jagd auf Pelztiere, das Dahinschlachten der Wale, die bald ausgerottet seien, oder das entsetzliche und sinnlose Morden an den amerikanischen Büffeln, an Antilopen, Nashörnern, Wildpferden, Känguruhs und Giraffen. Eine Verwüstungsorgie ohnegleichen habe »die Menschheit ergriffen, die ›Zivilisation‹ trägt die Züge entfesselter Mordsucht, und die Fülle der Erde verdorrt vor ihrem giftigen Anhauch. So also sehen die Früchte des Fortschritts aus!« Noch schlimmer seien die Auswirkungen auf besiedelte Gegenden. Zerrissen sei »der Zusammenhang zwischen Menschenschöpfung und Erde, vernichtet für Jahrhunderte, wenn nicht für immer, das Urlied der Landschaft. Dieselben Schienenstränge, Telegraphendrähte, Starkstromleitungen durchschneiden mit roher Geradlinigkeit Wald und Bergprofile, sei es hier, sei es in Indien, Ägypten, Australien, Amerika; die gleichen grauen vielstöckigen Mietskasernen reihen sich einförmig aneinander, wo immer der Bildungsmensch seine ›segenbringende‹ Tätigkeit entfaltet [...] – kurz, das Antlitz der

Festländer verwandelt sich allgemach in ein mit Landwirtschaft durchsetztes Chicago!«[99]

Politik, Parteien und Experten

Solche Auffassungen waren weit verbreitet. Sie fanden größere Resonanz als die Auseinandersetzungen um einzelne Fabriken, die in aller Regel nur von einer Handvoll Personen getragen wurden und lokal begrenzt blieben. Angesichts der sehr beschränkten Handlungsmöglichkeiten kann dies nicht überraschen, und zunehmend gingen die Geschädigten deshalb dazu über, sich in Verbänden zusammenzuschließen. Sie wollten sich von den wenig erfolgversprechenden Einzelkonflikten lösen, gegen die übermächtige Industrie eine Chance haben und grundlegende Änderungen erreichen. So gab es im Ruhrgebiet mehrere lokale und überregionale Interessenverbände der Haus- und Grundbesitzer und der Landwirtschaft sowie einen »Verein zum Schutze gegen Schädigungen durch industrielle Anlagen«.[100] Andernorts schlossen sich Geschädigte ebenfalls zusammen, darunter vor allem Fischer, deren Existenz durch die Flußverschmutzung bedroht war. Eine überregionale oder gar nationale Bedeutung haben diese Zusammenschlüsse jedoch nicht erlangt und es vor allem nicht vermocht, eine (partei)politische Debatte über die zunehmenden Belastungen zu erreichen.

Die Parteien befaßten sich lediglich punktuell mit diesem Thema. In den Landesparlamenten und im Reichstag wurde bei mehreren Gelegenheiten auf die Verschmutzung der Flüsse, die Schädigung der Landwirtschaft, die wachsende Autoplage, die Belastung der Luft oder die Folgen der Abholzung hingewiesen, doch diese Beiträge erfolgten im Rahmen allgemeinerer Debatten. Anscheinend gab es keine Sitzungen, die sich ausdrücklich mit der zunehmenden Belastung und Zerstörung von Umwelt und Natur befaßten. Eine Ausnahme bildeten die Diskussionen um die hygienischen Zustände in den Städten, die langjährigen Auseinandersetzungen um die Verabschiedung des preußischen Wassergesetzes sowie die (gescheiterten) Bemühungen, den Landwirten ein Mitspracherecht bei der Konzessionierung von Fabriken einzuräumen. Dabei wurden Fragen des Natur- und

Umweltschutzes erwähnt, spielten jedoch keine eigenständige Rolle. Um so überraschender war ein Vorstoß des SPD-Abgeordneten Karl Liebknecht in der Debatte um das preußische Wassergesetz im Jahre 1912. Er schlug die sogenannte Popularklage vor, um Bürgern die Möglichkeit zu geben, Entscheidungen der Behörden vor Gericht überprüfen zu lassen und gegen die Verschmutzung der Flüsse vorzugehen.

Dieser Antrag wurde abgelehnt. Die Popularklage würde – so ein Abgeordneter der Freikonservativen – »Preußen überhaupt der Sozialdemokratie ausliefern«[101]. Diese Befürchtung ging etwas weit, doch diese Klagemöglichkeit war ein vielversprechender Ansatz. Sie hätte den Kreis derjenigen erheblich erweitert, die bei Umweltbelastungen tätig werden konnten. Der Vorschlag stellte jedoch eine Ausnahme dar. Eine breitere Agitation für die Popularklage ist jedenfalls nicht bekannt, auch nicht aus den Reihen der SPD. Im übrigen war auch Liebknechts Position nicht frei von Widersprüchen. In einer anderen Debatte erklärte er, daß die Vorschläge seiner Fraktion sich nicht gegen die Industrie als solche richteten, sondern nur gegen das Großunternehmertum. Denn zu Recht bestünde »ein hohes Interesse der Allgemeinheit und auch der Arbeiterschaft [...] an der Blüte der Industrie, an der Entwicklung der Industrie. Wer hat das jemals bestritten? Wir hüten uns ja doch wahrlich vor allen industriefeindlichen Maßregeln.«[102] So sei es trotz aller Kritik am Kapitalismus besser, »dem Privatkapital die Naturkräfte« zu überlassen, als traditionelle Eigentumsrechte (z.B. von Landwirten und Fischern) zu wahren. Andernfalls drohe die Gefahr, daß »die Naturkräfte, die im Interesse der Gesamtentwicklung fruchtbar gemacht werden können und müssen«, ungenutzt blieben und »damit unfruchtbar verkommen«[103].

Zu erwähnen sind auch die zahlreichen Aktivitäten von Naturwissenschaftlern, Ingenieuren, Juristen oder Medizinern, die sich mit Emissionen, Stadtplanung, öffentlicher Hygiene oder vergleichbaren Aspekten befaßten. Ihnen ging es nicht so sehr um konkrete Schadensfälle oder einzelne Konflikte. Sie bemühten sich vielmehr darum, in deren Vorfeld anzusetzen und durch technische, planerische oder juristische Maßnahmen eine allmähliche Verbesserung der Gesamtsituation zu erreichen. Zu diesem

Zweck führten sie Experimente und Versuche durch, organisierten Tagungen und gründeten Verbände, darunter vor allem der »Deutsche Verein für öffentliche Gesundheitspflege«.[104] Hinzu kamen Vorträge und Zeitungsbeiträge, etwa in der 1911 begründeten Zeitschrift »Rauch und Staub«, die zunächst monatlich und seit 1914 alle vierzehn Tage erschien. In ihr fanden sich juristische und medizinische Beiträge, vor allem jedoch Berichte über Erfindungen, technische Einrichtungen und praktische Erfahrungen im Kampf gegen die Rauchplage. Über Organisation, Finanzierung und Leserschaft dieser Zeitschrift ist nichts Näheres bekannt, doch allein ihre Existenz verweist darauf, daß es gegen Ende des Kaiserreichs ein großes Interesse und nicht zuletzt einen Markt für einschlägige Veröffentlichungen und Erfindungen gab. Dieser umfaßte ein breites, überwiegend professionell interessiertes Publikum und zusätzlich die wachsende Zahl von Betrieben, die in der Bekämpfung von Rauch und Lärm, der Reinigung von Abwässern, dem Bau von Kläranlagen oder der Herstellung von Meßapparaturen neue Absatzchancen sahen.[105]

Hier zeigte sich eine Professionalisierung, die nicht auf die Geschädigten oder interessierte Wissenschaftler beschränkt blieb, sondern auch bei den Behörden und vor allem den Unternehmern stattfand. So klagte die Landwirtschaft des Ruhrgebiets 1914 darüber, daß sie »systematisch von Gutachtern entblößt« werde. Die Industrie sei besser organisiert und könne bedeutend höhere Summen zahlen. Sei endlich ein Gutachter gefunden, der »vorzugsweise für Landwirte« Gutachten anfertige, so dauere es nicht lange, »und er schwenkt zur Industrie ab und fertigt für diese Privatgutachten an«[106]. Zugleich hat die Professionalisierung den Kreis der Handelnden nicht nur erweitert, indem etwa Experten hinzugezogen wurden, sie hat ihn auch eingeschränkt. Spätestens in Freiberg war deutlich geworden, daß die Debatten zunehmend auf einem wissenschaftlichen Niveau stattfanden, das nur noch wenige erreichten. Es war zwar weiterhin möglich, bei geplanten Fabriken Eingaben zu formulieren, doch die Behörden gaben sich in der zweiten Hälfte des 19. Jahrhunderts nicht länger mit allgemeinen Angaben zufrieden. Einwände, die nicht ausführlich begründet waren, wurden nahezu routinemäßig zurückgewiesen und statt dessen wissenschaftliche Begründungen verlangt. Diese fielen der übergroßen Mehrheit der Bevölkerung und selbst den bürgerlichen Eigentümern schwer, die deshalb vielfach resignierten, so daß es zu einer »Entpolitisierung durch Verwissenschaftlichung« kam.[107]

Neue Ansätze

Schließlich gab es in den letzten Jahren des Kaiserreichs auch ganz neue Ansätze. So forderten die Landwirte im Ruhrgebiet eine Kollektivhaftung der Industrie, wie sie bei Bergschäden in Ansätzen bereits bestand. Wenn unter Tage die ausgeräumten Stollen oder Strecken einbrachen, traten die dadurch erzeugten Schäden oftmals nicht unmittelbar darüber auf, sondern konnten sich in einiger Entfernung bemerkbar machen. Es war deshalb schwierig, den Verursacher eindeutig zu benennen und Schadensersatz zu fordern. Zugleich bestand aber kein Zweifel daran, daß nur der Bergbau dafür verantwortlich sein konnte, so daß eine Gesetzesänderung erfolgte, die eine erweiterte Haftung der umliegenden Zechen etablierte. Analog dazu forderten die Landwirte im Jahre 1914, die Industrien des Ruhrgebiets in einer Pflichtgenossenschaft zusammenzufassen und dadurch eine Gesamthaftung für Emissionsschäden zu sichern. Jeder Betrieb sollte eine bestimmte Summe in einen gemeinsamen Topf einzahlen, um mit diesen Geldern für Schäden aufzukommen. Damit wären alle Nachweisprobleme entfallen, die in der Praxis mittlerweile unüberwindbar waren, und dieser Vorschlag erinnert an Modelle, die heute erneut diskutiert werden, wenn etwa eine Emissionsabgabe gefordert wird.[108]

Im Kaiserreich konnten sich diese Vorschläge wegen des Ausbruchs des Ersten Weltkriegs nicht mehr durchsetzen. Ob sie eine realistische Chance gehabt hätten, muß bezweifelt werden, dazu waren Widerstand und Einfluß der Industrie zu groß und die Unterstützung durch Parteien und Behörden zu gering. Auch ist nicht sicher, inwieweit sie einen Schutz von Umwelt und Natur bedeutet hätten, denn die eigentliche Zielsetzung bestand darin, Schadensersatz zu sichern. So konnte es für Unternehmer günstiger sein, Schäden zu begleichen, als kostspielige technische Vorkehrungen zu treffen. Auch konnten die Geschädigten sich möglicherweise so sehr an regelmäßige Zahlungen gewöhnen, daß sie an Änderungen gar nicht mehr interessiert waren. Dieser Vorwurf wurde von der Industrie mehrfach erhoben, dürfte aber allein schon wegen der normalerweise geringen Zahlungen auf Einzelfälle beschränkt gewesen sein. Wichtiger war ein anderer Effekt: Die Schwierigkeiten, Schadensersatz überhaupt zu erhalten, und dessen geringe Höhe haben keinen Anreiz bedeutet, Schäden erst gar nicht entstehen zu lassen. Hohe Zahlungen können zu vermehrten Anstrengungen führen, und in den USA hat dieser Weg in den letzten Jahren eine große Bedeutung erlangt. In Deutschland hingegen hat sich eine vergleichbare Tradition nicht entwickelt. Im Gegenteil: Hier waren Klagen auf Schadensersatz ein sehr ineffektives Instrument. Sie haben die Auseinandersetzung auf eine ökonomische Güterabwägung reduziert, bei der die Industrie sich in einer bedeutend besseren Position befand. Immer wieder haben Betriebe und ganze Industrien darauf verwiesen, daß ihr Beitrag zur Volkswirtschaft bedeutend höher sei als die verursachten Schäden und auch bedeutend höher als der Beitrag der geschädigten Gruppen. Die Konsequenz war eindeutig: Zu schützen waren die Fabriken, nicht die Geschädigten.

Angesichts derartiger Prioritäten, die weithin akzeptiert wurden, hätte eine bloße Gesetzesänderung – so unwahrscheinlich sie ohnehin war – wenig bewirkt. Deutlich wird dies am Beispiel der Emschergenossenschaft, die 1904 gegründet wurde und eine Art Kollektivhaftung der Industrie und anderer Einleiter begründete. Diese Haftung bezog sich nicht auf die Zahlung von Schadensersatz, sondern auf die Verpflichtung, die katastrophale Abwassersituation im Gebiet der Emscher zu beheben. Verursacht wurden diese Zustände von expandierenden Kommunen und der Schwerindustrie, und um die Jahrhundertwende war die Verschmutzung gänzlich unhaltbar geworden. Deshalb wurde nach langen Auseinandersetzungen die Genossenschaft gegründet. Deren Mitglieder waren die Kommunen und die Industrie, die nach einem festgelegten Schlüssel die anfallenden Kosten übernehmen mußten, dafür aber selbst festlegen konnten, welche Maßnahmen sie ergreifen wollten. Diese Regelung wirkte sich fatal aus. Die Genossenschaft mobilisierte zwar erhebliche Summen, doch sie konzentrierte sich darauf, eine möglichst effektive

Ableitung der Abwässer zu sichern. Dazu wurden Biegungen beseitigt, die zuführenden Bäche kanalisiert und das Flußbett der Emscher betoniert, um einen raschen Abfluß zu erreichen. Ausgaben für Kläranlagen hingegen sind weitgehend unterblieben. So gelang es, die Überschwemmungen zurückzudrängen und die hygienischen Zustände deutlich zu verbessern, doch die Emscher hörte auf, ein Fluß zu sein. Sie wurde in einen offenen Abwasserkanal verwandelt, in dem bald keine Spuren biologischen Lebens mehr anzutreffen waren und der immer wieder kaum erträglichen Gestank verbreitete. Die Emschergenossenschaft war also keine Alternative. Sie hatte die Verursacher in die Pflicht genommen, jedoch keine unabhängige Kontrolle etabliert und dadurch den Bock zum Gärtner gemacht.

Zusammenfassung

Zu Beginn des 20. Jahrhunderts waren die Verschmutzung der Luft, des Bodens und der Flüsse, die Umgestaltung der Landschaft, der zunehmende Lärm, der wachsende Verbrauch an Ressourcen und vergleichbare Auswirkungen von Industrialisierung und Verstädterung viel diskutierte Themen. Von einer allgemeinen, ungebrochenen Fortschrittsbegeisterung kann keine Rede sein. Dafür waren die Erfahrungen zu widersprüchlich und die negativen Konsequenzen zu deutlich. Eine vergleichbare Bandbreite und Vielfalt der Argumente und Bemühungen wurde erst nach 1970 wieder erreicht, und einzelne Ansätze wie das Drei-Tonnen-System in Charlottenburg oder der Vorschlag, Verursacher in Pflichtverbänden zusammenzufassen, sind noch heute aktuell. Hinzu kamen ein beachtlicher Stand der wissenschaftlichen Kenntnisse in der Medizin, bei der Erforschung von Rauchschäden oder der Untersuchung von Gewässern, eine Vielzahl von Prozessen, einschlägigen Zeitschriften, Gutachten und Veröffentlichungen, die ebenfalls an die heutige Situation erinnern.

Doch diese Befunde dürfen nicht überbewertet werden. Die Zahl der beteiligten Personen blieb insgesamt gering, und die von ihnen aufgeworfenen Fragen haben ein eher begrenztes Interesse in der Öffentlichkeit und den Parteien gefunden. Bei einzelnen Konflikten konnte die Resonanz beachtlich sein, doch aus ihnen entstand keine umfassende Bewegung oder eine aufsehenerregende öffentliche Debatte. Auch ging es nicht immer um den Schutz von Natur oder Umwelt. Vielfach standen Fragen des Eigentums und Forderungen nach Schadensersatz im Vordergrund, und es gab einen breiten Konsens, daß weiteres wirtschaftliches Wachstum und eine Förderung der Industrie Vorrang haben sollten. Das ist verständlich, denn immer noch lebten weite Teile der Bevölkerung in ärmlichen Verhältnissen, und die soziale Frage barg erheblichen Sprengstoff. Hinzu kamen der nationale Stolz auf die Leistungsfähigkeit der deutschen Industrie, der Wettlauf mit dem benachbarten Frankreich und England und das Bestreben, sich als Großmacht, ja als Weltmacht zu etablieren. Belange des Natur- und Umweltschutzes hatten da einen schweren Stand.

Zu berücksichtigen ist auch, daß die Phase der Hochindustrialisierung erst nach 1890 einsetzte und daß erst danach die Auswirkungen auf Natur und Umwelt weithin spürbar wurden. Doch selbst um 1914 waren große Gebiete Deutschlands von der Industrialisierung noch kaum betroffen, und es war insofern plausibel, wenn versucht wurde, die schlimmsten Belastungen durch Verdünnung und Verteilung zu reduzieren oder aber sie auf bestimmte Gebiete zu konzentrieren. Hinzu kam, daß viele und zumal die interessanten Ansätze nicht genügend Zeit hatten, sich zu entwickeln. So war der Bund Heimatschutz erst 1904 gegründet worden, und auch die Debatten über den Abfall, biologische Klärverfahren, Pflichtgenossenschaften oder Änderungen der Gesetze erreichten erst nach der Jahrhundertwende eine größere Bedeutung. Möglicherweise hätte sich im Laufe der Zeit auch eine Zusammenarbeit der verschiedenen Gruppen oder zumindest ein größerer Austausch ergeben. Im Kaiserreich jedenfalls kam es nicht dazu.

Besonders zu betonen ist schließlich, daß die institutionellen Rahmenbedingungen äußerst ungünstig waren. Die Bürokratie besaß eine sehr starke Position, die sie überwiegend zugunsten der Industrie einsetzte. Ihre Entscheidungen konnten nur schwer angefochten werden, und auch die privatrechtlichen Möglichkeiten erwiesen sich bald als stumpf. Ohnehin waren diese auf den kleinen Kreis derjenigen beschränkt, die über Eigentum verfügten, während die Mehrheit der Bevölkerung davon ausgeschlossen war. Hinzu kam, daß Einsprüche, die einen Schutz von Natur und Umwelt oder der Gesundheit anstrebten, schon im Vorfeld abgewiesen werden konnten, so daß auch inhaltlich der Handlungsspielraum sehr eng war. Damit soll nicht behauptet werden, daß ohne diese Einengungen ein grundsätzlich anderes Bewußtsein geherrscht hätte. Doch es ist wichtig zu betonen, daß dieses Bewußtsein und entsprechende Aktivitäten nicht einfach vorhanden sind, sondern aus kleinen Ansätzen entstehen und sich dann entwickeln müssen. Die Möglichkeiten dafür waren äußerst begrenzt. In Gesetzgebung, Rechtsprechung, Bürokratie und Stadtplanung hatte sich ein Geflecht von Vorschriften, gängiger Praxis und Prioritäten verfestigt, das nur schwer überwunden werden konnte. Im Kaiserreich ist dies trotz zunehmender Bemühungen nicht gelungen. Entsprechende Ansätze bestanden, doch sie wurden immer wieder abgeblockt und konnten sich gerade nicht entwickeln.

Kapitel 3

Weimarer Republik und Nationalsozialismus

Weimarer Republik

Ein neuer Anfang?

Für die Heimat- und Naturschützer begann die Weimarer Republik vielversprechend. Im Artikel 150 der neuen Verfassung hieß es ausdrücklich: »Die Denkmäler der Kunst, der Geschichte und der Natur sowie die Landschaft genießen den Schutz und die Pflege des Staates.« Die Erwartungen waren groß, und es galt, diese grundsätzliche Regelung in die Praxis umzusetzen. Das war Aufgabe der Länder, die – wie schon im Kaiserreich – weiterhin für den Naturschutz zuständig waren, Gesetze erlassen und die zuständigen Behörden aufbauen mußten. Doch dazu kam es nur ansatzweise, denn bald zeigte sich, daß die zahlreichen Krisen der Weimarer Republik die Handlungsmöglichkeiten empfindlich einschränkten.

Besonders deutlich wurde dies bei der Besatzung des Ruhrgebiets durch die Franzosen im Jahre 1923. Die Besatzung hatte zum passiven Widerstand geführt, der die industrielle Produktion zum Erliegen brachte und zu einer Brennstoffnot führte, unter der die Waldbestände erheblich litten. Doch davon abgesehen hat die französische Besatzung der Natur des Ruhrgebietes eher gut getan, denn der passive Widerstand begann im Frühjahr und endete im Herbst, so daß die Industrieproduktion und damit der Ausstoß an Schadstoffen während der Wachstumsphase der Pflanzen ruhte. Die Ergebnisse waren verblüffend:

»Mit der Einstellung der Kohle-, Koks- und Stahlgewinnung trat augenblicklich eine deutliche, selbst von dem Menschen wahrnehmbare Verbesserung der Luftverhältnisse im Ruhrgebiet ein, so daß man keinen Unterschied mehr zu nichtindustriellen Gegenden bemerkte. Auf die Vegetation hatte die Änderung einen erstaunlich günstigen Einfluß. Am besten war die Wirkung an den Hackfrüchten zu beobachten, deren Laub bis weit in den Herbst hinein grün blieb, während es sonst bereits im Vorsommer viele welke Blätter aufwies [...] . Die Kartoffeln, die als sehr rauchempfindlich gelten, zeigten überall eine so große Blühwilligkeit, wie man sie seit langem nicht mehr kannte. [...] Entblößte Stellen zogen sich allmählich zu. Es waren im Gegensatz zu anderen Jahren, in denen nur zwei Schnitte gewonnen wurden, sogar drei Schnitte mit selten hohen Erträgen möglich. [...] Das Wachstum in den Gärten war so freudig, daß auf vielen Landgütern nicht nur der eigene Bedarf an Gemüse gedeckt wurde, sondern sogar noch beträchtliche Mengen verkauft werden konnten, woran früher gar nicht zu denken war. [...] Die saubere Beschaffenheit der Früchte, die sonst ständig mit einer dünnen Schicht von Ruß, Flugstaub und teerigen Bestandteilen beschmutzt waren«, fiel auf, selbst die Jahresringe an den Bäumen waren 1923 dicker als in den Jahren davor und danach.[1]

Im Herbst endete der passive Widerstand. Die Produktion wurde wieder aufgenommen, sehr zur Erleichterung der Bevölkerung, die mittlerweile große Not litt. Die Konsequenz aus dieser Erfahrung war eindeutig. Die französische Besatzung hatte in aller Deutlichkeit gezeigt, wie schädlich industrielle Emissionen waren. Sie hatte aber auch gezeigt, daß rauchende Schornsteine und industrielle Produktion ein Ende der Entbehrungen bedeuteten, und hierauf lagen die Prioritäten. Dabei gab es während der Weimarer Republik kein kontinuierliches wirtschaftliches Wachstum, das allein schon einen zunehmenden Verbrauch an Ressourcen bedeutet hätte; auch die Bevölkerung nahm kaum zu. Es scheint eine Art Stillstand auf hohem Niveau gegeben zu haben, wobei der Umgang mit Umwelt und Natur von den Faktoren bestimmt blieb, die sich im Kaiserreich herausgebildet hatten. Die Betonung dieser Kontinuitäten ist wichtig, doch es kam auch zu Brüchen, neuen Akzentsetzungen und eigenständigen Entwicklungen, bei denen anfangs das Bemühen im Vordergrund stand, möglichst sparsam zu wirtschaften. Entsprechende Ansätze hatte es bereits im Kaiserreich gegeben.

Sparsamkeit und Effektivität

Es sei eigentlich ein Gebot der Vernunft, so der Chemieprofessor Clemens Winkler im Jahre 1900, »der zwecklosen Vergeudung von fossiler Kohle mit aller Kraft entgegenzuarbeiten«. Deren Verbrennung habe eine »nie dagewesene Kraft- und Machtentfaltung« erlaubt, doch »das kostbare Gut, welches wir jetzt lustig vergeuden«, wachse nicht wieder nach. Es sei vielmehr »unwiederbringlich verloren« und deshalb die Frage angezeigt: »Wo will das hinaus, wie wird es enden?«

Derartige Fragen wurden um die Jahrhundertwende verstärkt gestellt, denn es gab eine Kohlenot, die durch Hochkonjunktur und mangelnde Transportkapazität der Eisenbahn verursacht war, nicht hingegen durch eine Erschöpfung der Vorräte. Im Gegenteil ergaben sämtliche Berechnungen, daß diese noch lange ausreichen würden. Auch für Winkler war die »Zeit wirklichen Mangels an Kohle noch sehr fernliegend«, und seiner Meinung nach würde das »Zeitalter der Verbrennung eine Dauer nicht nur von wenigen, sondern von vielen Jahrhunderten« haben. Der Verbrauch an Kohle werde sogar noch zunehmen, hier gebe es »kein Hemmen und Eindämmen«. Doch der alleinige Blick auf die Gegenwart sei kurzsichtig, denn geschädigt würden »unsere Kinder und Kindeskinder«, die möglicherweise bittere Not leiden müßten. Winkler forderte deshalb, andere Energiequellen zu erschließen und vor allem die Kohle besser zu nutzen.[2]

Hier war noch viel zu tun. So wurden auf den Berg- und Hüttenwerken vier Fünftel oder mehr der erzeugten Energie vergeudet, und nicht nur bei Winkler kam angesichts des äußerst mangelhaften Nutzungsgrades ein »Gefühl der Scham« auf. Vereinzelt wurde sogar die Erwartung geäußert, spätere Generationen würden einen Genuß darin finden, »mit geringem Energieverbrauch ein anmutiges Dasein zu führen und die rohe Energiefresserei des gegenwärtigen Lebens wie eine beklagenswerte Barbarei anzusehen«[3]. Doch derart sanfte Utopien waren nicht die einzige Konsequenz. Möglich war auch – so bei Walther Rathenau – die Forderung nach Kolonien, um den wachsenden Bedarf an Rohstoffen zu sichern. Zu Recht betrieben, so ein anderer Autor, die modernen Gesellschaften eine »Raubwirtschaft«, die den gesamten Erdball umfasse und überall »die wilden Pflanzen und Tiere und die sie schlecht nutzende Bevölkerung« verschwinden lasse. Diese Entwicklung möge man bedauern, sie könne jedoch lediglich abgemildert, nicht hingegen verhindert werden. Hierbei handele es sich um einen »notwendigen Aufräumungsprozeß«, der eine bessere Nutzung des Erdballs und damit eine gesicherte Zukunft der Menschen erst ermögliche.[4]

Der Hinweis auf knappe Ressourcen konnte also zu ganz unterschiedlichen Konsequenzen führen. Das zeigte sich auch während des Weltkriegs, der dem Gedanken der Autarkie neuen Auftrieb gab und dazu führte, verstärkt Abfallstoffe zu verwenden und importierte Rohstoffe durch einheimische zu ersetzen. Rathenau bemühte sich, diese Ansätze zu systematisieren, gab sich damit jedoch nicht zufrieden, sondern entwarf das Bild einer zukünftigen Gesellschaft, die eine effektive Nutzung der Ressourcen, Verzicht auf unnötigen Konsum, soziale Gerechtigkeit und Gemeinschaftssinn miteinander verbinden sollte: Rathenau entwarf einen öko-sozialen Zukunftsstaat. Dieser habe »sorgfältiger umzugehen mit der kalorischen Energie, die uns die Sonne einmal geschenkt hat in Form unserer Kohle«. Jeder Verlust, jede Verschwendung sei Sache der Gemeinschaft. So habe keiner mehr das Recht, »eine Auspuffmaschine zu betreiben, die das Fünffache des Zulässigen an Kohle frißt, so wenig wie jemand das Recht hat, Brot zu zertreten«. Abzuschaffen seien vor allem jene enormen »Mengen von Waren, die [...] vielfach häßlich, schädlich und töricht sind«. Dieser Luxus sei ebenso abzustellen wie der ausufernde Transport von Zwischenprodukten und Waren, jenes »Hin- und Her wegen der Verarbeitungsstufen von Ort zu Ort, von Werk zu Werk bis zu den Absatzmittelpunkten«. Insbesondere der internationale Handel bedeute eine enorme Verschwendung und müsse durch eine Politik des »Rohstoffschutzes« ersetzt werden. Könne ein »Produkt aus deutschem Rohstoff« auch nur annähernd so wirtschaftlich hergestellt werden wie aus fremdem, so müsse »der deutsche Stoff verwendet« und seine effektive Nutzung durch Regelungen und Normierungen gesichert werden. Ergänzen wollte Rathenau diese Vorschläge durch einen Wohlstandsausgleich, um nicht nur wirtschaftlich, sondern auch sozial eine bessere, effektivere und zukunftsfähige Gesellschaft zu schaffen.[5]

Es gab allerdings auch einen anderen Weg, größere Effektivität und einen Ersatz für fehlende Importe zu erreichen: systematische Forschung und die Fabrikation in großem Maßstab, um die »economies of scale«, die Vorteile massenhafter Produktion, zu nutzen. Das bekannteste Beispiel sind die Leuna-Werke bei Bitterfeld, die den für die Kriegführung unentbehrlichen Stickstoff produzieren sollten. Die Bauarbeiten begannen am 19. Mai 1916, und innerhalb von nur zehn Monaten wurde eines der größten Chemiewerke Europas errichtet. Der hier beschrittene Weg setzte sich allgemein durch, und das Ziel bestand nicht in Sparsamkeit und einem »anmutigen Dasein durch geringeren Energieverbrauch«. Es ging vielmehr um größere Effektivität, die »economies of scale«, eine bessere Organisation der Betriebe, technische Fortschritte und nicht zuletzt die Bildung riesiger Konzerne. Hinzu kamen die Fließbandproduktion und andere durch Henry Ford und Frederick Winslow Taylor entwickelte Verfahren, die erhebliche Produktivitätsfortschritte brachten. Von Sparsamkeit waren sie weit entfernt, im Gegenteil. Die neuen Verfahren erlaubten den Durchbruch zur Massenproduktion und zum modernen Massenkonsum, besonders auffällig am Beispiel des Automobils. Ford war es gelungen, den Preis der »Tin Lizzy« von mehr als 800 auf weniger als 400 Dollar zu senken und zugleich den Lohn seiner Arbeiter deutlich zu erhöhen. Dies geschah nicht ganz freiwillig, denn nur so fand er genügend Personen, die sich mit den monotonen Arbeitsbedingungen am Fließband abfanden. Die Motive mögen ambivalent gewesen sein, doch die Ergebnisse waren eindeutig. Bei entsprechender Stückzahl und Organisation war es nicht nur möglich, bedeutend effektiver und preiswerter zu produzieren. Zusätzlich konnten die Arbeiter auch deutlich höhere Löhne erhalten und dadurch die massenhaft produzierten Artikel überhaupt erst kaufen.

Sozialgeschichtlich bedeutete dies einen grundlegenden Durchbruch und führte schließlich zur modernen Konsumgesellschaft mit ihrem bedeutend höheren Lebensstandard. In den Vereinigten Staaten von Amerika erfolgte dieser Übergang seit den zwanziger Jahren, an deren Ende es dort bereits 26,5 Millionen Pkws gab.

Deutschland hingegen lag deutlich zurück. Hier betrug der Bestand 1921 erst etwa 60000 und wuchs dann auf 420000 im Jahre 1929 an. Nicht einmal 1 Prozent der Erwachsenen besaß ein Auto, und die 1930 einsetzende Wirtschaftskrise bedeutete eine jähe Unterbrechung dieser noch zaghaften Entwicklung. So erfolgten die Massenmotorisierung und der Übergang zur Konsumgesellschaft erst nach 1950, doch die Weichen dazu wurden in der Weimarer Republik und teilweise bereits gegen Ende des Kaiserreichs gestellt.[6]

Bevölkerung

In einem ganz anderen Bereich waren die Sparsamkeitsappelle erfolgreicher: in den Debatten über die Bevölkerungsentwicklung. Anfang der zwanziger Jahre überwogen noch die Sorgen vor einem Stillstand oder gar einem Rückgang der Bevölkerung, deren Zahl weiterhin als Beleg für nationale Größe galt. Die Eugeniker hatten es schwer, ihren Argumenten Gehör zu verschaffen, denn ihnen kam es nicht auf die absolute Zahl, sondern auf die Qualität der Geborenen an. Um diese zu verbessern, schlugen sie zahlreiche Maßnahmen vor, von denen ein Teil auf eine Förderung der als »höherwertig« geltenden Mittelschichten hinauslief. Dazu gehörten die Zahlung von Kindergeld an Beamte, ein niedrigeres Heiratsalter von Akademikern oder eine verminderte Berufstätigkeit gut ausgebildeter Frauen, damit diese mehr Kinder bekämen. Derartige Vorschläge fanden zunehmend Unterstützung, wurden allerdings – überwiegend aus Kostengründen – kaum realisiert. Problematischer waren die als »negative Eugenik« bezeichneten Empfehlungen, die nicht eine größere Zahl erwünschter, sondern eine Reduzierung unerwünschter, als minderwertig bezeichneter Kinder anstrebten. Hierzu zählte der Wunsch, durch Eheberatung und medizinische Aufklärung Erbkrankheiten wie Hasenscharte oder angeborene Blind- beziehungsweise Taubheit zu vermeiden. Auch dies ist nachvollziehbar. Problematisch hingegen waren Fälle wie Schizophrenie und vor allem »Schwachsinn«, deren Krankheitsbild schwer zu definieren ist und bei denen eine Vererbung sehr strittig war. Zu deren Bekämpfung wurden äußerst umstrittene Maßnahmen wie

Sterilisation und Abtreibung gefordert, die selbst gegen den Willen der Betroffenen erfolgen sollten.

Die Eugenik wurde lange Zeit als ein nationalsozialistisches Programm angesehen. Das ist insofern zutreffend, als die damit verbundenen Forderungen erst nach 1933 umgesetzt und Hunderttausende meist gegen ihren Willen sterilisiert wurden, wobei mehrere tausend Personen, vor allem Frauen, verstarben. Doch vor der Machtergreifung war die Situation nicht so eindeutig. Hier blieben die Vorschläge zwar lange Zeit ohne größere Resonanz, fanden aber Befürworter in allen Parteien, auch im linken Lager oder bei Vertreterinnen der Frauenbewegung. Auch Heimat- und Naturschützer unterstützten eugenische Forderungen und sahen darin ein wirksames Mittel, der von ihnen beklagten allgemeinen Degeneration Einhalt zu gebieten – wie übrigens auch heute noch argumentiert wird. So plädierte Hoimar von Ditfurth 1980 für eugenische Maßnahmen, da bei den Menschen die natürliche Auslese entfalle, so daß »eine zunehmende Ansammlung negativer Erbfaktoren« die Folge sei. Der gezielte Eingriff in das menschliche Genom sei »die einzige denkbare Möglichkeit, aus dem geschilderten Teufelskreis auf humane Weise auszubrechen«[7]. Ähnlich argumentieren die Amerikaner Herman E. Daly und John B. Cobb, die zu den einflußreichsten Vordenkern der amerikanischen Umweltbewegung gehören. Sie verfaßten 1989 ein Buch mit dem Titel: ›For the Common Good. Redirecting the Economy Toward Community, Environment and a Sustainable Future‹.

In diesem Titel sind all die Begriffe enthalten, die in der aktuellen Debatte so positiv besetzt sind, und das Buch gilt als wichtiger Meilenstein der politisch-theoretischen Debatte. Die Autoren befürworten mit Nachdruck eine Geburtenkontrolle, die zugleich eine bessere Gesellschaft hervorbringen soll. Die Gesellschaft müsse das Recht haben, die Zahl der Nachkommen zu begrenzen, zumal die mittleren und oberen Klassen nur wenig Kinder bekämen, während die Armen bedeutend fruchtbarer seien. Das Recht, Kinder zu bekommen, müsse zugeteilt werden, und auch Cobb und Daly plädieren dafür, hierbei die oberen Schichten zu bevorzugen.[8]

Saubere Energie?

Ein besonders markantes Beispiel für den Übergang zur Groß-technik war der Bau neuer Kraftwerke. Die Grundlage dafür war Ende des 19. Jahrhunderts gelegt worden, als es gelang, Strom über große Entfernungen zu transportieren, so daß erste große Kraftwerke wie in Laufenburg entstanden. In den folgenden Jahren gab es weitere Verbesserungen, wobei auch hier im Gefolge des Ersten Weltkriegs das Hauptinteresse auf der Sparsamkeit und der Erschließung neuer Energiequellen lag. In Süddeutschland führte dies zum Bau großer Wasserkraftwerke, in Sachsen und am linken Niederrhein wurde der Braunkohletagebau massiv ausgeweitet und im Ruhrgebiet versucht, Hochofen- und Kokereigase zu nutzen sowie Verfahren zu entwickeln, um Kohlestaub verfeuern zu können. Hierbei handelte es sich um einen minderwertigen Brennstoff, dessen Einsatz in den bestehenden Anlagen technische Probleme aufwarf und in Städten aus Umweltgründen nicht gestattet war. In Amerika hingegen war es gelungen, neue Verfahren zu entwickeln, die überaus effektiv waren und in Deutschland fieberhafte Aktivitäten auslösten.

Eines der ersten großen Kraftwerke mit der neuen Technik ging 1927 in Herne in Betrieb und erlaubte es, den Ballastgehalt der Kohle von 8 auf bis zu 30 Prozent zu erhöhen. Die Auswirkungen waren verheerend. Das neue Kraftwerk verfeuerte Kohlenstaub mit über 25 Prozent Asche, die zudem einen so hohen Schmelzpunkt hatte, daß kaum Schlacke anfiel. Da keinerlei Rauchgasentstaubung erfolgte, sah die Umgebung nach wenigen Stunden wie eine Winterlandschaft aus, bedeckt von weißer Asche. Die benachbarte Schule mußte geschlossen werden, und in Tag- und Nachtarbeit wurde eine Naßwäsche eingebaut, um die Asche abzufangen. Doch die Rauchgase enthielten so viel Schwefelsäure, daß die Bleche dieser Anlage »sich innerhalb weniger Tage in Wohlgefallen« auflösten. Auch in diesem Fall dauerte es geraume Zeit, bis Abhilfe geschaffen wurde, und zu einer tatsächlichen Besserung kam es erst, als im Gefolge der Weltwirtschaftskrise zwei von drei Kesseln stillgelegt wurden.[9]

Nicht immer waren die Auswirkungen auf die Umwelt so verheerend, doch auch in anderen Fällen bedeuteten die neuen

Kraftwerke eine erhebliche Belastung für ihre Umgebung. Sie verfeuerten viel größere Mengen an Kohle, und entsprechend groß war der Anfall an schwefligen Gasen und Asche. Weiterhin fiel es den Nachbarn schwer, Auflagen durchzusetzen, denn die ohnehin starke Position der Industrie wurde durch den Verweis auf die bestehenden wirtschaftlichen Schwierigkeiten noch weiter gefestigt. Strom sollte möglichst billig sein, so daß die eigentlich vorhandenen Möglichkeiten nur sehr zögernd genutzt wurden. Gerade bei Kraftwerken standen wirksame Techniken zur Verfügung wie Elektrofilter, die bis zu 90 Prozent des Staubes zurückhalten konnten. Auch waren die Verfahren ausgereift, durch Kalkwäsche die Gase zu binden, doch das Kostenargument setzte sich durch. Das war nicht zwangsläufig, denn angesichts der ohnehin hohen Kosten für die neuen Kraftwerke fielen zusätzliche Ausgaben für Filter oder andere Techniken nicht mehr so stark ins Gewicht. In der Praxis wurde jedoch genau anders argumentiert: Da die Kosten bereits sehr hoch seien, müsse jede zusätzliche Belastung vermieden werden. So ergab eine Umfrage aus dem Jahre 1935, daß von vierzehn großen Kraftwerken nur sechs überhaupt Entstaubungsanlagen besaßen, darunter lediglich drei einen Elektrofilter.[10]

Die neuen Kraftwerke bedeuteten jedoch auch eine Entlastung. Sie lieferten Strom und damit Energie an nahezu jede Stelle, so daß die vielen großen und kleinen Dampfmaschinen, die in den Städten eine erhebliche Schmutzquelle darstellten, allmählich verschwanden. Die Kraftwerke hingegen wurden in den Außenbezirken oder auf dem Lande – etwa neben den Braunkohlegruben – errichtet und durch riesige Verbundsysteme miteinander vernetzt. Sie belasteten ihre unmittelbare Umgebung, aber nicht die von ihnen versorgten Stadtzentren.

Theoretisch hätte ein verstärkter Einsatz von Windmühlen eine zusätzliche Besserung bewirken können. Deren Zahl hatte in Deutschland um 1870 mit etwa 20000 ihren Höhepunkt erreicht, ging dann allerdings rapide auf ungefähr 8000 im Jahre 1925 zurück, verdrängt von Dampfmaschinen und dann von Diesel- und Elektromotoren. Um die Jahrhundertwende schien eine Wende möglich, als neue Mühlenkonstruktionen entstanden, die billiger, leichter und flexibler waren und vielfach aus den

USA importiert wurden. Für ländliche, abseits gelegene Gebiete erwiesen sie sich als ideale Antriebsmaschinen für Wasserpumpen oder zur Erzeugung von Elektrizität. Mehrere Tausend von ihnen wurden installiert, und die Windenergie bot neue Perspektiven. Die Debatte über Kohlenot nach dem Ersten Weltkrieg gab diesen Bemühungen zusätzlichen Auftrieb. Die Aerodynamik der Windmühlen und -räder wurde erstmalig systematisch erforscht, grundlegende Arbeiten veröffentlicht und Neuerungen entwickelt, doch die erhoffte Renaissance blieb aus. Windmotoren waren preiswert und zuverlässig zu betreiben, boten jedoch nicht die gleiche Versorgungssicherheit wie die neuen Überlandnetze. Auch konnten sie keinen Wechselstrom erzeugen, der sich zunehmend durchsetzte, und sie paßten nicht mehr in eine Zeit, die geprägt war von einer »zentralisierten, auf großen Kraftwerken [...] beruhenden Elektrizitätsversorgung« und der Schaffung großräumiger, künstlicher Kreisläufe.[11]

Abwässer und Trinkwasser

Noch im Kaiserreich waren wichtige Grundlagen gelegt worden, um die Wasserverschmutzung zu bekämpfen. 1901 wurde in Preußen die »Königliche Versuchs- und Prüfungsanstalt für Wasserversorgung und Abwasserreinigung« gegründet, und im April 1914 war in diesem größten und am stärksten industrialisierten deutschen Staat ein neues Wassergesetz in Kraft getreten. Dieses konnte während des Krieges keine Wirkung mehr entfalten, blieb jedoch ebenso wie die preußische Versuchsanstalt bestehen. Zuvor hatten schon Hessen (1887), Baden (1899), Württemberg (1900), Bayern (1907) und Sachsen (1909) einschlägige Gesetze verabschiedet und teilweise ebenfalls eigene Institute errichtet, so daß eine ausreichende Basis bestand, die Situation der Gewässer zu verbessern.

Das Preußische Wassergesetz war mehr als zehn Jahre im Parlament beraten und kontrovers diskutiert worden. Die Regierung setzte auf die Verdünnung der Abwässer und die Selbstreinigungskraft der Flüsse und wollte sich mit allgemeinen Regelungen begnügen. Kritiker wie der bekannte Wasserforscher Joseph König hingegen forderten detaillierte Bestimmungen und quantitative Vorgaben in Form von Grenzwerten, um die Menge der eingeleiteten Stoffe begrenzen und kontrollieren zu können. Erst dadurch hätten die Beamten die Möglichkeit gehabt, wirksam gegen Verschmutzungen vorzugehen. Dieser Vorschlag rief jedoch den Widerstand der Industrie hervor und konnte sich nicht durchsetzen. Im Gesetz fehlten genaue Angaben zu Art und Menge der Stoffe, deren Einleitung beschränkt oder verboten werden sollte. Im Kern wurde eine Regelung getroffen, die an die Gewerbeordnung erinnert. Die Einleitung von Abwässern mußte beantragt werden, Nachbarn konnten Einspruch erheben, und die Behörden hatten schließlich zu entscheiden. Erneut besaßen sie dadurch einen großen Ermessensspielraum, zumal auch hier keine Möglichkeit bestand, behördliche Entscheidungen durch unabhängige Instanzen überprüfen zu lassen.

Eine gewisse Kontrolle war durch die 1901 gegründete Versuchs- und Prüfungsanstalt gegeben, die wichtige Grundlagenforschung leistete, sich an konkreten Auseinandersetzungen jedoch nicht beteiligte. Hinzu kam, daß auch die Anstalt bei ihren Stellungnahmen zunehmend die schwierige wirtschaftliche Situation von Kommunen und Industrie berücksichtigte und keine ungebührlichen Kosten verursachen wollte, so daß trotz der vielversprechenden Ansätze keine nennenswerte Besserung eintrat. Vielleicht war sogar das Gegenteil der Fall. Diesen Eindruck erweckt zumindest eine umfangreiche behördeninterne Stellungnahme aus dem Jahre 1930, die ein deprimierendes Bild zeichnet.

Einleitend betonte der Verfasser ausdrücklich, daß es nach Verabschiedung des preußischen Wassergesetzes »eigentlich keinen verunreinigten Wasserlauf mehr geben« dürfe. Sobald eine Fabrik oder ein Ort ungereinigtes Abwasser einleite, »brauchte ihr nur diese Einleitung verboten zu werden und der Schaden wäre behoben«. Doch leider ließen sich Verbote in der Praxis nicht ohne weiteres umsetzen. Die Einleitung ungereinigten Abwassers sei vielmehr so sehr zu einer Gewohnheit geworden, daß starke Bedenken bestünden, das neue Gesetz anzuwenden. Vor allem bei Fabriken, deren Abwässer ganz unterschiedlich ausfielen, sei es sehr mühsam und aufwendig, geeignete Maßnahmen zu empfehlen. Hinzu kämen die Kosten, »denn der Bau und namentlich der Betrieb der Abwasserreinigungsanlagen kosten viel

Geld und sie bringen nichts ein«. Die finanzielle Situation der Gemeinden sei nicht minder prekär, und deshalb habe »die Verunreinigung der Wasserläufe im Verlaufe der letzten Jahrzehnte allmählich einen so großen Umfang« angenommen. Den Behörden seien diese Mißstände bekannt, doch angesichts der wirtschaftlichen Situation könnten sie nicht energischer eingreifen.

Diese Einschätzungen, so hielt der Verfasser ausdrücklich fest, sollten nicht an die Öffentlichkeit gelangen. Denn das »könnte von manchen Industriellen so aufgefaßt werden, als ob die Behörden in Anerkennung der Schwierigkeiten der Verhältnisse in den meisten Fällen nachgiebig sein werden und müßten«. Dieser Gedanke dürfe erst gar nicht aufkommen, zumal die ständigen Klagen über zu hohe Kosten »in den allermeisten Fällen nicht ernst genommen werden« müßten. Das zumindest sei die Erfahrung, doch zugleich sei ein konsequentes Auftreten gegenüber der Industrie nicht möglich, denn »solange Abwasser aus einem Werke fließt, ist dieses auch beschäftigt und das ist heut zu Tage die Hauptsache«[12].

Diese Aussage wurde vor dem Hintergrund der Weltwirtschaftskrise getroffen, als die Handlungsmöglichkeiten besonders eingeschränkt waren. Vorher hatte es positivere Entwicklungen gegeben, darunter Bemühungen, die Verschmutzung der Wupper zu vermindern, die durch die chemische Industrie und die anliegenden Kommunen erheblich belastet war. Die Auseinandersetzungen darüber hatten bereits vor der Jahrhundertwende eingesetzt und zogen sich deshalb so lange hin, weil nicht nur die Industrie, sondern auch die Kommunen sich sperrten. Die Städte am Oberlauf der Wupper verspürten wenig Neigung, zugunsten der flußabwärts gelegenen Orte Ausgaben zu tätigen. In der Weimarer Republik verstärkte sich jedoch der öffentliche Druck, Versammlungen fanden statt, die Parteien wurden aktiv, das Parlament debattierte mehrfach über die Verschmutzung dieses Flusses und verabschiedete schließlich 1930 ein Gesetz, das allerdings wenig befriedigen konnte. Die SPD hatte ihre Forderung nach »bestmöglicher Reinigung der Industrie- und Wohnabwässer« zurückgenommen und war zusammen mit dem Zentrum damit einverstanden, daß lediglich »störende Geruchsbelästigungen vermieden« werden sollten. Gegenüber den Forderungen der Industrie und der Städte am Oberlauf bedeutete allerdings selbst dieser Kompromiß noch einen Erfolg. Denn diese hatten dafür plädiert, die Wupper zu einem Industriefluß zu erklären und sie für die »natürliche Verschmutzung durch Industrie-Abwässer freizuhalten«. Die Wupper müsse, so hieß es, »im Ganzen ein Abwässerkanal für die Industrie bleiben, zumal man an der Wupper auch von der Industrie lebe«[13].

Vor- und Schreckbild bei diesen Debatten war die Emscher, die in den zwanziger Jahren zu einem offenen Abwasserkanal umgebaut wurde. Die Industrie sah hierin ein positives Beispiel für den von ihr geforderten Industriefluß, während andere aus den Erfahrungen im Ruhrgebiet den Schluß zogen, derartige Verhältnisse andernorts ja nicht zuzulassen. Entsprechend trafen Flußgenossenschaften etwa an der Lippe und der Niers Vorkehrungen, um eine bessere Wasserqualität zu sichern. Auch an der Emscher gab es einige Verbesserungen, da Ende der zwanziger Jahre bei Duisburg ein großes Klärwerk entstand, das eine grobe Reinigung ermöglichte, allerdings keine Hilfe gegen die Abwässer der Teer-, Ammoniak- und Benzolgewinnung aus Kokereigasen bot, die unter anderem Phenole enthielten. Hierbei handelt es sich um ein Gift, das Pflanzen und Tiere töten kann, einen penetranten Gestank verursacht und davon befallene Fische ungenießbar macht. Entsprechend heftig waren die Klagen der Rheinfischer, doch auch hier zog sich die Emschergenossenschaft auf das Kostenargument zurück. Erst als 1928 ein Verfahren zur Verfügung stand, Phenole gewinnbringend auszuwaschen, wurden elf Anlagen errichtet, die etwa die Hälfte dieses schädlichen Stoffes zurückhielten. Für den Rest, so hieß es lakonisch, »wären Extraktionsanlagen unwirtschaftlich«[14].

Schwierig, wenn auch nicht annähernd so dramatisch war die Situation beim Trinkwasser. Mehr noch als im Kaiserreich waren die Flüsse mit einer wachsenden Zahl unterschiedlicher Stoffe belastet, so daß Trinkwasser mit immer aufwendigeren Verfahren gewonnen werden mußte. Dazu dienten Filtrieranlagen, Grundwasserbrunnen, Wasserwerke, Fernleitungen und schließlich eine Kette von Talsperren, von denen eine größere Zahl bereits vor dem Ersten Weltkrieg entstand und auch zur Stromerzeugung diente. Gerade bei der Wasserversorgung kam es zur Herausbildung gigantisch anmutender großtechnischer Systeme, zu einem Verbund von Wasserwerken, Staudämmen, Reservoirs und Fernleitungen, die eigene, künstliche Kreisläufe etablierten und Trinkwasser industriell herstellten.

Die Talsperren lagen in landschaftlich schönen Gebieten, und deren Bau war deshalb vielfach umstritten. Das galt vor allem für den Plan, ein Kraftwerk am Walchensee zu errichten. Dieser liegt 206 Meter oberhalb des Kochelsees, ist nur 1 Kilometer davon entfernt und bot sich zur Elektrizitätsgewinnung geradezu an. Dazu mußte lediglich ein Tunnel durch den Fels gebohrt werden, um das Gefälle ausnutzen und Wasser über Generatoren und dann in den Kochelsee leiten zu können, und es mußte ein Weg gefunden werden, das Wasser im Walchensee zu ersetzen. Auch dieses Problem schien technisch lösbar, da in etwa 3 Kilometern Entfernung die Isar vorbeifloß und nach Meinung der Ingenieure umgeleitet werden konnte. Die bayerische Regierung unterstützte diesen Plan, da das Land den Anschluß an die Industrialisierung verpaßt hatte und nur über wenige Rohstoffe verfügte. Preiswerte Elektrizität aus Wasserkraft bot einen Ausweg, und die Regierung stellte 1908 Gelder für erste Entwürfe zur Verfügung, die 1910 vom Parlament aufgestockt wurden.[15]

Doch mittlerweile hatte sich eine Protestbewegung organisiert, die unter anderem eine Veränderung der biologischen Verhältnisse des Walchensees befürchtete und auf Nachteile für den Tourismus verwies. Gutachter bekräftigten diese Argumente, zahlreiche Bürgermeister schlossen sich dem Protest an, es kam zu Verhandlungen mit dem Innenminister und zu einer Anhörung im Parlament. Eine derartige Resonanz auf politischer Ebene war ungewöhnlich, und es kann sein, daß im wenig industrialisierten Bayern eine größere Sensibilität in diesen Fragen bestand. Es liegen jedoch zu wenige Arbeiten vor, um Genaueres sagen zu können, wenngleich mehrere Anzeichen in diese Richtung weisen. So war 1902 die Isartalgesellschaft gegründet worden, die sich zur Aufgabe gestellt hatte, die Ufer des Flusses und die angrenzenden Wälder vor der Industrie und den wuchernden Städten zu schützen. Hierbei fand sie große Unterstützung, etwa durch die Löwen- und Spatenbrauerei (die ihre Wasserversorgung schützen wollten) und die ›Münchener Neuesten Nachrichten‹. Auch kam es zu einer Zusammenarbeit mit der Regierung, die durch einen Erlaß jede Bebauung in Ufernähe untersagte. Das Projekt stockte und kam dann im Krieg zum Erliegen – so schien es zumindest. Tatsächlich jedoch hat die bayerische Regierung 1917 die Erlaubnis erteilt, innerhalb von drei Monaten nach Ende des Krieges mit dem Bau zu beginnen. Und dazu kam es auch. Im Dezember 1918, unmittelbar nach der Niederlage, begannen die Bauarbeiten, und 1923 wurde erstmals Strom erzeugt, lediglich mit der Auflage, weniger Isarwasser als ursprünglich geplant abzuleiten und den Wasserpegel nicht mehr als 5 Meter (beantragt waren 16) absinken zu lassen.

Landschaft und Landwirtschaft

Einen nicht minder großen Eingriff in die Landschaft bedeutete die Stromerzeugung aus Braunkohle. Die Braunkohleförderung gehört zu den wenigen Sektoren, die während der Weimarer Republik ein ausgeprägtes Wachstum verzeichneten. Zwischen 1913 und 1930 verdoppelte sich die Produktion, das Goldenberg-Werk bei Aachen sowie das Kraftwerk in Golpa-Zschornewitz zählten zu den größten in Europa, und 1929 wurde erstmals mehr Strom aus Braunkohle erzeugt als aus Steinkohle. Außerdem war die Braunkohle ein wichtiger Rohstoff für die chemische Industrie, und riesige Tagebaubetriebe entstanden, die wie kein anderer menschlicher Eingriff in den letzten Jahrzehnten ganze Landschaften vollständig umgestalteten.[16]

Ansonsten sind Veränderungen in der Landschaft schwer einzuschätzen. Die Städte haben sich in ihr Umland ausgedehnt, und auch die innerstädtische Bebauung hat durch den Ausbau der Verkehrswege, der Infrastruktur, die Errichtung öffentlicher Gebäude oder den Wohnungsbau zugenommen. So ist im Ruhrgebiet bei weitgehend unveränderter Bevölkerungszahl der Anteil der bebauten Fläche von 17,2 im Jahre 1913 auf 21,2 Prozent im Jahre 1927 angestiegen und hat damit um nahezu ein Viertel zugenommen. Das war mit einer Verbauung von Landschaft verbunden, bedeutete aber auch, daß die Bewohner mehr Wohnraum besaßen und besser mit Schulen, Krankenhäusern, Theatern oder Schwimmbädern ausgestattet waren.

Intensiviert wurde auch die Landwirtschaft. Im Krieg war die Produktion deutlich zurückgegangen, da weniger Arbeitskräfte, Maschinen und Dünger zur Verfügung standen. Vor allem Stickstoff war in der Rüstung unentbehrlich gewesen und den Landwirten entzogen worden. Hinzu kam der Verlust agrarischer Gebiete im Osten, so daß eine erhebliche Steigerung der Produktivität angezeigt war. Dazu wurden vermehrt Maschinen, darunter vor allem Schlepper eingesetzt, die Landwirtschaft generell technisiert, Felder zusammengelegt und die Flurbereinigung fortgeführt. Auffällig ist der stärkere Düngereinsatz, der bei Kriegsende deutlich unter dem Niveau von 1913 lag. Darauf folgte eine langsame Erholungsphase und ab etwa 1925 eine rasche Zunahme, besonders beim Stickstoff. Dessen Verbrauch betrug 1913/14 etwa 6,4 Kilogramm pro Hektar, lag 1918/19 bei 3,9 und hatte 1929/30 die Menge von 14,1 Kilogramm erreicht.

Eine Reaktion auf den zunehmenden Einsatz künstlicher Dünger war die Propagierung der »biologisch-dynamischen Landwirtschaft« durch Rudolf Steiner. Für ihn war die Erde lebendig und der Boden ein Organ wie Augen oder Ohren. Humus sollte auf natürliche Weise aus Kompost und damit aus lebender Substanz entstehen, im Gegensatz zu chemisch produziertem Dünger, der künstlich, dem Boden fremd und für die menschliche Gesundheit schädlich sei. Die Landwirtschaft sah Steiner als Bestandteil eines größeren organischen Zusammenhanges und fand zunehmend Anhänger für seine Auffassungen. Diese wurden nach seinem Tod im Jahre 1925 ab 1930 in der Zeitschrift ›Demeter‹ veröffentlicht, benannt nach der griechischen Göttin des Ackerbaus. Im selben Jahr wurde die »Gesellschaft zur Förderung der biologisch-dynamischen Landwirtschaft« gegründet, deren Vorsitzender kein geringerer als Georg Michaelis war, Reichskanzler vom Juli bis Oktober 1917.[17]

Kampf gegen Emissionen

Im Ruhrgebiet hatte die Besatzung durch die Franzosen gezeigt, wie schädlich industrielle Emissionen waren. Der Siedlungsverband Ruhrkohlenbezirk, der unter anderem für Planungsaufgaben und Grünflächen zuständig war, sah sich deshalb veranlaßt, eine Kommission zur Bekämpfung dieser Emissionen ins Leben zu rufen.

Die Kommission verfaßte zwei ausführliche Berichte, die ausdrücklich betonten, daß die verbliebenen Baumbestände vor allem unter der Industrie litten. Hierfür sei allerdings nicht der sichtbare Rauch verantwortlich, »der wesentlichste Schadenszufüger« sei vielmehr die unsichtbare schweflige Säure, die »im hiesigen Industriebezirk die Tannenwälder verwüstet und den Obstbau fast unmöglich macht«. Es gebe allerdings kein Mittel, »die den Pflanzen so schädliche schweflige Säure aus den Rauchgasen von Feuerungsanlagen zu entfernen«, was nicht ganz korrekt war. Entsprechende Möglichkeiten bestanden, wurden wegen der Kosten jedoch gar nicht erst erwogen. Die Kommission beschränkte sich vielmehr auf die sichtbaren, von ihr ausdrücklich als weniger schädlich bezeichneten Emissionen wie Ruß und Flugasche. Das war problematisch, da einige der dagegen ergriffenen Maßnahmen die Schädlichkeit der Verbrennungsgase noch vergrößerten. So wurde Ammoniak, das zuvor die sauren Gase abgepuffert hatte, herausgefiltert und weiter verarbeitet.[18]

Als weitere Abhilfe wurde vorgeschlagen, die Heizer besser auszubilden, die Haushalte zu sorgfältiger Feuerung anzuhalten und möglichst schwefelarme Kohle zu verwenden. Diese ließ sich jedoch gut exportieren, so daß im ohnehin belasteten Ruhrgebiet die besonders schadstoffhaltige Kohle verblieb. Ferner wurde empfohlen, Fernheizungen zu errichten und die Abwärme sowie Abgase der Industrie zu nutzen. Es sei sehr bedenklich, »daß Tag für Tag auf den großen Hüttenwerken das überschüssige und dort nicht mehr verwendbare Gas in riesigen Fackeln nutz- und zwecklos verbrannt wird, nur um es zu beseitigen«. Dieser Vorschlag klang vernünftig, hatte jedoch keine Realisierungschancen, da er von der Industrie nicht unterstützt wurde. Generell war diese so wenig kooperativ, daß die Kommission zu der resignierenden Schlußfolgerung kam, »der Kampf gegen die durch die Großindustrie verursachten Rauchschäden« habe wenig Aussicht auf Erfolg.

Ganz geschlagen gab die Kommission sich aber nicht, sondern entwickelte einen überraschenden Vorschlag. Da keine Möglichkeiten bestünden, bei den Ursachen der Belastungen anzusetzen, könne der Waldbestand nur dadurch gesichert werden, daß »säurefeste Bäume gepflanzt werden«. Jeder Versuch hingegen, »empfindliche Nadelhölzer zu erhalten, [müsse] als aussichtslos aufgegeben« werden.[19] Seit langem war bekannt, daß Laubbäume gegenüber Rauchgasen widerstandsfähiger waren als Koniferen. Einzelne Sorten galten als besonders rauchfest, und entsprechend wurden im Ruhrgebiet Baumschulen errichtet, um diese Hölzer zu züchten und sie preisgünstig an Waldbesitzer abzugeben. Dieses Vorgehen war nicht ungewöhnlich. Der Verein Deutscher Ingenieure (VDI) hatte kurz zuvor einen »Fachausschuss für Staubtechnik« eingerichtet, um eigene Vorschläge zur Lösung dieses Problems zu entwickeln. Vermutlich in Kenntnis der Beratungen im Ruhrgebiet erörterte dieses Gremium im Jahre 1931, ob es nicht möglich sei, einen Schritt weiter zu gehen und nicht nur widerstandsfähige Bäume, sondern ganz allgemein »rauchfeste landwirtschaftliche Kulturpflanzen zu züchten«[20].

Diese beiden Episoden sind in mehrfacher Hinsicht aufschlußreich. Sie zeigen, daß die Auswirkungen industrieller Emissionen weiterhin untersucht wurden; auf technischem Gebiet gab es große Fortschritte wie die Entwicklung des Elektrofilters oder wirksame Verfahren, Rauchgase zu neutralisieren und zurückzuhalten. Auch die Methoden zur Klärung der Abwässer wurden verbessert, während zugleich Zeitschriften wie ›Rauch und Staub‹ fortbestanden und zeigten, daß nicht nur einige Spezialisten an diesen Themen interessiert waren. Die technischen Neuerungen wurden allerdings nur sehr begrenzt, wenn überhaupt, eingesetzt. Immer wieder hat das Kostenargument überwogen, zumal weiterhin die Auffassung vorherrschte, daß nennenswerte gesundheitliche Gefährdungen nicht bestünden oder zumindest nicht eindeutig nachgewiesen werden könnten. In diesen Fragen hat es keine grundsätzlich neuen Erkenntnisse gegeben. Vielmehr scheint es, daß die seit langem bekannten Unsicherheiten noch stärker betont wurden, um der Industrie keine Lasten aufzubürden.

Deutlich wurde dies in einer grundsätzlichen Stellungnahme des »Preußischen Ministers für Volkswohlfahrt« aus dem Jahre 1931, in der einleitend ausdrücklich festgehalten wurde, daß die Verunreinigung der Luft in Deutschland einen »erheblichen

Umfang angenommen« habe. Die Besorgnis, »daß die Gesundheit von Menschen und Tieren sowie das Gedeihen der Pflanzenwelt dadurch gefährdet sein können«, erscheine berechtigt, doch der »Nachweis einer Gesundheitsschädigung durch die Außenluft« sei nur schwer zu erbringen, und entsprechende Statistiken könnten nur »mit großer Vorsicht und nach sehr kritischer Prüfung« bewertet werden. Zugleich wachse in der Bevölkerung der Wunsch nach einer »planmäßigen Bekämpfung der Luftverunreinigung«. Die Polizei besitze eigentlich die Möglichkeit, gefährliche und erheblich belästigende Immissionen zu untersagen oder einzuschränken. Hierbei müsse sie jedoch äußerst vorsichtig vorgehen und genau angeben, welches Maß von Rauchbelästigung noch zulässig sei, und zudem Höchstmengen für die einzelnen Schadstoffe benennen. Das war bisher nicht gelungen, und jetzt errichtete der Minister noch zusätzliche Hürden. Entsprechende Normen bedürften nämlich »eingehender fachwissenschaftlicher Vorarbeiten«, wie sie die Landesanstalt für Wasser-, Boden- und Lufthygiene durchgeführt habe, und die Polizei müsse Verordnungen dieser Anstalt zur Prüfung vorlegen. Seien gewerbliche Belange betroffen, müsse auch das Ministerium für Volkswohlfahrt und der Minister für Handel und Gewerbe eingeschaltet werden. Ohnehin müßten »bei dem gegenwärtigen Tiefstande der allgemeinen Wirtschaftslage polizeiliche Auflagen dieser Art auf das Maß des unbedingt Notwendigen und Tragbaren beschränkt werden«[21].

Wie groß der Wunsch der Öffentlichkeit nach einer Bekämpfung der Luftverunreinigung tatsächlich war, läßt sich schwer beurteilen. Dazu liegen bisher zu wenige Untersuchungen vor. Es ist jedenfalls auffällig, daß das Schreiben des Ministers sich in erster Linie an untergeordnete Behörden richtete, die mit Emissionen befaßt waren und deren Eingreifen befürchtet wurde. Generell scheint es, daß deren Bedeutung zugenommen hatte. So ging die Initiative zur Verbesserung der Luft im Ruhrgebiet von dem Direktor des neugegründeten Siedlungsverbandes aus, und es hat offensichtlich keine nennenswerte öffentliche Bewegung oder gar Initiative gegeben, die seinen Vorstoß unterstützte oder eigene Aktivitäten entfaltete. Die bereits im Kaiserreich einsetzende Professionalisierung setzte sich offensichtlich verstärkt fort, worauf auch die Gründung des erwähnten VDI-Ausschusses hinweist. Zu erwähnen ist ferner das größere Interesse der Parteien an diesen Themen und deren ausführlichere Behandlung in den Parlamenten. Wie bei der Verabschiedung des Wuppergesetzes deutlich wurde, bestanden einschlägige Kommissionen, die eigene Untersuchungen durchführten und Sachverständige anhörten, deren Gewicht damit weiter zunahm.

Zugleich gab es weiterhin Beschwerden von Anwohnern und aus der Öffentlichkeit. In den Zeitungen erschienen entsprechende Artikel, und es kam auch zu Zusammenschlüssen, doch deren Zahl und Bedeutung sind derzeit schwer abzuschätzen. Insgesamt scheint es, daß die Aktivitäten gegenüber der Endphase des Kaiserreichs deutlich abgenommen haben, was angesichts der deutlich höheren Zahl an Arbeitslosen und der immer wieder durchschlagenden wirtschaftlichen Probleme nur zu verständlich ist. Das gilt um so mehr, als die beschriebenen juristischen und institutionellen Rahmenbedingungen (Gewerbeordnung und -aufsicht, privatrechtliche Schadensersatzregelungen, Ortsüblichkeit), die den wirtschaftlichen Interessen den Vorrang gaben, unverändert weiterbestanden und auch die Heimat- und Naturschützer oder die Naturfreunde sich weitgehend in den vertrauten Bahnen bewegten. Neu hingegen waren radikale Naturschützer auf dem linken politischen Spektrum, die Ökopaxe.

Ökopaxe und Naturfreunde

Zu den auffälligsten Erscheinungen der Weimarer Republik gehört die große Zahl vielfach sehr kleiner Gruppen und einzelner Personen, die nach alternativen Lebensformen suchten. Sie hatten Vorläufer im Kaiserreich, und es gab inhaltliche und persönliche Kontinuitäten, aber auch Brüche und neue Schwerpunkte, darunter vor allem die Konsequenz, mit der sie versuchten, ihre Anschauungen in die Praxis umzusetzen. Dazu gehörte auch das Bemühen, neue Lebensformen zu entwickeln, die einen Schutz der Natur ermöglichten. Ein Vertreter dieser Bemühungen war Paul Robien.[22]

Robien, 1882 in Ostpommern geboren, war ein Rebell, der im

Ersten Weltkrieg zu einem Antimilitaristen und Sympathisanten von Karl Liebknecht wurde, jedoch zeit seines Lebens ein Einzelgänger blieb. Entscheidend trug sein großes Interesse an der Natur dazu bei, vor allem die Beobachtung von Vögeln, für die er sich von frühester Jugend an interessierte. Sein Antimilitarismus führte Robien auf die Seite anarchistischer Strömungen in der Arbeiterbewegung, deren Antikapitalismus er in einen »grünen« Antiindustrialismus umwandeln wollte. Die Arbeiterbewegung habe bisher den »Raubbau des Kapitals an den Naturschätzen« nicht erörtert, und die Arbeiter seien zu »Rädersklaven« und »Herdenmenschen« verformt.

Gerade diese Arbeiter wollte er allerdings zur revolutionären Landnahme überreden, wobei seine Vorstellungen vor dem Hintergrund der zahlreichen Siedlungsexperimente zu sehen sind, die nach dem Ersten Weltkrieg stattfanden. Das einfache Leben auf dem Lande wurde als Alternative zu Kapitalismus und Industriegesellschaft propagiert und Landkommunen gegründet, die zumeist der bürgerlichen Jugendbewegung verbunden, aber teilweise auch anarcho-syndikalistisch ausgerichtet waren. Daran knüpfte Robien an und kam so auch in Berührung mit Leberecht Migge, der 1919 ›Das grüne Manifest‹ veröffentlicht und dieses mit »Spartakus in Grün, an dem der rote sterben soll« unterzeichnet hatte.[23]

Migge wollte die Verstädterung rückgängig machen, Bevölkerung sowie Gewerbe auf dem Lande ansiedeln, den Boden intensiv bewirtschaften und eine Art Gartenstadt im Großen verwirklichen. Er baute nicht auf den Staat, sondern auf genossenschaftliche Selbsthilfe, war ansonsten aber politisch zurückhaltend. Robien vertrat eine radikalere Position. Ökologisch – um diesen Ausdruck zu verwenden – sprach er sich gegen die zu intensive Nutzung des Bodens aus, denn Migges Gartenideal bedeute, »ins äußerste Extrem getrieben, Tod und Vernichtung der natürlichen Fauna und Flora«. Erforderlich seien vielmehr Naturschutzgebiete, um Heiden, Moore und Sümpfe zu erhalten. Politisch forderte Robien 1921 die »Siedlungs-Aktion«, die massenhafte Landbesetzung und »provisorische Aufteilung aller Bodenfläche unter die Arbeitenden als einzige Möglichkeit, eine Revolution zu *sichern*«.

Bei aller Emphase war er so realistisch, sich um eine Unterstützung durch die sozialistischen Parteien und Gewerkschaften zu bemühen. Er bat den Allgemeinen Deutschen Gewerkschaftsbund darum, seinen Aufruf abzudrucken mit einem »Hinweis auf die Verseuchung des großstädtischen Industrialismus, auf den Seuchenpfuhl der Großstadt überhaupt«. Der Abdruck wurde abgelehnt, der Aufruf bestehe zu neun Zehnteln aus »kommunistischen Phrasen«, und der Demonstrationszug am 1. Mai 1921 war ein Fiasko. Lediglich ein »paar Gläubige fanden sich ein, die sich aber bald als politisch total vergiftet, als nörgelnde Besserwisser, als naturfremde Eigenbrötler entpuppten«. Robien war zutiefst enttäuscht und konstatierte eine »ungeheure Kluft zwischen dem engstirnigen, parasitären, nichtsnutzigen Bureaukratentum, das aus der an sich gesunden Gewerkschaftsbewegung hervorgegangen ist – und dem natürlich empfindenden, selbstlosen, ein vorbildliches Leben führenden Revolutionär«[24].

Mit dieser Einstellung war es nicht leicht, Verbündete zu gewinnen, und diejenigen, die er fand, waren keine Hilfe. Nach dem Scheitern des Aktionstages berief Robien 1922 einen »Kongreß der Naturrevolutionäre« nach Berlin ein, an dem eine äußerst bunt gemischte Gruppe von zweihundert Personen teilnahm. Hier fanden sich naturgläubige Individualisten, kommunistische Anarchisten, politisch undefinierbare Wanderer, »Siedler und Lebensreformer, Antialkoholiker, Antinikotiniker, Vegetarier, Rohköstler« und andere, die eigentlich nur ihre Außenseiterstellung verband. Es bot sich, so Robien, ein »Bild buntester Beweglichkeit«, eine gemeinsame Zielsetzung fehlte. Nicht einmal eine Diskussion über seine Vorschläge kam zustande, jeder predigte seine Botschaft, und die Versammlung führte zu nichts. Auch erlahmte bald darauf der Elan der verschiedenen Siedlungsbewegungen, als sich Mitte der zwanziger Jahre die wirtschaftliche Situation stabilisierte und derartig radikale Alternativen noch weniger Resonanz fanden als zuvor.

Einen Ansprechpartner fand Robien beim »Arbeiter-Wanderbund Naturfreunde« (AWB), der 1908 in Berlin parallel zu den »Naturfreunden« gegründet wurde und sich als explizit marxistischer Kulturverein verstand. 1914 zählte er tausend Mitglieder und 1923, als er sich reichsweit ausbreitete, 3 000 allein in Berlin.

Vertreter dieses Bundes nahmen 1922 an dem von Robien organisierten Kongreß der Naturrevolutionäre teil, doch 1924 trat der größte Teil zu den Naturfreunden über und verstärkte dort den radikalen Flügel. Die Naturfreunde selbst erfuhren während der Weimarer Republik einen großen Zulauf. Auf dem Höhepunkt ihrer Entwicklung im Jahre 1923 zählten sie 116000 Mitglieder, ihre Zeitung hatte eine Auflage von 160000 Exemplaren, und sie waren bedeutend größer als der bürgerliche Heimatschutz. Dazu trug entscheidend die Einführung des Achtstundentags und eines Urlaubsanspruchs von drei bis sechs Tagen zu Beginn der Weimarer Republik bei, so daß Arbeiter über mehr freie Zeit verfügten und die Naturfreunde ihr Freizeitangebot erheblich ausbauten. Bis 1933 entstanden in Deutschland zweihundertzwanzig Naturfreundehäuser, darunter Vereinsheime in den Städten, aber auch landschaftlich schön gelegene Hütten.

Der Tourismus- und Freizeitaspekt, der von Beginn an zum Programm der Naturfreunde gehörte, wurde durch diese Aktivitäten deutlich verstärkt und erklärt die große Mitgliederzahl. Zugleich blieb die antikapitalistische Naturschutzrhetorik bestehen, Naturfreunde agitierten weiterhin gegen die »reichen Naturverderber«, führten antimilitaristische Aktionen auf Truppenübungsplätzen durch und unterstützten die Naturschutzbestrebungen. Daneben gab es Gruppen, die sich vor allem für heimatkundliche und naturwissenschaftliche Fragen interessierten, darunter im Rheinland eine »Arbeitsgemeinschaft für Erd- und Vorgeschichte«, aber auch Strömungen, die den Vorstellungen der bürgerlichen Heimat- und Naturschützer sehr nahe standen. Einer ihrer Vertreter wollte die »Masse aus dem geistigen und moralischen Tiefstand« herausholen und war der Meinung, daß die »sittliche Kraft unserer Volksgenossen« nur im Umgang mit der Natur wieder aufgerichtet werden könne.[25] Wieder andere warnten vor einer »lediglich romantischen oder sentimentalen Einstellung zur ursprünglichen Natur« und vor einer Verteufelung der Industrie. Diese habe lärmerfüllte Großstädte mit äußerst schwierigen Lebensbedingungen hervorgebracht, aber auch dazu geführt, daß die Säuglings- und Tuberkulosesterblichkeit in Städten geringer sei als auf dem Lande: »Also sind Industrialisierung, Verstadtlichung, Landflucht nicht schlechthin als gesundheitlich verderblich zu bezeichnen.«[26] Insgesamt handelte es sich somit bei den Naturfreunden um eine Bewegung mit sehr unterschiedlichen Strömungen, bei denen Fragen des Naturschutzes eine wichtige Rolle spielten, in der Weimarer Republik aber zunehmend vom Freizeitaspekt überlagert wurden.

Zu erwähnen sind in diesem Zusammenhang die »Artamanen«, eine völkische Gruppierung innerhalb der Siedlerbewegung, die 1923 gegründet wurde und der Heinrich Himmler als bayerischer »Gauleiter« angehörte. Im Gegensatz zu den meisten Gruppen blieben die Artamanen nicht bei Planspielen stehen, sondern wollten durch »beispielgebende Tat« zeigen, wie die künftige Lebensform der deutschen Volksgemeinschaft aussehen sollte. Ihre Anhänger stammten überwiegend aus städtischem, bürgerlichem Milieu, und auf den dreihundert Gütern dieser Bewegung arbeiteten 1929 etwa 2000 Jugendliche. Dort wollten sie »in freiwilliger Armut und Einfachheit und mit harter, gesunder Feldarbeit [...] die seelischen und praktischen Voraussetzungen für eine landwirtschaftliche Siedlung« schaffen.[27] Bruno Tanzmann, der Gründer dieser Bewegung, verherrlichte den Bauern als den einzigen »organischen Menschen« und wollte die kalte Rationalität der modernen Welt durch einen naturverbundenen bäuerlichen Lebenszusammenhang ersetzen, um nicht nur Deutschland, sondern die »gesamte Menschheit« zu retten. Dazu propagierte er eugenische Zuchtprogramme sowie eine Besiedlung des Ostens, und schon vor 1933 bereiteten sich die Artamanen »in Theorie und Praxis intensiv auf ihre künftige Rolle als *Wehrbauern* in einem mit Waffengewalt eroberten Osten vor«[28].

Heimat- und Naturschutz

Robien, die Siedlungsbewegung oder die Artamanen repräsentierten jeweils nur kleine Gruppierungen, ihre Bedeutung darf nicht überschätzt werden. Interessant sind sie vor allem wegen der Konsequenz, mit der sie Auffassungen vertraten, die in abgeschwächter Form sehr große Verbreitung besaßen: die Propagierung des einfachen Lebens auf dem Lande, eine ausgeprägte Aversion gegen den Asphaltdschungel der Großstädte, eine Betonung organischer, ganzheitlicher Konzepte, die damit verbundene Ablehnung des als mechanistisch gebrandmarkten wissenschaftlichen Denkens oder eine Zunahme nationalen, völkischen und schließlich antisemitischen Gedankenguts. Diese Auffassungen bestanden in unterschiedlichen Ausprägungen und Kombinationen, und sie können nicht lediglich als rückständig oder reaktionär bezeichnet werden. Für viele Zeitgenossen galten sie als modern und zukunftsweisend und konnten mit einem großen Verständnis, ja einer Befürwortung ökonomischer und technischer Rationalität verbunden sein. Ein Beispiel dafür ist die Entwicklung des Natur- und Heimatschutzes in der Weimarer Republik.

Die Erfahrungen des Ersten Weltkriegs, das Gefühl einer unverdienten Niederlage und die Friedensbedingungen des Versailler Vertrags mit ihren Reparationen und Gebietsverlusten haben in Deutschland nicht nur dem Nationalismus Auftrieb gegeben, sondern auch, so heißt es in einem Rückblick, »so manchen für Heimatnatur und Heimatlandschaft aufgeschlossen gemacht. [...] Wenn früher Hunderte von Heimatfreunden die rapid zunehmenden Entstellungen und Zerstörungen erkannten und beklagten, waren es jetzt Tausende.«[29] Ein Indiz dafür ist die Auflage der Bücher von Hermann Löns, von denen bis zu seinem Tode 1914 gerade 20000 verkauft waren, zwanzig Jahre später jedoch mehr als 5 Millionen. Die Erwartungen der Naturschützer waren groß, zumal ihre Ziele ausdrücklich in die Reichsverfassung aufgenommen worden waren. Auch der Ausbau der Organisation machte Fortschritte, und seit 1920 gab es ein eigenes Journal unter dem Titel ›Naturschutz. Zeitschrift für Naturdenkmalpflege und verwandte Bestrebungen, insbesondere für Vogelschutz‹.

Die gesetzlichen und organisatorischen Voraussetzungen waren somit günstig. Zudem erfuhr die Arbeit der Natur- und Heimatschützer, insbesondere deren Bemühen um eine Stärkung des Heimatgefühls, offizielle Unterstützung. Auch gab es Erfolge bei dem Bemühen, ihren ästhetischen Vorstellungen im Bereich der Architektur, der Wohnkultur und des Handwerks Gehör zu verschaffen. Generell scheint es, daß die eher pragmatische, die Realitäten der Industriegesellschaft akzeptierende Richtung größeres Gewicht erlangte und die agrarromantischen Tendenzen in den Hintergrund drängte. So wies Carl Fuchs, der schon führend an den Auseinandersetzungen um die Stromschnellen bei Laufenburg beteiligt gewesen war, 1930 in einem programmatischen Beitrag der Wirtschaft die Aufgabe zu, »einer wachsenden Bevölkerung auf einem gegebenen Territorium mindestens ein menschenwürdiges Dasein zu geben«. Diese Aufgabe müsse auch der Heimatschutz akzeptieren und hinnehmen, daß Bodenschätze »grundsätzlich ausgebeutet werden, obwohl dadurch Schönheiten der Heimat vernichtet oder doch beeinträchtigt« würden. Dies dürfe jedoch nicht unkontrolliert geschehen, sondern erfordere eine gesetzlich vorgeschriebene Mitwirkung von Heimatschützern und Künstlern. Der Heimatschutz müsse bereit sein, nicht nur in die Vergangenheit zu schauen und die »Schönheiten alter Baudenkmäler, Städte und Dörfer« zu betonen, sondern auch für das Neue aufgeschlossen sein, »was unsere moderne Zeit erschuf«[30].

Eine so pragmatische Position hatten Fuchs und andere schon vor 1914 vertreten, sie fanden jetzt aber offensichtlich mehr Widerhall angesichts der – wie es in einem anderen Beitrag hieß – »Notgemeinschaft eines sich emporringenden Volkes«[31]. Das Verständnis für diese Notlage war unter den Heimatschützern verbreitet, doch zugleich machte sich eine zunehmende Enttäuschung breit, die sich aus zwei Quellen speiste. Zum einen blieben die tatsächlichen Einflußmöglichkeiten gering. An Gesetzen, Erlassen und Vorschriften fehlte es nicht, doch »kein einziges konnte den berechtigten Ansprüchen des Naturschutzes genügen«[32]. Dabei war die große Mehrheit der Heimatschützer kompromißbereit, doch auf der Seite von Industrie und Staat gab es kein vergleichbares Entgegenkommen. Zum anderen blieb die öffentliche Resonanz sehr enttäuschend. Die Zeitschrift ›Naturschutz‹ erreichte eine Auflage von gerade einmal 5 000, und auf den Veranstaltungen der Heimatschützer traf sich immer wieder der kleine und gleiche Kreis von Lehrern, Architekten, höheren Angestellten und Beamten.

Eine Reaktion hierauf war die Position von Fuchs, der sich der Industriegesellschaft öffnen wollte. Eine andere vertrat der Maler und Architekt Paul Schultze-Naumburg, ebenfalls seit dem Kaiserreich ein führender Vertreter des Natur- und Heimatschutzes. Wie Fuchs hatte er lange Zeit eine undogmatische, neuen Entwicklungen gegenüber aufgeschlossene Haltung eingenommen, dann jedoch zunehmend völkische, rassistische und antisemitische Positionen übernommen und sich zu einem Anhänger der Nationalsozialisten entwickelt. Diese Entwicklung war nicht ungewöhnlich. Sie entsprang vielmehr einer verbreiteten Enttäuschung über die als Niedergang beklagte wirtschaftliche und gesellschaftliche Entwicklung seit dem Weltkrieg. Eine Erklärung hierfür boten die völkischen und rassistischen Argumente. Die eigentliche Ursache für den geringen Erfolg der Naturschützer sah Schultze-Naumburg in der Vermehrung der Minderwertigen. Deren Zahl habe als Folge einer falschen Sozialpolitik bedenklich zugenommen, bewirke einen Niedergang der Rasse und führe dazu, »daß unsere gesamte Umwelt ständig trüber und häßlicher wird und immer dumpfere und stumpfere Züge annimmt«[33].

Vergleichbare rassistische und eugenische Auffassungen haben auch andere Heimat- und Naturschützer vertreten, sie stießen jedoch auch auf Kritik. So wurde den westfälischen Heimatschützern vorgeworfen, sie gingen nicht konsequent genug gegen die »rassische Abwärtsentwicklung« im Ruhrgebiet vor. Daß im Ruhrgebiet aufgrund der enormen Zuwanderung eine – wie es damals hieß – Mischung der Rassen stattfand, war den Heimatschützern in Westfalen nur zu bekannt und wurde von ihnen beklagt. Doch die These von der »rassischen Abwärtsentwicklung« ging vielen zu weit. Die »starke fremdstämmige Überflutung und Rassenvermischung im Ruhrgebiet« sei nicht zu leugnen, jedoch nicht so negativ zu bewerten. Auch müsse erst noch nachgewiesen werden, daß die Rasse und nicht vielmehr »Lebensraum und Geschichte« den behaupteten großen Einfluß habe.[34]

Nationalsozialismus

»Grüne Nazis«?

Wer – wie die Natur- und Heimatschützer – lediglich versuche, sich »mit Schrebergärten und Eigenheimen, mit Gartenstädten und Kleinsiedlungen möglichst gesund und häuslich« einzurichten, werde nichts erreichen, er bemerke nicht einmal das »diabolische Grinsen des Kapitalismus«. Doch genau dieser müsse beseitigt, seine Herrschaft gebrochen und eine Rückkehr zu einem natürlicheren Leben erreicht werden, um die »Auflösung aller sittlichen Werte« zu verhindern, so Richard Walter Darré 1931 in einer Rede vor Studenten. Darré war ein führender »Blut-und-Boden«-Theoretiker der Nationalsozialisten, ab 1933 »Reichsbauernführer« und bis 1942 Reichsminister für Ernährung und Landwirtschaft. Ihm zufolge sollten die Bauern die zentrale Stelle in Wirtschaft und Gesellschaft einnehmen, kleine, möglichst autarke Höfe mit biologisch-dynamischen Methoden bewirtschaften, auf Massenproduktion, Düngemittel und Insektizide verzichten und zur Energieversorgung Methangas benutzen. Die kapitalistische Wirtschaft sollte einer »Bedarfsbefriedigungswirtschaft« weichen und der industrielle Kapitalismus überwunden werden.[35]

Diese Forderungen klingen äußerst modern, und Darré ist jüngst als ein Vorläufer der heutigen Grünen bezeichnet worden.[36] Diese Aussage klingt provozierend, doch es ist auffällig, daß vergleichbare Positionen auch von Rudolf Heß, Fritz Todt oder Heinrich Himmler vertreten wurden, daß in anderen Zusammenhängen Nationalsozialisten für Wind- und Sonnenenergie eintraten, eine Dezentralisierung der Wirtschaft forderten, sich gegen die Herstellung unnützer Dinge aussprachen, für größere Autarkie und damit eine Stärkung heimischer Produkte plädierten und vielfach in Formulierungen und Vorschlägen an Positionen erinnern, die in der heutigen Umweltdebatte verbreitet sind. Diese Beobachtung ist irritierend, da die heutige grüne Bewegung überwiegend dem linken Spektrum zuzuordnen ist, für kleine demokratische Einheiten eintritt, pazifistische Ziele verfolgt und generell geradezu als Antipode nationalsozialistischer Ideologie betrachtet werden kann. Es wäre deshalb falsch, einfache Verbindungslinien zu ziehen. Darum geht es nicht. Die Frage ist vielmehr, wie wichtig die gerade genannten Positionen innerhalb des Nationalsozialismus waren, ob deren Vertreter »grüne« Vorstellungen hatten oder damit ganz andere, rassistische Ziele verfolgten, und wie diese Positionen vor dem zeitgenössischen Hintergrund zu sehen sind.

Darauf eine Antwort zu finden, fällt schwer, denn es läßt sich nicht eindeutig bestimmen, was mit nationalsozialistischer Ideologie oder mit »grünen« bzw. »ökologischen« Positionen gemeint ist. Der Nationalsozialismus zeichnete sich gerade dadurch aus, daß er eine Vielzahl von Strömungen und Positionen umfaßte, die vielfach in Konkurrenz, wenn nicht in Widerspruch zueinander standen und deren jeweilige Bedeutung sich zudem im Laufe der Zeit änderte. Ähnlich gibt es kein eindeutiges grünes Programm, sondern eher eine Sammlung unterschiedlicher Begriffe und Zielvorstellungen, von denen einige besonders wichtig sind wie das Plädoyer für erneuerbare Energien, dezentrale Strukturen, einfachere Lebensweise oder organische, ganzheitliche Konzepte. Vereinfacht ausgedrückt geht es bei diesen Vorstellungen darum, ein neues Verhältnis zur Natur zu entwickeln und Fehlentwicklungen des industriellen Systems zu korrigieren. Dies kann auf unterschiedliche Weise erreicht werden, und zu fragen wäre, ob Strömungen innerhalb des Nationalsozialismus als ein Versuch verstanden werden können, dieses neue Verhältnis zur Natur auf eine besondere Weise zu erreichen. Der Befund, um dies vorweg zu sagen, ist irritierend.

Naturschutz

Nach den Enttäuschungen der Weimarer Republik setzte die Machtergreifung Hitlers bei den Natur- und Heimatschützern neue Hoffnungen frei, auch wenn die Nationalsozialisten sich zu ihren konkreten Forderungen kaum geäußert hatten und eher diffuse Naturvorstellungen besaßen. Doch es gab grundlegende Gemeinsamkeiten in der Betonung von Heimat und Tradition, der Ablehnung der Großstädte und des »kalten« Materialismus oder der Wertschätzung organischer, völkischer und auch rassistischer Vorstellungen. Einzelne Naturschützer waren bereits vor 1933 offen für die Nationalsozialisten eingetreten, so Paul Schultze-Naumburg, der 1932 für die NSDAP in den Reichstag einzog.

Die Reinigung des Volkes und – so Walther Schoenichen kurz nach der Machtergreifung – die »Ausmerzung« fremdstämmiger, undeutscher Elemente sei schon weitgehend durchgeführt, doch die Reinigung der Landschaft stehe noch bevor und sei um so wichtiger, als die Landschaft neben Erbmasse und Geschichte als dritter Faktor das Volk entscheidend präge. Schoenichen, Leiter der Staatlichen Stelle für Naturdenkmalpflege in Preußen und Herausgeber der Zeitschrift ›Naturschutz‹, wollte die Landschaftsreklame beseitigen, »fremdstämmige« Bauweisen zurückdrängen und Kitsch wie Verkaufs- und Schankbuden, Rummelplätze, Aussichtstürme oder künstliche Wasserfälle aus der Landschaft entfernen, aber auch »fremdländisches Gesträuch und exotische Bäume«, die das »ursprüngliche Bild unserer Heimatnatur« mehr und mehr verfälschten und den »Mythos der deutschen Landschaft« verdunkelten.[37]

Mit diesen Forderungen bewegte sich Schoenichen im vertrauten Rahmen des Natur- und Heimatschutzes, und sein Beitrag ist nicht zuletzt als Versuch zu sehen, sich auf die neuen Verhältnisse einzustellen und mit ihrer Hilfe größere Wirkung zu erlangen, zugleich aber die Eigenständigkeit zu wahren. Doch bereits im Oktober 1933 wurde der Bund Heimatschutz dem kurz zuvor gegründeten »Reichsbund Volkstum und Heimat« eingegliedert, und Parteimitglieder besetzten leitende Stellen, worüber es zu Konflikten kam, die jedoch keine wesentlichen Punkte betrafen. Der breite Fundus an gemeinsamen Auffassungen blieb unberührt, zumal 1935 das lang ersehnte Reichsnaturschutzgesetz verabschiedet wurde, das von den Heimatschützern als neuer, »vielversprechender Abschnitt auf dem Wege des deutschen Naturschutzes« bezeichnet wurde.[38]

Dieses Gesetz ging auf Vorläufer aus der Weimarer Republik zurück, wurde im Sommer 1935 wesentlich von Naturschutzexperten erarbeitet, war erstaunlich unideologisch und eröffnete dem »staatlichen Naturschutz in konzeptioneller, rechtlicher und organisatorischer Hinsicht weitgehende Handlungsmöglichkeiten«. Konzeptionell erweiterte es den Bereich des Naturschutzes, der fortan nicht nur Pflanzen, Tiere und »Naturdenkmäler«, sondern auch vom Menschen geschaffene Kulturlandschaften umfaßte. Dadurch sollte es möglich werden, das Landschaftsbild als Ganzes in einem »heimatlichen« Zustand zu erhalten, damit – so der Gesetzeskommentar – »deutsche Menschen mit ihrem deutschen Gemütsleben sich dort zu Hause fühlen und bodenständig bleiben«[39]. Rechtlich wurden die Handlungsmöglichkeiten erweitert, indem staatliche Naturschutzbehörden bei wesentlichen Eingriffen in die Landschaft hinzugezogen werden mußten und Enteignungen im Interesse des Naturschutzes möglich waren. Und organisatorisch schließlich wurde das preußische Modell des Naturschutzes auf das Reich übertragen: Von der Ministerial- bis zur Kreisebene wurden Naturschutzbehörden eingerichtet, denen ehrenamtliche Fachbeiräte zugeordnet waren. Diese berieten die Naturschutzbehörden und waren für die konkrete Arbeit vor Ort zuständig, indem sie zu schützende Objekte auffinden, erforschen und überwachen sollten.

Die Auswirkungen des Gesetzes sind bei dem gegenwärtigen Kenntnisstand schwer zu beurteilen. Hans Klose, der es weitgehend erarbeitet hat, sah noch im Rückblick in den Jahren bis 1939 »die hohe Zeit des deutschen Naturschutzes«. Das Gesetz habe zahlreiche neue Möglichkeiten eröffnet und eine »überaus anerkennenswerte Arbeit« der Naturschutzbehörden bewirkt.[40] 1940 habe es bereits achthundert eingetragene Naturschutzgebiete gegeben sowie 50000 einzelne Naturdenkmäler. Über diese nackten Zahlen hinaus seien außerdem die oftmals erfolgreichen Versuche zu sehen, die mannigfaltigen Angriffe auf Natur und Landschaft abzuwehren, wie etwa bei den langjährigen Auseinandersetzungen um den Hohenstoffeln im Hegau. Hierbei handelt es sich um einen Berg in der Nähe des Bodensees, der vulkanischen Ursprungs ist, aus der Landschaft herausragt und als Naturschönheit galt, zumal noch eine Burg auf ihm stand. Wegen des vulkanischen Ursprungs enthielt er allerdings auch Basalt, der für den Straßenbau benötigt und seit 1913 von den »Süddeutschen Basaltwerken« abgebaut wurde.

Von Beginn an gab es Proteste gegen den Basaltabbau, allerdings nicht von der einheimischen Bevölkerung. In der Gegend gab es wenig Arbeitsplätze, während die Basaltwerke einigen Dutzend Personen Arbeit boten. Deren Hauptgegner war Ludwig Finckh, ein Arzt und Schriftsteller, der mit seiner romantischen Deutschtümelei und antirepublikanischen Haltung während der Weimarer Republik typisch für eine breite Strömung innerhalb des Heimat- und Naturschutzes war. Finckh agitierte unermüdlich für ein Ende des Basaltabbaus, doch die Basaltwerke besaßen eine gültige Konzession und ließen sich nicht beeindrucken. Auch Finckh verband deshalb mit dem Machtantritt Hitlers große Hoffnungen und schrieb dem »Führer« am 31. Dezember 1933: »Herr Reichskanzler! Sie haben das Herz des deutschen Volkes, Liebe und Glauben. Sie sind der Befreier Deutschlands. An Ihrer Seite kämpfe ich in Treue. Im Süden des Reiches im Hegau verblutet sich ein Berg, der ewig sein könnte, um eines vorübergehenden Notstands und Vorteils willen. Ich wage ein Wort für ihn, ehe er stirbt: Gnade! Ein deutscher Dichter kämpft für den ärmsten Berg des deutschen Vaterlandes, den Hohenstoffeln. Heil Hitler! Ihr Ludwig Finckh«[41]

Doch dieser und andere Appelle bewirkten wenig, obwohl selbst Fritz Todt, der Generalinspekteur des deutschen Straßenwesens, und Rudolf Heß zugunsten der Naturschützer intervenierten. Der Abbau ging weiter, gedeckt durch die badische Regierung, die bis 1935 für den Naturschutz zuständig war. Erst mit der Verabschiedung des Reichsnaturschutzgesetzes änderte sich die Situation. Zuständig war fortan das Reich, und gestützt auf dieses Gesetz wurde beantragt, den Hohenstoffeln als Naturschutzgebiet anzuerkennen; Todt stoppte darüber hinaus den Bezug des dort abgebauten Basalts, und auch der Reichsinnenminister intervenierte. Der Abbau wurde eingeschränkt, und die Spitze des Berges (ab 750 Meter Höhe) als Naturschutzgebiet anerkannt; doch selbst damit war lediglich ein Teilerfolg erzielt, bis am 23. Dezember 1938 eine plötzliche Wende eintrat: Der Steinbruchbetrieb mußte über Nacht schließen, der ganze Berg wurde unter Naturschutz gestellt. Die Gründe für diesen plötzlichen Sinneswandel sind nicht eindeutig zu ermitteln. Die Verfügung stammte von Göring persönlich, auch Himmler hatte sich eingeschaltet, doch deren Beweggründe sind nicht bekannt.

Das Reichsnaturschutzgesetz bot also neue Möglichkeiten, deren tatsächliche Tragweite noch näher zu erforschen ist. Das gilt um so mehr, als die Zahlenangaben von Klose in die Irre führen. Bis 1933 waren allein in Preußen vierhundert Naturschutzgebiete eingerichtet worden, hinzu kam eine nicht bekannte Zahl in den anderen Ländern, so daß die Angabe von achthundert Schutzgebieten im Jahre 1940 weniger beeindruckend ausfällt. Andere Naturschützer sprechen zudem von nur etwa sechshundert derartigen Gebieten, so daß es möglicherweise keinen oder nur einen sehr geringen Anstieg gegeben hat. Hinzu kommt, daß auch zur praktischen Bedeutung des Gesetzes unterschiedliche Angaben vorliegen. Klose hatte rückblickend dessen Erfolge gepriesen, während zeitgenössische Unterlagen die mangelnde Berücksichtigung der Vorschriften beklagen und eine weit skeptischere Einschätzung nahelegen.[42]

Organische Gestaltung

Schoenichen hatte in seinem Aufsatz nicht nur für einen Schutz von Natur und Landschaft plädiert, er griff auch auf das Konzept der Landesverschönerung zurück, das seit Beginn des 19. Jahrhunderts propagiert und zunehmend verfeinert worden war. Ging es anfangs darum, die Landschaft wie einen Garten möglichst »schön« und »ordentlich« zu gestalten, setzten sich jetzt komplexere Konzepte durch, die neben ästhetischen und ökonomischen auch ökologische Zielsetzungen berücksichtigten. Wege, Straßen, Bachläufe oder Flüsse sollten bewußt gestaltet und einheimische, standortgerechte Pflanzen und Bäume eingesetzt werden. Zur Begründung wurde auf neue Erkenntnisse der Pflanzensoziologie und schließlich auf ganzheitlich-organische Betrachtungsweisen verwiesen, die in den zwanziger Jahren in den Natur- und Geisteswissenschaften generell zunehmende Bedeutung erlangt hatten und sich gerade während des Nationalsozialismus durchsetzten.[43] Mehr als zuvor wurden einzelne Pflanzen oder Naturphänomene nicht isoliert betrachtet, sondern im größeren Zusammenhang ihres Ortes (Biotop) und der umgebenden Lebensgemeinschaft (Biozönose). Und es wurde gefordert, diese Zusammenhänge zu berücksichtigen und bei Eingriffen in die Natur auf komplexe Wechselwirkungen zu achten.

Der prominenteste Vertreter dieses »organischen« Ansatzes war Alwin Seifert, der ein mechanisches Vorgehen verurteilte, das einseitig auf wirtschaftliche Vorteile achte, die langfristigen Folgen aber übersehe und dadurch großen Schaden anrichte. Die Natur sei, »vom kleinsten Wiesenfleck angefangen bis zum ganzen Weltall, überall ein geschlossener lebender Organismus, in dem jedes einzelne kleinste Glied auf jedes andere abgestimmt ist; jede Veränderung eines Teils wirkt sich aus auf alle übrigen«. Die mechanistische Wissenschaft könne diese Zusammenhänge nicht erkennen, ganz im Gegensatz zum naturnahen Forstmann und Laien oder dem unverbildeten Bauern, der nichts weiter benötige als sein »Vorväterweistum«.[44]

Seifert ist mit zahlreichen Schriften hervorgetreten, in denen er unter anderem die Begradigung von Bächen und Flüssen angriff und vor einer daraus resultierenden Versteppung Deutschlands warnte. Er genoß hohe Protektion, besonders durch Todt, der für den Bau der Autobahnen zuständig war und darin nicht nur eine technische, sondern auch eine künstlerische Aufgabe sah. Damit betraute er Seifert, einen ausgebildeten Architekten, der seinerseits fünfzehn Landschaftsarchitekten zu »Landschaftsanwälten« ernannte; er selbst erhielt später den Titel »Reichslandschaftsanwalt«. Die Aufgabe dieser Gruppe bestand darin, die Autobahnen in die Landschaft einzufügen und diese nicht durch Trassen, Brücken und eine am Schreibtisch geplante Streckenführung zu zerschneiden, wie dies bei der Eisenbahn geschehen war. Im einzelnen ging es um die Linienführung der Autobahnen, deren Formgebung und die Bepflanzung, wobei mit dem Bau und der Planung Ingenieure der Reichsbahn beauftragt waren, die ihre traditionellen Grundsätze auf die neu zu bauenden Straßen übertragen wollten. Es kam deshalb bald zu Auseinandersetzungen, die schließlich zwischen Todt und Seifert ausgetragen wurden.

Ein zentraler Konfliktpunkt war die Linienführung. Seifert wollte die Autobahnen an die Landschaft anpassen und lehnte gerade Linien als unnatürlich ab. Kein Lebewesen, so Seifert, bewege sich in einer geraden Linie. Die richtige Streckenführung ergebe sich aus der Natur und könne nicht gemessen, sondern lediglich gefühlt werden. Dies sei Aufgabe der Landschaftsarchitekten. Dem konnte Todt, der selbst Ingenieur war, nicht zustimmen. Auch er benutzte ein Beispiel aus der Natur und argumentierte, ein Auto sei kein Reh oder Hase, die im Zickzack liefen. Es sei vom Menschen produziert und erfordere eine ihm angemessene, gerade Straße. Todt setzte sich durch, und die ersten Autobahnen widersprachen den Vorstellungen Seiferts. Doch dieser gab nicht auf, und nach und nach setzte sich die von ihm propagierte, an die

Landschaft angepaßte Streckenführung durch – nicht zuletzt aus Kostengründen, da hierbei weniger Erdmassen bewegt werden mußten. Der zweite Konfliktpunkt betraf die Bepflanzung, die nach Seiferts Meinung aus einheimischen Pflanzen, möglichst aus Bäumen bestehen mußte. Todt hingegen war bereit, »fremde« Pflanzen zu akzeptieren, zumal diese vielfach schneller wuchsen. Denn er wollte eine möglichst rasch wachsende Bepflanzung, um den Autofahrern Abwechslung zu bieten, und er wollte Kosten sparen. Seifert mußte also Rückschläge hinnehmen, doch zugleich ist festzuhalten, daß beim Bau der Autobahnen mehr als zuvor versucht wurde, derartige Bauwerke an die Landschaft anzupassen und – zumindest bei der Bepflanzung – ökologische Aspekte zu beachten.[45]

Arbeitsdienst und Autarkie

Der Bau von Autobahnen bedeutete in dieser Zeit noch keinen großen Flächenverbrauch. Viel gravierender waren demgegenüber die Auswirkungen des Arbeitsdienstes und der Autarkiepolitik, die – so die Klagen der Naturschützer – »die naturzerstörenden Kräfte ins Unermeßliche« steigerten: »Für Millionen Arbeitsloser sollte Beschäftigung gefunden werden; der Arbeitsdienst wurde auf die Landschaft losgelassen; die Ideen der autarken Wirtschaft forderten das Verschwinden noch verbliebener Naturreserven in Heide, Wald, Moor und Gewässer; sie beanspruchten alles ›Ödland‹ für Aufforstung, landwirtschaftliche Kulturen usw.« Die naturnahen Gebiete, deren Anteil im 19. Jahrhundert bereits deutlich abgenommen hatte, wurden in wenigen Jahren weiter reduziert, bis nur noch kleine Reste verblieben. Zudem wurden Flüsse und Bäche begradigt, Feuchtgebiete trockengelegt, andere bewässert und insgesamt die Landschaft in einem Ausmaß und Tempo umgestaltet, daß die Naturschützer nur noch »blutige Tränen« weinen konnten.[46]

Arbeitsdienst und Autarkiepolitik werden vielfach als Beleg dafür angeführt, daß die Aussagen der Nationalsozialisten zum Naturschutz nur Lippenbekenntnisse waren und das Reichsnaturschutzgesetz lediglich kosmetische Bedeutung besaß. Angesichts der massiven Eingriffe in die Landschaft erscheint diese

Auffassung berechtigt, zumal Arbeitsdienst und Autarkiepolitik auch der Kriegsvorbereitung dienten und damit eine aggressiv-militaristische Zielsetzung besaßen. Tatsächlich lagen die Dinge nicht ganz so einfach, denn beide Ansätze waren nicht spezifisch nationalsozialistisch und bedeuteten nicht zwangsläufig einen Verstoß gegen die Erfordernisse von Natur- und Heimatschutz. Sie verfolgten Ziele, die auch von den Heimatschützern geteilt wurden, und machten deutlich, daß deren Programm Zielsetzungen enthielt, die einander zuwiderliefen und zumindest vorübergehend auch zu Lasten der Natur gehen konnten.

Der Arbeitsdienst ging auf Vorarbeiten in der Weimarer Republik zurück. Hier hatten die große Zahl der Arbeitslosen und der drastische Rückgang der Industrieproduktion zu der Auffassung geführt, daß diese Krise keine vorübergehende Erscheinung sei, sondern ein grundsätzliches Problem verkörpere. Die Konjunktur der zwanziger Jahre wurde als künstlich und der erreichte Grad der Industrialisierung als übersteigert angesehen, eine rückläufige Entwicklung schien unvermeidlich zu sein. Der Ausweg, so meinten viele, bestehe darin, Industrie und Städte zu dezentralisieren, die Bevölkerung auf dem Lande anzusiedeln, die Landwirtschaft zu stärken und die Arbeitslosen in einem Arbeitsdienst zu beschäftigen. Das System der Weltwirtschaft sei zusammengebrochen und müsse durch eine zunehmende Autarkie ersetzt werden, die ebenfalls eine Stärkung der Landwirtschaft erfordere, allein schon, um den Fortfall der Exportwirtschaft zu kompensieren.

Diese Forderungen wurden auch von nationalsozialistischen Theoretikern wie Gottfried Feder und Franz Lawaczek vertreten. Der Außenhandel, so Lawaczek im Jahre 1932, diene nur dem Händler, während ein Volk, das selbständig sein wolle, sich aus eigener Scholle ernähren müsse. Wirtschaftliche Autarkie sei die Voraussetzung der Freiheit, und Deutschlands Zukunft liege in der Dezentralisierung und dem Rückbau der Großindustrie zugunsten einer »Handwerkswirtschaft«, in einer Vielzahl kleiner Gewerbebetriebe, die in »organischer« Verbindung zur Landwirtschaft stehen müßten. Besonders wichtig war für Lawaczek und andere in diesem Zusammenhang eine grundlegende Reform der Energiewirtschaft. Das großindustrielle Verbundsystem wollten sie durch eine dezentrale Energieversorgung ablösen, die auf erneuerbaren Energiequellen wie Wind- und Wasserkraft beruhen sollte. Hierdurch, so die Zielsetzung, könnten die erstrebten ländlichen Gemeinschaften gestärkt und zugleich der Raubbau an der Kohle verhindert werden. Lawaczek wollte zusätzlich eine Wasserstoffwirtschaft einführen und mit dem damals anfallenden Überschußstrom Wasserstoff erzeugen. Hierin sah er einen idealen und universellen Brennstoff zur Heizung der Wohnungen, für Kraftwerke oder die Motoren von Lokomotiven, Straßenbahnen und Omnibussen.[47]

Lawaczek und seine Mitstreiter konnten sich nicht durchsetzen, denn die Aufrüstungspolitik Hitlers erforderte eine Stärkung und keinen Abbau des industriellen Kapitalismus, sie erforderte den Ausbau vor allem der chemischen Industrie und die Errichtung großer Fabriken, um einen Ersatz für bislang importierte Rohstoffe zu schaffen. Diese Produktionsformen waren sehr energieintensiv, so daß auch aus diesem Grunde dezentrale Energiekonzepte bald nach der Machtergreifung keine Chance mehr hatten. Große Kraftwerke waren wichtiger als zuvor, neue wurden errichtet, und das Energiewirtschaftsgesetz von 1935 hat das großindustrielle Verbundsystem ausdrücklich bekräftigt. Es räumte den Unternehmen Versorgungsmonopole ein, die weitgehend bis heute bestehen und keinen Raum für kleinräumige, dezentrale Ansätze ließen.[48] Wenig später allerdings fanden diese vorübergehend neues Interesse. Für die eroberten riesigen Gebiete im Osten boten sich dezentrale Systeme geradezu an, während der Ausbau großflächiger Verbundsysteme offensichtlich unrealistisch war. Das galt um so mehr, als die Rüstungs- und Kriegsproduktion zu Engpässen in der Energieversorgung geführt und die Debatte über alternative Energien wiederbelebt hatte. Hitler selbst erinnerte im Frühjahr 1942 an die Vorschläge von Lawaczek, verwies auf die Möglichkeiten kleinerer Kraftwerke und regte den Bau von Windrädern zur Energiegewinnung an. Doch eine Neuorientierung erfolgte nicht. Dazu waren Hitlers Interessen zu sprunghaft, der Handlungsspielraum im Krieg zu klein und nicht zuletzt die Leistungsfähigkeit der Windräder zu gering.

Deren Effektivität wollte Hermann Honnef, ein Unternehmer, verbessern und diese zugleich in einer Form errichten, die mit den bestehenden großindustriellen Systemen vereinbar war.[49] Er wollte sechzig Höhenwind-Kraftwerke errichten und mit diesen genügend Strom produzieren, um ganz Deutschland mit billiger Energie zu versorgen. Die Kraftwerke sollten eine Höhe von bis zu 430 Metern erreichen und jeweils drei (oder mehr) Turbinen mit einem Durchmesser zwischen 60 und 160 Metern besitzen. Allein die Turbinen wären damit teilweise größer als der Berliner Funkturm gewesen, der eine Höhe von 150 Metern aufweist. Diese Dimensionen waren für Honnef erforderlich, um den Höhenwind ausnutzen und entsprechend preiswerten Strom produzieren zu können. Technisch sei der Bau derart riesenhafter Türme und Turbinen beherrschbar, und ökonomisch biete gerade diese Größe Vorteile, denn sie erlaube einen Strompreis, der deutlich unter dem von Kohle- oder Wasserkraftwerken liegen werde.

Seine Vorschläge muten heute wie phantastische Spielereien an, fanden unter Zeitgenossen aber große Resonanz, und zwar gerade bei Ingenieuren und Technikern. Honnef reiste durch das Land, hielt gut besuchte Vorträge und erreichte es, daß sich auch die Fachleute in den Reichsministerien mit seinen Plänen beschäftigten. Sein Vorschlag, so meinte er, werde zu einer »vollkommenen Umwälzung der Wirtschaft« führen. So werde der billige Strompreis es erlauben, Magnesium-Salzlager in Mitteldeutschland auszubeuten und ein Leichtmetall herzustellen, das besser und leichter sei als Aluminium. Die Landwirtschaft wiederum könne Bodenheizungen einsetzen und dadurch drei bis vier Ernten im Jahr erzielen.

Immer wieder betonten Berichte und Stellungnahmen die nüchterne Sachlichkeit, mit der Honnef seine Pläne vorstelle. Er galt geradezu als Typ des gewissenhaften Ingenieurs, der durch umfangreiche Berechnungen, Zahlenwerke und Zeichnungen die Seriosität seiner Bemühungen unterstrich. Ihm wurde sogar bescheinigt, ganz auf Sicherheit zu gehen und die gefundenen Werte lieber zu niedrig als zu hoch anzusetzen. Hitler selbst hat sich zeitweise für diese Pläne interessiert, mehrere Städte wollten Pilotprojekte starten, und auch die Industrie engagierte sich, obwohl die Vorschläge gänzlich unrealistisch waren. Sie waren völlig überdimensioniert, schon die statischen Probleme derart hoher Türme waren nicht lösbar. Auch die wirtschaftlichen Berechnungen waren illusorisch, und das anhaltend große Interesse an diesen Vorschlägen ist heute kaum mehr verständlich. Ein Grund hierfür war offensichtlich Honnef selbst, der es verstand, seine Zuhörer zu fesseln und zu faszinieren. Hinzu kam, daß seine Vorschläge eine Lösung für viele Probleme zugleich anboten. Sie versprachen preiswerten und sauberen Strom, sollten die wirtschaftliche Krise beheben, Deutschland autark machen und wollten dazu eine faszinierende, gigantische Technik einsetzen, die allerdings – so der ›Völkische Beobachter‹ am 24. Februar 1932 – die Übernahme der Macht durch Männer erfordere, »die fähig sind, eine neue Idee zu erkennen und sie in die Wirklichkeit umzusetzen«[50].

Große Industrie

Die Vorbereitung auf den Krieg erforderte einen Anstieg der Produktion, der mit einem enormen Verbrauch von Ressourcen und einer Belastung der Umwelt verbunden war, die im Zeichen von Autarkie und Rüstungsproduktion besonders hoch ausfielen. Dazu gehörten die großflächigen Eingriffe in die Landschaft durch Flußkorrekturen oder die Trockenlegung von Sümpfen und Mooren, eine generelle Intensivierung der Landwirtschaft, der Ausbau der chemischen Industrie, die vor allem in Mitteldeutschland ganz neue Dimensionen erreichte, und die zunehmende Auslastung bestehender sowie die Errichtung neuer Fabriken.

Anfangs schien es, als würde die nationalsozialistische Herausstellung des Gemeinschaftsgedankens neue Handlungsmöglichkeiten gegen diese Belastungen eröffnen. Die immer wieder betonte Verantwortung gegenüber der Gemeinschaft wurde dahingehend interpretiert, daß Fabriken nicht länger auf ihrer Rechtsposition beharren und dem privaten Gewinn oberste Priorität einräumen dürften. Sie müßten vielmehr Rücksicht nehmen und weniger Emissionen verursachen. Diese Argumente wurden immer wieder vorgetragen, wenn Nachbarn Beschwerde einlegten oder Behörden Stellung nahmen. Und sie wurden offiziell sanktioniert durch ein Urteil des Reichsgerichts aus dem Jahre 1937. Erneut wurde in diesem Prozeß ein Fall aus dem Ruhrgebiet behandelt, die Auseinandersetzung zwischen der Gutehoffnungshütte bei Oberhausen und einem dort ansässigen Landwirt.

Wie in den Jahrzehnten zuvor, bemühte das Gericht auch jetzt das Argument der Ortsüblichkeit, betonte zugleich aber den Gedanken der Volksgemeinschaft und das »nachbarschaftliche Gemeinschaftsverhältnis [...], in dem die Nachbarn aufeinander Rücksicht zu nehmen haben«. Um dieses Gemeinschaftsverhältnis zu erreichen, habe die Industrie »die bestmöglichen technischen Einrichtungen zur Schonung der Nachbarn zu treffen und deren einwandfreies Arbeiten sorgfältig zu überwachen«. Die Landwirte hingegen hätten die Pflicht, ihren »Betrieb den Ortsverhältnissen entsprechend einzurichten und eine Art der Bewirtschaftung zu wählen, die gegenüber den schädlichen Zuführungen möglichst wenig empfindlich ist«. Das Gericht äußerte sich zu diesem Aspekt nicht näher, erwartete aber vermutlich die Wahl industriefester Pflanzen, andernfalls würden die Schadensersatzansprüche geschmälert. Ohnehin sei grundsätzlich nur ein Teil der Schäden zu ersetzen, der andere aber »ohne Entschädigung zu dulden«, denn unter den gegenwärtigen Umständen dürfe man die »Entwicklung der Industrie nicht unbillig [...] hemmen«[51].

Aufschlußreich ist in diesem Zusammenhang das Beispiel eines Kraftwerkes am Harkortsee, das zeigt, wie komplex die Probleme bei derart großen Anlagen mittlerweile geworden waren, denn Versuche, Luft oder Wasser zu reinigen, konnten dazu führen, daß die Probleme nicht verschwanden, sondern an anderer Stelle um so deutlicher wieder auftraten. Zwischen 1929 und 1931 waren drei der sechs Kessel des Kraftwerks mit Entstaubungsanlagen ausgerüstet worden, die allerdings recht einfach konstruiert waren und gerade 30 Prozent des Staubes zurückhielten. Als Alternative kamen Naßentstaubungsverfahren in Frage, bei denen die Rauchgase mit Wasser berieselt werden, um Gase und Staub zu binden. Doch hierbei traten neue Probleme auf. Ein Teil des Wassers entwich mit den Rauchgasen und führte zu Korrosionen in der Umgebung, da es mit schwefliger Säure angereichert war. Auch das anfallende Schlammwasser war »äußerst aggressiv und bereitet infolgedessen ungeahnte Schwierigkeiten in der Fortleitung«. Es mußte in riesigen Becken aufgefangen werden, so daß die Ausgaben für die Schlammbehandlung »noch die Kosten für die eigentliche Entstaubungsanlage« überstiegen.

Deshalb stand der Einbau von Elektrofiltern zur Debatte, die schon damals einen Wirkungsgrad von über 90 Prozent besaßen, jedoch ebenfalls teuer waren, so daß auch dieser Plan fallengelassen wurde. Die Beschwerden hielten an, selbst andere Industrieunternehmen beklagten sich, so daß das Elektrizitätswerk sich schließlich bereit erklärte, einen neuen Schornstein von 150 Meter Höhe zu errichten. Doch das zuständige Luftkreiskommando wollte seine Zustimmung nicht geben, da ein so hoher Schornstein »das Werk für die Lufterkundung zu auffällig mache«. Es forderte eine Begrenzung auf 100 Meter, die allerdings wenig sinnvoll war, da das Werk von wesentlich höheren Hügeln umgeben war, wo die Rauchgase sich verfangen hätten. Das Reichsministerium für Luftfahrt erlaubte deshalb nach langen Verhandlungen den Bau des höheren Schornsteins, doch in der Zwischenzeit hatte das Werk dem Einbau der bedeutend effektiveren Elektrofilter zugestimmt. Der erste wurde 1939 eingebaut; weitere konnten nicht beschafft werden, denn nach Ausbruch des Krieges hatte der Antrag auf Zuteilung des erforderlichen Eisens gegen konkurrierende Anforderungen der Rüstungsindustrie keine Chance und wurde abgelehnt.[52]

Gesetzesinitiativen

Um solche Entwicklungen besser beeinflussen zu können, sollte 1936 ein Lufthygiene-Gesetz verabschiedet werden. Vergleichbare Initiativen hatte es bereits früher gegeben, waren jedoch über erste Planungen nicht hinausgekommen. Jetzt schienen die Chancen günstiger. Die im »Reichsnährstand« zusammengeschlossene Landwirtschaft war besser organisiert, genoß ideologische Protektion und unterstützte diesen Vorstoß. Hinzu kamen die deutlich zunehmenden Emissionen und nicht zuletzt der Gemeinschaftsgedanke, der bessere Möglichkeiten bot, die Industrie in die Pflicht zu nehmen. Doch diese befand sich immer noch in einer starken Position, zumal mit Herannahen des Krieges. Die preußische Landesanstalt für Wasser-, Boden- und Lufthygiene, die in dieser Frage wichtigste Institution, wurde um eine Stellungnahme gebeten und lehnte den Vorstoß rundweg ab. Das geforderte Vorgehen gegen »Rauch- und Industrieexhalationen« könne in der geplanten Form nicht befürwortet werden: »Die Industrie, die im Zuge des Aufbauwerkes des nationalsozialistischen Staates gegenwärtig in einem Auf- und Umbau begriffen ist, würde durch Maßnahmen, die die Grenzen des wirtschaftlich Tragbaren überschreiten, so behindert werden, daß sie ihren Pflichten gegen Volk und Staat nicht mehr gerecht werden könnte.«[53]

1941 ging die Industrie in die Offensive und errichtete eine eigene Forschungsstelle für Rauchschäden an der Bergakademie Freiberg, um bei Auseinandersetzungen über geeignete Gutachter zu verfügen. Die Landwirtschaft besitze in den Pflanzenschutzämtern »fachlich erfahrene Stellen«, deren Unterstützung bei Konflikten mit der Industrie »jederzeit mit Vorteil in Anspruch genommen werden« könne. Viele Fabriken würden deshalb zu Unrecht angeklagt. Sie könnten zwar auf die Landesanstalt zurückgreifen, die allerdings nicht in der Lage sei, »den industriellen Werken jederzeit mit Auskünften über einzelne Schadensfälle zur Verfügung zu stehen, geschweige denn die erforderlichen Untersuchungen in der verhältnismäßig großen Zahl der Fälle durchzuführen«[54]. Doch so schlecht war die Lage der Industrie nicht. Vielmehr blieben die Versuche, industrielle Belastungen zu reduzieren, angesichts des Krieges und der entschlossenen Haltung der Industrie ohne nennenswerten Erfolg. Die geplante Forschungsstelle war eigentlich gar nicht erforderlich und ist offensichtlich auch nicht aktiv geworden.

Die tatsächlichen Verhältnisse werden in einer Stellungnahme der Landesanstalt aus dem Jahre 1942 deutlich. Die Industrie habe versucht, »Maßnahmen zur Verhinderung schädlicher Abgaseinwirkungen zu treffen«. Doch man könne ihr den Vorwurf nicht ersparen, »für die Abwehr berechtigter Klagen oft mehr Arbeit und Kosten« aufgewandt zu haben, als für die »Abstellung der Schadensursachen«. Gerade in Industriegebieten würden derartige Mengen an Schadstoffen freigesetzt, daß die »Erregung, die sich vielfach größerer Bevölkerungskreise« bemächtige, verständlich sei. Hier sei es »möglich und tatsächlich auch der Fall, daß durch die Häufung von Abgasquellen für die Anwohner unerträgliche Luftverhältnisse geschaffen werden«. Diesen für die »Allgemeinheit nachteiligen Entwicklungen auf dem Gebiete der Abgasbeseitigung« müsse mit allen zur Verfügung stehenden Mitteln Einhalt geboten werden. Die Landesanstalt plädierte deshalb dafür, sie bei Neubauten von Fabriken und der Erweiterung bestehender Anlagen hinzuzuziehen, um wirksamere Maßnahmen gegen Abgase und Staub ergreifen zu können.[55] Doch dazu kam es nicht mehr. Im Krieg galten andere Prioritäten, der Schutz der Umwelt gehörte nicht dazu. So erschien 1940 in dritter Auflage ein Buch mit dem vielversprechenden Titel ›Die Gefahren der Luft und ihre Bekämpfung‹, das technische und im Alltag vorkommende Gase und Schwebstoffe allerdings nur sehr knapp behandelte. Ganz im Vordergrund standen der Einsatz chemischer Gift- und Kampfstoffe und die Gefahren durch Bomben und Granaten.[56]

Wasser

Vergleichbare Entwicklungen gab es beim Umgang mit Wasser und dem Boden, wobei die Kenntnisse hierüber noch bruchstückhaft sind. Die vorliegenden Informationen weisen darauf hin, daß im großen und ganzen die Ansätze und Entwicklungen fortgeführt wurden, die aus dem Kaiserreich und der Weimarer Republik stammten. So begann der Wupperverband nach langjähriger Verschleppung endlich seine Arbeit und errichtete bis 1944 vier Kläranlagen. Der Ausbau der Emscher zu einem Abwasserkanal ging ebenfalls weiter, während bei der Wasserversorgung mehrfach Vorstöße unternommen wurden, die Haushalte und die industriellen Großverbraucher getrennt zu versorgen. Diese Ansätze wurden zunehmend wichtiger, da – so 1937 ein Bericht aus dem Ruhrgebiet – die angespannte Tätigkeit der Wirtschaft eine »solch starke Verschmutzung der Ruhr« bewirke, wie sie »bisher noch nicht beobachtet wurde«[57]. Doch nichts geschah. Die Verwirklichung derartiger Pläne hätte enorme Kapazitäten und Finanzmittel erfordert, die der Rüstungsproduktion vorbehalten blieben.

Die Situation verschlechterte sich zunehmend, und 1943 wurden sogar Trinkwasserepidemien befürchtet, die unbedingt verhindert werden müßten, weil »sonst das Vertrauen zu den Behörden erschüttert wird«. Andernorts sah es kaum besser aus. 1941 konstatierte der Leiter des Reichsgesundheitsamtes, daß die immer bedenklicher werdenden Zustände auf dem Gebiete der Wasserversorgung dazu zwängen, »dieser katastrophalen Entwicklung Einhalt zu gebieten und zwar sofort in energischster Weise«. Es bestehe die »absolute Dringlichkeit einer endgültigen Neuordnung«, zu der es jedoch auch in diesem Falle nicht kam.[58] Eine Ausnahme hiervon bedeutete allenfalls der Umgang mit Abfällen, wo die Autarkiewirtschaft wie schon im Ersten Weltkrieg dazu führte, daß Abfälle vermehrt und systematisch gesammelt wurden und insofern eine Art Recycling stattfand.

Eine andere Ausnahme bildete die Diskussion um Wasserversorgung und Grundwasserspiegel, die einen ersten Höhepunkt in der Weimarer Republik erlebt hatte. In mehreren Städten war beobachtet worden, daß als Folge der zahlreichen Wasserbaumaßnahmen das Grundwasser absank, agrarisch genutzte Flächen und Wälder austrockneten oder Seen deutlich an Wasser verloren. Verschärft wurde diese Problematik nach 1933 durch die Einsätze des Arbeitsdienstes, woraufhin Seifert 1934 eine Denkschrift über ›Die Gefährdung der Lebensgrundlagen des Deutschen Reiches durch die heutigen Arbeitsweisen des Kultur- und Wasserbaus‹ verfaßte. Hierin schilderte er in dramatischem Tenor die auftretenden Schäden und forderte einen »naturgemäßen Wasserbau«, fand jedoch keine größere Resonanz. Dies änderte sich, als er seine Thesen 1936 auf dem badischen Naturschutztag vorstellte und sie kurz darauf unter dem reißerischen Titel ›Die Versteppung Deutschlands‹ veröffentlichte. Er prangerte die Kanalisierung der Flüsse und die Maßnahmen gegen Hochwasser sowie zur Gewinnung von Stauwasser an. Werde die bisherige Wasserwirtschaft fortgesetzt, werde die Versteppung »nicht nur einen bedrohlichen, sondern einen vernichtenden Umfang annehmen«. Weil die zuständigen Fachleute von den »unauflöslichen feinsten Zusammenhängen der belebten

Natur« nichts wüßten, würden sie das »Lebensgleichgewicht Mitteleuropas« zerstören, zumal ihr selbstmörderisches Vorgehen noch durch das Abholzen von Bäumen, Hecken und Feldgehölz begleitet werde.[59]

Diese heftige und grundsätzliche Polemik stieß bei den zuständigen Ingenieuren und Wasserbauern auf wenig Gegenliebe, doch nach und nach beherzigten sie einige der Empfehlungen Seiferts, ohne jedoch die zugrunde liegende Praxis einer großräumigen Gewinnung von Trinkwasser zu verändern. Die bestehenden Systeme wurden vielmehr noch ausgebaut. Auch die Kriegsanstrengungen erforderten, so Todt im Jahre 1941, »immer größere Eingriffe in die Natur«. Die gewaltigen Baumaßnahmen auf dem Gebiet der Wasser- und Elektroversorgung sowie der Abwasserverwertung hat Todt nicht in Frage gestellt, sondern statt dessen betont, daß die »Technik ihre Anlagen in engster Naturverbundenheit durchzuführen« habe.[60] Dies äußerte sich vor allem in ästhetischer Hinsicht. Die Bauwerke wurden besser in die Landschaft eingepaßt und zu geradlinige Streckenführungen oder zu offensichtlicher Einsatz von Beton vermieden oder zumindest kaschiert. Der weitere Ausbau großräumiger technischer Verbundsysteme und sekundärer Kreisläufe hingegen schritt fort, obgleich es auch hier einflußreiche Befürworter dezentraler Systeme gab. Diese erreichten zumindest, daß die zentrale Wasserversorgung den ländlichen Raum nur langsam durchdrang, wobei allerdings auch Kostengründe eine Rolle spielten.

Ein grünes Paradies im Osten

Es kann kein Zweifel daran bestehen, daß während der NS-Zeit Natur und Umwelt nicht nur in erheblichem Maße belastet, sondern auch zerstört und vernichtet wurden. Das gilt um so mehr, wenn neben den hier beschriebenen Entwicklungen die Auswirkungen des Krieges berücksichtigt werden, die ein durch Bombenangriffe und Kampfhandlungen verwüstetes Land zurückließen. Insofern ist die Bilanz eindeutig negativ. Doch mit dieser Feststellung ist nichts über ursprüngliche Motive und Zielsetzungen ausgesagt, und es wird vor allem übersehen, daß für viele Nationalsozialisten der Krieg eine unvermeidliche Zwischenphase war. Erst nach dem Sieg wollten sie ihre eigentlichen Ziele verwirklichen. Das galt auch für die »grünen« Strömungen während des Nationalsozialismus. Der Krieg – so wurde etwa 1941 argumentiert – werde einen derart großen Flächengewinn bringen, daß dann Moore geschützt werden könnten und deren weitere Kultivierung überflüssig sei.[61] Solche Äußerungen mögen aus taktischen Gründen erfolgt sein, um überhaupt etwas für den Naturschutz bewirken zu können, und sie sollten deshalb nicht überbewertet werden. Das gilt hingegen nicht für die Planungen für die eroberten Ostgebiete, wo kriegerische Expansion, Rassismus, Natur- und Heimatschutz und ökologische Argumente eine ganz besondere Allianz eingingen.

Der »Drang nach Osten« besitzt in der deutschen Geschichte eine alte Tradition, die gegen Ende des Kaiserreichs und während der Weimarer Republik neuen Auftrieb erhielt und vor allem von völkischen Kreisen propagiert wurde. Eine neue Situation entstand mit dem Nationalsozialismus und seinem Bestreben, durch einen Eroberungskrieg »Lebensraum« im Osten zu gewinnen. Mit dessen Planung waren zahlreiche Stellen und Personen befaßt, darunter an entscheidender Stelle Himmler, den Hitler am 7. Oktober 1939, kurz nach Beginn des Zweiten Weltkriegs, durch einen geheimen Führererlaß zum »Reichskommissar für die Festigung deutschen Volkstums« (RKF) ernannte. In dieser Funktion sollte Himmler Auslandsdeutsche zurückführen, den schädlichen Einfluß »volksfremder Bevölkerungsteile« ausschalten und vor allem zuständig sein für »die Gestaltung neuer deutscher Siedlungsgebiete durch Umsiedlung, im besonderen durch Seßhaftmachung der aus dem Ausland heimkehrenden Reichs- und Volksdeutschen«[62]. Unter diesen drei Aufgaben gewann die hier ganz unschuldig als »Gestaltung neuer Siedlungsgebiete« beschriebene die bei weitem größte Bedeutung und führte zum »Generalplan Ost«.

Die Bedeutung und Entwicklung dieses Planes ist erst in den letzten Jahren erkannt und untersucht worden.[63] Hierbei handelt es sich nicht um einen einzelnen Plan, sondern um eine Abfolge von Plänen, in denen es nicht lediglich um eine Gestaltung von Siedlungsgebieten ging. Diese Planungen waren vielmehr zentraler Bestandteil der nationalsozialistischen Rasse- und Vernich-

174

tungspolitik und der Entwürfe für die Nachkriegszeit. Auch hier kam es mit Fortschreiten des Krieges zu einer zunehmenden Radikalisierung und Gigantomanie der Planungen. Die ersten Entwürfe hatten sich im Kern auf das damalige Polen beschränkt, sich dann immer weiter nach Ost- und Südosteuropa ausgedehnt, schließlich das Gebiet vom Schwarzen Meer bis Leningrad umfaßt und sogar Sibirien einbezogen. Entsprechend wuchs die Zahl der davon betroffenen Menschen, wobei die Planer ganz selbstverständlich davon ausgingen, daß die dort lebende Bevölkerung den deutschen Siedlern Platz machen mußte. Sie sollte vertrieben, im Falle der Juden vernichtet oder durch Entbehrungen und Hunger ausgelöscht werden.

Führend beteiligt an diesen Überlegungen war eine Planungsabteilung, die Himmler beim RKF eingesetzt hatte und die von Konrad Meyer geleitet wurde. Meyer, geboren im Jahr 1901, hatte eine rasche wissenschaftliche Karriere gemacht. Seit 1932 war er Mitglied der NSDAP, seit 1933 Mitglied der SS, und ab November 1934 Professor für Ackerbau und Landpolitik in Berlin. Meyer genoß hohes internationales Ansehen, hat wesentlich die Entwicklung der Raumforschung und Landesplanung vorangetrieben, war ab 1936 Leiter der gerade gegründeten Reichsarbeitsgemeinschaft für Raumforschung und wurde Mitglied der Preußischen Akademie der Wissenschaften. Von der neuen Aufgabe war Meyer fasziniert. Im eroberten Osten konnte er nicht nur die neuen Theorien der Raumforschung anwenden, hier war in seinen Augen auch ein »hoher Grad an Planungsfreiheit« gegeben. In der Rolle des Siegers konnte er frei schalten, in riesigen Dimensionen planen und die Bevölkerung hin und her schieben, ohne mit größerem Widerstand oder auch nur nennenswerten Einsprüchen rechnen zu müssen. Hierbei kamen Meyer Umsiedlungs- und Vernichtungsaktionen mit ihren zahllosen Opfern sehr gelegen. Er hat diese Aktionen nicht initiiert, wußte jedoch davon und begrüßte sie, da sie ganz neue Handlungsmöglichkeiten eröffneten.[64]

Die Gestaltung des Ostens müsse, so die Anweisung Himmlers, auf der Grundlage »neuester Forschungsergebnisse« beruhen und »revolutionäre Ergebnisse bringen, weil sie nicht nur Volkstumskontingente verpflanzt, sondern auch die Landschaft völlig umgestaltet wird«. Dabei ging die Zielsetzung über die Gestaltung der Landschaft hinaus. Die Planungen fußten auf organischen Ansätzen, die Bevölkerung und Landschaft als Einheit sahen und ganzheitlich vorgehen wollten. Die Gestaltung der Landschaft galt als entscheidende Kulturaufgabe der Gegenwart. Die Deutschen würden »als erstes abendländisches Volk in der Landschaft auch ihre seelische Umwelt gestalten und damit in der menschlichen Geschichte zum ersten Male eine Lebensform erreichen, in der ein Volk bewußt die standörtlichen Bedingungen seines leiblichen und seelischen Wohls umfassend selbst bestimmt«[65]. Mit anderen Worten: Es ging um einen Ausgleich von Mensch und Natur und um die Entwicklung einer neuen, agrarisch geprägten Lebensweise. Wie diese konkret aussehen sollte, war in der »Allgemeinen Anordnung Nr.20/VI/42 über die Gestaltung der Landschaft in den eingegliederten Ostgebieten vom 21.Dezember 1942« festgehalten.[66]

Eingangs betonte die Anordnung die Notwendigkeit, die eroberten Ostgebiete grundlegend neu zu gestalten. Das bedeute tiefe Eingriffe in die Natur, die jedoch unausweichlich seien, denn die Landschaft sei »auf weiten Flächen durch das kulturelle Unvermögen des fremden Volkstums vernachlässigt, verödet und durch Raubbau verwüstet. Sie hat in großen Teilen entgegen den standörtlichen Bedingungen steppenhaftes Gepräge angenommen«. Dem germanisch-deutschen Menschen hingegen sei »der Umgang mit der Natur ein tiefes Lebensbedürfnis«. Erforderlich sei deshalb eine »planvolle und naturnahe Gestaltung der Landschaft«, um den neuen Siedlern eine Heimat zu bieten, und dazu diente ein Konzept, das sich streckenweise wie ein ökologisches Manifest liest.

Der natürliche Aufbau der Landschaft sei zu erhalten und die Gestaltung daran anzulehnen. Wälder, Waldstreifen, Baum- und Gehölzreihen, Hecken und Knicks waren zu schonen und generell ein Bild der »Reichhaltigkeit, Fruchtbarkeit, Belebtheit und Ordnung« anzustreben. Die Erhaltung, Pflege und Mehrung des Mutterbodens waren oberstes Gebot und sollten unter anderem durch die sorgsame Düngung mit Stallmist erreicht werden. Eingriffe in den Wasserhaushalt und dessen natürliche Kreisläufe durften nur nach »sorgfältiger Abwägung aller Folgen« erfolgen. Generell gelte das Prinzip »Gemeinnutz geht vor Eigennutz«. So müsse das

Wasser allen Volksgenossen dienen und sei deshalb »in bester Güte zu erhalten. Wer sich dagegen versündigt, ist ein Volksschädling und wird als solcher behandelt. Alle Behörden und Dienststellen haben dafür zu sorgen, daß Abwässer jeder Art dem öffentlichen Gewässernetz nur in einwandfreier Form zugeleitet werden. Die Rückführung schädlicher Abwässer in den Zustand des gesunden und natürlichen Wassers ist Pflicht der verantwortlichen Einzelpersonen, Gemeinden und Wirtschaftsbetriebe.«

Derartige Vorschriften folgten in großer Zahl. Sehr detailliert wurde festgelegt, wie Hochwasser und Abschwemmungen des Bodens zu vermeiden waren, wie in der Landschaft kleinklimatische Zellen geschaffen und wie Wald, Waldwege und Waldgrenzen geschützt werden konnten. Es folgten Regelungen für die Feldflur und deren Gestaltung, den Umgang mit Hecken, Gehölzreihen, Sträuchern und Obstbäumen oder die Anlage von Dörfern und Bauerngärten; selbst Müllabladeflächen sowie Fern- und Naherholungsgebiete wurden behandelt. Hochspannungs- und Fernmeldeleitungen sollten den Schutzpflanzungen und Waldrändern folgen, Werbeschilder gehörten nicht in die freie Landschaft, und Steinbrüche und Kiesgruben bedurften einer besonderen Aufsicht, während Abraumplätze wie Halden oder Kippen im Landschaftsbild gar nicht in Erscheinung treten durften. Industriegebiete wiederum verlangten eine besonders »sorgfältige Landschaftsgestaltung«. Dem Text ist anzumerken, daß dessen Verfasser derartige Gebiete gar nicht wollten, sie wurden nur knapp erwähnt. Doch Industriebetriebe bestanden nun einmal, und deshalb bestehe die Aufgabe zunächst darin, »die sichtbaren Wunden zu schließen, die der gewachsenen Naturlandschaft geschlagen« wurden.

Geplant war somit eine riesige Garten- und Parklandschaft, die soweit wie möglich an die natürlichen Gegebenheiten angepaßt sein sollte und bei deren Gestaltung die neuesten Erkenntnisse der Biologie, Pflanzenkunde, Raumplanung und Ökologie zu berücksichtigen waren. Die Landschaft sollte ein besonderes, der deutschen »Wesensart entsprechendes Gepräge erhalten, damit der germanisch-deutsche Mensch sich heimisch fühlt, dort seßhaft wird und bereit ist, diese seine neue Heimat zu lieben und zu verteidigen«.

Der Hinweis auf die Verteidigungsbereitschaft erfolgte in der zitierten Anordnung nur knapp, ebenso wie die Erwähnung von Wehrgebieten. In der allgemeinen Debatte hingegen spielten beide Aspekte eine große Rolle. Die neuen Ostgebiete waren gerade erst erobert worden, und ihre Bevölkerung sollte mit Gewalt vertrieben, wenn nicht ausgerottet werden. Hieran wird noch einmal deutlich, in welchem Kontext diese Überlegungen standen, und entsprechend ließe sich argumentieren, daß die Planungen wegen ihrer gewaltsamen, militaristischen und rassistischen Rahmenbedingungen nicht wirklich als »ökologisch« oder gar »grün« bezeichnet werden können. Doch so einfach geht es nicht. Die Vorschläge von Meyer und seinen Mitarbeitern, die Arbeiten von Seifert oder Todt und selbst Äußerungen von Himmler zeigen vielmehr, daß derartige Vorstellungen politisch nicht von vornherein pazifistisch, voller Verständnis für Menschen, Tiere und die Natur oder einfach »gut« sind, wie es heute vielfach den Anschein hat. Sie können vielmehr mit ganz unterschiedlichen politischen Vorstellungen verbunden sein, und die im Nationalsozialismus festzustellenden Strömungen sind eine mögliche Variante.

Wir wissen nicht, wie die Natur- und Heimatschützer zu den Planungen für die Ostgebiete standen. Vermutlich haben sie wenig darüber erfahren, und möglicherweise würden die meisten diese abgelehnt haben. Doch diese Vorschläge haben an Traditionen des Heimat- und Naturschutzes angeknüpft und können als ein besonders radikaler und konsequenter Versuch gesehen werden, eine Aussöhnung von Gesellschaft und Natur zu erreichen. Waren die Nationalsozialisten also – so die provozierende Frage des amerikanischen Historikers Milan Hauner – »the first radical environmentalists in control of a state«[67]? Generell gilt dies sicher nicht, doch zumindest bei einigen von ihnen haben spezifisch »grüne« Vorstellungen eine große Rolle gespielt. Hieraus lassen sich keine unmittelbaren Verbindungen zur heutigen Situation ziehen, doch die Zusammenhänge sind möglicherweise enger als uns lieb ist, wenn wir an Überlegungen radikaler Ökologen denken, zur Rettung aus der Umweltkrise dirigistische Staatseingriffe zu tolerieren, Eliten eine größere Machtbefugnis einzuräumen oder gar eine Diktatur zu akzeptieren.

Kapitel 4

Schöne neue Welt? Die Zeit nach 1945

Die Zeit nach dem Zweiten Weltkrieg markiert einen tiefen Einschnitt im Umgang mit Natur und Umwelt, geprägt durch ein anhaltendes wirtschaftliches Wachstum, das nicht nur in Deutschland und den anderen Industrieländern stattfand, sondern den ganzen Globus betraf. Die damit verbundenen Umweltbelastungen wurden zunehmend diskutiert, fanden allerdings erst mit dem Bericht des »Club of Rome« von 1972 sowie der Ölkrise im Jahr darauf größere Resonanz in der Öffentlichkeit. Öl wurde teuer, die Bonner Regierung verordnete autofreie Sonntage, und die Grenzen des Wachstums, so schien es, waren erreicht.

Diese Ereignisse haben einen tiefen Eindruck hinterlassen. Die Umwelt, deren Belastung sowie Maßnahmen zu ihrem Schutz entwickelten sich zu zentralen Themen, die seitdem aus der öffentlichen Diskussion nicht mehr wegzudenken sind. Zeitungen, Fernsehen und Radio berichten täglich darüber, und es gibt eine nicht mehr überschaubare Zahl von Veröffentlichungen. Weltweit befassen sich Regierungen mit den Belastungen der Umwelt, Kommissionen werden einberufen, Gesetze erlassen und internationale Organisationen gegründet. Dies ist verständlich, denn ganz offensichtlich haben die Umweltprobleme in den letzten Jahren eine neue Qualität erreicht. Sie sind nicht länger auf einzelne Länder oder gar Regionen beschränkt, sondern greifen weit über nationale Grenzen hinaus. Sie verändern nicht nur Natur und Landschaft, sondern beeinflussen selbst das Klima oder die chemische Zusammensetzung der Atmosphäre, und sie drohen, die elementaren Lebensgrundlagen zu zerstören.

Davon handelt das folgende Kapitel, dessen Schwerpunkt auf Deutschland liegt. Diese Schwerpunktsetzung erscheint angesichts der globalen Bedrohung unangemessen, ist jedoch unvermeidlich, um das Thema überhaupt behandeln zu können. Erst die Konzentration auf ein Land erlaubt es, die tatsächlichen Entwicklungen darzustellen, Veränderungen zu erfassen und vor allem danach zu fragen, wie die zunehmenden Belastungen der Umwelt wahrgenommen und welche Maßnahmen ergriffen wurden. Schon für Deutschland ist dies eine schwierige Aufgabe, nicht nur weil die Zusammenhänge überaus komplex sind. Hinzu kommt, daß die Kenntnisse über die Entwicklungen seit dem Zweiten Weltkrieg sehr zu wünschen übrig lassen. Diese Feststellung mag angesichts der Flut von Veröffentlichungen überraschen, doch die meisten Arbeiten behandeln sehr kurze Zeiträume. Wer eine Darstellung sucht, die die wichtigsten Veränderungen während der letzten fünf Jahrzehnte zusammenfaßt, wird enttäuscht. Selbst Einzelaspekte wie die Entwicklung der Luft- und Wasserverschmutzung, die Entstehung der Umweltbewegung oder die Geschichte des Waldsterbens sind allenfalls in Ansätzen beschrieben.

Noch rarer sind Veröffentlichungen, in denen vom Hauptstrom abweichende, unterschiedliche Positionen dargestellt werden. Das einleitende Kapitel hat am Beispiel von Tschernobyl gezeigt, daß sehr widersprüchliche Bewertungen dieses Unglücks vorliegen. Eigentlich sind kontroverse Positionen die Regel, wenn wir an die Debatten über Globalisierung, das Rentensystem oder die Bildungsreform denken. In der Umweltdebatte hingegen ist dies sehr viel weniger der Fall. Hier herrscht eher ein Konsens, der vor allem in der Öffentlichkeit und den Medien verbreitet ist, daß die Probleme stetig größer werden, daß kaum etwas dagegen unternommen wird und daß Politik, Wirtschaft und Gesellschaft weitgehend versagen.

Es fehlt allerdings auch nicht an Äußerungen, die die vorhandenen Probleme herunterspielen, wenn nicht ganz leugnen und vorgeschlagene Maßnahmen als überflüssig, zu kostspielig oder technisch nicht durchführbar bezeichnen. Das bekannteste Beispiel hierfür ist die Auseinandersetzung um die Kernenergie, deren Befürworter Kritik lange Zeit als Ausdruck von Ignoranz oder romantischer Schwärmerei zurückwiesen – und dies vielfach bis heute tun. Vergleichbare Argumente wurden vorgetragen, als es darum ging, die Großkraftwerke zu entschwefeln, Autos mit Katalysatoren auszustatten oder gegen die wachsenden Müllmengen vorzugehen. Hier gab und gibt es gegensätzliche Positionen und auch einen Austausch der Meinungen, der jedoch vielfach in der Konfrontation verharrt. Es fällt deshalb schwer, eine abwägende Darstellung zu verfassen und eine kritische Bilanz zu ziehen. Über die Bedeutung einzelner Aspekte hingegen läßt sich schnell ein Konsens erzielen. Dazu zählt vor allem das beispiellose wirtschaftliche Wachstum der Nachkriegszeit.

Grenzenloses Wachstum

Das Wirtschaftswunder der fünfziger Jahre ist allgemein bekannt. Von 1950 bis 1960 stieg das Bruttosozialprodukt von 8100 DM je Einwohner auf 15500 DM und hat sich damit fast verdoppelt. Bis 1970 nahm es weiter zu und erreichte einen Wert von 21800 DM, dieser Anstieg war jedoch bereits durch den tiefen konjunkturellen Einbruch von 1966/67 überschattet. Das Wirtschaftswunder war offensichtlich vorbei, was spätestens die Ölkrise von 1973 nachdrücklich unterstrich. Diese wurde als tiefer Schock, als das Ende des »Goldenen Zeitalters« empfunden. Danach begann eine Phase zunehmender Arbeitslosigkeit, steigender Staatsverschuldung und geringen Wachstums – so zumindest scheint es. Tatsächlich jedoch hat das Wachstum angehalten und wurde lediglich abgebremst, denn 1980 betrug des Sozialprodukt 28200 und 1990 34000 DM pro Einwohner.[1] Prozentual ist der Anstieg zurückgegangen. In den fünfziger Jahren betrug er über 90, im letzten Jahrzehnt hingegen nur noch 20 Prozent. Insofern kann man von einer deutlichen Verlangsamung sprechen, doch selbst ein Wert von 2 Prozent pro Jahr ist weit entfernt von einer Krise oder gar Stagnation. Das gilt um so mehr, wenn wir die absoluten Zahlen berücksichtigen. Zwischen 1950 und 1960 nahm das Sozialprodukt um 7400 DM je Einwohner zu, im Jahrzehnt nach 1980 immerhin noch um 5800 DM. Die Unterschiede sind also nicht so ausgeprägt.

Hier wird eine wirtschaftliche Dynamik deutlich, die noch auffälliger ist, wenn wir die langfristige Entwicklung betrachten. Es ist zweifellos problematisch, ökonomische Reihen über lange Zeiträume aufzustellen, doch der Trend ist eindeutig. Zwischen

1900 und 1950 war der private Verbrauch um etwa ein Drittel angestiegen und hatte in absoluten Zahlen um – grob geschätzt – 1400 DM zugenommen. In den letzten vierzig Jahren hingegen hat der private Verbrauch um etwa 15 000 DM zugenommen und ist damit mehr als zehnmal so schnell gewachsen. Von einer anhaltenden Krise oder Grenzen des Wachstums kann also nicht die Rede sein. Das gilt um so mehr, wenn wir die damit verbundenen Belastungen der Umwelt und den Verbrauch an Ressourcen bedenken. Gerade hier führt die Angabe von Prozentzahlen in die Irre, entscheidend sind die absoluten Zahlen. Selbst wenn kein Wachstum mehr stattfindet, wird heute Jahr für Jahr etwa die fünffache Menge dessen produziert und verbraucht, was zu Beginn des Wirtschaftswunders zur Verfügung stand.

Ein Grund für dieses Wachstum war eine Zunahme der Bevölkerungszahl, die im Gebiet der alten Bundesrepublik von knapp 50 Millionen im Jahre 1950 auf 65 Millionen im Jahre 1992 angestiegen ist. Entsprechend stieg die Zahl der Erwerbstätigen von 23,5 Millionen auf mehr als 30 Millionen. Dieser Befund mag angesichts der seit mehreren Jahren bestehenden hohen Arbeitslosigkeit überraschen, doch die Zahl derjenigen, die in Landwirtschaft, Industrie, Handel oder Gewerbe beschäftigt sind, ist heute um etwa ein Viertel höher als zu Beginn des Wirtschaftswunders. Zwischen den einzelnen Sektoren hat es dabei Verschiebungen gegeben, von denen vor allem die Landwirtschaft betroffen war. Um 1950 beschäftigte diese noch etwa ein Viertel aller Arbeitskräfte, mittlerweile liegt diese Zahl bei gerade noch 3 Prozent. Angesichts dieser Zahlen – man könnte noch auf Mechanisierung oder den Einsatz chemischer Düngung verweisen, die ebenfalls nach 1950 um sich griffen – läßt sich argumentieren, daß die Moderne in der Landwirtschaft erst nach dem Zweiten Weltkrieg begann.

Nun wird man nur in wenigen Fällen so weit gehen können, den Beginn der Moderne in die fünfziger Jahre zu legen, doch auch so sind die Änderungen beeindruckend genug. Um ein weiteres Beispiel zu nennen: 1950 betrug der Anteil der Volksschüler unter den Schulentlassenen etwa 80 Prozent; er unterschied sich auch in diesem Fall nur wenig von der Situation gegen Ende des Kaiserreichs; die übrigen 20 Prozent verteilten sich auf Gymnasien und Realschulen. 1990 hatten sich die Verhältnisse fast umgedreht. Nur noch 31 Prozent verließen die Hauptschule, während ebenso viele das Abitur ablegten und 37 Prozent die Realschule absolvierten. Oder greifen wir die Entwicklung der Arbeitszeit heraus, wobei es nicht genügt, auf die Wochenstundenzahl zu schauen. Werden andere Faktoren wie Urlaub berücksichtigt, so ergibt sich allein zwischen 1960 und 1987 ein Rückgang der Jahresarbeitszeit von 2020 auf 1618 Stunden. Noch beeindruckender ist die Entwicklung der Lebensarbeitszeit. Mußte ein Arbeitnehmer um 1900 damit rechnen, etwa ein Viertel seines Lebens am Arbeitsplatz zu verbringen, so liegt diese Zahl heute unter 10 Prozent (bei gleichzeitig deutlich angestiegenen Verdiensten), denn die wöchentliche Arbeitszeit hat abgenommen, der Eintritt ins Berufsleben erfolgt erheblich später, und die Lebenserwartung ist von 46 auf etwa 75 Jahre angestiegen.

Nicht überall waren die Veränderungen so dramatisch, doch generell gilt, daß nicht nur die Verbesserung des Lebensstandards nach 1950 »spektakulär, umfassend und sozialgeschichtlich revolutionär« war – wie Josef Mooser dies im Blick auf Arbeiter formuliert hat.[2] Diese Aussage läßt sich verallgemeinern und man kann sagen, daß es in keiner anderen Phase der neueren deutschen Geschichte derart tiefgreifende und rapide wirtschaftliche und soziale Veränderungen gegeben hat wie in der Zeit seit 1950.

Massenproduktion und Konsumgesellschaft

Die Veränderungen der letzten Jahrzehnte lassen sich als Übergang zur Massenproduktion und zur Konsumgesellschaft beschreiben. Beide Elemente hängen eng zusammen, denn die Massenproduktion erlaubte es nicht nur, Güter in großen Mengen und preiswert herzustellen. Gleichzeitig konnte den Beschäftigten auch ein höherer Lohn gezahlt werden, so daß sie die massenhaft produzierten Waren auch kaufen konnten, was wiederum einen dramatisch ansteigenden Verbrauch an Ressourcen zur Folge hatte.

In der Bundesrepublik begann diese Entwicklung in den zwanziger Jahren, setzte sich jedoch erst mit dem Wirtschaftswunder durch, deutlich zu sehen am Beispiel des Automobils.

1950 gab es in der alten Bundesrepublik 700000 Pkws, 1992 hingegen 32 Millionen, die nicht nur ein Mehrfaches an Energie verbrauchten, sondern auch ein viel größeres Straßennetz erforderten und die Art, zu leben und zu arbeiten, grundlegend veränderten. Die Städte expandierten massiv in ihr Umland, das von den Pendlern besser erschlossen werden konnte und billigeres Bauland bot. Zugleich wuchsen die Einkommen, so daß die durchschnittliche Wohnungsgröße deutlich zugenommen hat. Standen 1950 jeder Person etwa 15 Quadratmeter zur Verfügung, so betrug dieser Wert 1993 fast 41 Quadratmeter. Entsprechend groß ist der Flächenverbrauch für Straßenbau und Siedlungszwecke. Heute wird etwa die Hälfte des Bodens landwirtschaftlich genutzt, nicht ganz ein Drittel ist mit Wald bedeckt, während Verkehr und Bebauung knapp unter 12 Prozent beanspruchen. Zu Beginn des Wirtschaftswunders lag dieser Wert nur etwa halb so hoch, und der Anstieg ist problematisch, zumal die Landschaft durch Straßen, Bahntrassen oder Stromleitungen zerschnitten wird. Diese beanspruchen jeweils nur geringe Flächen, haben aber große Auswirkungen auf die Natur, denn sie zerschneiden die Landschaft und lassen immer weniger zusammenhängende Gebiete zurück, die zum Schutz von Ökosystemen und Lebensgemeinschaften erforderlich sind.[3]

	1955	1962/63	1969	1973	1978	1983	1988	1993
Staubsauger	39	65	84	91	94	96	–	–
Kühlschrank	11	52	84	93	94	96	98	98
Waschmaschine	10	34	61	75	82	83	86	88
Geschirrspüler	–	0,2	2	7	15	24	29	38
Telefon	–	14	–	51	–	88	93	–
Farbfernseher	0	0	–	15	–	73	87	–

Tabelle 1: Prozentuale Verbreitung langlebiger Konsumgüter in privaten Haushalten der BRD
Quelle: Arne Andersen, Der Traum vom guten Leben. Alltags- und Konsumgeschichten vom Wirtschaftswunder bis heute. Frankfurt/M. 1997, S. 108; Rainer Geißler, Die Sozialstruktur Deutschlands. 2. Aufl. Opladen 1992, S. 51

Vor allem der private Konsum hat sich in den letzten fünf Jahrzehnten grundlegend gewandelt. Die Wohnungen sind nicht nur größer, sondern auch bedeutend besser mit Bädern, Heizungen, Fernsehern, Telefonen, Wasch- oder Spülmaschinen ausgestattet; für Kleidung und Freizeit wird deutlich mehr Geld ausgegeben, und (oftmals mehrfache) Urlaubsreisen sind zur Regel geworden. Diese Veränderungen haben einen Lebensstandard geschaffen, der vor wenigen Jahrzehnten noch undenkbar war und gegenüber den Bedingungen zu Beginn der Industrialisierung geradezu utopisch anmutet. Selbst die kühnsten Träumer haben diese Entwicklung nicht vorhergesehen. Hierbei ist allerdings nicht zu verkennen, daß weiterhin große soziale Ungleichheiten bestehen und nicht alle Personen und Gruppen von diesen Entwicklungen in gleicher Weise profitiert haben. Doch gegenüber der Situation vor etwa hundertfünfzig Jahren – und selbst gegenüber den frühen fünfziger Jahren – haben sich gleichwohl überaus beeindruckende Verbesserungen der materiellen Lebenssituation ergeben.

Es gibt somit Gründe für eine positive Bilanz, und positive Bewertungen waren lange Zeit vorherrschend. Die Zunahme der Pkws wurde mit geradezu ungläubigem Staunen und großer Freude registriert. Selbst der Anstieg des Energieverbrauchs war ein Grund des Stolzes und Beleg für den Fortschritt. Mittlerweile ist eine gegenteilige Betrachtung weit verbreitet, dieselben Zahlen und Statistiken werden ganz anders bewertet. Jeder Anstieg des Energieverbrauchs gilt als Alarmsignal und eine höhere Pkw-Zahl als Beleg für das Versagen der Umweltpolitik. Für diese Sichtweise gibt es gute Gründe, denn der Übergang zur Massenproduktion war mit einer erheblichen Zunahme der Umweltbelastungen verbunden.[4]

Umweltbelastung

Die Zunahme der Umweltbelastungen zeigte sich nicht zuletzt in der Landwirtschaft, wo die Zahl der Beschäftigten rapide zurückging, nicht hingegen die Produktion. Im Gegenteil, diese ist deutlich angestiegen. So wird heute pro Hektar mehr als die doppelte Menge Weizen, Roggen oder Gerste geerntet wie 1950, bei Kartoffeln ist der Ertrag von 220 auf 344 Kilogramm angestiegen, und die Weinbauern produzieren fast dreimal soviel Most. Auch die Landwirtschaft war somit ein äußerst dynamischer Sektor, dessen Dynamik aber mit erheblichen Eingriffen in die Natur erkauft wurde. Die Flurbereinigung wurde fortgesetzt, so daß größere Betriebsflächen entstanden, die einen verstärkten Einsatz von Maschinen erlaubten, und vermehrt wurde künstlicher Dünger eingesetzt, der seit dem Kaiserreich bekannt war, seinen eigentlichen Durchbruch jedoch erst in den letzten fünf Jahrzehnten erlebte.[5]

Düngerart	1950/51	1960/61	1970/71	1980/81	1990/91
Stickstoff	25,6	43,4	83,3	126,6	115,3
Phosphat	29,6	46,4	67,2	68,4	42,0
Kali	46,7	70,6	87,2	93,4	62,3
Kalk	47,5	37,5	49,5	92,9	120,1

Tabelle 2: Düngemittellieferungen an die Landwirtschaft im früheren Bundesgebiet in Kilogramm Nährstoff je Hektar landwirtschaftlich genutzter Fläche
Quelle: Statistisches Bundesamt (Hg.), Datenreport 1994. Zahlen und Fakten über die Bundesrepublik Deutschland. Bonn 1994, S. 390.

Der Einsatz von Düngemitteln zieht große Probleme nach sich, die beim Stickstoff besonders deutlich werden. Dessen Düngewirkung geht mit zunehmender Menge zurück, die letzten 10 Prozent Ertragssteigerung erfordern einen zusätzlichen Düngereinsatz von bis zu 40 Prozent, wobei es leicht zu einer Überdüngung kommt. Die Ertragskraft der Äcker wird jedoch durch zu große Mengen an Stickstoff nicht geschädigt, so daß Landwirte lange Zeit recht sorglos mit diesem Problem umgegangen sind und bis heute oft zu reichlich düngen. Die Böden können den überschüssigen Dünger allerdings nicht nutzen. Er wird vielmehr ausgewaschen, gelangt in die Gewässer und belastet schließlich das Trinkwasser mit hohen Nitratkonzentrationen. Zugleich werden die Gewässer überdüngt (eutrophiert), so daß dort das Wachstum von Algen und anderen Pflanzen außer Kontrolle gerät, einen erhöhten Sauerstoffbedarf verursacht und zu einem Umkippen der Gewässer führen kann. Auch wird der Lebensraum wildwachsender Pflanzen und wildlebender Tiere beeinträchtigt, da die Überdüngung deren nährstoffarme Standorte bedroht und zu einem Rückgang der Arten führt. Dazu trug auch die Flurbereinigung bei, denn bei der Schaffung größerer Flächen wurden seit langem bestehende Hecken, Büsche, Feldraine oder kleinere Bäche beseitigt, die als Schutzzonen für zahlreiche Tiere und Pflanzen gedient hatten. Hinzu kam noch der Übergang zu großflächigen Monokulturen, so daß von der Landwirtschaft erneut gravierende Eingriffe in Natur und Umwelt ausgingen.[6]

Nicht minder große Auswirkungen hatte der sprunghaft steigende Energieverbrauch, der sich zwischen 1950 und 1980 nahezu verdreifachte. Der Bedarf an Strom und Energie aus Kohle, Erdöl oder Gas war schier unbegrenzt und kam nicht nur von der Industrie. Auch die Haushalte mit ihren elektrischen Geräten und verbesserten Heizungen sowie vor allem der Verkehr benötigten immer größere Energiemengen. Zwischen 1950 und 1973 betrug der jährliche Zuwachs 4,5 Prozent, zumal die Kosten deutlich hinter der Inflationsrate zurückblieben. Energie wurde immer billiger und konnte dadurch zum unentbehrlichen Lebenssaft der modernen Industriegesellschaft werden. Anfänglich haben vor allem Stein- und Braunkohle die erforderliche Energie bereitgestellt; noch 1960 lag ihr Anteil bei fast 75 Prozent, der von Erdöl hingegen bei 21 Prozent und der von Gas bei lediglich 0,5 Prozent. Entsprechend groß war die Umweltbelastung, denn Kohle setzt besonders viel Staub und Schwefel frei.[7]

Jahr	1950	1960	1970	1980	1990
Energieverbrauch	3 971	6 199	9 870	11 436	11 495

Tabelle 3: Entwicklung des Verbrauchs an Primärenergie in Petajoule
Quelle: Statistisches Bundesamt (Hg.), Datenreport 1994, S. 362.

Vor allem der Anfall von Staub erreichte neue Dimensionen. Ende der fünfziger Jahre gingen über Nordrhein-Westfalen Jahr für Jahr 600 000 Tonnen Staub nieder, davon weit über 300 000 allein im Ruhrgebiet. An manchen Stellen fielen hier monatlich mehr als 5 Kilogramm je 100 Quadratmeter an. Außerdem entstanden bei der Verbrennung von Kohle und dem Verhütten der Erze große Schwefelmengen, die ebenfalls die Umwelt schädigten. 1961 senkten sich 1,5 Millionen Tonnen Staub, Asche und Ruß sowie 4 Millionen Tonnen Schwefeldioxid auf das Ruhrgebiet nieder, und Förster stellten entmutigt fest, daß leider »auch die deutsche Eiche bei uns in vielen Fällen« versage.[8] In anderen industriellen Ballungsgebieten lagen die Verhältnisse ähnlich. Selbst die bisher weitgehend verschonten Gegenden wurden durch die Zersiedlung der Landschaft und die Ausbreitung der Industrie zunehmend betroffen, so daß die Luftverunreinigung wie ein »Generalangriff« auf die menschliche Gesundheit erschien.[9] Der Unterschied zwischen Stadt und Land löste sich auf. Mehr und mehr wurde deutlich, daß Umweltbelastungen nicht länger auf Industriegebiete und Großstädte beschränkt waren, sondern die ganze Nation betrafen. Das galt auch für die Gewässer.

Während des Krieges und in der unmittelbaren Nachkriegszeit hatte die Verschmutzung der Gewässer derart zugenommen, daß die Bundesregierung bereits 1950 Berichte darüber anforderte. Immer weniger konnte die Versorgung durch Grundwasser erfolgen, zumal insbesondere in ländlichen Gebieten die Bevölkerungszahl durch Flüchtlinge deutlich zugenommen hatte. Die Wasserwerke mußten deshalb auf Oberflächenwasser zurückgreifen, das allerdings durch Haushalte und Industrie erheblich belastet war, denn noch 1957 waren 60 Prozent der Bevölkerung nicht an eine Kläranlage angeschlossen, in nur 10 Prozent der Fälle erfolgte eine vollbiologische Abwasserreinigung. Reformbemühungen blieben anfangs ohne Ergebnis, zumal in diesen Fragen weiterhin die Länder zuständig waren, die sich nicht auf ein gemeinsames Vorgehen einigen konnten und zugleich Eingriffe des Bundes in ihre Kompetenzen ablehnten. Heftige Auseinandersetzungen waren die Folge, bis schließlich 1957 ein einheitliches Rahmengesetz, das Wasserhaushaltsgesetz, verabschiedet wurde, das 1960 in Kraft trat und allmählich zu einem Ausbau von Klärwerken führte. 1975 war in 51 Prozent der Fälle eine vollbiologische Reinigung erreicht, doch weiterhin besaß etwa ein Viertel der Bevölkerung keinen Anschluß an ein Klärwerk. Die Situation blieb unbefriedigend, zumal die Menge der

Abwässer drastisch zugenommen hatte und zusätzlich neue Stoffe in die Gewässer gelangten, darunter Zusätze zu den Waschmitteln, die ganze Flüsse und Seen mit Schaumbergen füllten. Vermehrt und immer wieder kam es zu Fischsterben, von denen besonders der Rhein betroffen war.[10]

Solche Katastrophen werden durch akute Vergiftungen hervorgerufen, wenn – durch einen Unfall oder mit Absicht – größere Mengen eines Schadstoffes in einen Fluß gelangen. Sie können aber auch die Folge einer zunehmenden Belastung sein, die nach und nach den Sauerstoffgehalt der Gewässer reduziert. Das war im Rhein der Fall, wo Mitte der siebziger Jahre biologisches Leben kaum noch möglich war. Der Sauerstoffgehalt lag so niedrig, daß anspruchsvollere Lebewesen wie Fische weitgehend verschwanden und lediglich genügsame Kleinsttiere und Mikroorganismen überdauern konnten. Selbst nach offiziellen Kriterien galt der Rhein als stark bis übermäßig verschmutzt, die Trinkwasserversorgung war gefährdet. Zum Baden war der Fluß ohnehin nicht mehr geeignet. Hinzu kamen Katastrophen wie das Sandoz-Unglück vom November 1986, als bei einem Brand des Werkes in Basel bis zu 30 Tonnen Pflanzenschutzmittel und organische Quecksilberverbindungen in den Rhein gelangten, wie in einer riesigen Welle den Fluß heruntergespült wurden und zu einem massenhaften Sterben der verbliebenen Fische und Kleinstlebewesen führten. Alle Bemühungen, den Fluß wieder zu säubern, schienen zum Scheitern verurteilt.

Generell häuften sich in dieser Zeit die Schreckensmeldungen. Messungen ergaben einen erhöhten Bleigehalt im Blut vor allem von Kindern, verursacht durch die bleihaltigen Abgase der Automobile. Daraufhin wurde auch nach anderen Schwermetallen gesucht und hohe Konzentrationen von Cadmium, Quecksilber und Zink im Boden festgestellt. Die Öffentlichkeit war sensibilisiert und gewahrte zunehmend neue Probleme, darunter die zahlreichen Altlasten, die einfach verscharrt worden waren, bei Produktionsprozessen in den Untergrund gesickert und bei Unfällen, darunter Bombardierungen während des Krieges, in großen Mengen in den Boden gelangt waren. Mit dem Rückgang der Schwerindustrie und der zunehmenden Schließung von Betrieben wurden diese Flächen freigeräumt und anfänglich ohne nähere Überprüfung mit Wohnhäusern und anderen Gebäuden bebaut. Nach und nach trat jedoch die Problematik dieses Vorgehens zutage. Die Bewohner neu errichteter Häuser klagten über Unwohlsein, Krankheiten traten auf, und ganze Siedlungen mußten geschlossen werden. Im Ruhrgebiet gab es allein mehr als dreihundert Altlasten, die auf ehemalige Kokereien zurückgingen, während für das Bundesgebiet die Zahl derartig problematischer Standorte auf etwa 35 000 geschätzt wurde.[11]

Die Berichte über diese Umweltbelastungen schärften das Bewußtsein und führten zu weiteren Entdeckungen, zumal das Wissen um mögliche Gefährdungen, Zusammenhänge und Kreisläufe ebenso zunahm wie die Fähigkeit, mit immer genaueren Meßmethoden Stoffe nachzuweisen, deren Existenz zuvor allenfalls vermutet worden war. Ein gutes Beispiel dafür ist die Debatte über Dioxin.[12] Dieser Stoff war 1956 in der Bundesforschungsanstalt für Forst- und Holzwirtschaft entdeckt worden, als deren Mitarbeiter ein Grundierungsmittel für Holz suchten, das die damals üblichen, als giftig eingestuften Mittel ersetzen sollte. Die nähere Überprüfung ergab, daß Dioxin äußerst giftig war und sich als chemischer Kampfstoff eignete, doch so kurz nach dem Krieg wollte die Bundesrepublik nicht mit einem derartigen Stoff in Verbindung gebracht werden. Dessen Entdeckung wurde deshalb nur in einer wissenschaftlichen Arbeit bekanntgegeben, seine ungeheure Gefährlichkeit jedoch nicht weiter thematisiert. Gefährdungen der Beschäftigten wurden zwar vermutet, aber ebenfalls nicht näher untersucht, während man Auswirkungen auf die Umwelt zu diesem Zeitpunkt offensichtlich überhaupt nicht bedachte.

Erst der Einsatz dieses Stoffes durch die Amerikaner im Vietnam-Krieg (»Agent Orange«) führte zu vermehrten Forschungen und der Erkenntnis, daß dieser Stoff sich in der Muttermilch anreichern konnte. Noch allerdings herrschte die Meinung vor, daß Dioxin zwar gefährlich sei, aber eher vereinzelt auftrete und kein allgemeines Problem darstelle. Nach und nach aber wurde deutlich, daß Dioxin nicht nur in reiner Form vorkam, sondern viel häufiger als »Verunreinigung« bei zahlreichen Produkten und Prozessen entstand, so in Hochöfen oder Müllverbrennungsanlagen. Die dabei auftretenden Mengen fielen jedoch in so

190

kleinen Konzentrationen an, daß ein Nachweis schwierig und vor allem sehr kostspielig war. Die erste öffentlich bekannte Untersuchung von Muttermilch wurde deshalb erst 1984 von einer Fernsehanstalt in Auftrag gegeben, die die anfallenden Kosten übernehmen konnte. Die Ergebnisse waren besorgniserregend. Die Richtwerte für Säuglinge wurden eindeutig überschritten, und seitdem gehört ein Begriff wie Picogramm fast schon zum alltäglichen Sprachgebrauch. Die damit bezeichnete Menge ist zwar fast unvorstellbar klein, doch sie steht für eine beunruhigende Bedrohung, deren mögliche Auswirkungen das Unglück von Seveso 1976 nachdrücklich vor Augen führte.

Reaktionen

Die Umweltbelastungen haben nach 1950 stetig zugenommen und in den siebziger Jahren vermutlich einen Höhepunkt erreicht, zu einem Zeitpunkt also, als das moderne Umweltbewußtsein und die damit verbundenen Bewegungen entstanden. Die Vermutung liegt deshalb nahe, daß zwischen Belastung und Umweltbewußtsein ein enger Zusammenhang besteht. Grundsätzlich ist diese Annahme zutreffend: Ohne Umweltprobleme gäbe es kein entsprechendes Bewußtsein. Bei näherem Hinsehen jedoch erweist sie sich als zu pauschal. So fällt auf, daß die neue Umweltbewegung nicht im Ruhrgebiet oder vergleichbaren industriellen Zonen entstanden ist, die besonders belastet waren, sondern in davon weit entfernt gelegenen Orten. Die heimliche »Öko-Hauptstadt« Deutschlands ist das idyllische Freiburg und nicht eine Stadt wie Bottrop oder Mannheim. Auch stießen die Umweltbewegung und die Partei der GRÜNEN erst in den achtziger Jahren auf größere Resonanz, als – wie noch zu zeigen sein wird – Belastungen auf vielen Gebieten bereits wieder rückläufig waren. Umweltbelastungen allein können die Entstehung eines entsprechenden Bewußtseins und einschlägiger Bewegungen nicht erklären. Vielmehr müssen verschiedene Elemente zusammenkommen, deren Zusammenspiel und Bedeutung sich am besten in Anlehnung an die sogenannte Kapazitätsthese erklären läßt, die von den Amerikanern Richart E. Dawson und James A. Robinson entwickelt wurde und erklären soll, warum und wann bestimmte Probleme öffentlich thematisiert werden und politische Reaktionen hervorrufen. Sie ist nicht speziell auf Umweltprobleme zugeschnitten, eignet sich aber gut für deren Analyse.[13]

Umweltbelastungen und andere Probleme finden dieser These zufolge größere Resonanz und werden politikfähig, wenn in verschiedenen Zusammenhängen Entwicklungen stattfinden, die ein bestimmtes Ausmaß (=Kapazität) erreichen. So dürfen Reaktionen nicht auf Einzelpersonen oder lokale Gruppen beschränkt bleiben, sondern müssen regionales, möglichst nationales Interesse finden und entsprechend in den Medien behandelt werden. Wichtig sind ferner solide wissenschaftliche Kenntnisse und vor allem größere Debatten innerhalb der wissenschaftlichen Gemeinschaft. Auch Behörden und andere Institutionen müssen sich der Probleme annehmen und entsprechende personelle und formelle Strukturen aufbauen; das gleiche gilt für Parteien, Gewerkschaften oder andere Verbände. Zur Institutionalisierung gehören auch die Verabschiedung eigener Gesetze, eine eigene Rechtsprechung und insgesamt der Aufbau von ganz unterschiedlichen »Kapazitäten«, die mit zunehmender Größe eine eigene Dynamik entfalten. Wenn schließlich bestimmte – nicht näher zu definierende – kritische Schwellen überschritten sind, können die einmal errichteten Kapazitäten ein Eigenleben entwickeln, das sich von den ursprünglichen Problemen löst und in geradezu umgekehrtem Verhältnis zu deren tatsächlicher Bedeutung stehen kann.

Das Verhältnis von Belastung und Reaktion ist also sehr komplex. Das gilt auch für Umweltprobleme. Die Beschäftigung damit setzte nach 1945 schon sehr früh ein, war weit verbreitet, betraf sehr unterschiedliche Aspekte und zeichnete sich durch ein erstaunlich entwickeltes Problembewußtsein aus. Die entsprechenden Initiativen bestanden aber weitgehend unabhängig voneinander und erreichten erst nach 1970 die kritische Masse, die der modernen Umweltbewegung zum Durchbruch verhalf.

Kontinuitäten und neue Ansätze

Das Ende des Zweiten Weltkriegs bedeutete nicht nur einen tiefen Einschnitt, es gab auch wichtige personelle, organisatorische und juristische Kontinuitäten. So galten weiterhin die einschlägigen gesetzlichen Regelungen, die überwiegend noch aus dem Kaiserreich stammten. Im Natur- und Heimatschutz engagierten sich vielfach dieselben Personen, die schon in der Weimarer Republik und während des Nationalsozialismus aktiv gewesen waren. Die bürokratische Zuständigkeit blieb unverändert, und nicht zuletzt traten wiederum die bekannten Probleme und Argumentationen auf, darunter auch das Argument der Ortsüblichkeit. Weiterhin mußten die Bewohner von Industriegebieten »Belästigungen, mit welchen hier immer zu rechnen ist«, in Kauf nehmen.[14]

Fortgeführt wurde auch die Auseinandersetzung um das Walchenseekraftwerk, dessen Errichtung schon zu Beginn des Jahrhunderts eine breite Protestbewegung hervorgebracht hatte. Unmittelbar nach dem Krieg wollten die Bayerischen Elektrizitätswerke auf alte Genehmigungen zurückgreifen und einen Nebenbach der oberen Isar umleiten, um die Kapazitäten des Kraftwerks auszubauen. Erneut erhob sich heftiger Protest, der Anwohner und Naturschützer einte. Sie befürchteten nicht nur ein Absinken des Grundwassers, Eingriffe in den Lauf der Isar und Schäden für die Wälder, sondern sahen auch Gefahren für den Tourismus, der eine intakte Landschaft erfordere. Die Bürgermeister von Bad Tölz und Kochel schlossen sich dem Protest an. Im März 1947, also inmitten der unruhigen Nachkriegszeit mit ihren wirtschaftlichen Problemen und auf dem Höhepunkt der Versorgungskrisen, fand eine Großveranstaltung gegen die Ausbaupläne statt, doch bereits im Juli erteilte der Landtag seine Genehmigung.

In den folgenden Jahren gab es mehrere Auseinandersetzungen um die Errichtung von Wasserkraftwerken und die damit verbundenen Stauseen. Diese wurden vor allem in Süddeutschland (Alpen und Schwarzwald) geplant, und zwar nicht nur weil dort mit den Bergen günstige Voraussetzungen bestanden. Entscheidend war vielmehr, daß diese Gebiete immer noch wenig industrialisiert waren, und Wasserkraft versprach preiswerte und zudem saubere Energie, im Gegensatz zu den ansonsten vorherrschenden Kohlekraftwerken. Zwar bedeuteten Stauseen erhebliche Eingriffe in die Landschaft, doch sie galten als das kleinere

Übel, wenngleich diese Beurteilung nicht von allen geteilt wurde. Es kam vielmehr zu breiten Protestaktionen, in deren Rahmen etwa gegen ein im Schwarzwald geplantes Projekt 185 000 Unterschriften gesammelt wurden. Und sie waren erstaunlich erfolgreich. Otto Kraus, von 1949 bis 1967 Leiter der staatlichen bayerischen Naturschutzbehörde, verweist in seinen Erinnerungen auf mehr als ein Dutzend Fälle, in denen Pläne zum Bau von Wasserkraftwerken verhindert wurden.[15]

Auch in anderen Zusammenhängen waren erstaunliche Aktivitäten zu verzeichnen, die so gar nicht mit dem gängigen Bild der behäbigen fünfziger Jahre zu vereinbaren sind.[16] Dazu gehörten Proteste gegen die bereits erwähnten Flußverschmutzungen, die als wohl erstes Umweltproblem nach dem Kriege größere Resonanz in den Medien fanden. Betroffen davon waren in erster Linie die Fischer, da beispielsweise zwischen 1949 und 1952 jährlich mehr als hundert größere Fischsterben auftraten. Im Rhein wurden pro Jahr nicht einmal mehr 3 000 Lachse gefangen gegenüber mehr als 160 000 vor dem Ersten Weltkrieg – und selbst diese geringe Menge war weitgehend wertlos, da viele Fische mit Chemikalien belastet und deshalb ungenießbar waren. 1951 gründeten deshalb Fischereiverbände eine »Vereinigung Deutscher Gewässerschutz«, der es in den kommenden Jahren gelang, Politiker, Fachleute, Behörden und die Regierungen anzusprechen und breites öffentliches Interesse zu erzeugen. Ab 1954 erschienen häufig Zeitungsartikel, in denen die Gefährdungen des Wasserkreislaufs geschildert wurden, und schließlich wurde 1957 ein Wasserhaushaltsgesetz verabschiedet, um den Ausbau von Kläranlagen voranzutreiben.[17]

Im Rahmen dieser Debatten wurden erstmals auch populärwissenschaftliche Darstellungen verfaßt, die große Verbreitung fanden, darunter bereits 1951 Erich Hornsmanns Buch: ›... sonst Untergang. Die Antwort der Erde auf die Mißachtung ihrer Gesetze‹[18]. Bemerkenswert an diesem Buch ist nicht nur dessen große Resonanz, sondern auch seine breit angelegte Argumentation, die sehr verschiedene Aspekte behandelte, umfassende Zusammenhänge herausarbeitete und die Komplexität der Probleme betonte. Hornsmann sprach offensichtlich ein Publikum an, das sich für diese Fragen interessierte und über gewisse

Kenntnisse verfügte. Inhaltlich griff er Argumente auf, die bereits Seifert entwickelt hatte, vermied jedoch weitgehend dessen Pathos und vor allem die romantisierende Sichtweise, die traditionell im Heimat- und Naturschutz verbreitet war. Die eher sachliche Art der Darstellung hat möglicherweise zum großen öffentlichen Interesse beigetragen, das gleichwohl nicht überschätzt werden darf. Die Debatten – etwa über Flußverschmutzungen – fanden weitgehend in einem überschaubaren Kreis von Geschädigten, Fachleuten, zuständigen Bürokraten und einigen Politikern statt. Das Interesse der Medien blieb punktuell. Es schlug sich noch nicht in einer kontinuierlichen Berichterstattung nieder, wie es auch keine breitere öffentliche Bewegung gab.

Dicke Luft

Deutlich wird dieser Zusammenhang auch bei der Luftverschmutzung. Gerade hier fällt auf, daß offizielle Stellen in einem zuvor unbekannten Maße aktiv wurden. Bereits 1950 hatte die Stadt Oberhausen ein Gutachten an Professor Wilhelm Liesegang vergeben, seit der Weimarer Republik der wohl wichtigste Sachverständige in Fragen der Luftverschmutzung. Er sollte »Grad und Umfang der im Stadtgebiet Oberhausen erzeugten Luftverunreinigung durch Industriegase, Staub und Flugasche« untersuchen sowie »Möglichkeiten ihrer Einschränkung« benennen. Das ein Jahr später vorliegende Gutachten ergab enorme Belastungen und führte zu ersten Diskussionen. 1953 gab auch die Stadt Duisburg ein Gutachten in Auftrag, dessen Ergebnisse in der regionalen Presse breit diskutiert wurden. Etwa zur selben Zeit führten Mitarbeiter der »Kohlenstoffbiologischen Forschungsanstalt« in Essen Untersuchungen durch, um Grenzwerte benennen zu können. Und 1954 legte der Direktor des »Siedlungsverbandes Ruhrkohlenbezirk« (SVR) einen Gesetzentwurf »Zur Reinhaltung der Luft in Industriegebieten« vor, der die Errichtung einer Luftgenossenschaft vorsah. In ihr sollten sich Betriebe, Kommunen und regionale Verwaltungen zusammenschließen, verbindliche Vorschriften erlassen und deren Einhaltung sicherstellen.[19]

Parallel dazu erschienen Leserbriefe in den Zeitungen, und es kam zu weiteren Eingaben an die Behörden, die jedoch vereinzelt blieben. Erst ab der Mitte der fünfziger Jahre sind Zusammenschlüsse vor Ort zu verzeichnen, die sich in Reaktion auf zunehmende Belastungen unter anderem in Witten, Bochum, Hagen, Bottrop oder Essen bildeten. So schlossen sich in Duisburg 1956/57 zehn Bürgervereine zur »Duisburger Interessengemeinschaft gegen Luftverunreinigung« zusammen, eine vergleichbare Gruppierung bestand in Essen, und zunehmend engagierten sich auch Mediziner in dieser Frage. Einer von ihnen stellte 1959 sogar Strafanzeige gegen das Hüttenwerk Oberhausen und im Jahr darauf gegen einen Betrieb von Krupp in Essen, wobei die Resonanz vor Ort jeweils groß war. Die Presse berichtete ausführlich, die Behörden fühlten sich zu Stellungnahmen verpflichtet, und auch die Parteien wurden aktiv.

Diese Aktivitäten fanden auch auf überregionaler und selbst nationaler Ebene Resonanz. Im Dezember 1955 debattierte der nordrhein-westfälische Landtag erstmals über das Problem der Luftverschmutzung und im Jahr darauf auch der Bundestag, da die SPD die Bundesregierung aufgefordert hatte, über den Stand der Luftverunreinigung zu berichten und Vorschläge zu deren Bekämpfung zu unterbreiten. 1958 forderte die Bundesärztekammer, eine konservative Standesorganisation, »im Interesse der Volksgesundheit« neue gesetzliche Bestimmungen, um die gravierenden Gesundheitsgefährdungen zu beseitigen. Auch im Saarland gab es Proteste gegen die Luftverschmutzung durch industrielle Betriebe. Über andere Regionen oder Städte liegen keine Untersuchungen vor. Vermutlich hat es dort ebenfalls Beschwerden gegeben, ohne daß die vorgebrachten Einwände und Vorschläge allerdings größere Auswirkungen hatten. Dafür gibt es mehrere Gründe.

An erster Stelle ist darauf zu verweisen, daß die Belastung im Ruhrgebiet und zahlreichen Großstädten zwar ein erhebliches Maß erreicht hatte, weite Teile Deutschlands und selbst Nordrhein-Westfalens aber immer noch wenig betroffen waren. Luftverschmutzung war weiterhin kein nationales Problem. Hinzu kam, daß die verschiedenen Personen und Gruppierungen offensichtlich Kontakt untereinander hatten und zumindest voneinander wußten, doch gingen sie weder gemeinsam vor, noch schlossen sie sich zusammen. Entsprechend erfolgte die Presseberichterstattung vor allem auf lokaler Ebene, während überregionale Beiträge meist punktuell blieben und die Luftverschmutzung überwiegend als regionsspezifisches Problem darstellten. Damit einher ging ein begrenztes Interesse der Parteien, die in den betroffenen Orten in einem zuvor unbekannten Maß aktiv wurden, das Thema aber weiterhin nicht auf höheren Ebenen behandelten. Das war am ehesten noch bei Technikern, Fachleuten und zuständigen Beamten der Fall.

Fachleute, Politiker und Interessenlobbys

Aus dem Kreis dieser Experten stammte auch der bereits erwähnte Vorschlag, Luftgenossenschaften zu errichten. Die Resonanz in den Ministerien blieb gering, doch auf kommunaler Ebene und bei einzelnen Politikern fand er zunehmende Unterstützung. Das gilt vor allem für diejenigen Abgeordneten, die sich 1952 zur »Interparlamentarischen Arbeitsgemeinschaft für naturgemäße Wirtschaftsweise« zusammengeschlossen hatten. Sie forderten einen sparsamen Verbrauch der Ressourcen, die ansonsten zur Neige gingen, plädierten für den Grundsatz der Nachhaltigkeit und klagten über Schäden am Gesamthaushalt der Natur. Diese Formulierungen, die überaus aktuell klingen, wurden offensichtlich von ausländischen Vorbildern übernommen, entstammten also nicht einer deutschen Diskussion. Es handelte sich hierbei um die Initiative einer kleinen Gruppe von Politikern, die aus unterschiedlichen Parteien, Länderparlamenten und dem Bundestag stammten und erstaunlichen Einfluß erlangten.

Die Arbeitsgemeinschaft engagierte sich beim Wasserhaushaltsgesetz und setzte sich auch für ein Gesetz zur Reinhaltung der Luft ein, das die erwähnten Genossenschaften schaffen sollte. Die Industrie reagierte mit heftiger Ablehnung, und auf Anregung der Arbeitsgemeinschaft wurde deshalb eine Kommission zur Reinhaltung der Luft gegründet, die technisch-wissenschaftliche Beratung leisten und Vorschläge erarbeiten sollte. Federführend war der Verein Deutscher Ingenieure (VDI). Die Kommission bemühte sich zunächst um zuverlässige Daten für ihre Beratungen, wobei die früheren Erkenntnisse offensichtlich in Vergessenheit geraten waren. So wurde 1954 behauptet, daß die Einwirkung von Rauch, Staub und Gas auf Menschen, Tiere und Pflanzen noch sehr umstritten sei. Durch Forschung müsse erst festgestellt werden, »ob die industriellen Emissionen belästigen oder gefährden«; die Forderung nach Grenzwerten, die einzelne Wissenschaftler formuliert hatten, sei ein Irrweg, der nach dem Krieg leider beschritten worden sei.[20]

Trotz solcher Argumente waren Maßnahmen zur Reinhaltung der Luft auf Dauer nicht zu verhindern. Als erster Schritt erfolgte eine Revision der diesbezüglichen Paragraphen der Gewerbeordnung und des BGB. Die einschlägigen Begriffe (Ortsüblichkeit, Stand der Technik, wirtschaftliche Vertretbarkeit von Auflagen) wurden anders definiert. Ortsübliche Belastungen waren weiter hinzunehmen, doch die Duldungspflicht der Anlieger wurde begrenzt und deren Möglichkeit verbessert, Schadensersatz zu bekommen. Zudem mußten die Unternehmen Auflagen umsetzen, solange diese für ein »gesundes Durchschnittsunternehmen der betreffenden Betriebsart« zumutbar waren. Sie

		1964		1974	
	Einheit	IW 1	IW 2	IW 1	IW 2
Staub	mg/m²d	420	650	350	650
in Ballungsräumen	mg/m²d	850	1 300	350	650
Chlor	mg/m³	0,3	0,6	0,1	0,3
Kohlenmonoxid	mg/m³	–	–	10,0	30,0
Schwefeldioxid	mg/m³	0,4	0,75	0,14	0,4
Schwefelwasserstoff	mg/m³	0,15	0,3	0,005	0,01
Stickstoffdioxid	mg/m³	1,0	2,0	0,1	0,3

IW 1 = Langzeitwert, IW 2 = kurzzeitige Höchstbelastung

Tabelle 4: Höchstwerte für Immissionen 1964 / 1974
Quelle: Klaus-Georg Wey, Umweltpolitik in Deutschland. Kurze Geschichte des Umweltschutzes in Deutschland seit 1900. Opladen 1982, S. 190.

konnten sich also nicht länger allein schon mit dem Hinweis auf eigene wirtschaftliche Schwierigkeiten herausreden. Diese Änderungen muten geringfügig an, und sie haben kurzfristig keinen grundlegenden Wandel bewirkt. Sie haben die Umweltpolitik jedoch in eine andere Richtung gelenkt und neue Möglichkeiten eröffnet. Dazu zählten auch das 1962 in Nordrhein-Westfalen verabschiedete Immissionsschutzgesetz, das erste Landesgesetz zur Reinhaltung der Luft, und die 1964 erlassene Technische Anleitung zur Reinhaltung der Luft, die für die wichtigsten Stoffe Grenzwerte festsetzten.

Die Initiative hierfür war aus dem genannten Kreis der Politiker und Experten gekommen, doch die Verabschiedung der neuen Regelungen wurde wesentlich gefördert durch ein gesteigertes Interesse der Öffentlichkeit. So forderte Willy Brandt im Bundestagswahlkampf von 1961, der Himmel über der Ruhr müsse wieder blau werden, und im Wahlprogramm der SPD hieß es:

»Reine Luft, reines Wasser und weniger Lärm dürfen keine papierenen Forderungen bleiben. Erschreckende Untersuchungsergebnisse zeigen, daß im Zusammenhang mit der Verschmutzung von Luft und Wasser eine Zunahme von Leukämie, Krebs, Rachitis und Blutbildveränderungen sogar schon bei Kindern festzustellen ist. Es ist bestürzend, daß diese Gemeinschaftsaufgabe, bei der es um die Gesundheit von Millionen Menschen geht, bisher fast völlig vernachlässigt wurde. Der Himmel über dem Ruhrgebiet muß wieder blau werden.«[21]

Die Resonanz war groß, doch überwiegend abwertend. Weithin wurde die Forderung sogar belächelt, und der Vorstandssprecher der CDU sah darin »eine Freikarte für eine gefährliche Fahrt ins Blaue, das sichere Rezept für den Bankrott des Staates und ein Dokument der Verantwortungslosigkeit«[22]. In der CDU gab es allerdings auch andere Stimmen, darunter vor allem die von Franz Meyers, dem damaligen Ministerpräsidenten in Düsseldorf. Dieser hatte im April 1960, also mehr als ein Jahr vor Willy Brandt, auf dem Bundesparteitag der CDU als erster führender Politiker die Probleme der Luftverschmutzung benannt, vor allem die Industrie dafür verantwortlich gemacht und die Notwendigkeit auch kostspieliger Konsequenzen betont: »Dennoch wird uns nichts anderes übrig bleiben; Gesundheit und Arbeitskraft von Millionen arbeitender Menschen in den industriellen Ballungsgebieten stehen jenseits aller Kostengesichtspunkte.«[23]

Die unmittelbare Resonanz in Partei und Öffentlichkeit auf diese Rede war gering, doch Meyers griff dieses Thema in der Folgezeit mehrfach auf, auch in den Medien ging die Berichterstattung zunehmend darauf ein. 1956 hatten ›Stern‹ und ›Spiegel‹ große Reportagen zur Luftverschmutzung veröffentlicht, in den Jahren darauf berichteten Lokal- und Regionalzeitungen darüber, und auch der Rundfunk brachte Beiträge. Doch aus diesen Aktivitäten resultierte noch keine nationale Debatte, diese beschränkte sich vielmehr auf industrielle Ballungsräume wie das Ruhrgebiet. Dort ließ Meyers das 1962 verabschiedete Immissionsschutzgesetz erarbeiten, das auch als Reaktion auf eine erschreckend hohe Belastung zu sehen ist. Deren Ausmaß wurde im Dezember 1962 deutlich, als im Ruhrgebiet eine Smogsituation auftrat, die zahlreiche Atem- und Kreislauferkrankungen vor allem bei Kindern, Kranken und alten Menschen verursachte. Fortan war die Frage der Luftverschmutzung eines der wichtigen politischen Themen, zumal Willy Brandt mit dem »blauen Himmel« dafür eine so griffige Formulierung gefunden hatte. Deren Bedeutung kann nicht hoch genug veranschlagt werden, denn erst dadurch gelang es, die zahlreichen Ansätze und Bemühungen einer breiteren Öffentlichkeit bekannt zu machen. Meyers war dies nicht gelungen, obwohl er sich in dieser Frage stärker engagiert hatte als Willy Brandt, und hier zeigte sich, wie wichtig gerade für Umweltthemen die Resonanz in den Medien war.

Deutlich wurde dies auch bei der »Grünen Charta von der Mainau«. Hierbei handelt es sich um ein Dokument, das 1961 von Prominenten aus Politik, Wirtschaft und Kultur verabschiedet wurde und »um des Menschen willen« den Schutz der »natürlichen Umwelt« forderte. Dieser Begriff wurde hier wohl zum ersten Mal von deutschen Autoren verwendet, und auch die sonstigen Forderungen sind bis heute aktuell. Die Charta propagierte ein Menschenrecht auf »ein gesundes und menschenwürdiges Leben«, beklagte den alarmierenden Verbrauch der natürlichen Landschaft, erwähnte ausdrücklich den Schutz von Boden und Klima und forderte eine »nachhaltige Nutzung des vorhandenen natürlichen oder von Menschenhand geschaffenen Grüns« sowie generell einen nachhaltigen Landbau. Die Verwirklichung dieser Ziele erfordere eine wirksame Landschaftsplanung, die »Verhinderung vermeidbarer landschaftsschädigender Eingriffe« und die »Wiedergutmachung unvermeidbarer Eingriffe«, um einen gesunden Naturhaushalt zu erhalten und wiederherzustellen.[24]

Verabschiedet wurde dieser Text auf der Insel Mainau, wo 1961 zum fünften Male das sogenannte »Grüne Parlament« tagte, zu dessen Mitgliedern einige der wichtigsten Natur- und Landschaftsschützer der Bundesrepublik gehörten wie Konrad Buchwald, Professor für Landschaftspflege in Hannover, Alfred Toepfer, Präsident des Vereins Naturschutzpark und Vater des späteren Umweltministers, sowie Alwin Seifert. Unterstützt wurden sie von der Interparlamentarischen Arbeitsgemeinschaft, der Deutschen Gartenbau-Gesellschaft unter ihrem Präsidenten Graf Lenart Bernadotte und dem Deutschen Rat für Landschaftspflege, einem Zusammenschluß von Wissenschaftlern und großen Waldbesitzern. Das erste Exemplar der Charta wurde dem Bundespräsidenten Heinrich Lübke überreicht, der seine Unterstützung zusagte. Doch auch dieser Vorstoß fand keine größere öffentliche Resonanz, sondern blieb auf einen kleinen und elitären Kreis von Fachleuten, Politikern und Prominenten beschränkt.

Im Umfeld dieser Debatten sind auch die Bemühungen der Naturschützer zu sehen, die 1950 den »Deutschen Naturschutzring« gründeten und damit zum ersten Male eine übergreifende Organisationsform für die verschiedenen Naturschutzvereinigungen schufen. Im Jahr darauf erschien auch ihre Zeitschrift wieder, die 1944 eingestellt worden war, und weitere zwei Jahre später, zu Beginn des Jahres 1953, nahm die »Bundesanstalt für Naturschutz und Landschaftspflege« ihre Arbeit auf, die Nachfolgeorganisation der unter den Nationalsozialisten gegründeten »Reichsstelle für Naturschutz«. Zudem fanden bereits seit 1947 wieder jährliche Tagungen zu Naturschutz und Landschaftspflege statt, so daß die Voraussetzungen für die Arbeit der Naturschützer eigentlich ganz gut waren. Doch sie haben – so ein verbreiteter Eindruck – nicht viel bewirkt und wenig Interesse gefunden. Vielmehr sei die Bundesrepublik in dieser Phase zum Inbegriff eines modernen Industriestaates geworden, und diejenigen, die angesichts der »wachstumsorientierten und fortschrittsgläubigen Einstellungen aller Bevölkerungsschichten [...] Kritik am Konsum äußerten, sich gegen die Massenkultur wandten oder für alternative Lebensformen eintraten«, seien geradezu als Sektierer belächelt worden.[25] Diese Beurteilung hat einen zutreffenden Kern, ist insgesamt jedoch überzogen, denn tatsächlich gab es nicht nur die Vielzahl der bereits erwähnten Ansätze und Bewegungen, sondern auch grundsätzliche Kritik an der Industriegesellschaft und Warnungen vor einem Raubbau an der Natur.

Unbehagen an der Industriegesellschaft

1951 erschien das bereits erwähnte Buch von Erich Hornsmann. Ihm vorausgegangen war 1947 Anton Metternich mit: ›Die Wüste droht‹. Metternich konstatierte angesichts der Fortschritte von Technik, Wissenschaft und Industrie einen »Taumel der Überheblichkeit« und eine Blindheit für »alle natürlichen Maßstäbe«. Die moderne Zeit habe »die vertrauensvolle und gläubige Zusammenarbeit mit der Natur zum Verschwinden gebracht und den Kampf gegen die Natur eröffnet«. Die physischen Grundlagen der Menschheit seien bedroht, und blutige Kriege um Nahrungs- und Rohstoffquellen stünden bevor.[26] Als Bedrohung sah er vor allem die zu schnelle Vermehrung der Bevölkerung, kritisierte aber auch Aspekte wie den Einsatz chemischer Mittel zur Bekämpfung von Schädlingen. Diese hätten erstaunliche Erfolge erzielt, aber auch die Fähigkeit der Natur, »diese Schädlinge in Schach zu halten«, zerstört. Neue, resistente Arten könnten entstehen, und es sei zu bedenken, daß Gift wahllos morde, also nicht nur schädliche, sondern auch nützliche Tiere treffe: »Der Gedanke ist grotesk, mit Gift das höher entwickelte Leben auf Erden erhalten zu wollen. Gift ist da, um zu morden, nicht zur Erhaltung des Lebens. [...] In Wirklichkeit kann nur eines das Leben erhalten und gesund gestalten: wir müssen der Natur, die das Leben werden ließ, ihre Rechte lassen, wir müssen sie wirken lassen, wie es ein untrügliches und unbestechliches Naturgesetz verlangt.«

In den Jahren danach erschienen mehrere Bücher, die die modernen Industriegesellschaften und deren Umgang mit Natur und Umwelt heftig kritisierten, darunter 1950 Fairfield Osborns ›Unsere ausgeplünderte Erde‹, kurz darauf Reinhard Demolls ›Bändigt den Menschen gegen die Natur oder mit ihr‹ und vor allem Günther Schwabs Buch ›Tanz mit dem Teufel: Ein abenteuerliches Interview‹, das 1958 erschien, bis 1972 zehn Auflagen erlebte, in zahlreiche Sprachen übersetzt wurde und sehr großes Aufsehen erregte. Darin schildert der Satan in einem ausführlichen Interview, wie er allmählich, aber unausweichlich die Erde vergifte und zerstöre. Dabei hatte er Helfer aus der Unterwelt wie den Jaucheteufel oder den Lärmteufel, vor allem jedoch halfen ihm die Menschen selbst mit ihrer Jagd nach Profit und immer höherer Produktion. Ausführlich berichten die einzelnen Teufel, wie sehr die Luft belastet, der Boden vergiftet und die Gewässer verschmutzt seien. Gegenmaßnahmen kämen zu spät oder richteten sogar zusätzlichen Schaden an, zunehmend sei die ganze Erde betroffen. Schließlich würden ihre ganzen Reichtümer erschöpft, »die Werke des Menschen zerstört sein. Die Restmenschheit wird elend, hungernd und nackt sich in Erdlöchern verkriechen und beginnen, mit den bloßen Händen den Boden umzugraben, um ihm neue Fruchtbarkeit abzuringen. Sie werden wieder die Ehrfurcht lernen vor der Handvoll Erde, vor dem Grashalm, der ihnen ein Körnlein Nahrung trägt.«

Über dieses Buch haben Studenten Anfang der sechziger Jahre nächtelang diskutiert, doch sein konkreter Einfluß ist offenbar gering geblieben. Das ist insofern nicht überraschend, als Schwab selbst keine Verbindungen zur Politik herstellte und auch keine politischen, technischen oder ökonomischen Alternativen nannte. Die von ihm beschriebene Lösung bestand vielmehr in einer moralisch-religiösen Besinnung. Die Rettung kam durch Sten, einen Dichter, und Rolande, ein Mädchen, die als einzige dem Teufel widerstanden. Als sie ihm gegenüber den Namen Gottes erwähnten, brach sein Reich in einem betäubenden Donnergrollen in sich zusammen. Stunden später wachten Sten und Rolande auf, sie waren ganz allein auf der zerstörten Welt. Doch inmitten der Trümmer blühte ein Apfelbaum, Bienen summten, und ein Vogelpaar versorgte seine Jungen, denn so Rolande:

»Über Tiere und Pflanzen hat der Teufel keine Macht. Sie sind nicht sündig geworden.« Sie holte ein Säckchen mit Weizen aus ihrem Kleid, sang ein uraltes Lied und legte »Korn um Korn die Saat eines neuen Weltalters in die atmende warme Scholle«[27].

Im Gegensatz zu diesem dramatischen Untergangsszenario sind die anderen Bücher gekennzeichnet durch sehr material- und kenntnisreiche Darstellungen der Umweltbelastungen und die Herausarbeitung komplexer Zusammenhänge. Dazu griffen sie Erkenntnisse und Ergebnisse der Naturwissenschaften auf, die bedeutend weiter fortgeschritten waren, als Öffentlichkeit und Politik wahrnahmen. Mittlerweile bestand eine lange Forschungstradition, die seit dem 19. Jahrhundert einen großen Wissensbestand angehäuft und an methodischer Präzision gewonnen hatte und verstärkt Kreisläufe, Rückkopplungen oder Langzeitwirkungen thematisierte, jedoch nur ausnahmsweise die Öffentlichkeit erreichte. Die Wissenschaftler waren noch nicht dazu übergegangen, diese systematisch zu informieren und mit mehr oder minder dramatischen Appellen das öffentliche Interesse auf ihre Ergebnisse zu lenken. Diese Aufgabe erfüllten wenigstens ansatzweise die Bücher von Demoll, Schwab oder Osborn. Praktikable Auswege hingegen waren nicht auszumachen. Kennzeichnend war vielmehr eine grundsätzliche Kulturkritik, eine Angst vor Auswüchsen der Industriegesellschaft und nicht zuletzt vor »der Masse Mensch«, die – so Metternich – die Persönlichkeit abgelöst habe. Die große Masse vegetiere im »Talmiglanz billiger Kunstkleider dahin und erlebt die Illusion eines unwirklichen Daseins auf den Polstersesseln billiger, aber immerhin glänzender Kinematographentheater«[28]. Erneut war das Interesse an der Natur eng verknüpft mit einer konservativen, elitären Kulturkritik, wobei – vor allem bei Schwab – enge Verbindungen zum äußeren rechten Flügel bestanden und auch eugenische Positionen anzutreffen waren. Hinzu kam in diesen Schriften eine allgemeine Katastrophenangst, die vom Glanz des Wirtschaftswunders in den Hintergrund gedrängt wurde, aber noch weit verbreitet war.

Es fällt schwer zu entscheiden, welcher dieser Faktoren wichtiger war: die Kulturkritik, das Beschwören von Katastrophen oder die Sorge um die Natur. Eindeutig voneinander zu trennen sind sie jedenfalls nicht, sie bildeten vielmehr eine Einheit. Und gerade diese Mischung erklärt die große Resonanz dieser Veröffentlichungen, die jedoch nur Teile der Bevölkerung ansprach, während andere nichts damit anfangen konnten oder sogar ablehnend reagierten. Die Zeit für konkretes politisches Handeln war noch nicht gekommen, dennoch waren diese Veröffentlichungen wichtig. Sie hoben die Debatten über das Verhältnis von Industriegesellschaften und Natur auf eine neue Stufe, fanden eine große Leserschaft und führten sogar zur Bildung neuer Organisationen. Zu nennen ist vor allem der von Schwab begründete »Weltbund zum Schutze des Lebens«, der sich auch in der Auseinandersetzung um die Atomenergie engagierte. 1969 war dieser Bund in 31 Ländern vertreten und zählte allein in Deutschland rund 1 Million Mitglieder, die ihm möglicherweise aber auch beigetreten waren, weil er betont nationale Positionen vertrat.[29]

Atomenergie, 1950 bis 1970

Auf ihrem Parteitag im Jahre 1956 diskutierte die SPD einen »Atomplan« und formulierte: »Ein neues Zeitalter hat begonnen. Die kontrollierte Kernspaltung und die auf diesem Wege zu gewinnende Kernenergie leiten den Beginn eines neuen Zeitalters für die Menschheit ein. [...] Die Hebung des Wohlstandes, die von der neuen Energiequelle [...] ausgehen kann, muß allen Menschen zugute kommen. In solchem Sinne entwickelt und verwendet, kann die Atomenergie entscheidend helfen, die Demokratie im Innern und den Frieden zwischen den Völkern zu festigen. Dann wird das Atomzeitalter das Zeitalter werden von Frieden und Freiheit für alle.«[30] Entsprechend forderten Abgeordnete dieser Partei die Bundesregierung auf, mehr Gelder für die Atomforschung bereitzustellen, um den technologischen Rückstand gegenüber anderen Ländern aufzuholen. Und sie warfen der Industrie vor, diese neue Technologie aus »traditioneller Verbundenheit« zum Kohlebergbau zu vernachlässigen.

Vergleichbare Äußerungen waren zu dieser Zeit verbreitet, die Phantasie kannte keine Grenzen: Atommeiler schienen überall auf der Welt einsetzbar zu sein, sie sollten Strom und Wärme liefern, Meerwasser entsalzen und Wüsten fruchtbar machen, Gewächshäuser im kalten Norden beheizen oder ganze Flüsse umleiten, um trockene Gebiete zu bewässern. In verkleinerter Form sollten sie Schiffe, U-Boote, Eisenbahnen und selbst Autos antreiben, kurzum, die Kernkraft versprach nicht nur billige, sondern auch unerschöpfliche Energie, die für viele Jahrhunderte reichen und die Gesellschaft nahezu aller Sorgen entledigen sollte. Zahllose Journalisten, Schriftsteller und Politiker vertraten diese Position, und auch die öffentliche Meinung schien die Kernenergie zu begrüßen, zumal Argumente des Natur- und Umweltschutzes ebenfalls dafür sprachen. Denn dadurch ließen sich – so der Atomplan der SPD – »der Raubbau in den Kohlegruben« ebenso vermeiden wie »die schädigende Veränderung von Landschaft und Wasserversorgung beim Abbau von Braunkohle«. Die Begeisterung war groß und in den Medien nahezu einhellig. Doch diese spiegelten nur einen Teil der Meinungen und Strömungen wider, die in der Bevölkerung bestanden. Diese betrachtete vielfach gerade die Kernenergie äußerst skeptisch, zumal diese eng verknüpft war mit der Debatte um die Atombombe.

Mit der Zündung der ersten sowjetischen Atombombe im Jahre 1949 hatte ein atomarer Rüstungswettlauf eingesetzt, bei dem die beteiligten Mächte bis 1962 offiziell 423 Nuklearexplosionen durchführten und dabei erhebliche Mengen an radioaktiven Stoffen freisetzten, die in der ganzen Welt niedergingen. In Deutschland war die natürliche Radioaktivität im Trinkwasser um mehr als das Hundertfache überschritten, und 1956 stellte das kurz zuvor eingerichtete Atomministerium »geradezu eine Strahlenangstpsychose« fest. 1955 hatten bei einer Umfrage zwei Drittel der Erwachsenen Kernenergie in Verbindung gebracht mit »Bomben, Krieg, Vernichtung«, und 1958 befürworteten nur 8 Prozent der Bevölkerung die zivile Nutzung der Kernenergie, während 17 Prozent befürchteten, sie könne zu einem Atomkrieg führen. Das erschien nicht unbegründet, denn die USA hatten ihren europäischen Verbündeten die Ausrüstung mit Atomwaffen angeboten und wollten diese Waffen auch auf dem Gebiet der Bundesrepublik stationieren. Dagegen kam es zu heftigen Protesten, an denen sich 1958 vermutlich mehr als 300 000 Menschen beteiligten und die anfangs auch in Kreisen der Gewerkschaften und SPD eine gewisse Unterstützung fanden. Doch zunehmend bildete sich auch in diesen Organisationen ein stabiler Konsens mit der Bundesregierung heraus, die zivile Nutzung der Kernenergie von der Frage der Atomwaffen zu trennen und sie mit staatlichen Geldern zu fördern.

Unterhalb der offiziellen politischen Ebene hingegen blieb die Diskussion kontrovers und die Ablehnung groß. So führte die 1951/52 einsetzende Suche nach Standorten für die ersten deutschen Kernreaktoren in Karlsruhe, Köln und Jülich zu heftigen Auseinandersetzungen. In Karlsruhe hatten Einwohner sogar geklagt, sahen das Grundrecht auf Leben und körperliche Unversehrtheit bedroht und verwiesen auf ungeklärte Sicherheitsfragen. Ihre Klage erregte großes Aufsehen und wurde bundesweit kommentiert, wobei die Medien allerdings eindeutig für die neue Energieform plädierten. Die Berichte stellten die Kläger als hinterwäldlerische Querulanten dar, und der ›Südkurier‹ formulierte als Schlagzeile »Mit Dreschflegeln gegen Atommeiler«.[31] Dabei gab es zu dieser Zeit auch Wissenschaftler, die vor der Kernenergie warnten. So hatte Bodo Manstein, Chefarzt am Kreiskrankenhaus in Detmold, 1956 den »Kampfbund gegen Atomschäden e.V.« gegründet. Dieser forderte in erster Linie ein Verbot der Atomwaffen und warnte vor den radioaktiven Strahlungen, die in den Tests freigesetzt worden waren. Doch Manstein setzte sich auch dafür ein, die zivile Nutzung der Kernenergie wegen der damit verbundenen Gefahren kritisch zu betrachten. Der bereits erwähnte »Weltbund« engagierte sich ebenfalls in dieser Frage, und in Schwabs Buch diskutierten die Teufel ausführlich über die Probleme dieser neuen Technik, die bei der Explosion eines Kernkraftwerks »tödliche Strahlungen im Umkreis bis zu achtzig Kilometern« freisetzen würden.[32] Kurz darauf, im Jahre 1961, veröffentlichte Manstein seine Arbeit ›Im Würgegriff des Fortschritts‹, die umfassend und auf hohem Kenntnisstand die Möglichkeiten und Gefahren der Kernenergie darstellte.[33] Parallel dazu gab es offensichtlich zahlreiche Versammlungen und breite Diskussionen, über die wir allerdings bisher wenig wissen. Fest steht allerdings, daß die in Presse und Politik verbreitete Begeisterung nicht allgemein geteilt wurde.

Die Naturschutzverbände haben sich an dieser Auseinandersetzung kaum beteiligt. Lediglich die Naturfreunde waren dem

»Kampfbund« Mansteins beigetreten und lehnten neben der militärischen auch die zivile Nutzung der Kernkraft ab. Diese Position wurde nicht allgemein geteilt, schienen doch gerade Belange des Naturschutzes für den Ausbau der Kernenergie zu sprechen. Die SPD hatte in ihrem Atomprogramm darauf verwiesen, daß deren Einsatz den »Raubbau an den Kohlegruben« beenden würde, und zahlreiche Naturschützer setzten darauf, um die ungeliebten Wasserkraftwerke zu verhindern. So veröffentlichte der bereits erwähnte Otto Kraus 1960 eine Schrift über ›Wasserkraftnutzung und Naturschutz im Atomzeitalter‹. Darin räumte er ein, daß »mancher Wissenschaftler, mancher Politiker und mancher Bürger« über die damit verbundenen Gefahren besorgt sei, doch diese seien beherrschbar, zumal Staudämme nicht minder gefährlich seien. Schon deren Errichtung fordere zahlreiche Opfer, und sie könnten zudem durch technische Fehler oder Naturgewalten brechen und Katastrophen auslösen. Die Fortschritte der Kerntechnik und der Bau von Kernkraftwerken hingegen böten einen Ausweg, und diese »Sternstunde« müsse genutzt werden.[34]

Die Wende?

Es gab somit auch in den sechziger Jahren ein großes Interesse am Schutz von Natur und Umwelt, doch von einer Umweltpolitik im engeren Sinne konnte noch keine Rede sein. Und sie schien sich auch nicht abzuzeichnen, bis zu jenem Nachmittag des 7. November 1969, als gegen 16 Uhr der Begriff »Umweltschutz« wohl zum ersten Mal in Deutschland benutzt wurde.

An diesem Tag fand eine Besprechung beim neuen Innenminister Hans-Dietrich Genscher statt. Die gerade erst begründete sozialliberale Koalition war dabei, sich zu etablieren, und Genscher hatte im Rahmen der Koalitionsverhandlungen eine Ausweitung seiner Zuständigkeiten erreicht. Die bis dahin im Gesundheitsministerium angesiedelte Abteilung III mit dem Namen »Gewässerschutz, Luftreinhaltung und Lärmbekämpfung« gelangte in sein Ressort. Genscher war an diesen Themen sehr interessiert und ließ sich die Tätigkeit dieser Abteilung erklären, beklagte allerdings deren langen, umständlichen Namen. Der zuständige Beamte verwies darauf, daß es sich hierbei um natürliche Lebensgrundlagen handele, zu deren Bezeichnung sich der Begriff »Umwelt« durchgesetzt habe. Genscher fand Gefallen daran. Deshalb wurde vorgeschlagen, die Abteilung in »Umweltschutz« umzubenennen. Das klang knapp und attraktiv und erinnerte zudem an die Bezeichnung »environment protection«, die den am Gespräch Beteiligten aus der amerikanischen Politik und Literatur bekannt war.[35]

Zahlreiche Veröffentlichungen über die Entstehung der modernen Umweltpolitik sehen hierin die Anfänge des Umweltschutzes in Deutschland. Zurückgeführt wird diese in erster Linie auf die Aktivitäten mehrerer Ministerialbeamter, die – beeinflußt vor allem durch die USA – vorwiegend auf eigene Initiative gehandelt hätten und weder von den Parteien noch von der Bevölkerung dazu gedrängt worden seien. Als wichtiger Anstoß gilt vielmehr die Regierungserklärung Willy Brandts vom 28.Oktober 1969, der nicht nur einen besseren Tier- und Naturschutz, sondern auch Gesetze »zum ausreichenden Schutz vor Luft- und Wasserverunreinigung und vor Lärmbelästigung« ankündigte.[36] Wie bereits 1961, als er einen blauen Himmel über der Ruhr versprach, reagierte die CDU auch dieses Mal überrascht und versuchte, seine Aussage lächerlich zu machen. Brandt warnte vor derart »törichten Bemerkungen«, doch es scheint, daß nicht nur die CDU keine klare Position besaß. Die Parteien insgesamt hatten sich bis dahin für das Umweltthema kaum interessiert und waren auch im zurückliegenden Wahlkampf darauf nicht eingegangen. Die sonst so aktive Studentenbewegung hat sich ebenfalls nicht darum gekümmert, und auch die zahlreichen Bürgerinitiativen, die zu dieser Zeit entstanden, verfolgten schwerpunktmäßig andere Ziele. Der Anstoß scheint somit aus der Exekutive gekommen zu sein, und die damals zuständigen Beamten haben in späteren Berichten mehrfach betont, sie seien bei ihren Bemühungen weitgehend auf sich gestellt gewesen. Ein offenes Ohr hätten sie vor allem bei Genscher gefunden, der sich für dieses Thema offensichtlich wirklich interessierte, es aber auch aufgriff, um sich und der FDP ein neues Profil zu geben.

In der Öffentlichkeit ist eine ganz andere Meinung weit verbreitet. Hier herrscht die Auffassung vor, daß Druck von unten, von Medien, Bürgerinitiativen und aus der Bevölkerung dazu geführt habe, daß die Regierung dieses Thema aufgriff und endlich etwas unternahm. Das Interesse an der Umwelt gilt geradezu als ein Musterbeispiel für ein Thema, das sich »nicht von oben nach unten, sondern von unten nach oben« (Erhard Eppler) durchsetzte. Vor allem die neuen sozialen Bewegungen hätten der Umweltdebatte zum Durchbruch verholfen und den Staat in Zugzwang gebracht. Das klingt überzeugend, wenn wir an die heftigen Auseinandersetzungen um die Kernkraftwerke, die zahllosen Demonstrationen gegen den Bau neuer Straßen und Flughäfen oder den raschen Aufstieg der GRÜNEN und der Umweltbewegung generell denken. Dieser erfolgte außerhalb der, vielfach im Gegensatz zu den etablierten Institutionen, Parteien und Verbänden, und bis heute ist die Umweltbewegung durch das Selbstverständnis geprägt, sich abseits der traditionellen Pfade durchgesetzt zu haben. Diese Vorstellung verleiht ihr Kraft und Selbstbewußtsein, entspricht allerdings nur teilweise der tatsächlichen Entwicklung.

Umweltthemen waren in den sechziger Jahren immer wieder in den Medien behandelt worden, doch eine kontinuierliche Berichterstattung setzte erst nach 1970 ein. Erst jetzt wurden die Berichte prägnanter, engagierter und kritischer. Sie beschrieben Mißstände, kritisierten das Ausbleiben von Maßnahmen und forderten Abhilfe, wobei diese Beiträge nicht länger auf einschlägige politische Zeitschriften oder Magazine beschränkt blieben. Auch die auflagenstarken Zeitungen, die populären Illustrierten, die Boulevardpresse sowie Rundfunk und Fernsehen griffen Umweltthemen auf. Doch dieses breite Interesse ergab sich erst im Anschluß an, allenfalls zeitgleich zu den Aktivitäten der Regierung und war möglicherweise durch sie angestoßen. Fraglos hat dieses Interesse den staatlichen Aktivitäten Auftrieb gegeben, es hat sie hingegen nicht ausgelöst. So gaben noch im September 1970 bei einer INFAS-Studie fast 60 Prozent der Befragten an, über Umweltschutz bisher nichts gehört zu haben. Erst zu dieser Zeit begannen Bürgerinitiativen verstärkt, Umweltprobleme aufzugreifen, doch zu einem bundesweiten Zusammenschluß kam es erst 1972 mit der Gründung des BBU (Bundesverband Bürgerinitiativen Umweltschutz). Zu diesem Zeitpunkt hatte die

Bundesregierung längst die Ausarbeitung von Gesetzen in Angriff genommen und im Oktober 1971 ein Umweltprogramm vorgelegt, das eine grundlegende Konzeption entwickelte und konkrete Maßnahmen vorsah. Mehr noch: An der Gründungsversammlung des BBU nahmen Beamte des Innenministeriums teil, darunter Staatssekretär Günter Hartkopf, der die Umweltpolitik der Regierung wesentlich prägte. Sein Ministerium übernahm bei vielen Teilnehmern sogar die Reisekosten, so sehr war es daran interessiert, das öffentliche Interesse an Umweltfragen zu verstärken, die Aktivitäten der Bürgerinitiativen zu fördern und deren Unterstützung für dieses noch neue Gebiet zu sichern. Das zahlte sich aus. Eine Kontrolluntersuchung von INFAS im November 1971 ergab, daß mittlerweile mehr als 90 Prozent der Befragten von Umweltschutz gehört hatten. Und 1973 bezeichneten bei einer anderen Umfrage fast 65 Prozent die Eindämmung der Verschmutzung von Luft und Wasser als eine wichtige Aufgabe. Innerhalb kürzester Zeit hatten somit Umweltschutz und Umweltpolitik eine erstaunliche Karriere gemacht. Sie waren ins Zentrum von Politik und Öffentlichkeit gerückt, wo sie sich bis heute befinden.[37]

Allein dieser Befund läßt Zweifel an der These aufkommen, die moderne Umweltpolitik sei lediglich durch eine kleine Gruppe hochrangiger Beamter begründet worden. Deren Beitrag soll nicht geleugnet werden, doch er kann nicht das erstaunlich große und rasant anwachsende öffentliche Interesse erklären. Auch trifft die Behauptung nicht zu, daß bis dahin kaum Interesse an Umweltfragen bestanden habe. So heißt es im Umweltgutachten von 1978, daß »vor 1970 [...] Kernenergie kaum unter dem Gesichtspunkt des Umweltschutzes« diskutiert worden sei.[38] Richtig an dieser Aussage ist, daß mittlerweile die Debatten viel kontroverser verliefen und bedeutend mehr Aufmerksamkeit erregten. Doch es gab sie schon lange, unter anderem innerhalb des erwähnten »Weltbundes für den Schutz des Lebens«, der 1969 mehr als 1 Million Mitglieder zählte. Es bestand also ein breites Interesse an derartigen Fragen. Hieran konnte die Politik anknüpfen, und erst vor diesem Hintergrund ist deren erstaunliche Resonanz zu erklären.

Neu war also nicht das Interesse an Umweltfragen. Neu war

vielmehr, daß diese nun in einem zuvor unbekannten Maße von Politik und Bürokratie aufgegriffen wurden, und neu war die breite und engagierte Berichterstattung in den Medien. Dadurch wurde das bereits vorhandene Interesse verstärkt, in konkrete, klarer erkennbare Bahnen gelenkt und eine neue Phase eingeleitet. Bis dahin war das Interesse an Umweltfragen organisatorisch kaum erfaßt und vor allem nicht in konkrete Schritte oder gar ein systematisches Konzept umgesetzt worden. Das gilt auch für den »Weltbund«, der zwar viele Menschen ansprach, aber – soweit festzustellen ist – kein eindeutiges Programm verfolgte, während die Naturschützer in einer Nische verharrten und es nicht vermochten, breitere Kreise der Bevölkerung anzusprechen. Ihre Arbeit blieb lokal orientiert, ebenso wie die ersten Umweltinitiativen, die weitgehend unabhängig voneinander arbeiteten. Eine Ausnahme bildete lediglich die »Interessengemeinschaft zur Bekämpfung des Flugzeuglärms«, die 1966 bereits 15 000 Mitglieder zählte, sich allerdings auf dieses eine Ziel konzentrierte.

Die »Kapazitäten« für die Entwicklung einer Umweltpolitik waren somit sehr unterschiedlich ausgeprägt. Diese Situation änderte sich 1969/70 grundlegend. Die Bundesregierung griff das Thema auf, in den Medien setzte eine breite Berichterstattung ein, und das öffentliche Interesse nahm sprunghaft zu, wobei diese drei Elemente sich gegenseitig verstärkten. Das bereits vorhandene, bislang weitgehend diffuse Interesse an Umweltproblemen wurde nun von offizieller Seite ernst genommen und erhielt auch eine eindeutigere Stoßrichtung, nicht zuletzt durch die Einführung des Begriffes »Umweltschutz«. Daß der Begriff selbst eigentlich verschwommen und kaum eingrenzbar ist, war dabei kein Nachteil, sondern hat es im Gegenteil erst ermöglicht, die Vielfalt unterschiedlicher Interessen und Ansätze unter ein gemeinsames Etikett zusammenzufassen.

Unterstützt wurde die Herausbildung der modernen Umweltpolitik und -bewegung durch Ereignisse und Entwicklungen außerhalb Deutschlands. Der Europarat hatte das Jahr 1970 zum Naturschutzjahr erklärt, und die Vereinten Nationen hielten in demselben Jahr in Stockholm eine Weltkonferenz für Umweltschutz ab, die auf das für 1972 ausgerufene »World Year of the Environment« vorbereitete. In den USA wiederum organisierte die bedeutend weiter entwickelte Umweltbewegung mit der Unterstützung prominenter Politiker den »Earth Day«, der am 22. April 1970 stattfand und an dem sich Hunderttausende beteiligten. Die deutschen Medien berichteten ausführlich über dieses Ereignis, wobei sie vor allem das Engagement der Jugendlichen betonten. Die deutsche Studentenbewegung war zu diesem Zeitpunkt noch mit anderen Themen befaßt und trug direkt wenig zum wachsenden Interesse an Umweltproblemen bei. Indirekt war sie gleichwohl äußerst wichtig, da sie die weitverbreitete Konsumorientierung in Frage stellte, zu öffentlichem Engagement aufforderte und generell zu einem Wertewandel und einem neuen Politikverständnis beitrug. Eine große Rolle spielte auch die rapide wachsende Zahl an Bürgerinitiativen, mit denen ein neues und zumal in seiner Breite wichtiges Element in die Politik kam.

Damit verbunden war eine Verschiebung innerhalb des politischen Spektrums der Umweltbewegung. Die Mehrzahl der Natur- und Heimatschützer gehörte seit den ersten Ansätzen im Kaiserreich zum konservativen Lager. Das gilt bis in die siebziger Jahre auch für die Bundesrepublik, wobei Organisationen wie der Weltbund sogar eng mit der rechtsextremen Szene verknüpft waren und später mehrfach mit der NPD zusammenarbeiteten.[39] Hier wirkte Gedankengut aus der Zeit der Weimarer Republik und des Nationalsozialismus fort, und viele Zeitgenossen stellten den Naturschutz generell in diese Tradition, so daß er weithin als ein konservatives, rückwärtsgewandtes Anliegen galt. Dies änderte sich mit der Studentenbewegung und den Bürgerinitiativen, die überwiegend linke und radikale Vorstellungen vertraten, anfangs allerdings auch Vertreter traditioneller Positionen zu ihren Mitgliedern zählten, wie etwa das CDU-Mitglied Herbert Gruhl. Hieraus entstanden zunehmend Konflikte, die schließlich dazu führten, daß diejenigen, die von konservativen Strömungen beeinflußt wurden, eigene Wege gingen. Die GRÜNEN hingegen etablierten sich als eine Partei, die deutlich links von der Mitte stand und neben den Umweltfragen andere »progressive« Positionen wie die Gleichberechtigung der Frauen, die Entmilitarisierung oder die Kritik an den großen Konzernen aufgriff.

Begleitet war diese Neubestimmung der Inhalte von der Entwicklung neuer Formen der Interessenvertretung und Konfliktaustragung. Bis dahin hatten die Naturschützer nur vereinzelt größere Aktionen durchgeführt, darunter vor allem die Proteste gegen die Errichtung von Wasserkraftwerken. Daneben gab es immer wieder Appelle an die Öffentlichkeit, jedoch keine Tradition, diese systematisch einzubeziehen oder gar zu mobilisieren. Wichtiger war die Arbeit hinter den Kulissen und in offiziellen Gremien, zumal zu den Naturschützern hochrangige Beamte, Wissenschaftler und andere Personen des öffentlichen Lebens gehörten, die es vorzogen, Erklärungen wie die »Charta von Mainau« zu unterschreiben und auf diesem Wege Einfluß zu nehmen. Die neuen Bürgerinitiativen hingegen setzten auf Mobilisierung und wichtige Teile zunehmend auf direkte Aktionen. Sie griffen Aktionsformen der Studentenbewegung auf, radikalisierten ihr Vorgehen, fanden größeres öffentliches und Medieninteresse, etablierten dadurch das Umweltthema und verdrängten zugleich die bisherigen Organisationen, die sich förmlich überrollt fühlten. Teilweise konnten diese sich aber auch umstellen, ganz neue Gruppen ansprechen und die Mitgliederzahl auf vorher unerreichte Höhen steigern. So wuchs der Bund Naturschutz allein in Bayern von knapp 18 000 Mitgliedern im Jahre 1968 auf 105 000 im Jahre 1992 an.[40]

Schließlich häuften sich Ende der sechziger Jahre in Deutschland und international die Katastrophenmeldungen. In den USA hatte Paul Ehrlich 1968 das Buch ›The Population Bomb‹ veröffentlicht, das 1970 in Deutschland unter dem Titel ›Die Bevölkerungsbombe‹ erschien und den unausweichlichen Hungertod von Millionen von Menschen voraussagte. Im Jahr darauf erschien ›Das Selbstmordprogramm‹ von Gordon Taylor mit dem Untertitel: ›Zukunft oder Untergang der Menschheit‹, dessen deutsche Übersetzung bereits im ersten Jahr die fünfte Auflage erlebte und in mehr als 50 000 Exemplaren verkauft wurde.[41] Auch Taylor wies beschwörend vor allem auf die Bevölkerungsexplosion hin und daneben auf die Verseuchung durch Umweltgifte wie Asbest, DDT und Blei, die zunehmende Radioaktivität und die Gefahr einer ökologischen Katastrophe. Die deutschen Medien griffen diese Szenarien auf. Der ›Stern‹ konstatierte im September 1970 einen »Giftkrieg in Deutschland«, die ›Süddeutsche Zeitung‹ beschrieb eine tickende Zeitbombe und formulierte: »Strontium in der Milch und Öl in der Ostsee, Dunstglocken über den Städten und Schleichverkehr auf überfüllten Straßen haben ihre Schockwirkung nicht verfehlt.« Der ›Spiegel‹ berichtete im Oktober in seiner Titelgeschichte von Umweltkatastrophen in der ganzen Welt, und die ›Bunte‹, eine eher konservative Illustrierte, fürchtete am 8. Dezember gar: »Wir rotten uns selber aus. Unsere Umwelt ist vergiftet. Die Menschheit ist in höchster Gefahr.«[42]

Verstärkt wurden diese Ängste durch den 1972 veröffentlichten Bericht des »Club of Rome«, den der Amerikaner Dennis Meadows unter dem Titel ›Grenzen des Wachstums‹ veröffentlichte. Meadows war von dem Club beauftragt worden, mögliche Szenarien der weiteren Entwicklung aufzustellen, und er erledigte diese Aufgabe mit Hilfe zahlreicher Kollegen und hochkomplexer Computermodelle. Diese Modelle, die zugrundeliegenden Berechnungsmethoden und deren Aussagefähigkeit hat wohl kaum einer der Leser verstanden, doch die Resonanz war überwältigend und die Botschaft eindeutig. Wenn die Menschheit so weitermache wie bisher, gefährde sie das ökologische, soziale und wirtschaftliche Gleichgewicht. Sie gerate an die Grenzen des Wachstums und setze ihre Existenz aufs Spiel. Inhaltlich hatte Meadows eigentlich wenig Neues beschrieben, sondern vieles von dem aufgegriffen, was Autoren wie Metternich, Schwab oder Taylor vor ihm dargestellt hatten. Und genau besehen, vertraten der Bericht des »Club of Rome«, der Bestseller von Ehrlich wie auch zahlreiche andere Autoren (einmal mehr) die Argumente von Malthus: Die Bevölkerung wachse zu schnell und die Ressourcen gingen zur Neige. Doch diese Aussagen wirkten ganz neu, zumindest ihre Verpackung war modern. Sie beruhten auf Computerberechnungen, die in der Öffentlichkeit großen Eindruck machten. Das Buch erschien in kürzester Zeit in mehreren Sprachen, wurde zehnmillionenmal verkauft und war von einer internationalen Medienkampagne begleitet. Und der »Club of Rome«, dessen Mitglieder und Hintergrund kaum bekannt waren, stand in dem Ruf, das moralisch-wissenschaftliche Weltgewissen zu verkörpern.

Damit sind die wichtigsten Elemente genannt, die seit Beginn der siebziger Jahre die Umweltpolitik und Umweltbewegung geprägt haben: das Engagement von Parteien und Staatsapparat; eine umfassende und sehr kritische Berichterstattung in den Medien; eine große öffentliche Resonanz, die über das Interesse am Thema hinaus zu vielfältigen Formen des Engagements führte; ein erheblicher Einfluß von Organisationen wie des »Club of Rome« und anderer Umweltverbände, die aus privater Initiative heraus entstanden waren, aber einen fast offiziellen Status erreichten; ein Ausbau bestehender und die Begründung neuer Verwaltungseinrichtungen sowie eine zunehmend größere Rolle von Experten und wissenschaftlichen Gremien, die in wachsender Zahl Untersuchungen durchführten, Berichte erstellten, Vorschläge entwickelten und in Politik und Öffentlichkeit sowie bei zahlreichen Auseinandersetzungen eine zentrale Bedeutung erlangten. Gerade hier sowie innerhalb von Behörden und in der Justiz entstanden neue Kapazitäten. Hinzu kam schließlich eine Mischung aus sachbezogener, nüchterner Berichterstattung und Katastrophenmeldungen, die die Phantasie der Menschen beschäftigten und von Beginn an die neuen Umweltdebatten prägten. Sie waren wichtig, um die Öffentlichkeit zu mobilisieren, Druck auf Politik, Behörden und Industrie auszuüben oder die Rechtsprechung zu beeinflussen. Doch die Dramatik der Schilderungen hat auch manches Problem überzeichnet, vielfach unnötige Ängste hervorgerufen und eine kritische Bestandsaufnahme erschwert. Diese fällt leichter, wenn wir die verschiedenen Phasen der Umweltpolitik nach 1970 näher betrachten.

Phasen der Umweltpolitik nach 1970

Ein Anfang mit Elan, 1970 bis 1974

Nach der Regierungserklärung von Willy Brandt im November 1969 entwickelten die Bundesregierung und die zuständigen Ministerien große Aktivitäten. Im Juni 1970 wurde ein eigener Kabinettsausschuß für Umweltfragen eingerichtet und im September das »Sofortprogramm der Bundesregierung für den Umweltschutz« vom Kabinett verabschiedet. Hierbei handelte es sich um

Gesetze zur Regelung des Bleigehaltes im Benzin, zur Bekämpfung des Baulärms, der Luftverschmutzung und der wachsenden Abfallmenge, um eine Überarbeitung des Wasserhaushalts- und des Pflanzenschutzgesetzes sowie schließlich um eine Förderung technologischer Projekte und der Grundlagenforschung auf dem Gebiet des Umweltschutzes.

Diese und zahlreiche andere Gesetze, Verordnungen und Verwaltungsvorschriften wurden in den folgenden Jahren verabschiedet, ein Rat von Sachverständigen berufen, dabei zugleich die Kompetenz des Bundes ausgebaut und 1974 das Umweltbundesamt begründet. Die neuen Regelungen betrafen den Schutz von Wasser, Luft und Boden sowie von Pflanzen, Tieren und des Waldes, den Umgang mit Düngemitteln, Abfall, Altöl und gefährlichen Gütern, die Kernenergie, Energieeinsparungen und zahlreiche andere Aspekte, so daß auf breiter Basis die Voraussetzungen zu einem besseren Schutz der Umwelt geschaffen wurden. Nicht immer wurden die angestrebten Ziele erreicht, denn nicht alle Gruppierungen waren von der Notwendigkeit der jeweiligen Maßnahmen überzeugt. Das betrifft nicht nur die Wirtschaft oder einschlägige Interessenverbände wie den ADAC. Als Hindernisse erwiesen sich auch die Bundesländer, konkurrierende Interessen anderer Ressorts und Ministerien oder einflußreiche Strömungen in den Parteien und Gewerkschaften. Der Bundesverband der Deutschen Industrie stimmte grundsätzlich Maßnahmen zum Schutz der Umwelt zu, betonte aber die damit verbundenen Kosten und warnte vor zu weit gehenden Regelungen. Ähnlich argumentierten die Gewerkschaften, die um Arbeitsplätze fürchteten und den Bürgerinitiativen lange Zeit skeptisch gegenüberstanden. Trotz dieser Bedenken verabschiedete der Deutsche Gewerkschaftsbund 1974 ein Umweltschutzprogramm, das zwar kaum neue Ansätze enthielt, aber immerhin die Regierungspolitik unterstützte und vor allem als Signal wichtig war.

Noch schwerer tat sich die CDU mit der neuen Umweltpolitik. Sie besaß mit Herbert Gruhl einen Abgeordneten, der sich nachdrücklich engagierte, 1975 den Bestseller »Ein Planet wird geplündert« verfaßte und sich sehr bemühte, die Partei für seine Ziele zu interessieren. Als er 1973 eine Klausurtagung vorschlug, um die Abgeordneten besser zu informieren, zeigte sich der damalige Fraktionsvorsitzende der CDU/CSU, Karl Carstens, skeptisch, da »nur wenige mitarbeiten« würden[43]. Gruhl hingegen sah noch Raum für ein größeres Engagement, wurde jedoch zunehmend enttäuscht. 1978 trat er aus der CDU aus, um die »Grüne Aktion Zukunft« und 1982 die »Ökologisch Demokratische Partei« zu gründen. Die SPD besaß mit Willy Brandt einen prominenten Befürworter des Umweltschutzes, doch dessen Versprechungen in der Regierungserklärung waren nicht auf Druck der Partei zustande gekommen. Diese stellte sich vielmehr nur langsam um. Die vereinzelten Ansätze aus den fünfziger und sechziger Jahren waren in der Partei isoliert und folgenlos geblieben, und noch im Bundestagswahlkampf von 1972 waren es eher einzelne Abgeordnete wie die Minister Erhard Eppler und Jochen Vogel, die sich stärker engagierten. Der zentrale Begriff in diesem Wahlkampf war Lebensqualität, der Aspekte des Umweltschutzes beinhaltete, aber weiter gefaßt war und stärker die allgemeinen Lebensbedingungen, insbesondere die Sicherheit des Arbeitsplatzes betonte. Vorreiter der Umweltpolitik unter den Parteien war somit die FDP, deren Vorsitzender Genscher als Innenminister fachlich zuständig war. Den entscheidenden Anstoß hatte allerdings auch Genscher nicht durch die Partei erfahren, sondern durch hohe Beamte. Die FDP reagierte jedoch sehr rasch und verabschiedete bereits 1971 die »Freiburger Thesen«. Diese forderten ein Grundrecht »auf eine menschenwürdige Existenz« und einen staatlichen Schutz der natürlichen Lebensgrundlagen, doch ein eigenes Umweltprogramm beschloß auch die FDP – ebenso wie die SPD – erst Ende der siebziger Jahre.

In der Öffentlichkeit hatten Interesse und Engagement mittlerweile deutlich zugenommen. Bereits 1970 hatten sich die ersten Bürgerinitiativen auf regionaler und überregionaler Ebene zusammengeschlossen, so die »Rhein-Main-Aktion gegen Umweltzerstörung«, gefolgt in den nächsten beiden Jahren von der »Rhein-Ruhr-Aktion«, der »Bürgeraktion Umweltschutz Rhein-Neckar« oder dem »Oberrheinischen Aktionskomitee gegen Umweltgefährdung durch Kernkraftwerke«. 1972 erfolgte die Gründung des »Bundesverbandes Bürgerinitiativen Umweltschutz«, der als Dachverband etwa tausend Organisationen mit rund 500000 Mitgliedern umfaßte. Diese engagierten sich noch überwiegend bei einzelnen, meist lokalen Mißständen und hatten noch keine umfassenderen Zielsetzungen oder Konzepte entwikkelt. Entsprechend blieb die Berichterstattung über ihre Aktivitäten weitgehend auf die Lokal- und Regionalpresse beschränkt, während die überregionalen Massenmedien weiterhin wenig Interesse zeigten.

Hier gab es allerdings Ausnahmen, so die Aktionen gegen den Bau eines Chemiewerkes nördlich von Duisburg und vor allem die Proteste gegen das Kernkraftwerk bei Wyhl, die zu einem Wendepunkt wurden. Wyhl war im Sommer 1973 durch die Landesregierung von Baden-Württemberg zum Standort eines Kernkraftwerkes bestimmt worden. Zu diesem Zeitpunkt existierten in Südwestdeutschland bereits mehrere Bürgerinitiativen, die sich gegen geplante oder auch nur vermutete großindustrielle Projekte in dieser Region wehrten und breite Unterstützung in der Bevölkerung besaßen, darunter auch bei Bauern und Winzern, die um ihre Existenz fürchteten. Da die Landesregierung an ihren Plänen festhielt, radikalisierten sich die Auseinandersetzungen, und Gegner des Kraftwerks griffen zu spektakulären, illegalen Aktionen, darunter die Besetzung des Bauplatzes; zugleich wurde juristisch ein vorläufiger Baustopp durchgesetzt, und das Interesse der nationalen Medien wuchs, doch der ›Spiegel‹ berichtete erst im März 1975 ausführlich über diesen Konflikt. Die Bevölkerung sorgte sich vor allem um ihre vertraute Umgebung und befürchtete neben den erwähnten industriellen Großprojekten eine Beeinträchtigung des Weinbaus, eine Erwärmung des Rheins und gesundheitliche Risiken durch radioaktive Strahlung, während die Angst vor nuklearen Unfällen oder das Problem des atomaren Abfalls anfangs keine größere Rolle spielten, wie auch in der allgemeineren Öffentlichkeit diese Fragen wenig diskutiert wurden und die Kernenergie vielfach noch positive Resonanz fand.

Schwierige Zeiten, 1974 bis 1980

Zur positiven Einschätzung der Kernenergie trugen nicht zuletzt die 1973 einsetzende Wirtschaftskrise und die Ölkrise im Jahre 1974 bei. Über Nacht schienen sich die Vorhersagen des »Club of

Rome« zu bestätigen. Die Preise für Öl und Energie schossen in die Höhe, die Rohstoffe gingen offensichtlich zur Neige. In dieser Situation versprach die Kernenergie einen Ausweg, zumal sie nach Angaben ihrer Befürworter nicht nur nahezu unerschöpflich, sondern auch sehr preiswert war. Entsprechende Berechnungen wurden immer wieder vorgelegt und haben wesentlich dazu beigetragen, daß diese Energieform so viele Befürworter fand. Sie haben aber auch denjenigen Kritikern Auftrieb gegeben, die im Bau von Kernkraftwerken ein Musterbeispiel für großindustrielle Profitmaximierung und ein enges Zusammengehen von Industrie und Staat sahen.

Diese Kooperation gab es tatsächlich, doch war der Staat nicht Erfüllungsgehilfe kapitalistischer Interessen, wie die damals verbreitete These vom »staatsmonopolistischen Kapitalismus« nahelegte. Anfänglich betrachtete vielmehr die Industrie die Kernkraft sehr skeptisch, da sie große technische Probleme und unüberschaubare Kosten befürchtete. Es gab zwar eine Atomlobby, bestehend aus Wissenschaftlern, Technikern, Politikern und Vertretern interessierter Unternehmen, doch die entscheidende Unterstützung erhielt die Kernenergie aus der Politik, die auch einen großen Teil der Kosten übernahm. Erst im Laufe der sechziger Jahre setzten sich die Befürworter der Kernenergie zunehmend durch, auch Unternehmen wie AEG und Siemens sahen jetzt neue Absatzmöglichkeiten und haben diese Form der Energiegewinnung heftig propagiert. Ob sie die erhofften Gewinne realisieren konnten, scheint jedoch zweifelhaft, da als Folge der Auseinandersetzungen um die Kernenergie zunehmende Sicherheitsauflagen ergingen und hohe Ausgaben für atomare Abfälle und andere Folgeprobleme anfielen, so daß die behaupteten Kostenvorteile des Atomstroms schwanden.

Noch allerdings galten Kernkraftwerke als ein Ausweg aus der Energiekrise, wie überhaupt die Ölkrise nicht nur einen Aufschwung für die Umweltbewegung bedeutet hat. Zwar sahen viele darin eine Bestätigung dafür, daß die vorhergesagten Grenzen des Wachstums erreicht waren. Doch zugleich hat die Erhöhung des Ölpreises die wirtschaftliche Krise verschärft und den Handlungsspielraum eingeschränkt. Vor allem die Unternehmerverbände, aber auch die Gewerkschaften betonten stärker als zuvor die Kosten des Umweltschutzes, der anfängliche Elan konnte nicht durchgehalten werden. Die Zahl neuer Gesetze und Verordnungen ging deutlich zurück, doch es kam trotz erheblicher wirtschaftlicher Probleme zu keinem umweltpolitischen Rückschritt. Der erreichte Stand konnte vielmehr verteidigt werden. Dazu trugen mehrere Faktoren bei. Innerhalb der Parteien und Ministerien, insbesondere im Innenministerium, hatten sich Personen und Gruppen etabliert, die sich für den Umweltschutz engagierten, dessen institutionelle Basis sicherten und zugleich diesem Engagement ihre Position verdankten. Zudem war innerhalb der Wissenschaften die Basis der Umweltforschung bedeutend erweitert worden, nicht zuletzt aufgrund der umfassenden Forschungsförderung durch die Ministerien, deren Vorschläge dadurch besser abgesichert werden konnten. Und schließlich hielt das öffentliche Interesse an, die Bürgerinitiativen, Umweltverbände und außerparlamentarischen Gruppierungen gewannen sogar erheblich an Größe und Bedeutung. Dazu zählen vor allem der BUND (Bund Umwelt und Naturschutz Deutschland) und die GRÜNEN, die sich in einem – intern umstrittenen Prozeß – von einer Bewegung zu einer Partei entwickelten und 1979 erstmals in ein Parlament einzogen.

Angesichts dieser Unterstützung setzte die Regierung das angekündigte Umweltprogramm fort und verabschiedete 1975/76 Gesetze, die etwa den Einsatz von Waschmitteln, die Einleitung von Abwässern und den Naturschutz betrafen. Die angestrebten Ziele wurden angesichts der ungünstigen Rahmenbedingungen nur teilweise erreicht, zugleich aber neue Wege beschritten. So wurde die Einleitung von Abwässern mit einer Abgabe belegt und dadurch das Verursacherprinzip durchgesetzt. Maßnahmen gegen die steigenden Abfallmengen hingegen drohten ganz zu scheitern, so daß als Kompromiß schließlich eine »freiwillige Vereinbarung« zwischen Innenministerium und Getränkeindustrie sowie Handel resultierte. Auch in diesem Fall blieb das Ergebnis hinter den Zielsetzungen zurück, doch der Weg freiwilliger Vereinbarungen führt nicht von vornherein in eine Sackgasse und ist eine wichtige Ergänzung und Alternative zu bürokratischen Regulierungsverfahren.

Noch allerdings war die Annahme verbreitet, das Problem der

Luftverschmutzung sei durch hohe Schornsteine zu lösen. Daß Schadstoffe nicht verschwanden, war seit langem bekannt, doch weiterhin hieß es, bei entsprechender Höhe werde zumindest eine genügende Verdünnung erreicht. So sollten im Ruhrgebiet noch 1980 zwanzig Schornsteine mit einer Höhe von bis zu 300 Metern entstehen, um eine bessere Verdünnung zu erreichen, denn auch hier hatte der Unwille über die Belastungen deutlich zugenommen. Seit dem Versprechen eines blauen Himmels durch Willy Brandt war die Situation etwas besser geworden, weil einige besonders belastende Verfahren – etwa bei der Stahlerzeugung – aufgegeben werden mußten. Auch waren Kokereien, Stahlwerke und Zechen stillgelegt worden, so daß deren Emissionen entfielen, doch eine Trendwende war nicht zu erkennen. Deutlich geworden war hingegen, daß das alte Modell, Belastungen in einzelnen Gebieten zu konzentrieren und andere dafür möglichst zu schonen, keinen Ausweg mehr bot. Die Bewohner der belasteten Regionen fanden sich immer weniger damit ab, so daß Maßnahmen wie der Bau noch höherer Schornsteine eine Entlastung bringen sollten. Diese jedoch haben die Schadstoffe nicht beseitigt, sondern auf immer weitere Gebiete verteilt. Umweltbelastungen ließen sich also weder lokalisieren oder regionalisieren noch durch bloße Verteilung oder Verdünnung aus der Welt schaffen. Sie waren zu einem nationalen Problem geworden, das alle anging und neue Antworten verlangte, wie spätestens die Debatten um das Waldsterben zeigten.

Konsolidierung und neue Fragen, 1980 bis heute

Der ›Spiegel‹ war wieder einmal der erste. Im November 1981 veröffentlichte er eine dreiteilige Serie über die Vergiftung der Wälder durch sauren Regen. Vereinzelte Berichte darüber hatte es bereits in den Jahren zuvor gegeben, doch sie befaßten sich überwiegend mit lokalen oder regionalen Auswirkungen und waren kaum beachtet worden. Die ›Spiegel‹-Serie hingegen beschrieb das Waldsterben als eine Erscheinung, die nicht nur in einzelnen Regionen, sondern in ganz Deutschland, in Europa und sogar weltweit auftrat, und sie schilderte Folgen, die katastrophaler kaum sein konnten.

In den Wäldern, so der ›Spiegel‹ unter Berufung auf Experten, ticke eine Zeitbombe. Tannen und Fichten stürben großflächig ab als erstes Vorzeichen einer »weltweiten Umweltkatastrophe von unvorstellbarem Ausmaß«. Die Forstleute schlugen Alarm, stellten bei Fichte und Kiefer eine »schnelle Vergreisung« fest, sahen mehr als die Hälfte des Waldbestandes gefährdet und führten diese Entwicklung auf eine primäre Ursache zurück, »die zunehmende Luftverschmutzung insbesondere durch Schwefeldioxid (SO_2) aus Ölheizungen, Auspufftöpfen und, vor allem, den Schloten von Kraftwerken, Erzhütten und Raffinerien«. Die ersten großen Wälder, so der Göttinger Bodenkundler Bernhard Ulrich, würden schon in den »nächsten fünf Jahren sterben. Sie sind nicht mehr zu retten.« Hinzu kämen Schäden an Gebäuden, die Übersäuerung von Gewässern und nicht zuletzt gesundheitliche Gefährdungen vor allem für Kinder, Alte und Kranke – und dies alles nicht nur in Deutschland, sondern auch in den angrenzenden Ländern West- und Osteuropas, in Skandinavien, Japan, den USA und Kanada. Und diese Schäden träten nicht nur weltweit auf, sie hingen auch eng miteinander zusammen, weil saurer Regen aus Japan in den USA niedergehen konnte, Emissionen aus den USA nach Kanada gelangten, und die europäischen Staaten sich je nach Windrichtung gegenseitig belasteten. Zum ersten Mal wurde der Öffentlichkeit bewußt, wie großflächig Umweltschäden auftreten konnten, wie komplex die Zusammenhänge waren und wie wenig nationale Grenzen eine Rolle spielten. Die Umweltdebatte hatte eine neue Dimension erreicht.[44]

Das trifft vor allem für Deutschland zu. Hier markierte die ›Spiegel‹-Serie den Beginn einer äußerst heftigen Auseinandersetzung. Artikel über das Waldsterben fanden sich in den folgenden Monaten und Jahren nahezu täglich in Zeitungen und Zeitschriften; Fernsehen und Radio berichteten ausführlich darüber, zahlreiche Bücher erschienen, Kommissionen wurden einberufen, um Gutachten zu erstellen, und diese Debatte hat das Ausland so sehr beeindruckt, daß der Begriff »Waldsterben« in andere Sprachen übernommen wurde. Für den ›Stern‹ waren 1984 2 der 7 Millionen Hektar Wald in Deutschland unheilbar krank oder bereits abgestorben. Die Höhenzüge des Harzes entwickelten sich langsam zur Mondlandschaft, die Förster stellten dort einen »gewaltigen Todesschub« unter den Bäumen fest. Auch Buchen, Eichen, Eschen oder Kirschbäume seien befallen, die Krankheit fresse sich wie ein Krebsgeschwür durch das Land. 1990, so die Experten, gebe es in Deutschland keine Nadelwälder mehr, und kurz darauf seien auch die Buchen verschwunden. Eine vom Bonner Innenministerium in Auftrag gegebene Studie ging noch weiter. Im Jahre 2002 werde es kein Waldsterben mehr geben, denn »dann existiert praktisch kein Wald mehr«[45]. Und das sei nur der Anfang. Denn sei der Wald erst einmal verschwunden, drohten Hochwasser und Lawinen, in den Alpen und Mittelgebirgen müßten Siedlungen und Straßen aufgegeben werden.

Die »Waldschadenserhebungen« bestätigten diese Befürchtungen und kamen 1984 zu dem Ergebnis, daß bereits die Hälfte des bundesdeutschen Waldes sichtbare Schäden aufweise. Dabei seien diese Zahlen noch geschönt, so die ›Zeit‹, da kranke und absterbende Bäume gefällt und deshalb nicht länger erfaßt würden. Nur »pathologische Ignoranten« könnten das Ausmaß der Schäden noch bezweifeln, während Fachleute wie der Landesforstpräsident von Baden-Württemberg festhielten: »Es gibt kein gedankliches Ausweichen mehr vor der harten Erkenntnis, daß wir am Anfang einer durch Immissionen ausgelösten Katastrophe in unseren Wäldern stehen, wenn die Schadstoffbelastung der Luft nicht unverzüglich und drastisch gesenkt wird.« Der BUND sprach von einem »ökologischen Hiroshima«, und die GRÜNEN formulierten: »Erst stirbt der Wald, wann stirbt der Mensch?«[46]

Diese Debatte war ganz unvermittelt losgebrochen. Noch 1975 hatte das Bonner Innenministerium Schwefeldioxid als ein lokal engbegrenztes Problem angesehen, und drei Jahre später gab die Landesanstalt für Ökologie in Nordrhein-Westfalen an, außerhalb des Ruhrgebiets komme es allenfalls zu lokalen Waldschäden, und dies lediglich in der Nähe von Industrieanlagen. Forderungen, die schwefligen Schadstoffe gar nicht erst aus den Schornsteinen entweichen zu lassen, spielten bis Ende der siebziger Jahre keine große Rolle. Selbst die Waldbesitzer sprachen sich in erster Linie dafür aus, die Haftung für Immissionsschäden zu verbessern und endlich die seit Jahrzehnten geforderte gesamtschuldnerische Haftung einzuführen, um den leidigen Nachweisproblemen zu entgehen. Dem »Ferntransport« von Schadstoffen hingegen schenkten sie keine größere Beachtung und forderten erst 1979 nähere Informationen zu diesem Problem, auf das die skandinavischen Länder hingewiesen hatten.

Um diese Zeit galten in Deutschland, zumal im Ruhrgebiet, hohe Schornsteine immer noch als ein effektiver Weg, Belastungen zu reduzieren. Entschwefelungsanlagen spielten keine Rolle. Eine solche Anlage war erstmalig 1971 bei einem Kohlekraftwerk in Wilhelmshaven eingebaut worden, doch bei dem gewählten Verfahren fielen so große Mengen an Kalkschlamm an, daß ein riesiger Schlammsee entstand und diese Erfahrungen geradezu als abschreckendes Beispiel dienten. Entsprechend gab es Ende der siebziger Jahre neben Wilhelmshaven nur ein weiteres kommerzielles Kraftwerk, das über Vorrichtungen zur Entschwefelung verfügte. Gesetzgeber und Behörden trauten sich nicht, solche Verfahren allgemein vorzuschreiben, obgleich diese in Japan seit längerem mit großem Erfolg eingesetzt wurden. Statt dessen wurden Vorschläge erörtert, die weit hinter den damaligen technischen Möglichkeiten zurückblieben; hinzu kamen Bemühungen der Industrie, die bestehenden Vorschriften aufzuweichen, wobei die IG Bergbau aus Sorge um Arbeitsplätze am selben Strang zog. Auch in Bonn schienen sich wirtschaftsfreundliche Regelungen durchzusetzen, bis die Debatten um das Waldsterben die Situation grundlegend änderten. Gerhard Baum, der mittlerweile zuständige Innenminister, sah sich so sehr unter Druck gesetzt, daß er in der Umweltpolitik »einen großen Sprung nach vorne wagen« und zugleich der sozialliberalen Koalition neuen Aufschwung geben wollte, die sich in einer tiefen Krise befand und auch bald zerbrach. Baum drängte auf eine Sondersitzung des Kabinetts, die am 1. September 1982 stattfand und in der unter anderem für Schwefeldioxid-Emissionen bedeutend strengere Grenzwerte als ursprünglich vorgeschlagen vereinbart wurden.[47]

Zu dieser umweltpolitischen Offensive hat nicht zuletzt der Aufstieg der GRÜNEN als Partei beigetragen, die – 1980 gegründet – bei den Wahlen überraschende Erfolge erzielt und vor allem die FDP in Bedrängnis gebracht hatte. Insofern war Baums Vorstoß auch ein Versuch, in der Umweltpolitik neues Profil zu gewinnen und Wähler anzusprechen. Dazu sah sich auch die neue Bundesregierung veranlaßt, die kurze Zeit später, am 4.Oktober 1982, von der CDU/CSU und der FDP gebildet wurde. Die neue Koalition strebte eigentlich an, die Rolle des Staates zu reduzieren und die Belastungen der Unternehmer durch Steuern und Vorschriften abzubauen. Vor allem Auflagen zum Umweltschutz galten als Kostenquelle und standen im Mittelpunkt der Kritik. Doch auch die neue Regierung mußte auf die Debatten um das Waldsterben, das wachsende Interesse der Öffentlichkeit am Umweltschutz und nicht zuletzt den Wahlerfolg der GRÜNEN reagieren, die 1983 in den Bundestag einzogen. Sie hielt deshalb an den bestehenden Regelungen weitgehend fest und baute sie noch aus, so daß nur fünf Jahre später (1988) 90 Prozent der Kohlekraftwerke Entschwefelungsanlagen besaßen.

Das Interesse der Öffentlichkeit war nicht zuletzt deshalb so groß, weil sie zusätzlich zum Waldsterben durch zahlreiche andere Schreckensmeldungen beunruhigt wurde. Im Anschluß an den Bericht des »Club of Rome« hatte der amerikanische Präsident Jimmy Carter eine eigene Studie in Auftrag gegeben, die unter dem Titel ›Global 2000‹ erschien und die Entwicklungen bis zur Jahrtausendwende darstellte. Daran hatten mehrere Institutionen und eine Vielzahl von Wissenschaftlern gearbeitet, so daß die Vorhersagen bedeutend besser abgesichert waren. Erneut erschien in kürzester Zeit eine deutsche Übersetzung, die sich als Bestseller entpuppte, und die Szenarien waren sehr beunruhigend. Die Belastungen nahmen noch zu, wichtige Rohstoffe gingen rapide zur Neige, die bekannten Vorräte an Erdöl und Gas reichten gerade 22, bei Blei und Kupfer nur noch 21 Jahre.[48]

Auf den Weltmeeren ereigneten sich immer wieder Tankerunglücke, bei denen – so im März 1978 vor Brest – Tausende von Vögeln verendeten und 200 Kilometer Strand verseucht wurden. Radioaktives Abwasser aus Kernkraftwerken gelangte in die Ozeane, in die zudem riesige Mengen an Abwässern eingeleitet oder gar gezielt mit Schiffen dorthin gebracht wurden, so daß eine generelle Meeresverschmutzung entstand, die übermäßiges Wachstum von Algen verursachte, ein Robbensterben auslöste und 1981/82 in der Ostsee zu einem großen Fischsterben führte. Auch in Chemiefabriken häuften sich bedrückende Unfälle, so

1976 in Seveso, wo Dioxin entwich und das betroffene Gebiet für unbewohnbar erklärt werden mußte; 1984 in Bhopal, wo giftiges Gas aus einer Pestizidfabrik austrat, mehrere zehntausend Personen schwer verletzte und 3400 Todesfälle verursachte, oder in Basel, wo am 31. Oktober und 1. November 1986 jeweils große Mengen giftiger Pflanzenschutzmittel in den Rhein gelangten und ein massenhaftes Fischsterben hervorriefen. Und schließlich kam es auch zu den seit langem befürchteten Unfällen in Kernkraftwerken. 1979 wurde der Reaktorkern in Harrisburg teilweise beschädigt, und 1986 ereignete sich das Reaktorunglück in Tschernobyl. Die schlimmsten Befürchtungen schienen bestätigt zu sein. In Deutschland wurde als Reaktion darauf das Umweltministerium gegründet und Umweltschutz damit auch ganz offiziell als wichtiger Teil der Politik anerkannt. Die Umweltbewegungen erhielten weiteren Auftrieb, spätestens jetzt waren alle Versuche, die Kernenergie auszubauen, zum Scheitern verurteilt, und bis in die SPD hinein setzte sich die Forderung durch, die bestehenden Atomkraftwerke abzuschalten.

Diesen Katastrophen war gemeinsam, daß sie durch die Industrie verursacht wurden. Sie entsprachen damit einer verbreiteten Auffassung, wonach Umweltprobleme in erster Linie die Folge industrieller Produktion waren. Diese Auffassung hatte eine gewisse Berechtigung, doch sie griff zunehmend zu kurz. Das zeigte auch die Debatte um das Waldsterben. Anfangs standen hierbei die Emissionen großer Fabriken und Kraftwerke im Vordergrund, zu deren Kontrolle die erwähnten strengen Vorschriften erlassen wurden. Diese brachten eine erhebliche Verbesserung, doch bald ergab sich, daß andere Schadensquellen nicht weniger wichtig waren, darunter vor allem die Abgase der Automobile. Spätestens diese Erkenntnis unterstrich, daß Umweltbelastungen nicht nur von der Industrie oder anderen großen Emittenten ausgingen, sondern auch durch massenhaften Konsum und dadurch von jedem einzelnen verursacht wurden.

In den USA und in Japan war zu dieser Zeit der Einbau von Katalysatoren bereits vorgeschrieben. 1983 griff die Bundesregierung entsprechende Forderungen auf und vereinbarte mit der Automobil- sowie der Mineralölindustrie die Ausarbeitung entsprechender Konzepte. Doch an dieser Stelle trat ein neues Problem auf: die Notwendigkeit, sich mit den anderen europäischen Ländern abzusprechen. Die Bundesregierung wollte ab 1986 Schadstoffgrenzen einführen, deren Einhaltung einen Katalysator erforderte. Die skandinavischen Länder, Österreich und die Schweiz begrüßten diesen Vorstoß, während Frankreich, Italien und England ihn ablehnten, so daß das Bundeskabinett mit Unterstützung der Opposition einen Alleingang erwog. Kurz darauf legte die Automobilindustrie das vereinbarte Konzept vor, das allerdings hinter den Erwartungen zurückblieb und neue Regelungen erst ab 1990 vorsah. Der deutsche Alleingang war dadurch erschwert, zumal auch die zuständige EG-Kommission Einspruch erhob, so daß umfangreiche Verhandlungen einsetzten, die durch sehr unterschiedliche Interessen bestimmt wurden. Das Waldsterben war in den einzelnen Ländern ganz unterschiedlich ausgeprägt, wobei außerhalb Deutschlands ein geringerer öffentlicher Druck bestand. Vor allem jedoch produzierte und exportierte die deutsche Automobilindustrie überwiegend Automobile im mittleren und oberen Marktsegment. Deren Preis lag so hoch, daß die Kosten für Katalysatoren nicht so sehr ins Gewicht fielen, zumal in einem wichtigen Absatzmarkt, den USA, deren Einbau ohnehin vorgeschrieben war. Die Automobilindustrie in Frankreich, Italien und Großbritannien hingegen produzierte vornehmlich preiswertere Wagen, sah deshalb ihren Preisvorteil gefährdet und war mißtrauisch, ob nicht die Debatte um Katalysatoren in erster Linie darauf abzielte, den deutschen Herstellern einen Wettbewerbsvorteil zu verschaffen. Die Folge war ein Kompromiß, demzufolge verschärfte Grenzwerte zuerst (ab 1988) für die größeren Fahrzeuge über 2 Liter Hubraum, ab 1991/93 auch für die kleineren gelten sollten.[49]

Parallel zu diesen Auseinandersetzungen war ein weiteres Problem in den Vordergrund gerückt: die drastisch ansteigenden Müllmengen. Die wachsende Produktion und vor allem der zunehmende Konsum hatten dazu geführt, daß immer mehr Verpackungen, Überreste und Abfall anfielen. Bislang waren diese zum größten Teil in Deponien abgelagert oder auch in Müllverbrennungsanlagen verbracht worden, doch beide Verfahren warfen zunehmend Probleme auf. Der Deponieraum war begrenzt und die Mehrzahl der Deponien ohne größere Vorkehrungen angelegt worden. Die Abdichtungen insbesondere zum Grundwasser waren unzureichend, das Wissen um mögliche Reaktionen der verschiedenen deponierten Stoffe gering und deren Mischung hoch brisant, zumal lange Zeit die Unterscheidung zwischen normalem Abfall und giftigem Sondermüll allenfalls ansatzweise erfolgte. Deponien erwiesen sich deshalb als »tickende Zeitbomben«, ohne daß Verbrennungsanlagen eine überzeugende Alternative boten. Deren Errichtung war anfangs vor allem wegen der entweichenden schwefligen Gase umstritten, so daß nach langen Auseinandersetzungen Entschwefelungsanlagen eingebaut wurden. Doch mittlerweile war deutlich geworden, daß die eigentlichen Probleme in den Dioxinmengen bestanden, die bei der Verbrennung der Abfälle entstanden und seit der Katastrophe von Seveso die Öffentlichkeit beunruhigten.[50]

Hinzu kamen weitere Schadstoffe, die durch Filter weitgehend zurückgehalten werden konnten, wobei jedoch hochgiftige Filterstäube entstanden, die als Sondermüll behandelt werden mußten. Außerdem fielen nicht unbeträchtliche Kalkmengen an, die dazu dienten, die schwefligen Gase zurückzuhalten und nicht eigentlich bedenklich waren, aber doch ebenfalls entsorgt werden mußten. Das galt auch für die Müllmengen, die trotz der Verbrennung übrigblieben und etwa 30 Prozent des früheren Volumens betrugen, so daß die Müllverbrennung eine zwar hochtechnische, aber nicht wirklich überzeugende Lösung bot. Und sie bedeutete eine Vernichtung von Ressourcen. Das war eigentlich geplant, denn die Verbrennung sollte den Abfall möglichst spurlos beseitigen. Doch zunehmend wurde gefordert, die darin enthaltenen Stoffe zu nutzen und – besser noch – Abfall gar nicht erst entstehen zu lassen.

Auch diese Debatte war durch Katastrophenmeldungen geprägt. Der Deponieraum – so hieß es – gehe zur Neige, die vorhandenen Deponien vergifteten Boden und Grundwasser, die Verbrennungsanlagen produzierten Dioxine und Sondermüll, während die Abfallmengen weiterhin zunähmen und ganz Deutschland zu ersticken drohten.[51] Ein Ausweg schien nicht in Sicht, die Gebühren stiegen und Geschäftemacher sahen ihre Stunde gekommen. Sie umgingen die bestehenden Kontrollen und lagerten Müll »wild« ab, erklärten giftigen Sondermüll über

Nacht zu harmlosem Abfall oder exportierten ihn in alle Welt, insbesondere in Länder, die keine ausreichenden Kontrollmechanismen kannten oder zu arm waren, um viele Fragen zu stellen. Solche Meldungen sorgten für weitere Unruhe, und fieberhaft wurde nach neuen Lösungen gesucht, die schließlich an mehreren Stellen ansetzten. Die wohl bekannteste ist die Einführung der Mülltrennung und des »Grünen Punktes«, wonach organische Abfälle, verwertbare Stoffe und sogenannter Restmüll getrennt erfaßt werden – ein Vorgehen, das frappant an das nach der Jahrhundertwende eingeführte Charlottenburger Dreiteilungssystem erinnert. Wie damals bereitet die Verwertung Schwierigkeiten. Das Herauslesen der unterschiedlichen Stoffe aus dem Müll ist sehr aufwendig; viele Stoffe, zumal chemische Produkte, bestehen aus verschiedenen Materialien, deren Trennung finanziell und technisch kaum möglich ist, und die weitere Nutzung der verschiedenen Stoffe erfolgt erst in Ansätzen und überwiegend für minderwertige Produkte.

Parallel zur Einführung des »Grünen Punktes« wurden neue und besser isolierte Deponien geschaffen. Die Müllverbrennungsanlagen mußten Filter zur Rückhaltung des Dioxins einbauen, die so wirksam sind, daß neue Anlagen mittlerweile als sogenannte Dioxinsenken wirken und eine größere Menge an Dioxin vernichten als sie selbst freisetzen. Zusätzlich wurden Versuchsanlagen errichtet, um etwa alte Pkws, Personalcomputer oder Fernseher zu entsorgen beziehungsweise weiterzuverwerten. Daneben haben auch die Zement- und die Stahlindustrie neue Marktchancen entdeckt. In deren Öfen finden Verbrennungsprozesse bei hohen Temperaturen statt. Sie sind dazu übergegangen, ebenfalls Müll in ihren Anlagen zu verbrennen, können dadurch Öl einsparen und reduzieren insgesamt die Umweltbelastung.

Das Ergebnis dieser vielfältigen Bemühungen und Maßnahmen entspricht nicht den Vorhersagen der letzten Jahre und Jahrzehnte. Die Emissionen der Verbrennungsanlagen sind deutlich zurückgegangen, die Ablagerung auf Deponien erfolgt kontrollierter, und die prognostizierten gigantischen Müllberge sind nicht entstanden, im Gegenteil. Zwischen Verbrennungsanlagen und Deponien ist geradezu ein Konkurrenzkampf um den Müll entstanden, um die vorhandenen Kapazitäten auslasten zu können. Diese waren angesichts der Katastrophenszenarien mit hohem Aufwand ausgebaut worden. Doch ironischerweise führt der mit so viel Aufwand erreichte Rückgang der Müllmengen mittlerweile dazu, daß – geradezu als Strafe – die Gebühren steigen, um angesichts der geringeren Mengen die erheblichen Investitionen finanzieren zu können. Private Haushalte müssen diese höheren Gebühren (widerwillig) akzeptieren, während Industrie, Gewerbe und Kommunen, die sich mit eigenen Anlagen zurückgehalten haben, nach möglichst preiswerten Entsorgungsmöglichkeiten suchen. Der Mülltourismus lebt deshalb fort. Er findet mittlerweile überwiegend innerhalb Deutschlands statt. Häufig wird Müll sogar aus dem Ausland importiert, um die Kapazitäten auszulasten, während zugleich die gestiegenen Kosten weiterhin einen Anreiz bieten, zu illegalen Praktiken zu greifen.[52] Hierbei handelt es sich allerdings um Ausnahmen, während das wesentliche Ergebnis darin besteht, daß ein eigener Industriezweig zur Beseitigung und Verwertung des Mülls entstanden ist, in dem sich gerade große Konzerne engagieren, die einen zukunftsfähigen Markt sehen.

Um hier einen Durchbruch zu erzielen, müßte schon bei der Produktion darauf geachtet werden, daß nicht zu viele verschiedene Materialien verwendet werden, daß diese leicht getrennt oder wieder eingesetzt werden können und daß generell möglichst wenig Abfall anfällt. Dies ist ein aufwendiger und kostspieliger Prozeß, so daß die einschlägigen Gesetze mittlerweile auch die Verbrennung als Verwertung deklarieren. Zusätzlich zur stofflichen Verwertung, bei der die verschiedenen Materialien wiederverwendet werden, sprechen sie von einer thermischen Verwertung, die allerdings lediglich den Brennwert des Abfalls ausnützt und ihn in Müllverbrennungsanlagen, Hochöfen oder Zementwerken verfeuert. Dieses Verfahren ist kostengünstig, doch es handelt sich hierbei eigentlich nicht um eine Verwertung, wobei allerdings auch zu bedenken ist, daß eine Verwertung nicht in jedem Falle die günstigere Lösung darstellt. Der damit verbundene Aufwand an Transport, Reinigung und weiterer Verarbeitung kann – etwa bei Milch in Glasflaschen – so groß sein, daß Einwegverfahren oder Verbrennung nicht von vornherein ausscheiden.

Die Müllverbrennung wurde anfangs auch mit dem Argument begründet, daß sie preiswerte Energie liefere. Zumal unter dem Eindruck der Ölkrise im Jahre 1974 wurden fieberhaft neue Energiequellen gesucht und außerdem versucht, sparsamer mit Energie umzugehen. In beiden Fällen gab es Erfolge, doch gleichzeitig ist mittlerweile ein ganz anderer Nachteil fossiler Energieträger deutlich geworden: Ihre Verbrennung setzt Kohlendioxid frei, das vermutlich zu einem weltweiten Anstieg der Temperaturen führt. Auf entsprechende Zusammenhänge hatten einzelne Forscher bereits im ausgehenden 19. Jahrhundert verwiesen, angesichts der enormen Ausdehnung der Erdatmosphäre darin jedoch keine Bedrohung gesehen. In den folgenden Jahrzehnten war vielmehr die Sorge um eine Abkühlung verbreitet, so noch Anfang der siebziger Jahre. Die entgegengesetzte Position wurde jedoch ebenfalls vertreten und vermehrt durch Forschungen abgesichert, denen zufolge Kohlendioxid und andere Gase in der Atmosphäre wie ein Treibhaus wirken, indem sie die Sonnenstrahlung durchlassen, zugleich aber die dadurch erzeugte Wärme festhalten. Als Konsequenz, so die These, erhöhen sich die Temperaturen auf der Erde, die Eismassen der Pole und Gebirge schmelzen, der Meeresspiegel steigt, und weite Küstengebiete werden überflutet. Es komme zu gewaltigen Stürmen, zu Trockenheit, aber auch zu heftigen Regenfällen oder lokalen Abkühlungen. Generell sei mit gravierenden Veränderungen des Klimas zu rechnen, die Ernteausfälle, Überschwemmungen und andere Katastrophen auslösen können. Die UNO nahm sich des Themas an, setzte ein international zusammengesetztes Gremium mit hochrangigen Wissenschaftlern[53] ein und organisierte große Konferenzen, die nicht nur die Frage des Treibhauseffektes, sondern die globale Umweltproblematik insgesamt behandelten. Einen wichtigen Durchbruch bedeutete 1992 die Konferenz von Rio de Janeiro, auf der offiziell das Prinzip der Nachhaltigkeit formuliert und vor allem nach Auswegen aus der befürchteten Klimakatastrophe gesucht wurde. Diesem Ziel widmeten sich auch mehrere Folgekonferenzen, zuletzt 1997 in Kyoto.

Deren Aufgabe war nicht einfach, denn eine Reduktion von Kohlendioxid und anderen Gasen läßt sich nur sehr begrenzt durch verbesserte Technik oder Filter erreichen. Bei den früher diskutierten Umweltproblemen war dies noch möglich. Jetzt laufen die geforderten Maßnahmen darauf hinaus, den Verbrauch an fossilen Brennstoffen drastisch einzuschränken, da bei deren Verbrennung – sei es zur Heizung von Haushalten, in der industriellen Produktion oder im Verkehr – ebenso wie bei intensiver Viehhaltung unvermeidlich die unerwünschten Gase entstehen. Reduzieren läßt sich der Verbrauch durch alternative Energien und gesteigerte Effizienz, die jeweils hohe Kosten verursachen, oder durch eine Einschränkung von Konsum und Produktion, die nicht nur Opfer und Verzicht bedeuten, sondern auch weitgehende Auswirkungen auf Wirtschaft, Staat und Gesellschaft haben. Es ist deshalb nicht überraschend, daß die Konferenzen der letzten Jahre wenig erreicht haben, obgleich die Wissenschaftler immer eindeutigere Warnungen aussprechen und tatkräftiges Handeln verlangen. Dazu ist es bisher nicht gekommen, auch nicht auf der Konferenz in Kyoto. Gegenüber der Aufbruchsstimmung in Rio ist Ernüchterung, wenn nicht Resignation eingekehrt. Trotz zahlreicher Warnsignale und eindeutiger wissenschaftlicher Erkenntnisse ist keine Änderung in Sicht, eine katastrophale Zuspitzung scheint unvermeidlich.

Ansätze einer Bilanz, 1970 bis 1995

Ressourcen

Im Jahre 1980 bot der amerikanische Wissenschaftler Julian Simon seinem Kollegen Paul Ehrlich eine Wette an. Ehrlich hatte 1968 vor der »Bevölkerungsbombe« gewarnt, und seitdem hatten der Bericht des »Club of Rome«, die Ölkrise, der Report ›Global 2000‹ und zahlreiche andere Stellungnahmen auf zunehmende Umweltprobleme verwiesen. Zumindest in einem Punkt schien es keinen Zweifel mehr zu geben: Bevölkerung und wirtschaftliche Produktion wuchsen so rasch, daß die Ressourcen rapide zur Neige gingen. Exakte Zeitangaben waren schwierig, doch ab den neunziger Jahren und dann vor allem nach der Jahrtausendwende drohte ein dramatischer Mangel an wichtigen Rohstoffen.

Simon widersprach dieser Auffassung völlig. Er hatte – wie Ehrlich – lange Zeit vor allem die Bevölkerungsentwicklung untersucht und sich dann allgemeiner mit Umweltproblemen befaßt. Er vertrat eine Position, die nicht nur Ehrlich, sondern auch dem damaligen Konsens der Wissenschaftler grundlegend widersprach. Simon bestritt nicht, daß Rohstoffe einmal zur Neige gehen würden. Er argumentierte jedoch, daß es bei den für die Menschen wichtigen Rohstoffen keinen wirklichen Mangel geben werde. Technische Fortschritte, Erfindungen, bessere Nutzung oder der Einsatz von Alternativen würden dafür sorgen, daß die vorhergesagten Engpässe ausblieben. Simon forderte Ehrlich deshalb auf, fünf Rohstoffe zu benennen, die seiner Meinung nach innerhalb der kommenden zehn Jahre knapper werden würden. Als Maßstab hierfür sollte die Preisentwicklung gelten, denn knappe Güter – soviel lag auf der Hand – müßten im Preis steigen. Simon hingegen behauptete, bis zum vereinbarten Stichjahr (1990) werde keiner der ausgewählten Rohstoffe teurer werden, im Gegenteil, deren Preis werde sinken. Das war eine kühne These, zumal Simon auf die Auswahl keinen Einfluß hatte, sondern diese vollständig seinem Kontrahenten überließ. Ehrlich benannte fünf Rohstoffe (Chrom, Kupfer, Nickel, Wolfram und Zinn), und das Ergebnis war eindeutig: Keiner der ausgewählten Rohstoffe war teurer geworden. In allen Fällen lagen die Preise unter dem Niveau von 1980 und waren inflationsbereinigt sogar um etwa die Hälfte gesunken.[54]

Diese Wette ist aufschlußreich, sollte in ihrer Aussagekraft aber nicht überschätzt werden. Es ist aus ihr nicht abzuleiten, daß Ressourcen nicht zur Neige gehen oder nicht teurer und knapper werden können. Alle drei Entwicklungen sind möglich, und vor allem kurzzeitig kann es zu Engpässen und deutlichen Preissteigerungen kommen. Diese sind allerdings nicht nur ein Zeichen der Krise, sondern auch ein Anreiz, neue Techniken zu entwickeln und nach Alternativen zu suchen. Eine neue Ölkrise wäre insofern sogar wünschenswert, denn eine Verteuerung von Erdöl und Benzin würde zwar wirtschaftliche und soziale Anpassungsprobleme verursachen, zugleich jedoch alternative

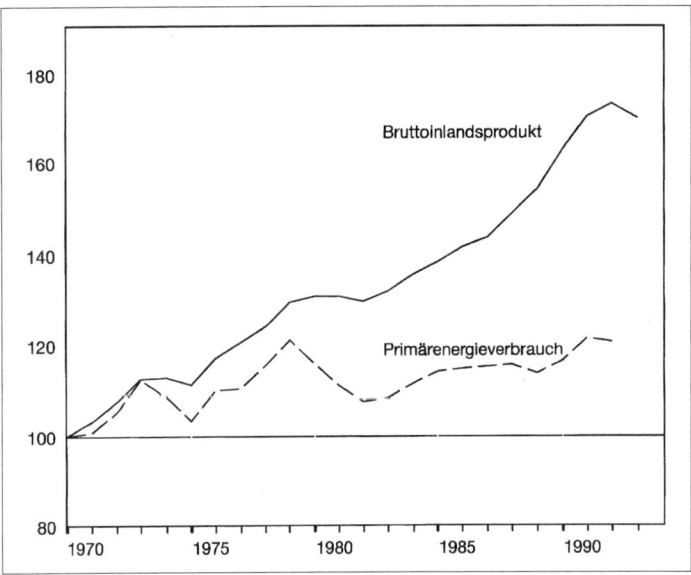

Abb. 1: Wirtschaftswachstum und Steigerung des Primärenergieverbrauchs im früheren Bundesgebiet (1970 = 100)
Quelle: Statistisches Bundesamt (Hg.), Datenreport 1994, S.364.

Energiequellen wettbewerbsfähig machen, die die fossile Energie verdrängen und eine Entlastung der Umwelt bewirken könnten. Generell wirft die Ressourcenfrage nicht das größte Problem auf. In den siebziger Jahren schien dies der Fall zu sein, und entsprechend groß waren die Sorgen um die Erschöpfung der Reserven. Mittlerweile ist deutlich geworden, daß die vorhandenen Vorräte größer sind, als vermutet wurde, daß sie effektiver genutzt werden können und daß Alternativen bestehen. Ein Beleg dafür ist Abbildung 1, die zeigt, daß der Einsatz an Energie im Gefolge der Ölkrise deutlich zurückgegangen ist. Auch der Rohstoffverbrauch pro Einwohner ist seit dieser Zeit rückläufig, während das Wachstum der Wirtschaft anhielt. Es ist also in den letzten Jahren gelungen, die vorhandenen Ressourcen besser zu nutzen und zusätzliche zu erschließen. Doch deren absoluter Verbrauch ist nicht zurückgegangen, sondern hat – als Folge der gestiegenen

Produktion – sogar noch zugenommen. Das allein ist noch kein Grund zur Sorge, wirft aber die Frage auf, ob dieser erhöhte Verbrauch auch zu höheren Emissionen geführt hat.

Luft

Eine Antwort auf diese Frage ist äußerst schwierig, denn eigentlich müßten sämtliche oder zumindest die wichtigsten Schadstoffe berücksichtigt werden – und dies nicht nur im nationalen Rahmen. Ein derartiges Vorhaben ist praktisch nicht durchführbar und meines Wissens bisher nicht einmal ansatzweise versucht worden. Möglich ist allenfalls der Versuch, die Entwicklung anhand ausgewählter Stoffe zu beschreiben und sich dabei auf Deutschland zu konzentrieren. Schon das ist schwierig, weil nur in wenigen Fällen entsprechende Daten vorliegen und man zudem je nach Auswahl zu ganz unterschiedlichen Ergebnissen kommen kann. Doch der Trend ist eindeutig: In weiten Bereichen hat in Deutschland die Belastung der Luft seit etwa 1970 abgenommen. Dafür gibt es mehrere Indikatoren, darunter die Werte für Schwefeldioxid, jenes Stoffes also, der spätestens seit der Debatte um das Waldsterben im Mittelpunkt des Interesses stand. Tabelle 5 zeigt die Entwicklung im Gebiet der alten Bundesrepublik für drei wichtige Gase seit 1970. In allen Fällen gab es einen Rückgang, besonders ausgeprägt bei Schwefeldioxid.[55]

Vergleichbare Zahlenreihen liegen für andere Schadstoffe wie Staub, Schwermetalle, Ruß oder Benzol vor. Auch in diesen Fällen sind die Emissionswerte rückläufig, wobei der Rückgang nicht immer so ausgeprägt war wie bei schwefligen Emissionen. Auch werden an verkehrsreichen Stellen der Großstädte weiterhin hohe Werte erreicht, Grenzwerte teilweise überschritten und Fußgänger, darunter vor allem kleine Kinder, gefährdet. Insgesamt allerdings haben sich die seit 1970 ergriffenen Maßnahmen als wirksam erwiesen. Dabei ist ein Mitnahme-Effekt zu berücksichtigen, der positiv zu Buche schlägt, aber nicht Verdienst der Umweltpolitik ist. In den letzten Jahren wurden zahlreiche Zechen, Kokereien, Hütten, chemische Anlagen oder Kraftwerke stillgelegt, weil sie veraltet und unrentabel waren. Im Vordergrund standen ökonomische Gründe, doch als Nebeneffekt san-

	1970	1980	1990	1994
Kohlenmonoxid	13512	11006	7426	5501
– Straßenverkehr	7417	7527	5203	3359
Stickstoffoxide *	2055	2617	1962	1766
– Straßenverkehr	550	1076	1080	833
– Kraftwerke **	1085	1153	555	536
Schwefeldioxid	3711	3164	885	874
– Kraftwerke	2785	2629	604	598

* No_x, berechnet als NO_2
** Kraft- und Fernheizwerke sowie Industriefeuerungen

Tabelle 5: Emissionen von Kohlenmonoxid, Stickstoffoxiden und Schwefeldioxid in Kilotonnen auf dem Gebiet der alten Bundesrepublik
Quelle: Umweltbundesamt (Hg.), Daten zur Umwelt. Berlin 1992/93, S.332f.; 1997, S.136.

ken die Emissionen, zumal diese Betriebe oftmals besonders große Belastungen verursachten.

Eine andere Situation besteht beim Ozon, das wesentlich zum sogenannten Sommersmog beiträgt und nicht direkt emittiert, sondern beim Zusammentreffen verschiedener Stoffe in der Luft gebildet wird. Diese Stoffe stammen überwiegend aus dem Verkehr, dem Betrieb von Kraftwerken, dem Einsatz von Lacken oder Lösungsmitteln und natürlichen Quellen. Die erforderlichen Reaktionen finden vor allem in Schönwetterperioden statt, wie sie in den Sommern der Jahre 1994 und 1995 herrschten. In diesen Jahren wurde der Schwellenwert von 180 Mikrogramm pro Kubikmeter an 62 beziehungsweise 52 Tagen überschritten; selbst der gesetzlich festgelegte Wert von 240 Mikrogramm pro Kubikmeter wurde mehrfach übertroffen. Zu einem Ozonalarm, der unter anderem die Festsetzung von Höchstgeschwindigkeiten und weitere Eingriffe in den Verkehr vorsieht, kam es gleichwohl nicht, da hierzu die wiederholte Überschreitung der Grenzwerte an genau definierten Stellen erforderlich ist. Diese Voraussetzungen lagen nicht vor, was heftige Kritik hervorrief, denn gerade beim Sommersmog werden die festgelegten Grenzwerte vielfach als zu hoch angesehen und eine gesundheitliche Gefährdung von Kindern und anfälligen Personen befürchtet.[56]

Generell gilt auch hier der Hinweis, daß Grenzwerte keine objektiven, eindeutigen Daten sind. Deren jeweilige Höhe ist das Ergebnis eines Diskussionsprozesses, der weitgehend unter Fachleuten stattfindet, und je nach Zusammensetzung der Gremien (und sich ändernden Erkenntnissen) unterschiedlich ausfallen kann. Diese Werte bedeuten deshalb nicht in jedem Fall, daß keinerlei Gefährdung vorliegt, doch sie sind ein wichtiger Anhaltspunkt. In der Bundesrepublik liegen – von einzelnen Ausnahmen abgesehen – die gemessenen Werte (meist deutlich) unter den Grenzen. Diese Feststellung bedeutet weder eine generelle Entwarnung, noch folgt aus ihr, daß keine weiteren Verbesserungen erforderlich sind. Sie widerlegt jedoch die verbreitete Annahme einer zunehmenden und pauschalen Verschlechterung der Umweltbedingungen.

Das gilt übrigens auch für die kanzerogenen, das heißt krebserzeugenden Stoffe. Diese sollten möglichst gar nicht erst entstehen, und bei ihnen ist die Festsetzung von Grenzwerten äußerst problematisch. Einiges spricht dafür, daß es bei kanzerogenen Stoffen keine »unschädlichen« Mengen gibt, sondern daß bereits minimale Konzentrationen Erkrankungen auslösen können. Ein klassisches Beispiel dafür ist die Gefährdung durch Asbestfasern, und die Zahl derjenigen, die durch die Einatmung dieser Fasern erkrankten und verstarben, ist bedrückend hoch. Dieses und andere Beispiele wie der Einsatz von Formaldehyd als Konservierungsmittel zeigen, wie wichtig sorgfältige Kontrollen sind, wie sorglos viele Stoffe lange Zeit eingesetzt wurden und daß neue Gefährdungen möglich sind. Das gilt um so mehr, als die Zahl der zu berücksichtigenden Stoffe so groß ist, daß sie nicht einzeln untersucht werden können, zumal jeder für sich unbedenklich sein mag, in Kombination mit anderen aber eventuell Schäden verursacht. Dadurch werden vielfach Ängste vor schleichenden Vergiftungen ausgelöst und durch Meldungen über immer neue Gefährdungen wie etwa durch Elektrosmog verstärkt. Derartige Gefährdungen sind nicht prinzipiell auszuschließen, und auch aufwendige Untersuchungen lassen teilweise Fragen offen. Doch insgesamt gehen die Belastungen – etwa mit Dioxinen, PCB – zurück, wobei festzuhalten ist, daß der Beitrag industrieller Umweltschadstoffe bei der Entstehung von Krebs oftmals weit überschätzt wird. Bruce N. Ames und Lois S. Gold, zwei der führenden amerikanischen Krebsforscher, gaben an, daß weniger als 1 Prozent aller Krebsfälle durch Umweltbelastungen hervorgerufen werden. Diese Angabe wird von anderen Wissenschaftlern als zu niedrig kritisiert, zeigt jedoch in etwa die Größenordnungen, um die es geht.[57]

Wasser

Auch die Abwässer sind sauberer geworden, und die Situation der Flüsse hat sich gebessert, wie Abbildung 2 am Beispiel des Rheines zeigt. Der Sauerstoffgehalt von Gewässern ist ein Indikator für die darin herrschenden Lebensbedingungen für Pflanzen und Tiere. Bei einem Wert von 10 Milligramm Sauerstoff pro Liter bestehen Sättigung und damit sehr günstige Voraussetzungen, während 4 Milligramm Sauerstoff pro Liter als »fischkritischer Wert« gelten, bei dessen Unterschreiten empfindliche Fischarten und organisches Leben generell geschädigt werden können. Dieser Wert war im Rhein 1971 erreicht, entsprechend groß waren die Schäden. Der Bestand an Fischen, Krebsen, Weichtieren, Insekten und anderen Lebewesen ging deutlich zurück. Seitdem haben sich die Verhältnisse durch effektivere Kläranlagen und strengere Vorschriften deutlich gebessert, die Werte sind so gut wie seit Jahrzehnten nicht mehr. Das ist eine erfreuliche Entwicklung, die jedoch einmal eingetretene Schäden nicht ungeschehen machen kann. Allein die Rückkehr zu besseren Werten bedeutet noch nicht, daß auch die frühere Artenvielfalt wiederkehrt. Einmal zerstörte Lebensgemeinschaften und vertriebene oder vernichtete Lebewesen kehren nicht ohne weiteres zurück, und einmal eingetretene Verluste werden nicht vollständig wieder ersetzt.

Ebenfalls abgenommen hat die Belastung der Flüsse mit Phosphat, seitdem sich in den achtziger Jahren phosphatfreie Waschmittel durchsetzten und Klärwerke diese Stoffe ausfällen können. Unverändert hoch hingegen ist die Belastung mit Nitrat,

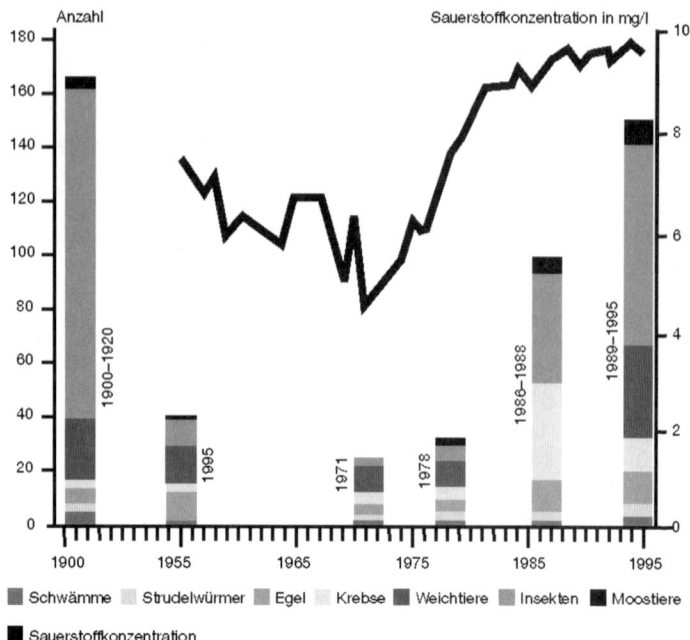

Abb. 2: Entwicklung der Lebensgemeinschaft am Rhein
Quelle: Daten zur Umwelt. Der Zustand der Umwelt in Deutschland. Ausgabe 1997, Berlin 1997, S. 264.

das zu 50 Prozent aus der Landwirtschaft stammt, dort weiterhin in sehr großen Mengen eingesetzt wird, zu einer Überdüngung der Gewässer führt und schließlich ins Meer gelangt, wo es ebenfalls zu einer Eutrophierung kommt, die zu überhöhtem Algenwachstum führen kann. Ferner sickert Nitrat in das Grundwasser, belastet so das Trinkwasser und kann, teilweise erst nach Jahren, auch auf diesem Wege in die Flüsse gelangen. Der überhöhte Einsatz von Stickstoff wird also noch lange Zeit negative Auswirkungen haben. Ebenso verhält es sich mit Schwermetallen und anderen schwer abbaubaren Stoffen. Diese können sich in Tieren oder Pflanzen anreichern, über verschiedene Pfade in die Nahrungskette des Menschen gelangen und so in sehr langen Zeiträumen Schäden verursachen. Gerade hier ist der Rückgang der Emissionen nur ein erster Schritt. Die hohen Belastungen der Vergangenheit werden noch lange nachwirken.

Die Landwirtschaft setzt auch andere Düngerstoffe, Pestizide und – als Folge der intensiven Tierhaltung – große Mengen an Methangasen frei, die zum Treibhauseffekt beitragen. Vielfach ist die hieraus resultierende Belastung größer als diejenige durch die Industrie, und sie betrifft zusätzlich zu den Gewässern auch die Böden. Hier kann es ebenfalls zu einer Eutrophierung und anderen Schäden kommen, die ihrerseits zum Waldsterben beitragen. Generell läßt sich der Boden als eine große Deponie betrachten, auf die über Luft und Wasser freigesetzte Stoffe früher oder später gelangen und dort unterschiedlich lange verweilen. Im Boden allerdings wirken die Schadstoffe in besonders großen Zeiträumen und können sehr komplexe Prozesse auslösen. Deren Mechanismen sind erst teilweise bekannt, und entsprechend schwer lassen sich Langzeitwirkungen einschätzen. Das gilt auch für die enorme Zahl der Altlasten. Ende 1995 waren in Deutschland knapp 170000 Altlasten nachgewiesen oder vermutet, wobei andere Schätzungen von 240000 Fällen ausgehen. Es handelt sich hierbei um Flächen, die durch Fabriken, das Militär, als Deponien und auf andere Weise so genutzt wurden, daß große Mengen gefährlicher Stoffe in den Boden gelangten. Teilweise handelt es sich um sehr kleine Flächen und um wenig bedenkliche Stoffe, so daß eine Abtragung und/oder Reinigung möglich ist. Vielfach allerdings sind die Flächen zu groß, die Verbindungen zu gefährlich und die bekannten Reinigungsverfahren zu ineffektiv, so daß diese Altlasten an Ort und Stelle bleiben. In diesen Fällen können deren Schadstoffe über Staub und die Luft in die Umgebung gelangen, in das Grundwasser sickern oder Anwohner, insbesondere spielende Kinder, durch direkten Kontakt gefährden. Die Flächen werden deshalb abgesperrt, mit Mutterboden zugedeckt und gegenüber dem Grundwasser isoliert – so weit dies eben geht, um größere Schäden zu verhindern.[58]

Zu erwähnen sind schließlich noch die Schlämme der Klärwerke. Seit Errichtung dieser Anlagen im 19.Jahrhundert wurden diese Schlämme in der Landwirtschaft als Dünger eingesetzt, da sie reich an organischen Bestandteilen waren. Diese Nutzung besteht noch heute, doch mittlerweile enthalten die Schlämme eine Vielzahl anderer Stoffe, darunter Schwermetalle und chlor-organische Stoffe (Dioxine). Deren Grenzwerte werden über-wiegend deutlich unterschritten, doch grundsätzlich ist zu fordern, den Einsatz von Klärschlamm in der Landwirtschaft deutlich einzuschränken.[59] Noch problematischer sind die wach-senden Mengen an Klärschlämmen, die so stark belastet sind, daß sie als Sondermüll entsorgt werden müßten. Insofern haben Kläranlagen haben – wie in zahlreichen anderen Fällen – Um-weltprobleme nicht so sehr gelöst, als sie vielmehr verlagert, in diesem Fall von den Flüssen zu den Schlämmen.

Produktion und Produkte

Es gibt also nicht nur Grund zur Entwarnung. Das wird noch deutlicher, wenn wir den zunehmenden Konsum und die damit verbundenen Belastungen betrachten. Dazu gehören vor allem die Autos und deren Emissionen. Die in den Städten weiterhin bestehende Belastung mit Schwefeldioxid geht weitgehend auf ihr Konto und ist ohne gravierende Eingriffe kaum mehr zu sen-ken. Noch wichtiger ist der Beitrag des Verkehrs zu den Stick-stoff-Emissionen, wie Abbildung 3 zeigt. Während vor allem in der Industrie ein Rückgang der Emissionen zu verzeichnen ist, produziert der Verkehr wachsende Mengen dieses Stoffes, ohne daß eine nennenswerte Besserung zu erkennen ist. Ähnlich ver-hält es sich mit Kohlendioxid-Emissionen, die zum Treibhausef-fekt beitragen. Hinzu kommen all die anderen Bereiche des Kon-sums: die zunehmende Ausstattung der Haushalte mit Wasch-und Spülmaschinen, Fernsehern, Zentralheizungen und anderen Einrichtungen, die einen hohen Energiebedarf haben; der stei-gende Bedarf an Kleidung, Einrichtungsgegenständen, techni-schen Geräten und Verbrauchsgütern generell; die häufigen Ur-laubsreisen, vor allem die emporschnellende Zahl der Flugreisen; der zunehmende Verbrauch an Ressourcen oder die Erzeugung von Müll, Abfall und Emissionen. Hier sind neuartige Probleme und Belastungen entstanden, die zu Beginn der modernen Um-weltpolitik noch keine große Rolle spielten.

Die ersten Gesetze und Regelungen betrafen vor allem Bela-stungen, die unmittelbar durch die Produktion entstanden, und

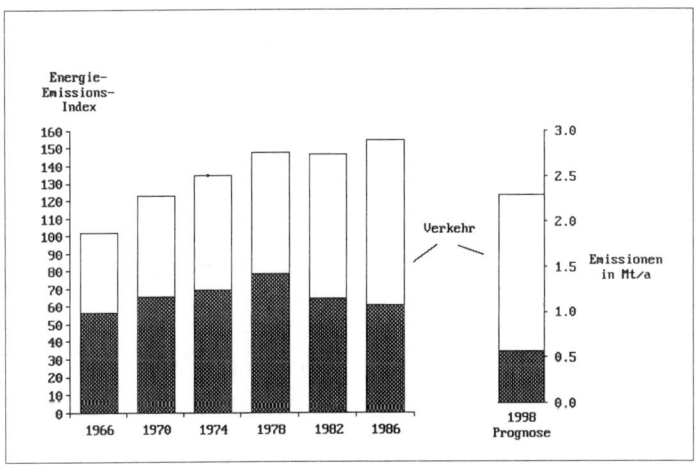

Abb. 3: Stickstoff-Emissionen (NO_x, angegeben als NO_2) 1966 bis 1986 mit Prognose 1998
Quelle: Werner Wäßle: Das Verhältnis von Industrie und Umwelt seit 1945. In: Hans Pohl (Hg.), Industrie und Umwelt. Stuttgart 1993, S. 60.

auf diesem Gebiet sind die größten Fortschritte erreicht worden. Moderne Produktionsprozesse finden mittlerweile vielfach in weitgehend geschlossenen Kreisläufen statt, aus denen nur noch geringe Mengen an Emissionen entweichen. Generell läßt sich feststellen, daß die Produktionsprozesse bedeutend besser kontrolliert werden und vielfach nicht mehr die entscheidende Ursache für Umweltbelastungen sind. Allerdings genügt es nicht, lediglich die Produktion zu betrachten, nicht weniger wichtig sind die Produkte selbst. Auch beruhen die erreichten Erfolge weiterhin oftmals auf nachgeschalteten Maßnahmen wie Filtern oder Kläranlagen, die schädliche Stoffe zurückhalten, dabei jedoch hochbelastete Abfallprodukte erzeugen, während es eigentlich darum gehen sollte, diese Stoffe gar nicht erst entstehen zu lassen. Auf diesem Gebiet gibt es Ansätze wie die Einführung wasserlöslicher Lacke in der Automobilindustrie, den sparsameren Einsatz von Lösungsmitteln oder einen Übergang zu Produktionsverfahren, die Schadstoffe möglichst wiederverwerten und generell weniger Abfall erzeugen. Die Hoffnung allerdings, die Rückgewinnung und weitere Verwertung von Schadstoffen werde keine Kosten verursachen und eventuell gar einen Gewinn abwerfen, geht nur selten in Erfüllung. Eine konsequente Neuorientierung der Produktion, die von Beginn an diese Stoffe zu vermeiden sucht, steht deshalb noch aus.

Besonders ausgeprägt ist dieses Problem bei den Atomkraftwerken, die nicht nur durch ihren Betrieb eine Gefährdung bedeuten, sondern auch hoch radioaktive Abfallstoffe produzieren. Die dafür vorgesehene Aufbereitungsanlage wurde angesichts öffentlichen Widerstands, technischer Probleme und davonlaufender Kosten aufgegeben. Das Endlager in Gorleben ist noch lange nicht fertiggestellt und ohnehin ein problematischer Ausweg; die Transporte dorthin rufen erbitterte Auseinandersetzungen hervor, die angesichts der lange verschwiegenen Belastungen noch zunehmen werden, und weiterhin ist die Lagerung radioaktiver Stoffe über Jahrzehnte, wenn nicht Jahrhunderte ein mehr als fragwürdiges Verfahren.

Nicht weniger wichtig ist das Problem der Produkte. Es ist nicht viel gewonnen, wenn bei der Produktion eines Pestizids oder eines chemischen Düngers nur wenig Schadstoffe entweichen, zugleich aber der Einsatz dieser Stoffe große Schäden verursacht. Oder wenn eine Automobilfabrik kaum noch Emissionen freisetzt, die produzierten Automobile hingegen große Umweltprobleme verursachen und schließlich zu Abfall werden, der mit mehr oder weniger Aufwand entsorgt werden muß. Als besonders problematisch erweisen sich hierbei Erzeugnisse der chemischen Industrie, die oftmals Stoffe enthalten, die nur schwer zu entsorgen sind beziehungsweise bei der Entsorgung gefährliche neue Verbindungen entstehen lassen. Das gilt etwa für PVC, PCB und andere Produkte, die im Rahmen der Chlorchemie erzeugt werden. Hierbei handelt es sich mit einem Anteil von 60 Prozent des Umsatzes um den wichtigsten Zweig der chemischen Industrie mit einer unüberschaubaren Zahl von Zwischen- und Endprodukten. Dazu zählen auch chlororganische Pestizide und Chlorkohlenwasserstoff-Lösemittel, darunter Fluorchlorkohlenwasserstoffe (FCKW), die wesentlich für den Abbau der Ozonschicht mitverantwortlich sind. Die Zahl der erzeugten Produkte ist so groß, daß die Überprüfung jedes einzelnen davon nicht möglich ist. Zumindest einige davon waren, andere sind sehr problematisch, und es gibt viele Belege dafür, daß es sich hierbei nicht um Ausnahmen handelt. Deshalb haben das Umweltbundesamt und das Bundesgesundheitsministerium 1990 dazu aufgefordert, »Umweltbelastungen aus der Chlorchemie drastisch zu reduzieren und auf weniger kritische Verfahrenstechniken und Produkte überzugehen«[60]. Zum ersten Mal wurden hier nicht einzelne Stoffe, sondern eine Stoffgruppe und schließlich ein ganzer Industriezweig als bedenklich bezeichnet. Zugleich gibt es gegenläufige Entwicklungen. Der Einsatz von FCKW wurde ab 1995 verboten, und die Verwendung der anderen Stoffe ist rückläufig, so daß eine gewisse Entlastung festzustellen ist. Möglich wurde dies durch die Entwicklung neuer Verbindungen, die als Ersatz dienen und weniger schädlich sind, doch ihre genauen Auswirkungen sind nicht immer hinlänglich bekannt.

Es ist somit problematisch, wenn lediglich die geringeren Belastungen von Produktionsprozessen betont werden. Die hierbei erzielten Erfolge sind beachtenswert, aber es ist auch zutreffend, daß die so erreichten Verbesserungen oftmals durch die Ausweitung des Konsums konterkariert, wenn nicht zunichte gemacht werden. Gerade der private Verbrauch spielt dabei eine wichtige Rolle, und neue Ansätze der Umweltpolitik müssen deshalb auch bei den einzelnen Menschen und deren Verhaltensweisen ansetzen. Mehr als zuvor müssen diese die Auswirkungen ihrer Handlungen auf die Umwelt bedenken, einige davon unterlassen und für andere mehr bezahlen, etwa durch einen höheren Benzinpreis. Wird dieser hoch genug festgesetzt, würden nicht nur Autos mit einem geringeren Benzinverbrauch angeboten. Auch würde der öffentliche Nahverkehr stärker genutzt und manche Fahrt ganz unterbleiben. Das individuelle Verhalten ist also wichtig, doch entscheidend bleiben die Rahmenbedingungen, die – wie der Benzinpreis – das Verhalten des einzelnen entscheidend mitbestimmen, von ihm aber nur sehr bedingt beeinflußt werden können. Auch hat dieser nur geringen Einfluß darauf, welche Produkte hergestellt werden, auf welche Weise dies geschieht oder welche Materialien eingesetzt werden.

Um dies besser analysieren zu können, werden mittlerweile sogenannte Ökobilanzen erstellt, die zusätzlich zu den betriebswirtschaftlichen Bilanzen diejenigen Kosten ermitteln, die durch Belastungen der Umwelt verursacht werden. Üblicherweise werden diese Schäden nicht erfaßt und vor allem nicht dem verursachenden Betrieb zugerechnet. Sie werden vielmehr nach außen verlagert, müssen von zufällig betroffenen Individuen oder der Gemeinschaft insgesamt übernommen werden und werden deshalb als externe Kosten bezeichnet. Diese Externalisierung wird durch Ökobilanzen noch nicht beseitigt, doch wird zumindest ein Verfahren bereitgestellt, derartige Kosten zu erfassen und in weiteren Schritten zu verhindern. Ein besonders weitgehender Ansatz ist die Produktlinienanalyse. Hierbei wird nicht nur die Produktion innerhalb eines Betriebes berücksichtigt, sondern auch danach gefragt, unter welchen Bedingungen die Rohstoffe, die Halb- und Zwischenprodukte oder die Energie erzeugt wurden, die der eigentlichen Produktion vorgelagert sind und in diese einfließen, wie Produkte genutzt werden und was anschließend mit ihnen geschieht. So lassen sich beispielsweise die Umweltbelastungen erfassen, die mit der Erdölgewinnung oder dem Baumwollanbau in den Ländern Afrikas oder Asiens verbunden sind, und auch die sozialen und ökonomischen Auswirkungen werden berücksichtigt, so daß sich ein umfassendes Bild ergibt. Genau hier liegt aber das Problem. Eine konsequent durchgeführte Produktlinienanalyse ist nicht nur äußerst aufwendig und allein schon deshalb in der Praxis allenfalls für ausgewählte Beispiele durchführbar. Hinzu kommt die Schwierigkeit, die jeweiligen Schritte und Belastungen zu bewerten. Wie sollen beispielsweise die Kosten für Schäden angesetzt werden, die durch Emissionen entstehen? Wie schlagen Lärm, Auslaugung von Böden, Schäden durch Düngemittel oder Veränderungen der Landschaft zu Buche? Hierfür gibt es weder eindeutige Zahlen noch verbindliche Maßstäbe. Ein Ausweg bestünde darin, bei diesen Analysen die betroffenen Individuen oder Gruppierungen wie Verbraucherverbände, Naturschützer, Anwohner, Gewerkschaften und Unternehmer hinzuzuziehen. In der Praxis bereitet das aber enorme Schwierigkeiten, weil das Verfahren dadurch sehr aufwendig und bürokratisch wird. Zudem müßten weitreichende Eingriffsmöglichkeiten gewährt werden, um nicht nur den Einsatz bestimmter Rohstoffe, die gewählten Produktionsverfahren,

Arbeitsbedingungen oder Löhne zur Debatte zu stellen, sondern auch darüber zu entscheiden, welche Produkte überhaupt hergestellt werden sollen beziehungsweise dürfen.

Es bereitet also große Probleme, das gegenwärtige Instrumentarium radikal zu verändern. Erfreulicherweise ist dies allerdings in den letzten Jahren bereits bedeutend erweitert worden. Dazu gehört vor allem die Möglichkeit, Entscheidungen der Behörden gerichtlich überprüfen zu lassen und Einfluß zu gewinnen auf die Genehmigung und Überwachung privater oder öffentlicher Betriebe und Einrichtungen, die Emissionen freisetzen oder sonstwie die Umwelt schädigen. Eine Folge davon waren die zahlreichen Prozesse vor Verwaltungsgerichten, die seit den siebziger Jahren die großen Umweltkonflikte geprägt haben und bis heute von entscheidender Bedeutung sind. Zusätzlich sind weitere Instrumente eingeführt worden wie Umweltverträglichkeitsprüfungen, die nicht nur bei der Errichtung von Betrieben, sondern auch bei größeren Eingriffen in die Landschaft, etwa durch Straßenbau, durchgeführt werden müssen, oder das Öko-Audit für Betriebe, eine Art Öko-Bilanz.[61] Allerdings sind die Bezeichnungen dieser neuen Instrumente oftmals eindrucksvoller als ihre tatsächliche Bedeutung. In der Regel vermögen sie, Auswüchse zu verhindern, den Status quo zu verteidigen und gewisse Verbesserungen durchzusetzen. Gemessen an den Möglichkeiten, die vor 25 Jahren bestanden, ist gleichwohl einiges erreicht worden. Doch gemessen am Konzept eines umfassenden Umweltschutzes sind die vorhandenen Ansätze zu verfeinern. Auch dann wird es allerdings vorkommen, daß Schäden auftreten, Entwicklungen falsch eingeschätzt werden, Untersuchungsmethoden unzureichend sind oder vermeintlich gesicherte Kenntnisse revidiert werden müssen. Möglich ist aber auch, daß Gefährdungen überschätzt werden. Das zeigen die Debatten um das Waldsterben.

Beispiel Waldsterben

Das Waldsterben bietet sich geradezu als Musterbeispiel für die weithin beklagte Unfähigkeit der Politik an, einschneidende Maßnahmen durchzusetzen und auf die Warnungen von Wissenschaftlern zu hören. Hier hat sich seit den ersten Alarmrufen offensichtlich wenig geändert – abgesehen von kosmetischen Korrekturen. Der frühere ›Waldschadensbericht‹ heißt jetzt ›Waldzustandsbericht‹, was weniger dramatisch klingt, an der tatsächlichen Situation aber nichts ändert. Diese gibt offenkundig weiterhin Anlaß zur Sorge, denn auch die letzten Berichte konstatieren, daß weite Teile des Waldes mehr oder minder stark geschädigt sind. Die Gefahr des Waldsterbens ist noch nicht gebannt, dennoch wiederholt sich jährlich dasselbe Ritual: Die Regierung legt ihren Bericht vor und verweist auf geringfügig bessere Zahlen; die Naturschutzverbände klagen über die anhaltend schlechte Situation und fordern, endlich energische Maßnahmen zu ergreifen, unterstützt von den Waldbesitzern, die weiterhin auf Entschädigungen hoffen; die Medien berichten pflichtschuldig, und die Öffentlichkeit nimmt kaum noch Kenntnis davon. Dabei ließe sich eine äußerst interessante Geschichte erzählen – wenn die Angaben der Forschergruppe um den Forstwissenschaftler Heinrich Spieker zutreffen.

Spieker unterrichtet am Institut für Waldwachstum der Universität Freiburg und hat eine internationale Arbeitsgruppe mit Wissenschaftlern aus zwölf Ländern geleitet, die über ganz Europa verteilt den Zustand der Wälder seit etwa 1900 untersuchten und 1996 ihre Ergebnisse veröffentlichten. Die Befunde frappieren: Die Bäume in Europa, auch in Deutschland, wachsen schneller als zuvor, von einem allgemeinen Waldsterben kann keine Rede sein. Zwischen 1950 und 1990 hat das Gesamtvolumen der Bäume in Europa um 43 Prozent zugenommen, wobei die deutschen Wälder zu den holzreichsten gehören. In den Worten der ›Frankfurter Rundschau‹: »Soviel Holz gab es lange nicht.«[62] Im einzelnen ergaben die Untersuchungen, daß die Wachstumsbedingungen der Wälder sich in den letzten Jahren nicht verschlechtert haben, wie die These vom Waldsterben impliziert, sondern besser geworden sind, daß in den letzten zweihundert Jahren zu keinem Zeitpunkt so viele alte Bäume vorhanden waren wie heute und daß lediglich an Standorten, die außergewöhnlich stark belastet sind oder unter extremen Witterungsbedingungen leiden, Rückgänge des Wachstums auftreten. Die Forscher waren von diesen Ergebnissen selbst überrascht. Vorher war bekannt, daß bei bestimmten Baumsorten und in einzelnen Gebieten Wachstum stattfand. Jetzt hingegen zeigte sich, daß dieses Wachstum in ganz Europa zu beobachten war, bei ganz unterschiedlichen Standorten und auch bei verschiedenen Baumsorten. Der Gegensatz zur These vom Waldsterben konnte kaum größer sein.

Die Angaben der Gruppe um Spieker beruhen auf Erhebungen, bei denen der Längen- und Umfangzuwachs der Bäume gemessen wurde. Die so ermittelten Daten waren eindeutig und das gewählte Verfahren methodisch korrekt, so daß die Befunde nicht zweifelhaft sind. Die ansonsten üblichen Methoden hingegen sind strittiger. Die Angaben zum Waldsterben beziehen sich auf die sogenannte Kronenverlichtung, bei der der Zustand von Nadeln und Blättern beobachtet wird. Diese können geschädigt sein oder auch ganz abfallen, und je nach Schädigung werden die Bäume unterschiedlichen Schadensklassen zugeordnet. Dieses Vorgehen hat den Vorteil, daß es wenig Aufwand erfordert, so daß großflächige Erhebungen relativ einfach durchgeführt werden können. Damit sind jedoch zwei gravierende Schwierigkeiten verbunden. Zum einen beruht die Zuordnung zu Schadensklassen wesentlich auf dem Augenschein und ist deshalb nicht ganz exakt. Und zum anderen ist umstritten, welche Rückschlüsse aus dem Zustand der Nadeln und Blätter gezogen werden können. Spieker und andere Kritiker weisen darauf hin, daß deren Verlust ein Schutzmechanismus sein könne, um Trockenperioden zu überstehen. Auch würden Bäume selbst dann wachsen, wenn eine gewisse Kronenverlichtung bestehe, zwischen Wachstum und Kronenbefall bestehe kein eindeutiger Zusammenhang. Ohnehin gehöre es zum Leben eines Waldes, daß einzelne Bäume erkrankten oder abstürben, und statistisch lasse sich zeigen, daß heute in den Wäldern weder wesentlich mehr noch deutlich weniger kranke oder dürre Bäume stünden als früher. Schließlich sei auch zu berücksichtigen, daß auftretende Schäden sehr unterschiedliche Ursachen haben könnten, darunter die wachstumsstarken, aber anfälligen Monokulturen, die sich in den letzten zweihundert Jahren durchgesetzt haben.[63]

Der Widerspruch zwischen immer schneller wachsenden Wäldern auf der einen und der These vom Absterben auf der anderen Seite ist erstaunlich, wobei einzelne Befunde schwer zu interpretieren sind. So kann das Wachstum eine Folge der Stickstoff-Emissionen sein, da dieser Stoff als Dünger wirkt. Die Vertreter der These vom Waldsterben argumentieren deshalb, aufgrund dieser Düngung wachse sich der Wald förmlich zu Tode. Das klingt anschaulich, ist jedoch nicht gesichert. Das gilt auch für die Behauptung, zwei Drittel der Böden seien so übersäuert, daß die Wald-Ökosysteme grundlegend gefährdet seien. Diese Behauptung ist zu pauschal, aber insofern zutreffend, als die Emissionen der letzten Jahre vielfach tatsächlich zu einer Übersäuerung der Böden geführt haben. Wichtige mineralische Nährstoffe können dadurch aus dem Boden ausgewaschen und andere, für die Wurzeln schädliche Verbindungen angereichert werden. Die Wälder werden so anfälliger gegenüber der Witterung und Schädlingen, ohne daß sich eindeutig bestimmen läßt, wann und wie diese Anfälligkeit sich äußern wird. Das hängt von der Entwicklung des Wetters und nicht zuletzt davon ab, ob die Übersäuerung des Bodens und die damit verbundenen schädlichen Reaktionen zunehmen werden. Auch hier gibt es gegenläufige Tendenzen. So ist der pH-Wert des Regens seit 1982 deutlich angestiegen, der Regen ist also wesentlich weniger sauer als vor einem Jahrzehnt, was zum größten Teil auf den Rückgang schwefliger Emissionen zurückzuführen ist.

Insgesamt kann es keinen Zweifel daran geben, daß die Bäume in den letzten Jahrzehnten ungewöhnlich gut gewachsen sind. Diese Feststellung ist erstaunlich und um so bemerkenswerter, als in der wahrlich nicht knappen Berichterstattung zum Waldsterben nur vereinzelt Hinweise auf das ungewöhnliche Wachstum zu finden sind. Selbst die jüngsten Waldzustandsberichte der Bundesregierung halten an den traditionellen Erhebungsverfahren und den damit ermittelten Ergebnissen fest. Das alles ist schwer zu erklären, wobei es nicht darum geht, Schäden am Wald zu leugnen oder eine allgemeine Entwarnung zu geben. Doch es ist auffällig, daß auch bei einem so brisanten und interessanten Thema wie dem Waldsterben eine öffentliche Debatte kaum stattfindet, sondern auf den engen Kreis der Fachleute beschränkt bleibt.

Mehr Diktatur wagen?

Einen Vorteil haben die Katastrophenmeldungen der achtziger Jahre gehabt. Sie haben entscheidend dazu beigetragen, daß strengere Gesetze verabschiedet wurden und bei einer Vielzahl von Stoffen die Emissionen in Luft, Wasser und Boden deutlich gesenkt werden konnten. Insofern ließe sich argumentieren, daß Katastrophenmeldungen erforderlich sind, um überhaupt etwas bewegen zu können. Doch Katastrophenmeldungen führen nicht nur zu energischen Aktionen, sie können auch ganz andere Folgen haben. Dazu gehören das Gefühl der Hilflosigkeit und eine verbreitete Abstumpfung, die offensichtlich nur durch noch dramatischere Schilderungen überwunden werden können. Allzu leicht wird hierbei aber der Bogen überspannt und nach einiger Zeit wird deutlich, daß die Angaben nicht zutreffen. Geschieht dies mehrfach, leidet die Glaubwürdigkeit derjenigen, die – in guter Absicht – diese Meldungen verbreitet haben. Hinzu kommt, daß derartige Meldungen zumindest anfangs glaubwürdig klingen und große Ängste auslösen können, die nicht zu rechtfertigen sind und in der Sache nichts bewirken.

Schließlich werden aus den Katastrophenszenarien politische Konsequenzen abgeleitet, die nicht weniger bedenklich sind. So hat Herbert Gruhl in seinem Bestseller ›Ein Planet wird geplündert‹ die Frage aufgeworfen, wie die drohende Katastrophe verhindert werden könne. Auf die Vernunft der großen Mehrheit sei kein Verlaß, auch die Parteien seien überfordert, und »weit und breit sei niemand sichtbar, der das tun könnte, außer dem Staat«. Die Vorbereitung auf eine ökologisch stabile Wirtschaft erfordere die gleiche »Intensität wie die Vorbereitung auf einen großen Krieg«. Der Staat müsse deshalb »viele Freiheiten entschlossen aufheben, um das Chaos zu verhüten«[64]. Andere gingen weiter und sprachen von der Notwendigkeit einer Ökodiktatur, wobei derart weitgehende Äußerungen wie auch die Argumente von Gruhl eine Außenseiterposition darstellen, allerdings selbst bei Hans Jonas anklingen, dem weithin respektierten Träger des Friedenspreises des Deutschen Buchhandels. In seiner berühmten Schrift ›Das Prinzip Verantwortung‹ schreibt Jonas, »daß die Demokratie, wie sie jetzt funktioniert – mit ihrer kurzfristigen

Orientierung –, auf die Dauer nicht die geeignete Regierungsform ist«. Der Schutz der Natur erfordere einen allgemeinen Konsumverzicht, der in Demokratien nicht oder nur schwer durchzusetzen sei. Erforderlich sei die »Identifizierung der Gemeinschaft mit der Regierung, selbst einer diktatorischen [...], wenn langdauernde Opfer gefordert sind«[65].

Die Unzufriedenheit mit dem bestehenden politischen System, Klagen über dessen Unfähigkeit und die Forderung nach Alternativen sind weit verbreitet. Der »Club of Rome« sprach sich dafür aus, eine internationale Elite von Wissenschaftlern, Technikern und Politikern einzusetzen, um die Erde zu retten. Ähnlich argumentierte 1994 Jens Reich, der Kandidat von Bündnis 90/Die Grünen für die Wahl des Bundespräsidenten. Auch er forderte eine grundlegende Änderung der bestehenden Strukturen und die Schaffung eines Instruments, »das so laut befehlen kann, daß die Politik endlich aufwacht«. Dazu wollte er einen Ökologischen Rat einrichten, der parallel zum Bundestag bestehen und das Recht haben sollte, Gesetzesinitiativen zu starten, sein Veto einzulegen und Ge- sowie Verbote auszusprechen. Dieser Rat sollte von der Bevölkerung gewählt werden und dadurch demokratisch legitimiert sein, doch eine Wahl war nur alle zehn bis fünfzehn Jahre vorgesehen, so daß er mehrere Regierungen und Parlamente überdauern und diesen gegenüber größeres Gewicht erlangen würde. Und auf die Bemerkung eines Interviewers »Ihr Motto lautet offenbar ›Mehr Diktatur wagen‹?« entgegnete Reich: »Ja. Es gibt Dinge, die muß man mit einem Klaps auf den Hinterkopf durchsetzen.«[66]

Reich steht nicht alleine. Ulrich Beck, einer der führenden deutschen Soziologen und Begründer der Diskussion über die »Risikogesellschaft«, charakterisiert die politischen Großparteien als »Dinosaurier einer ausklingenden Industrieepoche«, als »Museen an der Regierung«. Sie seien ähnlich wie andere Großorganisationen unfähig, auf die modernen Herausforderungen zu reagieren, und müßten deshalb »entkernt«, das heißt »unter Beibehaltung und Pflege der Fassadenkonstanz im Innern aus- und umgeräumt« werden. Parallel dazu seien die Medien als vierte Gewalt zu stärken. Erst das Zusammenspiel von Bürgergruppen und massenmedialer Öffentlichkeit habe die Themen der globalen

Gefährdung auf die Tagesordnung der Politik gesetzt, und dieses Zusammenspiel sei erneut erforderlich, um den Umbau der Parteienlandschaft und der Staatsaufgaben zu begleiten.[67]

Als Beispiel für dieses Bündnis von Umweltgruppen und Medien können die Auseinandersetzungen um die Ölplattform »Brent Spar« gesehen werden, die ausgemustert und in der Nordsee versenkt werden sollte. Die Umweltschutzorganisation Greenpeace wies auf enorme Mengen von Altöl und anderen schädlichen Substanzen hin, die dabei in das Meer gelangten, und lieferte über diese Argumente hinaus spektakuläre Bilder. Die Medien sorgten für eine massenhafte Verbreitung, und die Öffentlichkeit war schockiert. Europaweit wurde zu einem Boykott der Betreiberfirma Shell aufgerufen und dieser weitgehend befolgt. Prominente Politiker unterstützten die Aktionen, der Konzern mußte sich dem Druck der Öffentlichkeit beugen und die geplante Versenkung der Ölplattform im Meer absagen. Zumindest in Deutschland war die Bevölkerung hiervon so beeindruckt, daß bei einer Umfrage etwa 60 Prozent dafür plädierten, Greenpeace an der Regierung zu beteiligen, und Ulrich Beck entdeckte in den Aktionen der Umweltschützer und dem individuellen Konsumboykott die Konturen der kommenden Weltbürgergesellschaft.[68]

Einmal mehr hatte Greenpeace auf ein wichtiges Problem verwiesen, denn die ökologischen Auswirkungen der Versenkung waren nicht hinreichend bedacht worden. Bald stellte sich allerdings heraus, daß die Gruppe mit weit überhöhten Zahlen operiert hatte. Die Verantwortlichen mußten sich entschuldigen, doch der Schaden war angerichtet. Die spektakuläre Aktion trug zu einem erheblichen Verlust an Glaubwürdigkeit von Greenpeace bei. Von einer Regierungsbeteiligung ist heute keine Rede mehr. Selbst eine von dieser Gruppe produzierte eigene Fernsehsendung ist am mangelnden Interesse der Zuschauer gescheitert. Das ist bedauerlich, denn Greenpeace und vergleichbare Gruppen haben wichtige Aktionen durchgeführt und Impulse gegeben. Auch gibt es immer noch genügend Umweltprobleme, die ein energisches Eingreifen erfordern. Doch Schreckensmeldungen in Massenmedien bieten nun einmal eine äußerst schwankende Basis für die Umweltpolitik.

Globale Umweltprobleme

Raumschiff Erde

Die in den Weltraum geschickten Raketen sollten das All erkunden, von fernen Sternen berichten und die Landung auf dem Mond ermöglichen. Sie verwirklichten einen alten Menschheitstraum, doch ihre wohl wichtigste Entdeckung war alt: die Erde. Ihre Form als Kugel war selbstverständlich bekannt und ihr Aussehen von zahllosen Atlanten und Globen geläufig. Jetzt gab es jedoch Photos aus dem All, und von dort betrachtet sah die Erde ganz anders aus, faszinierend, geheimnisvoll und vor allem verwundbar. Die Erde erschien als eine winzige Kugel, die wie verloren im All schwebte und – so der Astronaut Loren Acton – umgeben war von der »dünnen, sich bewegenden, unglaublich verletzlichen Hülle der Biosphäre«[69]. Die Photos faszinierten. Sie zeigten die Erde als eine Einheit, lösten Beschützerinstinkte aus und gaben der Umweltbewegung großen Auftrieb. Die ersten Aufnahmen erschienen 1966. Kurz zuvor hatte Adlai Stephenson, der amerikanische Botschafter bei der UNO, vom »Raumschiff Erde« gesprochen und der Wirtschaftswissenschaftler Kenneth Boulding einen bahnbrechenden Aufsatz mit dem Titel ›The Economics of Coming Spaceship Earth‹ veröffentlicht. Darin beschrieb er die bisherige »cowboy economy« als ausbeuterisch, hemmungslos und konsum- und profitorientiert. Er grenzte sie ab von der kommenden »spaceman economy«, die sich darum bemühe, sorgsam mit den vorhandenen Rohstoffen und natürlichen Gegebenheiten der Erde umzugehen.[70] Und 1972 verfaßte die Engländerin Barbara Ward im Auftrag der UNO und als Vorbereitung auf die Konferenz in Stockholm zusammen mit dem amerikanischen Biologen René Dubos die Schrift ›Only One Earth‹[71].

Zusätzlich zu den Auseinandersetzungen um lokale oder regionale Umweltprobleme war damit die Sorge um globale Gefährdungen formuliert worden. Ganzheitliche, die gesamte Erde umfassende Betrachtungen gewannen an Bedeutung. Internationale Zusammenschlüsse und Konferenzen entstanden, um die neuen Probleme zu lösen, und in der Umweltdebatte setzte sich die Vorstellung von der »Einen Welt« durch, die nur durch gemeinsame Anstrengungen zu retten sei.[72] Die Bedeutung globaler Umweltprobleme wurde erkannt, wobei dieser Begriff allerdings sehr unbestimmt ist, eine Vielzahl von ganz unterschiedlichen Erscheinungen abdeckt und vielfach zudem eine Gemeinsamkeit unterstellt, die tatsächlich nicht besteht. Die Welt ist nicht so einheitlich, wie es vom All aus erscheint. Und nur einige Umweltprobleme sind wirklich global, wobei selbst in diesen Fällen die Auswirkungen höchst unterschiedlich sein können.

Im engeren Sinne global sind eigentlich nur diejenigen Umweltprobleme, die unabhängig vom Ort, an dem sie entstehen, die gesamte Erde betreffen. Dazu gehören vor allem Gase wie FCKW, Kohlendioxid oder Methan, die in die Biosphäre gelangen, dort chemische Reaktionen auslösen und – durch das Ozonloch oder den Treibhauseffekt – globale Auswirkungen haben. Daneben wird der Begriff auch für Probleme benutzt, die an vielen Stellen zugleich auftreten. So sind Bergbauschäden in der ganzen Welt festzustellen und einander weitgehend ähnlich: Halden, Bergabsenkungen oder Belastungen des Grundwassers. Sie sind jedoch nicht eigentlich global, da zwischen ihnen kein näherer Zusammenhang besteht. Ähnlich verhält es sich mit Schädigungen des Bodens durch Erosion, Austrocknung oder Wüstenbildung. Auch diese Schäden treten weltweit auf und bedeuten ein wichtiges Umweltproblem, doch sie haben sehr unterschiedliche Ursachen, wobei die jeweils vorherrschenden politischen, wirtschaftlichen oder sozialen Gegebenheiten meist ausschlaggebend sind.[73]

Das gilt auch für die Frage des Bevölkerungswachstums. Seit Malthus ist die Sorge darum nicht mehr verstummt und hat spätestens seit 1968, als Paul Ehrlich vor der Bevölkerungsbombe warnte, eine zentrale Rolle gespielt. Gerade in diesem Fall ist eine globale Perspektive jedoch problematisch. Sie kann dazu führen, wichtige Unterschiede zu übersehen, die ursächlichen Faktoren falsch zu gewichten und fehlerhafte Annahmen – um nicht zu sagen Vorurteile – zu verdecken. So konzentrierte sich die Debatte auf den Anstieg der Bevölkerung in der sogenannten Dritten Welt. Dieser galt als so bedrohlich, daß Zwangsmaßnahmen zur Begrenzung der Kinderzahl und selbst Sterilisierungen gefordert und teilweise – etwa in Indien – auch praktiziert wurden. Das war insofern verständlich, als dort Armut und Hunger weit verbreitet und vielfach von einer übermäßigen Nutzung des Bodens begleitet waren. Schäden an der Umwelt waren nicht zu übersehen, doch die eigentlichen Ursachen bestanden nicht in irgendwelchen »natürlichen« Grenzen. Mittlerweile wissen wir, daß es möglich war, die damals lebende und in den folgenden Jahren schnell wachsende Bevölkerung zu ernähren. Die Erde kann sogar noch bedeutend mehr Menschen aufnehmen, als jetzt auf ihr leben, sofern die politischen und wirtschaftlichen Rahmenbedingungen stimmen. Diese sind bedeutend wichtiger als die eigentlichen Umweltfaktoren, die erforderlichen Reformen sind allerdings schwer durchzusetzen. Wo dies gelang, war rapides Wachstum möglich, selbst wenn die natürlichen Voraussetzungen ungünstig erschienen. So haben in Asien mit Hongkong und Singapur zwei Orte eine besonders rapide Entwicklung erlebt, die über keine nennenswerten natürlichen Ressourcen verfügen. Selbst die deutlich angestiegene Bevölkerung Indiens könnte bei besserer und gerechterer Nutzung der natürlichen Gegebenheiten ausreichend ernährt werden.[74]

Internationale Vereinbarungen

Dieser Zusammenhang wurde bereits auf der »United Nations Conference on the Human Environment« von Stockholm betont, die 1972 stattfand, kurz nachdem der Bericht des »Club of Rome« erschienen war. Diese Konferenz war unabhängig davon von der UNO einberufen worden, um die Bedeutung der Umwelt zu diskutieren. Vergleichbare Konferenzen, die Fragen des Naturschutzes, der Bevölkerungsentwicklung, Ressourcennutzung oder der Biosphäre behandelten, hatten bereits zuvor stattgefunden. Deren Thematik war allerdings überwiegend begrenzt und die Umwelt vorwiegend als separater Faktor behandelt worden. Die Konferenz von Stockholm bedeutete demgegenüber einen entscheidenden Durchbruch. An ihr nahmen Vertreter von 113 Ländern und mehr als vierhundert internationalen Organisationen teil, und es stand ausdrücklich das Wechselverhältnis von Mensch und Umwelt auf der Tagesordnung. Die traditionellen

Wachstumsideen wurden auch in Stockholm kritisiert, ebenso heftig allerdings das Konzept eines »Nullwachstums«, das gerade vom »Club of Rome«, Ehrlich und anderen propagiert wurde.[75]

Entsprechende Kritik äußerten vor allem die Vertreter der nichtindustrialisierten Länder. Sie sahen keine Alternative zum wirtschaftlichen Wachstum, um die oftmals armseligen Lebensbedingungen ihrer Länder verbessern zu können. Das beste Mittel, eine weitere Zunahme der Bevölkerung in diesen Ländern zu beschränken, sei ein steigender Lebensstandard.[76] Diese Erfahrung hatten bereits die industrialisierten Länder gemacht – und sie ist mittlerweile in weiten Teilen Asiens, Afrikas und Lateinamerikas bestätigt worden. Diskutiert wurde deshalb vor allem darüber, wie wirtschaftliches Wachstum erfolgen könne, ohne allzusehr in die natürliche Umwelt einzugreifen und größere Schäden zu verursachen. Dies ist keine einfache Aufgabe. Rückschläge und massive Eingriffe in die Umwelt durch Rodungen, den Bau riesiger Staudämme oder den Übergang zu Monokulturen sind vielerorts festzustellen, wobei die industrialisierten Länder mit Kritik allerdings vorsichtig sein sollten. Nicht nur weil sie ungleich mehr Ressourcen verbrauchen, sondern auch weil bei ihnen massive Eingriffe bereits stattgefunden haben und eine der Grundlagen ihres Wohlstandes sind. Es ist deshalb zwar wählerwirksam, aber auch heuchlerisch, wenn im Bundestag Allparteien-Resolutionen zum Schutz des Regenwaldes verabschiedet werden.

Wichtiger als solche Resolutionen ist die steigende Zahl internationaler Vereinbarungen, die im Gefolge der Konferenz von Stockholm geschlossen wurden.[77] Viele davon stehen fraglos nur auf dem Papier, da sie keine bindende Wirkung haben und die beteiligten Länder sie unterschiedlich umsetzen. Generell gilt, daß mit der Zahl der Vertragspartner die Wirksamkeit von Vereinbarungen abnimmt. Jeder Beteiligte möchte besondere Regelungen durchsetzen, ist anders von Problemen betroffen und favorisiert eigene Lösungen, so daß die Vereinbarungen immer komplexer und dadurch unverbindlicher werden. Ausnahmen bestätigen die Regel. Dazu gehört vor allem das Verbot von FCKW, um die Gefahr des Ozonlochs zu mindern. Dieses Verbot beruht auf einer internationalen Übereinkunft, die nach nur wenigen Jahren getroffen wurde und überaus effektiv ist. Dies war möglich, weil im Falle der FCKW das Problem eng eingegrenzt werden konnte, die Zusammenhänge wissenschaftlich wenig strittig waren und nicht zu viele Quellen in Frage kamen. Vergleichbar wirksam sind die Abkommen zur Begrenzung des Walfangs sowie des Schwefeldioxid-Ausstoßes in Nordamerika und Europa. Letztere haben allerdings keine globale, sondern eine regionale Reichweite, was es leichter machte, ein Abkommen zu schließen.

Abkommen mit regionaler Reichweite haben in den letzten Jahren große Bedeutung erlangt, darunter vor allem Richtlinien und Vorschriften im Rahmen der Europäischen Gemeinschaft. Deren Auswirkungen sind schwer zu beurteilen. Je nach Problem und öffentlichem Druck innerhalb der einzelnen Länder können sie strenger, aber auch laxer ausfallen als die Regelungen, die jede Nation für sich treffen würde. So hat im Falle des Katalysators die Europäische Gemeinschaft in Deutschland den Erlaß entsprechender Grenzwerte verzögert, ihn in Frankreich und England vermutlich beschleunigt. Andererseits weigert sich die Bundesrepublik bis heute, die anderswo geltenden Geschwindigkeitsbegrenzungen für Autobahnen zu übernehmen. Die Bedeutung internationaler Regelungen wird zunehmen, und für Bereiche wie die Ozeane oder grenzüberschreitende Emissionen sind sie unverzichtbar, da hier einzelne Staaten wenig bewirken können. Zugleich geht es bei den Vereinbarungen nicht nur um einen Schutz der Umwelt. Einheitliche Regelungen werden auch deshalb angestrebt, um Wettbewerbsnachteile für die einheimischen Industrien zu vermeiden, und dafür bietet sich leider oftmals der kleinste gemeinsame Nenner an.

Emissionen und Klima

Warnungen, der Bevölkerungsanstieg werde Hungersnöte und andere Krisen auslösen, sind in den letzten Jahren deutlich seltener geworden. Es hat sich gezeigt, daß es möglich ist, auf Mangelsituationen zu reagieren, sei es durch höhere Effizienz, durch Erschließung neuer Vorräte oder durch das Ausweichen auf Alternativen. Damit ist die Ressourcenfrage nicht grundsätzlich gelöst, sie wird immer wieder eine Herausforderung bedeuten. So ist schwer vorstellbar, welche Folgen eintreten, falls – einem vielzitierten Beispiel zufolge – alle Chinesen ein Auto besäßen und den amerikanischen Lebensstandard genössen. Sie würden dabei mehr Erdöl verbrauchen, als heute weltweit gefördert wird.[78]

Dieses Beispiel wirft die Frage auf, ob der in den industrialisierten Ländern realisierte Lebensstandard generell erreichbar und ob der dort beschrittene Weg zum Schutz der Umwelt allgemein gangbar ist. Eine pauschale Übertragung der heutigen Lebensweise in den industrialisierten Ländern ist nicht zu erwarten. Diese wird sich vielmehr deutlich ändern, ohne daß derzeit abzusehen ist, wie die Veränderungen aussehen werden. So können Aspekte des Umweltschutzes eine größere Bedeutung erlangen und zu dem seit langem geforderten ökologischen Umbau des Industriesystems führen. Dieser muß gar nicht einmal freiwillig erfolgen, sondern wird möglicherweise durch höhere Rohstoffpreise bedingt sein, die zwangsläufig eine sparsamere Nutzung erfordern. Auch geht eventuell das Erdöl in den nächsten Jahrzehnten zur Neige oder wird so teuer, daß in den Industrieländern der Pkw-Verkehr deutlich zurückgeht. Dabei würde zugleich der Energiepreis steigen und Sonnenenergie und andere Alternativen endlich wettbewerbsfähig werden. Denkbar sind also ganz unterschiedliche Möglichkeiten, wobei die Erfahrungen der letzten Jahrzehnte eine Warnung davor sein sollten, zu langfristige Prognosen zu entwerfen. Eine weltweite Übernahme der bei uns vorherrschenden Lebensweise allerdings wird wohl nicht eintreten. Das ist auch gar nicht erforderlich, um globale Gefährdungen zu verursachen. Denn das Problem besteht nicht so sehr darin, daß die armen Völker Asiens oder Afrikas versuchen, ihren Lebensstandard zu verbessern. Problematisch ist vielmehr der bei uns herrschende Lebensstandard mit seinem enormen Verbrauch an Ressourcen und der Freisetzung von Emissionen. Gemessen daran sind nicht China oder Indien übervölkert, überbevölkert sind vielmehr die industrialisierten Staaten, und diese verursachen globale Bedrohungen, darunter vor allem das Ozonloch und die globale Erwärmung.

Die Bedeutung von FCKW und vergleichbaren Stoffen für die

Entstehung des Ozonlochs ist unstrittig. Diese Stoffe wurden deshalb durch internationale Abkommen verboten. Dies wurde in einem mühsamen Prozeß erreicht, dessen positive Auswirkungen erst allmählich deutlich werden, da die bereits emittierten Gase nur allmählich abgebaut werden und vorübergehend das Ozonloch möglicherweise sogar noch vergrößern. Nach derzeitigem Wissensstand ist jedoch eine Besserung zu erwarten und die eigentliche Gefährdung gebannt. Das läßt sich für die befürchtete globale Erwärmung nicht sagen. In dieser Frage gibt es keinen Konsens über Ursachen und die damit verbundenen Konsequenzen, und hier wurden bisher keine energischen Gegenmaßnahmen ergriffen. Die Konferenz von Kyoto hat dies nachdrücklich vor Augen geführt.

Tatsächlich ist die Einschätzung des Treibhauseffektes äußerst schwierig, da hierzu Klimamodelle für die ganze Erde erforderlich sind. Jeder Beobachter der abendlichen Wetternachrichten wird nachvollziehen können, wie unglaublich vielfältig die dabei zu berücksichtigenden Faktoren sind. Nicht nur müssen Daten vorliegen, die den gesamten Globus abdecken. Erforderlich ist auch, diese für einen hinreichend großen Zeitraum zu besitzen und Modelle zu konstruieren, die es erlauben, die Vielzahl der Daten in einen sinnvollen Zusammenhang zu bringen. Schon für die Gegenwart ist die Datenlage nicht befriedigend; für die Vergangenheit reichen verläßliche Angaben über Temperaturen allenfalls in das 18. Jahrhundert zurück und liegen zudem bei weitem nicht flächendeckend vor. Mit Hilfe von Bohrungen im Eis der Antarktis, der Auswertung von Kirchen- und Tagebüchern oder der Untersuchung von Baumringen läßt sich ein Ersatz schaffen, der allerdings ungenau ist.[79] Dennoch ist es in den letzten Jahren gelungen, weitgehende Einigkeit darüber zu erzielen, daß eine Erwärmung stattfindet. Ob diese allerdings auffällig groß ist oder ob es sich um eine der in der Geschichte mehrfach aufgetretenen Schwankungen handelt, ist umstritten. Umstritten ist ebenfalls, ob hierbei ein natürliches Phänomen vorliegt oder ob menschliche Eingriffe dafür verantwortlich sind. Ferner besteht Uneinigkeit darüber, welcher Temperaturanstieg in den nächsten Jahrzehnten zu erwarten ist und welche Konsequenzen damit verbunden sein werden.

Vergleichbare Differenzen kennzeichneten bereits die Auseinandersetzungen um die Angaben des »Club of Rome«. Auch dieser stützte sich auf ein globales Modell, und auch damals wiesen Kritiker von Beginn an auf die enormen methodischen Schwierigkeiten und die unsichere Datenlage hin.[80] Diese Hinweise fanden anfangs wenig Gehör, zu groß war die Begeisterung über die neuen Möglichkeiten, die mit solchen Modellen offensichtlich verbunden waren. Das galt um so mehr, als die Bilder aus dem All gerade erst die Einheit der Erde und die Notwendigkeit globalen Denkens so nachdrücklich aufgezeigt hatten. Damit war implizit ein Anspruch verbunden, der anfangs nicht weiter auffiel. Denn globale Modelle sind nicht nur darauf angelegt, die Welt als Einheit zu verstehen und zu analysieren, sie sollen sie auch gestalten und möglichst verbessern. Dieser äußerst weitgehende Anspruch fiel vermutlich deshalb kaum auf, weil der Bericht des »Club of Rome« vor allem als Kritik am verbreiteten Fortschrittsglauben und der damit verbundenen Technik aufgefaßt wurde. Doch implizit teilte der Bericht wesentliche Elemente des Fortschrittsdenkens, nämlich das Vertrauen in Wissenschaft und Berechenbarkeit, und er war in seinem Anspruch, die ganze Welt verstehen und beeinflussen zu können, eine besonders weitgehende Variante technokratischen Denkens. So haben die Bilder von der verwundbaren Erde nicht nur ökologisches Denken gefördert, sie haben auch globale Gestaltungsphantasien begünstigt.

Die heutigen Bemühungen, globale Klimamodelle zu erstellen, erinnern an das damalige Modell, und gewisse Parallelen sind nicht von der Hand zu weisen, zumindest nicht bei denjenigen Experten, die auch dieses Mal zu ganz klaren Aussagen kommen und eindeutige Szenarien entwerfen. Doch so eindeutig ist die Situation nicht. Die Mehrheit der beteiligten Wissenschaftler weiß um die methodischen Schwierigkeiten und urteilt entsprechend vorsichtig. Überwiegend herrscht gleichwohl die Auffassung vor, daß die beobachtete Erwärmung zumindest teilweise auf menschliche Eingriffe zurückgeht und daß als Folge dieser Eingriffe eine weitere Erwärmung bevorsteht. Diese wird auf voraussichtlich 2,4 Grad Celsius in den nächsten hundert Jahren geschätzt, wobei die Angaben zwischen 0,9 und 3,5 Grad Celsius schwanken. Die damit verbundene Erhöhung des Meeresspiegel wird mit durchschnittlich 49 Zentimetern angegeben, bei Schwankungen zwischen 13 und 94 Zentimetern. Über konkrete Auswirkungen lassen sich kaum Angaben machen, da diese je nach Region sehr unterschiedlich und auch widersprüchlich ausfallen können. Zu erwarten sind nicht nur steigende Temperaturen sowie sich häufende Stürme und Überflutungen, sondern auch Trockenheit oder gar Abkühlung, ohne daß die vorliegenden Modelle und Daten derzeit genauere Vorhersagen erlauben.[81]

Auch so scheinen die Befunde eindeutig genug zu sein, wobei allerdings nicht alle mit diesen Fragen befaßten Wissenschaftler die vorherrschende Auffassung teilen.[82] Gegenüber ihren Einwänden wird vielfach das Argument vorgebracht, es sei auf jeden Fall besser, etwas zu unternehmen, da die Wahrscheinlichkeit von Schäden groß genug und es ohnehin erstrebenswert sei, den Verbrauch an Ressourcen und vor allem die Emission von Gasen einzuschränken. Diese Argumentation klingt überzeugend, ist jedoch sehr abstrakt, denn die eigentliche Schwierigkeit darin besteht, sich über den Umfang der erforderlichen Maßnahmen zu verständigen, also darüber, wie weit der Verbrauch an Ressourcen oder die Freisetzung von Emissionen zu reduzieren ist. Die hierzu in Kyoto vereinbarten Werte gehen möglicherweise nicht weit genug. Die Länder der EU hatten durchgreifendere Maßnahmen gefordert, jedoch keinen Erfolg erzielt. Die Enttäuschung war groß, doch tatsächlich unterscheiden sich die Positionen nur wenig voneinander. Die strengeren Werte der EU würden lediglich einen geringen zusätzlichen Rückgang der erwarteten Temperatur bewirken. Ohnehin scheint ein gewisser Spielraum zu bestehen, um in den nächsten zehn bis fünfzehn Jahren eindeutigere Grundlagen zu erarbeiten und einen tragfähigen Konsens herzustellen.[83]

Auf Dauer sind weitreichende Eingriffe wohl unausweichlich, um eine weitere Aufheizung des Klimas zu verhindern, und sie können Änderungen der Lebensgewohnheiten in den industrialisierten Ländern zur Folge haben. Denn diese Länder erzeugen den weitaus größten Teil der Gase, die als Ursache der Erwärmung angesehen werden, und sie erzeugen diese Gase durch Nutzungen, die Spielraum für Einsparungen bieten. Dazu gehören der große Energieverbrauch schlecht isolierter Häuser oder die Benzinmengen, die von Pkws verbrannt werden. Bei ärmeren Ländern sind derartige Einsparungen schwieriger. Sie können die erforderlichen Investitionen kaum finanzieren und die Ursachen oftmals nicht oder nur in engen Grenzen beheben. So entweichen größere Mengen an Methan aus Reisfeldern, doch es ist schwierig, wenn nicht unmöglich, den Anbau von Reis nennenswert einzuschränken. Die industrialisierten Länder müssen deshalb mit stärkeren Eingriffen rechnen – sofern sie dazu bereit sind. Dazu gezwungen werden können sie kaum, und generell sind sie von möglichen Auswirkungen der befürchteten Erwärmung weniger betroffen als die ärmeren Länder. So befinden sie sich überwiegend in den gemäßigten Klimazonen und werden schon deshalb von den nachteiligen Auswirkungen weniger betroffen sein. Auch verfügen die Industrieländer technisch und materiell über bessere Möglichkeiten, um Vorkehrungen zu treffen und die schlimmsten Folgen abzumildern. Hier zeigt sich erneut, daß es in die Irre führt, von globalen Umweltproblemen zu sprechen, denn die tatsächlichen Auswirkungen werden sehr unterschiedlich sein.[84]

Zu bedenken ist allerdings auch, welche Folgen eine forcierte Beschränkung des Verbrauchs fossiler Brennstoffe hat. Diese haben eine derart zentrale Bedeutung für die Wirtschaft und unsere gesamte Art zu leben, daß eine zu schnelle Reduzierung weltweit tiefgehende wirtschaftliche Krisen auslösen kann. So lautet jedenfalls das Ergebnis einer Studie aus dem Jahre 1993, an der auch das Öko-Institut in Freiburg beteiligt war.[85] Deren Verfasser empfehlen deshalb, den Einsatz fossiler Brennstoffe allmählich zu reduzieren, um die politischen und sozialen Folgen gering zu halten. Welche Folgen ein weiterer Kohlendioxid-Anstieg haben wird, wissen wir nicht genau. Welche Zerreißproben hingegen wirtschaftliche Krisen auslösen, ist in diesem Jahrhundert zu oft schmerzlich deutlich geworden.

Die Entwicklung in der DDR

In den sozialistischen Ländern schienen Ende der siebziger Jahre die besten Aussichten zu bestehen, die Umweltkrise zu meistern. So zumindest argumentierte Herbert Gruhl, der sich wie viele darum sorgte, daß »in den letzten Jahren [...] die Industrieländer von den Rohstofflieferungen der Entwicklungsländer immer abhängiger« geworden seien. Die kommunistischen Länder würden nur wenig Handel treiben, seien deshalb unabhängiger und besäßen vor allem noch »unausgebeutete – und sehr wahrscheinlich auch noch unentdeckte – Reserven im Boden«. Die westlichen Industrieländer hingegen seien so sehr von Rohstofflieferungen abhängig, »daß die aufkommenden Krisen und die drohenden Katastrophen ausschließlich eine Angelegenheit der nichtkommunistischen Welt sind und sein werden«, zumal die Bevölkerung der sozialistischen Länder den hohen Lebensstandard, der im Westen mittlerweile herrschte, nicht kenne. Sie sei vielmehr »an ein weniger anspruchsvolles Leben gewöhnt«, das jetzt offensichtlich allen bevorstand.[86]

Solche Auffassungen waren weit verbreitet, doch es gab bereits zahlreiche Hinweise darauf, daß die wirtschaftliche und technische Leistungsfähigkeit der sozialistischen Länder zu wünschen übrig ließen, und daß die Umweltbelastungen ein oftmals erschreckendes Ausmaß besaßen. Entsprechende Äußerungen fanden jedoch wenig Gehör, wie generell die Stabilität und Leistungsfähigkeit der Länder des früheren Ostblocks bei weitem überschätzt wurden. Sie schienen sich in einer starken Position zu befinden, denn die Ölkrise betraf vor allem den Westen, während die UdSSR über große Reserven verfügte, deren Wert über Nacht geradezu explodiert war. Und zudem hatten die Umweltbelastungen in den westlichen Industrieländern einen Höhepunkt erreicht und wurden breit diskutiert.

Vergleichende Aussagen über die Umweltsituation in der DDR sind schwierig zu treffen, da keine Daten vorliegen und öffentliche Diskussionen unterdrückt wurden. Sofern überhaupt Messungen stattfanden, blieben die Ergebnisse geheim und harren noch der Aufarbeitung. So lassen sich lediglich grobe Trends bestimmen. Insgesamt scheint es, daß die Entwicklung in den ersten zwei Jahrzehnten in beiden deutschen Staaten ähnlich verlief, da in beiden Fällen wirtschaftliches Wachstum Priorität hatte und die offizielle Politik auf Umweltbelastungen kaum reagierte. Grundlegend anders entwickelten sich die Dinge erst, als in der Bundesrepublik nach 1970 die beschriebene Wende in der

Umweltpolitik einsetzte, was in weiten Bereichen eine Entschärfung der Situation bewirkte. Dazu kam es in der DDR nicht. Dort nahmen die Umweltprobleme vielmehr noch zu und trugen schließlich mit zum Zusammenbruch bei.

Besonders früh traten Umweltbelastungen in der Landwirtschaft auf. Deren Kollektivierung hatte zur Herausbildung großer Betriebseinheiten geführt, die mehr noch als im Westen Hekken, Raine und andere ökologische Nischen beseitigten, einen hohen Einsatz von Maschinen und Technik erlaubten, zur Verdichtung des Bodens führten und massive Erosionen hervorriefen. Auch kam es zu einer hohen Spezialisierung und zur Trennung von Ackerbau und Viehzucht, wobei riesige Zuchtbetriebe mit Tausenden von Tieren entstanden, deren Abfälle – wie später auch im Westen – eine erhebliche Belastung des Bodens und der Gewässer bedeuteten. Dies war besonders problematisch, weil die DDR die wasserärmste Region Europas war. Das Wasser mußte deshalb mehrfach genutzt werden, in Extremfällen wie bei der Saale bis zu dreizehnmal. Angesichts der geringen Wassermengen waren Verdünnungseffekte wenig wirksam, während nicht nur die Landwirtschaft, sondern auch die Industrie immense Belastungen erzeugte. Die Industrie war vor allem im Süden konzentriert. Hier befanden sich Braunkohlegruben, die riesigen Mondlandschaften glichen, den Grundwasserspiegel drastisch absinken ließen, enorme Mengen an Abwässern produzierten, aber auch preiswerte Energie lieferten. Um die Braunkohlevorkommen zu nutzen – und um Fliegerangriffen zu entgehen –, war während des Ersten Weltkriegs im damaligen Mitteldeutschland eine gigantische chemische und Braunkohleindustrie aus dem Boden gestampft worden. Die Vorbereitungen auf den Zweiten Weltkrieg hatten zu einer weiteren Expansion geführt, und das Gebiet um Halle, Leipzig und Bitterfeld zählte zu den größten Industrieregionen Europas.

Entsprechend hoch waren die Belastungen während des Krieges und in der Nachkriegszeit, und durch die Ölkrise nahmen sie noch einmal erheblich zu. Die UdSSR hatte diese ausgenutzt und auch innerhalb des sozialistischen Lagers höhere Preise für Erdöl durchgesetzt. Davon war vor allem die DDR hart getroffen worden, da sie neben der Braunkohle keine andere nennenswerte

Energiequelle besaß und Importe aus dem Westen oder den öl-fördernden Ländern der sogenannten Dritten Welt wegen Devisenmangels nicht bezahlen konnte. Als Ausweg blieb nur der vermehrte Rückgriff auf Braunkohle, die schließlich 70 Prozent der Primärenergie bereitstellte. Die Auswirkungen waren verheerend, denn Braunkohle ist ein schlechter Energieträger, setzt aber große Mengen an Schadstoffen frei, darunter vor allem Schwefeldioxid und Staub. Mit entsprechender Technik können diese Auswirkungen reduziert werden, doch diese Techniken wurden in der DDR – anders als in der Bundesrepublik – nicht eingeführt. Hier fehlten die dafür erforderlichen Mittel und – angesichts des diktatorischen Regimes – auch der notwendige öffentliche Druck.

Im Gegensatz zu der auch im Westen verbreiteten Auffassung befand sich die DDR bereits zur Zeit der Ölkrise in großen wirtschaftlichen Schwierigkeiten, die durch die plötzliche Erhöhung der Energiepreise massiv verschärft wurden. Die ohnehin knappen Devisen wurden vollends zur Mangelware, nicht nur der Import von Energie bereitete Probleme. Das galt auch für andere Rohstoffe, und die DDR ging verstärkt zu einer Autarkiepolitik über, die nicht nur die Rohstoffe, sondern die gesamte Wirtschaft betraf. Da die anderen Länder des Ostblocks noch größere wirtschaftliche Probleme hatten, wollte die Führung der DDR von diesen möglichst unabhängig sein. Ökonomisch ergab das wenig Sinn, da nun vieles mit hohem Aufwand im eigenen Lande produziert werden mußte, was bei normalen wirtschaftlichen Beziehungen billiger importiert werden konnte. Die wirtschaftlichen Probleme nahmen deshalb zu und engten den Raum für Maßnah-

	BRD	DDR
Schwefeldioxid-Ausstoß	30	310
Stickstoffoxid-Ausstoß	43	59
Kohlendioxid-Ausstoß	11,7	23,0

Tabelle 6: Luftemissionen pro Kopf und Jahr in Kilogramm für 1986
Quelle: Friedhelm Naujoks, Ökologische Erneuerung der ehemaligen DDR. Begrenzungsfaktor oder Impulsgeber für eine gesamtdeutsche Entwicklung? Bonn 1991, S. 2.

men zum Schutz der Umwelt immer weiter ein. 1988 wurden lediglich 0,4 Prozent des Bruttoinlandsproduktes in Maßnahmen zum Schutz der Umwelt investiert, während die Kosten von Umweltschäden auf 10 Prozent geschätzt wurden. Boden, Wasser und Luft waren gleichermaßen betroffen und die Belastungen bedeutend höher als im Westen (vgl. Tabelle 6).[87]

Entsprechend hoch waren die Belastungen der Bevölkerung. In der Bundesrepublik war der spätere Grenzwert von 140 Mikrogramm pro Kubikmeter Schwefeldioxid in Gelsenkirchen und anderen Städten des Ruhrgebiets in den sechziger Jahren mehrfach überschritten worden. Danach setzte eine allmähliche und schließlich spürbare Besserung ein. In der DDR war das Gegenteil der Fall. Hier stiegen die Belastungen deutlich an und erreichten gesundheitsschädliche Werte (Tabelle 7), wobei die Durchschnittswerte das Bild noch beschönigen, da sie die im Winter höheren Belastungen nicht wiedergeben. Tatsächlich wurde selbst der sehr hohe Wert von 600 Mikrogramm pro Kubikmeter, der als akut gesundheitsgefährdend gilt, im Winterhalbjahr 1988/89 in zumindest sieben Städten mehrfach überschritten.

Region	SO_2 in $\mu g/m^3$
Leipzig	160–310
Halle–Bitterfeld	220–300
Zeitz, Weißenfels, Merseburg	270–380
Erfurt, Weimar	210–300
Dresden, Pirna, Freital	60–80
Magdeburg, Stendal	60–70

Tabelle 7: Schwefeldioxid-Belastung in ausgewählten Regionen/Jahresdurchschnitt 1989
Quelle: Naujoks, Ökologische Erneuerung, S. 76.

Bei anderen Schadstoffen wurden vergleichbar hohe Werte gemessen, Gesundheitsschäden waren verbreitet. Schulkinder erkrankten, Atemwegserkrankungen nahmen deutlich zu, allein bei chronischen Bronchitiden um 50 Prozent, und auch Erwachsene waren betroffen, da sie zusätzlich noch hohen Schadstoffmengen am Arbeitsplatz ausgesetzt waren. In einzelnen chemischen Fabriken waren diese so hoch, daß Mitglieder der Werksleitung die entsprechenden Hallen nicht mehr betraten.

Die Gewässersituation war kaum besser. Industrielle Abwässer wurden bis zum Ende der DDR nur zu 67 Prozent in Kläranlagen behandelt, die zudem weit hinter dem westlichen Standard zurückblieben. Insbesondere im Raum Halle/Leipzig gelangten die Abwässer aus dem Kalibergbau, der Zellstoff- und der chemischen Industrie weitgehend ungeklärt in die Flüsse, die biologisch nahezu tot waren. Berüchtigt geworden sind die Belastungen in Bitterfeld, wo chemische Abwässer einen eigenen See anfüllten. 1988 war die Wasserqualität der mittleren Saale so schlecht, daß selbst die Chemie- und Zellstoffproduktion vorübergehend eingeschränkt werden mußte. Besonders betroffen war daneben die Elbe, die bereits in der ČSSR große Schadstoffmengen aufnahm. Hinter der Grenze stieg der Gehalt an Schwermetallen noch einmal um das Fünffache, die Belastung mit organischen Schadstoffen um das Vierfache. Zusätzlich führten die Saale und andere Flüsse ihre Frachten in die Elbe, so daß dieser Fluß internen Berichten zufolge bei Verlassen der DDR »eine unbrauchbare Beschaffenheit für die Trinkwasser-, Bade- und Fischereinutzungen« hatte. Selbst für die Entnahme von Kühlwasser kam er nur noch bedingt in Frage.[88] Wenn schließlich noch die Schäden durch den Uranbergbau oder die unzureichenden Sicherheitsstandards der Atomkraftwerke berücksichtigt werden, ergeben sich Belastungen in einem Ausmaß, das noch langfristige Folgen hat und dessen Beseitigung enorme Kosten verursachen wird.

Dabei hatte es schon zu Zeiten der DDR Bemühungen gegeben, derartige Auswüchse zu vermeiden. So hatte die Industrie angesichts der Wasserverschmutzung und der von Natur aus geringen Wassermengen nach 1980 zunehmend Verfahren eingeführt, die weniger oder gar kein Wasser benötigten, und hatte auf diese Weise ihren Wasserverbrauch um etwa 10 Prozent gesenkt. Zusätzlich wurden die städtischen Kläranlagen ausgebaut und verbessert. Dabei entwickelten die damit befaßten Ingenieure ein Reinigungssystem, das zu den weltweit leistungsfähigsten gehörte und selbst von der US-Küstenwache übernommen wurde.[89] Auch der Energiebedarf konnte reduziert werden, in der Industrie beispielsweise um 15 Prozent. Doch weiterhin war der Energieverbrauch pro Kopf der Bevölkerung sehr hoch, die DDR lag damit weltweit an dritter Stelle. Dies ist überwiegend auf den Einsatz veralteter Techniken, unzureichende Isolierung und einen verschwenderischen Verbrauch in öffentlichen und privaten Haushalten zurückzuführen, wo der Preis durch Subventionen künstlich niedrig gehalten wurde.

Unter Umweltaspekten besonders interessant war das sogenannte SeRo-System zur Sammlung und Wiederverwertung des Industrie- und Haushaltsmülls. Immerhin knapp 40 Prozent der Industrieabfälle wurden mit dessen Hilfe wiederverwertet, dadurch annähernd 13 Prozent des volkswirtschaftlichen Materialbedarfs gedeckt und ein wichtiger Beitrag zur angestrebten Autarkie geleistet. Zur Erfassung des Haushaltsmülls existierte zusätzlich ein Netz von 1900 staatlichen Annahmestellen, 5400 privaten Gewerbetreibenden, 7000 nebenberuflichen Sammlern und weiteren 1400 Verantwortlichen, mit deren Hilfe es gelang, etwa 44 Prozent dieser Abfälle zu sammeln. Davon konnte im Westen trotz Altglascontainern und Papiersammlungen keine Rede sein. Vergleichbare Strukturen wurden erst durch die Einführung des Dualen Systems geschaffen, das 1990 in den neuen Bundesländern übernommen werden mußte und das bestehende SeRo-System verdrängte. Ohnehin produzierten die Haushalte im Osten nur ein Drittel der Müllmenge des Westens, da Massenkonsum, Verpackungsrausch und Wegwerfmentalität viel weniger verbreitet waren. Das gilt auch für den Pkw-Verkehr. Die Zahl der Autos lag fast 40 Prozent niedriger als in der Bundesrepublik, und auf den Autobahnen galt eine Geschwindigkeitsbegrenzung. Da zudem die Motoren weniger hohe Temperaturen erreichten und eine geringere Verdichtung besaßen, wurde im Verkehr wesentlich weniger Stickstoff freigesetzt.

Auch in anderen Bereichen waren mit dem geringeren Lebensstandard positive Auswirkungen auf die Umwelt verbunden. Die Wohnungen waren kleiner, das Straßennetz war nicht so dicht, die Ausuferung der Städte weniger ausgeprägt und die Erschließung der Landschaft für den Fremdenverkehr kaum erfolgt, so daß die damit verbundene Flächennutzung niedriger ausfiel. Ebenfalls weniger verbreitet waren die Produktion moderner Plastikprodukte und die sich hieraus ergebenden Belastungen. Dazu zählen vor allem halogenierte Kohlenwasserstoffe, die eine größere Gefährdung bedeuten als die »klassischen« Schadstoffe und in der DDR in bedeutend geringeren Mengen anfielen.

Diese gegenläufigen Tendenzen ergaben sich allerdings nicht aus der Absicht, die Umwelt zu schonen, sie waren das unbeabsichtigte Ergebnis wirtschaftlicher Engpässe und Mangelsituationen. Besonders deutlich wird dies bei dem SeRo-System, das eine hohe Wiederverwertungsrate gewährleistete, aber nicht Ausdruck eines umweltschonenden Umgangs mit Abfällen war. Der nicht weiter verwertete Müll wurde vielmehr überwiegend auf Deponien abgelagert, die »in der Regel nicht einmal grundlegende Sicherheitsstandards« einhielten.[90] Spätere Untersuchungen ergaben, daß etwa sechshundert dieser Deponien besonders toxische und schadstoffhaltige Abfälle enthalten. Insgesamt wird die Zahl der Altlastenstandorte in den neuen Bundesländern auf zwei- bis dreitausend geschätzt, wozu übrigens auch die alte Bundesrepublik beigetragen hat. Als sich hier nach 1980 die Müllkrise zuspitzte und zugleich die Regierung der DDR fast verzweifelt nach Einnahmemöglichkeiten für Devisen suchte, fand ein reger Mülltourismus statt. Sondermüll und Hausmüll wurden weitgehend ohne die erforderlichen Vorkehrungen verkippt, so daß die Sanierung dieser Deponien heute enorme Kosten verursacht.

Insgesamt sind die Entwicklungen in der DDR ein deprimierendes Beispiel für den Umgang mit Natur und Umwelt, wobei vieles noch näher zu untersuchen ist. Wir wissen wenig über Beschwerden und Eingaben aus der Bevölkerung oder über Bemühungen einzelner Personen, Wissenschaftler und Institutionen. Entsprechende Ansätze hat es gegeben, und deren Untersuchung ist wichtig, wenn wir die Geschichte der DDR verstehen wollen. Das gilt insbesondere für die zahlreichen Gruppierungen, die in den achtziger Jahren die sich verschärfenden Umweltprobleme aufgegriffen und mit ihren Aktivitäten erheblich zur Schwächung des Systems beigetragen haben. Doch davon abgesehen bietet sich das Beispiel der DDR wenig an, um weiterführende Perspektiven für einen anderen Umgang mit der Umwelt zu entwickeln.

Resümee und Ausblick

Die moderne Umweltbewegung nahm vor etwa dreißig Jahren ihren Anfang und war seitdem erstaunlich erfolgreich. Das gilt im internationalen Maßstab, und das gilt auch für Deutschland. Flüsse, Luft und Boden sind sauberer geworden, Emissionen gingen zurück, eine Vielzahl von Gesetzen wurde verabschiedet, eigene Institutionen und Wissenschaftszweige sind entstanden, die GRÜNEN haben sich als Partei etabliert, und generell ist der Schutz der Umwelt ein zentrales Thema in Politik, Wirtschaft und Gesellschaft. Selbst die Industrie fühlt sich verpflichtet, den Umweltschutz ernst zu nehmen und entsprechende Produkte anzubieten. Teilweise handelt es sich hierbei um Lippenbekenntnisse, doch allein die Tatsache, daß auch Skeptiker oder Trittbrettfahrer glauben, sich für den Schutz der Umwelt aussprechen zu müssen, zeigt, wie wichtig dieses Thema geworden ist.

Diese Darstellung mag als optimistische Beschwichtigung erscheinen. Große Teile der Umweltbewegung sind mit dem bisher Erreichten unzufrieden, und fraglos bestehen weiterhin Probleme. Viele Belastungen sind nach wie vor zu hoch, der Anstieg von Kohlendioxid oder die zahlreichen Atomkraftwerke bedeuten eine anhaltende Bedrohung und unerwartete, neuartige Risiken können jederzeit auftreten. Es gibt aber auch das Problem unrealistischer Erwartungen. Als Beispiel sei der mehrfach erwähnte Dennis L. Meadows genannt. Im Oktober 1973, gerade achtzehn Monate nach Veröffentlichung von ›Die Grenzen des Wachstums‹ zog er Bilanz. Das Buch lag in mehr als 25 Sprachen vor, hatte eine Auflage von 2,5 Millionen, war Anlaß für mindestens zwanzig Fernsehsendungen und ungefähr fünfzig Konferenzen in aller Welt gewesen, und der »Club of Rome« hatte den Friedenspreis des Deutschen Buchhandels erhalten. Doch Meadows sah »absolut keinen Grund zur Freude«, denn: »Kein einziger Politiker auf der Welt, keine einzige Organisation, keine Partei, kein wichtiges Industrieunternehmen hat sich bisher anders als vor der Veröffentlichung von ›Die Grenzen des Wachstums‹ verhalten. Es ist, als ob nichts geschehen wäre; als ob wir diese Studie in unseren Schreibtischen versteckt hätten: alles blieb beim alten.« Die Situation habe sich vielmehr verschlimmert. Die Preise für Rohstoffe würden steigen, allein 1974 10 bis 30 Millionen Menschen verhungern und Seuchen bevorstehen.[1]

Vergleichbare Klagen sind bis heute weit verbreitet. Wenn wir die dabei angelegten Maßstäbe akzeptieren, ist das Urteil eindeutig. Die Umweltbewegung hat wenig bewirkt, sie ist weitgehend gescheitert. Wenn wir hingegen genauer hinschauen und die bei anderen Themen und Bewegungen üblichen Maßstäbe verwenden, ergibt sich ein anderes Bild. Die Umweltbewegung ist zu einer Massenbewegung herangewachsen, ist politisch, gesellschaftlich und ökonomisch breit verankert, hat viele ihrer Ziele verwirklicht, neue Entwicklungen eingeleitet und vieles erreicht, wofür andere Bewegungen, wie etwa die Arbeiterbewegung, ungleich länger gebraucht haben.

Für die alte Bundesrepublik läßt sich der Beginn der modernen Umweltpolitik und -bewegung recht exakt auf die Regierungserklärung von Willy Brandt festsetzen, und hierbei hat eine Handvoll Ministerialbeamter eine wichtige Rolle gespielt. Doch dieser Einfluß »von oben« kann den Erfolg der Umweltbewegung nicht erklären. Wichtiger waren das damalige Umfeld und die lange Vorgeschichte. Das Umfeld war gekennzeichnet durch erhebliche Belastungen der Umwelt, ein zunehmendes Wissen um ökologische Kreisläufe, das Interesse der Medien und vor allem die Bereitschaft einer rapide anwachsenden Zahl von Personen, Gruppen oder Verbänden, sich für das Thema zu interessieren und sich zu engagieren. In aller Regel wußten diese nichts oder sehr wenig über die früheren Bemühungen und Ansätze, die weit in das 19. Jahrhundert zurückreichen. Diese sind deshalb nur teilweise als unmittelbare Vorläufer zu sehen. Aber sie haben Erfahrungen und Wissen bereitgestellt, Erfolge wie auch Mißerfolge erzielt und in sehr langfristigen Prozessen das Feld vorbereitet.

Bereits um 1800 hatten Zeitgenossen vor Eingriffen in die Landschaft durch die intensivierte Landwirtschaft gewarnt, einen Schutz der Wälder gefordert oder sich über Emissionen durch die ersten Fabriken beschwert. Teilweise reichen Klagen über Rauch, Gestank und verschmutzte Gassen noch weiter zurück, waren allerdings begrenzt geblieben, während jetzt derartige Belastungen die Regel wurden. Das Wachstum der Städte, der Ausbau der Infrastruktur, die neu entstehende Industrie und auch die moderne Landwirtschaft waren nahezu unausweichlich mit einem schnell steigenden Verbrauch an Ressourcen, massiven, großflächigen Eingriffen in die Natur und einer Zunahme der Emissionen verbunden. Diese Entwicklung verlief in Deutschland anfangs langsam und fand deshalb nur wenig Beachtung. Seit etwa 1840 und dann vor allem in der Phase der Hochindustrialisierung beschleunigte sie sich, und entsprechend gab es vermehrt Reaktionen darauf. Die heute verbreitete These, wonach bis vor kurzem ein allgemeiner Fortschrittsglaube geherrscht habe, der gegenüber den zunehmenden Umweltproblemen blind machte oder naive Hoffnungen auf deren Lösung begründete, ist falsch.

Bereits gegen Ende des Kaiserreichs gab es wissenschaftliche Debatten auf hohem Niveau und einschlägige Institute, eigene Abteilungen bei den Behörden, zahllose technische Bemühungen um Abhilfe, gesetzliche Regelungen, eine umfassende Rechtsprechung und insgesamt eine Vielzahl von Bemühungen, Vorschlägen und Zusammenschlüssen mit einer Reihe unterschiedlicher Zielsetzungen. Diese Ansätze bestanden in den kommenden Jahrzehnten fort, ohne daß die im Kaiserreich zu beobachtende Vielfalt erweitert oder auf dem erreichten Niveau gehalten werden konnte. Vieles verlor an Bedeutung, anderes hingegen konnte sich behaupten, wobei insgesamt erstaunliche Kontinuitäten festzustellen sind. Die moderne Umweltbewegung hat also zahlreiche Vorläufer.

Deren Erfolge blieben lange Zeit gering. Ein wichtiger Grund hierfür war die Priorität wirtschaftlicher Argumente während der Industrialisierung und der Krisen der Weimarer Republik, unter den Nationalsozialisten, im Wiederaufbau nach dem Krieg und zur Zeit des Wirtschaftswunders. Phasen lang anhaltenden wirtschaftlichen Wachstums und steigender Prosperität gab es eigentlich nur nach 1890, als die Bemühungen um einen Schutz von Umwelt und Natur ihren ersten Höhepunkt erreichten, und dann im Gefolge des Wirtschaftswunders, als die moderne Umweltbewegung entstand. Die Jahre dazwischen können als Stillstand, wenn nicht als weitgehend verlorene Zeit angesehen werden.

Zu den ökonomischen Argumenten trat eine Vielzahl weiterer Faktoren wie unzureichende wissenschaftliche Kenntnisse, technische Schwierigkeiten bei der Entwicklung und Umsetzung von Schutzmaßnahmen oder die überwiegend konservativ-elitären Auffassungen der Natur- und Heimatschützer. Besonders zu erwähnen sind die beschränkten Möglichkeiten der Bevölkerung, bei Umweltproblemen tatsächlich Einfluß zu nehmen. Die traditionellen Rechte zum Schutz von Anliegern und Eigentum waren schon zu Beginn des 19. Jahrhunderts weitgehend ausgehöhlt, wenn nicht ganz beseitigt worden. Anlieger und die Bevölkerung generell besaßen spätestens seit der Gewerbeordnung keine wirksame Handhabe mehr, die Entscheidungen von Behörden bei der Genehmigung und Überwachung dieser Anlagen anzufechten. Auch die privatrechtlichen Möglichkeiten, Schadensersatz durchzusetzen, erwiesen sich zunehmend als unwirksam, zumindest in industriellen Regionen und den (Arbeiter-)Vierteln der Städte, in denen das Argument der Ortsüblichkeit griff.

Die meisten Beschwerden wurden gleich zu Beginn abgeblockt, konnten weder größere Unterstützung noch argumentative Breite gewinnen und keine Eigendynamik entfalten – im Gegensatz zu heute, wo Auseinandersetzungen oftmals im kleinen, lokalen Rahmen beginnen und nach und nach große Bedeutung erlangen. Zudem wurden Konflikte weitgehend auf einzelne Nutzungsrechte begrenzt, während ein genereller Schutz der Natur oder Fragen der öffentlichen Gesundheit zwar thematisiert werden konnten, die Behörden hier aber jeden Anspruch auf Mitwirkung energisch zurückwiesen. Ob die Umweltbewegung sich ohne diese administrativen Hindernisse ganz anders entwickelt hätte, läßt sich kaum beurteilen. Doch fraglos haben diese wesentlich dazu beigetragen, daß auf die Betreiber nur wenig Druck ausgeübt wurde, Belastungen zu reduzieren oder sie möglichst gar nicht erst entstehen zu lassen.

So gab es wenig Veranlassung, die Vielzahl technischer Vorschläge oder Erfindungen zu verbessern oder systematisch neue zu entwickeln. Fraglos warf deren Umsetzung erhebliche technische Probleme auf, praktikable Lösungen waren nicht immer vorhanden. Häufiger allerdings waren die Fälle, in denen vorhandene und bewährte Möglichkeiten nicht eingesetzt wurden. Überhaupt spielte die Überlegung, bei der Konstruktion oder dem Bau neuer Anlagen von Beginn an Umweltbelastungen zu berücksichtigen, bis vor wenigen Jahren keine nennenswerte Rolle spielte. Im Kern liefen die Bemühungen darauf hinaus, gröbste Auswüchse zu verhindern. Darauf zielten technische Vorkehrungen wie Filter, Staubkammern, Kläranlagen oder (vereinzelte) Bemühungen, Schadstoffe weiterzuverwerten. Hinzu kam der Versuch, Belastungen durch Verdünnung und Verteilung unschädlich zu machen. Das gelang nur selten, und Zeitgenossen haben sehr früh die Probleme dieses Ansatzes erkannt. Er bot jedoch eine gewisse Entlastung und wurde bis in die jüngste Zeit beibehalten, ergänzt um das Prinzip der Lokalisierung und Regionalisierung, das sich ebenfalls bereits im Kaiserreich herausbildete. Dieses führte zur Konzentration belastender Betriebe in einzelnen Stadtteilen und Regionen, in denen besonders industriefreundliche Maßstäbe galten und teilweise verheerende Zustände herrschten, während zugleich die Möglichkeit geschaffen wurde, andere Stadtteile und Regionen weitgehend zu verschonen.

Die Kombination dieser Ansätze blieb bis in die siebziger Jahre bestehen, wobei deren negative Aspekte sich gegenseitig verstärkten. Die industriefreundliche Praxis der Behörden, die geringe Höhe von Entschädigungszahlungen (falls diese überhaupt geleistet werden mußten), technische Probleme, die Rechtssprechung der Gerichte, das weithin akzeptierte Kostenargument und die unzulänglichen Möglichkeiten von Anwohnern und Betroffenen, Druck auszuüben, griffen ineinander. Die anhaltenden, immer wieder von neuem ansetzenden Bemühungen, dagegen etwas zu unternehmen, blieben ohne größeren Erfolg.

Diese Konstellation änderte sich erst nach 1970. Dazu trug neben den alarmierenden Belastungen, politischen Initiativen und dem Medieninteresse auch bei, daß Umweltprobleme sich zu diesem Zeitpunkt nicht länger lokalisieren oder regionalisieren ließen. Sie traten vielmehr generell auf und erforderten neue Lösungen. Dies geschah nicht durch eine radikale Kurskorrektur, aber die Veränderungen setzten an zahlreichen Stellen zugleich an. Erneut entstand eine Rückkopplung, dieses Mal zugunsten des Umweltschutzes. Neue Gesetze wurden verabschiedet, die Behörden erließen strengere Auflagen, und die Rechtsprechung setzte andere Schwerpunkte. Die Anwohner erhielten mehr Rechte, die Erfolgsaussichten bei Konflikten wurden besser, und damit nahm auch die Bereitschaft zu, sich zu engagieren. Wissenschaftler kamen zu eindeutigeren Ergebnissen und verwiesen auf neue Gefahren, während die Techniker wirksamere Verfahren entwickelten. Generell wuchs das Interesse der Öffentlichkeit. Politik und Wirtschaft mußten reagieren, und die bisherige Entwicklung konnte so nicht nur gebremst, sondern auch in neue Bahnen gelenkt werden.

Gegen diese Veränderungen gab es Widerstand, Verzögerungen und Blockaden. Die oftmals hochgesteckten Ziele wurden nicht immer erreicht, neue Probleme traten auf, wie in den letzten Jahren die Frage der globalen Erwärmung. Andere bestehen fort, darunter vor allem das der Atomkraftwerke mit ihren hoch belasteten Abfällen. Vor allem ergab sich die Entwicklung nicht automatisch, sondern beruhte auf dem Einsatz einer Vielzahl von Personen oder Gruppierungen in ganz unterschiedlichen Zusammenhängen und mit ganz unterschiedlichem Hintergrund. In Meinungsumfragen rangierte der Schutz der Umwelt lange Zeit an erster Stelle, und diese Zielsetzung wurde quer durch die sozialen Schichten und politischen Lager geteilt. Besonders groß ist die Unterstützung bei jüngeren Leuten, den Bewohnern von Großstädten und den besser Ausgebildeten.

Daran hat sich in den letzten Jahren nicht viel geändert, wenn auch nicht zu verkennen ist, daß das Interesse an Umweltfragen abgenommen hat. Es ist aber immer noch größer als zu Beginn der siebziger Jahre und viel ausgeprägter als in den Jahrzehnten zuvor. Es hat sich auf einem hohen Niveau stabilisiert. Das gilt noch mehr für die institutionelle und wissenschaftliche Verankerung des Umweltschutzes. Die Mitgliederzahl der einschlägigen

Verbände ist weiterhin groß, ebenso die Unterstützung der GRÜNEN. Das Interesse an Umweltthemen ist nicht auf einschlägige Verbände oder Fachleute beschränkt, sondern findet sich in nahezu allen Bereichen und hat wegen dieser weiten Verbreitung großes Gewicht. An den Universitäten und Forschungsinstituten sind zahlreiche Wissenschaftler und Projekte mit Umweltfragen befaßt, die entsprechenden Behörden wurden erheblich ausgebaut und neue geschaffen. Die Medien haben zusätzlich zur täglichen Berichterstattung eigene Rubriken, Sendungen oder Magazine etabliert. Es gibt ein ausgebautes Gutachterwesen sowie spezialisierte Anwälte und nicht zuletzt Firmen und Industriezweige, die ein ausgeprägtes ökonomisches Interesse am Umweltschutz haben, erhebliche Umsätze erzielen und mehrere hunderttausend Arbeitsplätze bieten. Insgesamt haben sich umfassende Kapazitäten entwickelt, die tief verwurzelt sind und sicherstellen, daß der Umweltschutz ein zentrales Thema ist und auf absehbare Zeit bleiben wird. In gewisser Weise hat sogar eine Entkoppelung von den Problemen stattgefunden. Im Ruhrgebiet beispielsweise ist heute das Interesse an Umweltfragen viel größer als in den fünfziger Jahren, obwohl die Belastung gegenüber damals deutlich abgenommen hat.

Fraglos bestehen weiterhin gravierende Umweltprobleme, einige werden erst seit kurzem richtig verstanden und neue werden hinzukommen. Wir sind weit davon entfernt, die langfristigen Folgen industrieller Produktion und unserer Lebensweise genau einschätzen oder unerwartete Konsequenzen wirklich ausschließen zu können. Auch sind die mittlerweile bestehenden Kapazitäten keine Garantie dafür, daß in jedem Fall und immer rechtzeitig die erforderlichen Maßnahmen ergriffen werden. Sie können jedoch ausgebaut werden. Hierfür gibt es sehr unterschiedliche Vorschläge wie ein verschärftes Haftungsrecht, Ökobilanzen, Emissionszertifikate, Ökosteuern oder erweiterte Formen der Mitsprache von Anliegern und Naturschutzverbänden. Keine davon bedeutet einen Königsweg. Dazu sind die Probleme zu komplex, so daß es – wie bisher – eine Vielfalt von Ansätzen geben wird, die gute Voraussetzungen für einen besseren Umgang mit Natur und Umwelt bieten.

Die Verwirklichung dieser Ziele wird auch weiterhin auf Widerstand stoßen. So ist die Bereitschaft von Industrie und Verbrauchern, höhere Kosten zu tragen, in der letzten Zeit zurückgegangen, während die zunehmende Globalisierung zu einer Minderung der Standards führen kann – allerdings ebenfalls die Möglichkeit bietet, diese weltweit zu verbessern. Auch gibt es gut organisierte Wirtschafts- und Interessengruppen, die Ressourcen plündern und auf expansives Wachstum setzen. Es gibt also keinen Automatismus, allerdings die berechtigte Erwartung, daß es gelingen kann, an die Bemühungen der letzten Jahre anzuknüpfen und – allen Rückschlägen zum Trotz – auch in den kommenden Jahren Erfolge zu erzielen.

Anmerkungen

Tschernobyl, 26. April 1986

1 Jurij Stscherbak, Protokolle einer Katastrophe. Frankfurt/M. 1988, S. 45 f.
2 Ebd., S. 47.
3 Ebd., S. 51.
4 Grigorij Medwedew, Verbrannte Seelen. Die Katastrophe von Tschernobyl. München 1991, S. 83.
5 Ebd., S. 116.
6 Zitiert nach: Karl Heinz Karisch, Da muß sich etwas Furchtbares ereignet haben. In: Ders. und Joachim Wille (Hg.), Der Tschernobyl-Schock. Zehn Jahre nach dem Super-GAU. Frankfurt/M. 1996, S. 11–38, S. 24.
7 Zitiert nach: Ebd., S. 26.
8 Der Spiegel Nr. 19/1986, S. 18.
9 Der Spiegel Nr. 20/1986, S. 24.
10 Ebd., S. 23 f.
11 Ebd., S. 20 f.
12 Karisch und Wille (Hg.), Tschernobyl-Schock, S. 8.
13 Angaben hier und in den folgenden Abschnitten nach: Zores Medwedew, Bericht und Analyse der bisher geheimgehaltenen Atomkatastrophen in der UdSSR. Hamburg 1979; International Atomic Energy Agency (Hg.), One Decade after Chernobyl. Summing up the Consequences. Wien 1996.
14 Der Spiegel Nr. 20/1986, S. 20.
15 The International Chernobyl Project (Hg.), Assessment of the Radiological Consequences and Evaluation of Protective Measures. 3 Bde. Wien 1991.
16 Frankfurter Allgemeine Zeitung vom 3. März 1997.
17 Ulrich Beck, Risikogesellschaft. Essays und Analysen. Frankfurt/M. 1991, S. 7.

Kapitel 1

1 Thomas R. Malthus, Versuch über die Bedingungen und die Folgen der Volksvermehrung. Altona 1807, S. 15.
2 Adam Smith, Eine Untersuchung über Natur und Wesen des Volkswohlstandes. Bd. 1. Gießen 1973 (1776), S. 142.
3 Edward A. Wrigley, Continuity, Chance and Change. The Character of the Industrial Revolution in England. Cambridge 1988.
4 Christof Dipper, Deutsche Geschichte 1648–1789. Frankfurt/M. 1991, S. 28 f.; vgl. Walter Achilles, Deutsche Agrargeschichte im Zeitalter der Reformen und der Industrialisierung. Stuttgart 1993.
5 Vgl. Hansjörg Küster, Geschichte der Landwirtschaft in Mitteleuropa. Von der Eiszeit bis zur Gegenwart. München 1995.

6 Dessen Bedeutung wird deutlich am Artikel »Holz« in: Johann G. Krü-
nitz, Oeconomische Encyklopädie. 24. Teil. Brünn 1789, S. 457–947; als
neuere Arbeit: Joachim Radkau und Ingrid Schäfer, Holz. Ein Naturstoff
in der Technikgeschichte. Reinbek 1987.

7 Helmut Wilsdorf, Holz-Erz-Salz. Das Transportproblem im Montanwe-
sen. Berlin 1960, S. 15.

8 Carl H. Rabe, Sammlung preussischer Gesetze und Verordnungen. Bd. 3,
S. 3, S. 318.

9 Vgl. Umweltbundesamt (Hg.), Nachhaltiges Deutschland. Wege zu einer
dauerhaft-umweltgerechten Entwicklung. Berlin 1997; Donald Worster,
Auf schwankendem Boden. Zum Begriffswirrwarr um »nachhaltige Entwicklung«. In: Wolfgang Sachs (Hg.), Der Planet als Patient. Über die Widersprüche globaler Umweltpolitik. Berlin 1994, S. 93–112; BUND/Mi-
sereor (Hg.), Zukunftsfähiges Deutschland. Ein Beitrag zu einer global
nachhaltigen Entwicklung. Basel 1996.

10 Smith, Volkswohlstand, Bd. 1, S. 123.

11 Robert Wallace, Various Prospects of Mankind, Nature and Providence.
London 1761, S. 114 ff.; vgl. Peter Sieferle, Bevölkerungswachstum und
Naturhaushalt. Frankfurt/M. 1990.

Kapitel 2

1 Zahlen nach: Peter Marschalck, Bevölkerungsgeschichte Deutschlands im
19. und 20. Jahrhundert. Frankfurt/M. 1984, S. 145 f.; Wolfram Fischer, Jochen Krengel und Jutta Wietog, Sozialgeschichtliches Arbeitsbuch. Bd. 1.
Materialien zur Statistik des Deutschen Bundes 1815–1870. München
1982, S. 101; Werner G. Hoffmann, Das Wachstum der deutschen Wirtschaft seit der Mitte des 19. Jahrhunderts. Berlin 1965, S. 454 f.

2 Der Pauperismus und dessen Bekämpfung durch eine bessere Regelung
der Arbeitsverhältnisse. In: Deutsche Vierteljahrs Schrift. 1844/3, S. 315 ff.;
zitiert nach: Carl Jantke und Dietrich Hilger (Hg.), Die Eigentumslosen.
Der deutsche Pauperismus und die Emanzipationskrise in Darstellungen
und Deutungen der zeitgenössischen Literatur. Freiburg 1965, S. 54 f.

3 Vgl. Achilles, Deutsche Agrargeschichte; Dipper, Deutsche Geschichte.

4 Albert D. Thaer, Grundsätze der rationellen Landwirtschaft. Bd. 1. Berlin
1809, S. 3.

5 Johann G. Droysen, Das Leben des Feldmarschalls Graf Yorck von War-
tenburg. Bd. 1. 10. Aufl. Leipzig 1897, S. 158 ff.; zitiert nach: Günther
Franz (Hg.), Quellen zur Geschichte des deutschen Bauernstandes in der
Neuzeit. München 1963, S. 344–346.

6 Vgl. Wehler, Gesellschaftsgeschichte. Bd. 2, S. 409 ff.

7 Gerhard Schildt, Die Gestaltung der modernen Kulturlandschaft durch
Gemeinheitsteilungen und Flurbereinigung. In: Jörg Calließ, Jörn Rüsen

und Meinfried Striegnitz (Hg.), Mensch und Umwelt in der Geschichte. Pfaffenweiler 1989, S. 236 f.

[8] Ernst Rudorff, Über das Verhältnis des modernen Lebens zur Natur. In: Preußische Jahrbücher 45 (1880), S. 262 f.

[9] Justus v. Liebig, Die Chemie in ihrer Anwendung auf Agricultur und Physiologie. Erster Theil: Der chemische Proceß der Ernährung der Vegetabilien. 7. Aufl. Braunschweig 1862, S. 125 f.

[10] Heinz Haushofer, Die deutsche Landwirtschaft im technischen Zeitalter. (= Deutsche Agrargeschichte. Bd. 5). 2. Aufl. Stuttgart 1972, S. 183.

[11] Vgl. Hubert Olbrich (Hg.), Zuckermuseum, Berlin 1989.

[12] Wilhelm Raabe, Pfisters Mühle. Ein Sommerferienheft. Leipzig 1884, S. 76 ff., S. 174 f.

[13] Otto v. Bismarck, Erinnerung und Gedanke (Gedanken und Erinnerungen. 3. Buch. Kapitel 9). Stuttgart, Berlin 1921. Fußnote auf S. 117 f.

[14] Vgl. Küster, Landschaft, S. 312 ff.

[15] Stenographische Berichte über die Verhandlungen des deutschen Reichstages, Bd. 61. Sitzung vom 26. April 1881, S. 815 f.; die folgenden Zitate: Ebd., S. 812 ff.

[16] Johann G. Tulla, Ueber die Rektifikation des Rheins, von seinem Austritt aus der Schweiz bis zu seinem Eintritt in das Großherzogthum Hessen. Karlsruhe 1825, S. 6 f., S. 51.

[17] Der Verfasser war A. Dieck, Erscheinungsort Wiesbaden.

[18] Vgl. Christian Pfister, Häufig, selten oder nie. Zur Wiederkehrperiode der grossräumigen Überschwemmungen im Schweizer Alpenraum seit 1500. In: Jb. der Geogr. Ges. Bern 59 (1994/96), S. 139–148.

[19] Vgl. Rolf P. Sieferle, Der unterirdische Wald: Energiekrise und Industrielle Revolution. 2. Aufl. München 1982.

[20] StA Dresden, MdI 16164. Gutachten Bl. 30; vgl. Arne Andersen, Historische Technikfolgenabschätzung am Beispiel des Metallhüttenwesens und der Chemieindustrie 1850–1933. Stuttgart 1996, S. 38–225; Franz-Josef Brüggemeier, Das unendliche Meer der Lüfte. Luftverschmutzung, Industrialisierung und Risikodebatten im 19. Jahrhundert. Essen 1996, S. 152–198.

[21] Julius Stöckhardt, Über die Einwirkungen des Rauchs der Silberhütten auf die benachbarte Vegetation u.s.f. In: Polytechnisches Centralblatt 16 (1850), S. 258 ff.

[22] Julius Stöckhardt, Untersuchungen über die schädliche Einwirkung des Hütten- und Steinkohlerauches auf das Wachstum der Pflanzen, insbesondere der Fichte und Tanne. In: Tharandter Forstliches Jahrbuch 21 (1871), S. 226.

[23] Moritz Freytag, Wissenschaftliches Gutachten über den Einfluß des Hüttenrauches bei den fiscalischen Hüttenwerken zu Freiberg auf die Vegeta-

tion der benachbarten Grundstücke und ganz besonders auf die Gesundheit der Hausthiere, namentlich des Rindvieh's. In: Jahrbuch f. d. Berg- und Hüttenmann, 1873, S. 17. StA Dresden, MdI 16164. Bericht Reuning vom 7. Juli 1861, Bl. 402–4R, Bl. 404, sowie Bericht Reuning vom 29. Oktober 1861, Bl. 425.

24 Bernard Borggreve, Waldschäden im Oberschlesischen Industriegebiet. Frankfurt/M. 1895, S. 32.

25 Gerichtsurteil nach: Zeitschrift für Dampfkessel und Maschinenbetrieb. 1913, S. 157. Abgeordneter v. Spee. In: Stenographische Berichte des Preußischen Hauses der Abgeordneten, 21. Leg. Per., 5. Session. Sitzung vom 22. Februar 1913, Sp. 11872.

26 Bundesarchiv Abteilung Potsdam, Urteilssammlung der Zivilsenate. Jahrgang 1915, Bl. 7–8. Urteil vom 6. Oktober 1915.

27 Dringender Antrag des »Internationalen Vereins gegen Verunreinigung der Flüsse, des Bodens und der Luft« an einen hohen Reichstag zwecks baldiger Schaffung eines Reichsflußschutzgesetzes. Exemplar im HStA Düsseldorf. Reg. Düsseldorf 34293; vgl. Jürgen Büschenfeld, Flüsse und Kloaken. Umweltfragen im Zeitalter der Industrialisierung (1870–1918). Stuttgart 1997.

28 E. Grahn, Die städtische Wasserversorgung im Deutschen Reiche, sowie in einigen Nachbarländern. Bd. 2. Berlin 1902.

29 Beitrag des Abgeordneten v. Mendel-Steinfeld. In: Stenographische Berichte des Preußischen Hauses der Abgeordneten, 18. Leg. Per., 5. Session. Sitzung vom 17. Mai 1898, Sp. 2711 f.

30 Zitiert nach: Thomas Kluge und Engelbert Schramm, Wassernöte. Umwelt- und Sozialgeschichte des Trinkwassers. Aachen 1986, S. 106.

31 Zitiert nach: John v. Simson, Kanalisation und Städtehygiene im 19. Jahrhundert. Düsseldorf 1983, S. 167.

32 Zitiert nach: Kluge und Schramm, Wassernöte, S. 110 ff.

33 Zitiert nach: Brüggemeier und Seid, Industrienatur, S. 128 ff.

34 Vgl. Büschenfeld, Flüsse und Kloaken, S. 121 ff.

35 Der Begriff »Miasma« war seit der Antike geläufig. Er bezeichnete eine Substanz, die nach damaliger Auffassung bei Fäulnis- und Verwesungsprozessen entstand und Krankheiten erregte, allerdings nicht nachgewiesen werden konnte.

36 Beitrag Liebknechts in: Stenographische Berichte des Preußischen Hauses der Abgeordneten, 21. Leg. Per., 5. Session. Sitzung vom 13. November, Sp. 8002.

37 Josef König, Die Verunreinigung der Gewässer, deren schädliche Folgen, nebst Mitteln zur Reinigung der Schmutzwässer. Berlin 1887, S. 7–11; Konrad W. Jurisch, Die Verunreinigung der Gewässer. Berlin 1890, S. 103.

38 Zitiert nach: Kluge und Schramm, Wassernöte, S. 122.

39 Beseitigung des Kehrichts und anderer städtischer Abfälle, besonders durch Verbrennung. In: DVföG, 1895, S. 11 ff.

40 Neuere Erfahrungen auf dem Gebiet der Müllverbrennung. In: DVföG, 1914, S. 45–58.

41 Vgl. Carmelita Lindemann, Verbrennung oder Verwertung: Müll als Problem um die Wende vom 19. zum 20. Jahrhundert. In: Technikgeschichte 59 (1992), S. 91–107.

42 Clemens Dörr, Hausmüll und Straßenkehricht. Leipzig 1912, S. 136 ff.; Susanne Köstering und Renate Rüb (Hg.), Müll von gestern? Eine umweltgeschichtliche Erkundung in Berlin und Umgebung, 1880–1945. Berlin 1993.

43 Stenographische Berichte über die Verhandlungen des Deutschen Reichstags Bd. 235, 12. Leg. Per., 1. Session. Sitzung vom 26. März 1909, S. 7760.

44 Ebd., Bd. 215, 11. Leg. Per., 2. Session. Sitzung vom 9. Februar 1906, S. 1143 ff.

45 Ludwig v. Löw, Die Gefahren des Automobils und ihre Bekämpfung. In: Deutsche Revue 36 (1911), S. 234–238; vgl. Karl Kuhm, Das eilige Jahrhundert. Einblicke in die automobile Gesellschaft. Hamburg 1995.

46 G. Wolff, Die Bekämpfung der Automobilauspuffplage. In: Rauch und Staub 2 (1912), S. 154–158.

47 Stenographische Berichte des Preußischen Hauses der Abgeordneten, 21. Leg. Per., 4. Session. Sitzung vom 23. Februar 1911, Sp. 2679 f.

48 Ausführlich bei: Brüggemeier, Meer der Lüfte, Kap. 2; Michael Stolberg, Ein Recht auf saubere Luft? Umweltkonflikte am Beginn des Industriezeitalters. Erlangen 1994, Kap. 2.

49 BayHStA, MinInn 16148. Schreiben von Anwohnern vom 5. Dezember 1802.

50 Anton Dorn, Das Schädliche der projektierten Glashütte in der Weiden zu Bamberg, besonders in Hinsicht auf ihre Feuerung mit Bambergischen Steinkohlen, nach medizinischen Grundsätzen geprüft und erwiesen. Bamberg 1802, S. 30 f.

51 Ehregott Meyer, Das Vorteilhafte und Allgemein nützliche der projektierten Glashütte in der Weiden zu Bamberg, besonders in Hinsicht auf ihre Feuerung mit Bambergischen Steinkohlen, ganz nach unparteiischen und vernünftigen Grundsätzen geprüft und erwiesen. o. O. 1802, S. 80 ff.

52 Stenographische Berichte des Reichstages d. Norddeutschen Bundes, 1. Leg. Per., Session 1869. Bd. 3. Anlagen. DS 13, S. 94–141, S. 115 f.

53 Vgl. Brüggemeier, Meer der Lüfte, Kap. 5 und 9.

54 Zitiert nach: Justiz-Ministerialblatt für die Preuß. Gesetzgebung und Rechtspflege 14, 1852, S. 259 ff., S. 259.

55 Christian F. Koch, Allgemeines Landrecht für die Preußischen Staaten. Bd. 1, Berlin, Leipzig 1884, S. 393, Anm. 35.

56 Zitiert nach: Justiz-Ministerialblatt 14 (1852), S. 259.

57 Ebd., S. 260.

58 Wissenschaftliche Deputation für das Medizinalwesen: Die gesundheitlichen Nachtheile der übermäßigen Rauchentwicklung. In: Zeitschrift des Bayerischen Dampfkessel-Revisions-Vereins 6 (1902), S. 33 f.

59 Max Rubner, Über trübe Wintertage nebst Untersuchungen zur sog. Rauchplage der Großstädte. In: Archiv für Hygiene 57 (1906), S. 334.

60 Harry Liefmann, Über die Rauch- und die Russfrage insbesondere vom gesundheitlichen Standpunkte und eine Methode des Russnachweises in der Luft. Braunschweig 1908, S. 15 f.

61 Ebd., S. 19.

62 Zitiert nach: Robert Meldau, Der Industriestaub. Wesen und Bekämpfung. Berlin 1926, S. 273; vgl. Andersen, Technikfolgenabschätzung.

63 BayHStA, MinInn 16148. Schreiben des General-Kommissariats vom 21. Januar 1803.

64 Zitiert nach: E. Lent und Hendel, Oertliche Lage der Fabriken in den Städten. Referate u. Diskussion u. Resolution der 14. Versammlung zu Fall 13. September 1888. In: DVföG 11 (1889), S. 59.

65 GStA Merseburg, Rep 120 BB II a 1 Nr. 1 adh. 1, Schreiben des Handelsministeriums vom 11. Februar 1891, Bl. 143–147, und des Innenministers vom 13. Juli 1891, Bl. 152 f.

66 Magdeburgische Zeitung vom 9. Oktober 1890.

67 Zitiert nach: Andreas Weiland, Die Frankfurter Zonenbauordnung von 1891 – eine »fortschrittliche« Bauordnung? In: Juan Rodriguez-Lores und Gerhard Fehl (Hg.), Städtebaureform 1865–1900. Von Licht, Luft und Ordnung in der Stadt der Gründerzeit. (= Stadt, Planung, Geschichte, Bd. 5 I/II). Bd. 2. Hamburg 1985, S. 383.

68 GStA Merseburg, Rep 120 BB II a 1 Nr. 1 adh. 1. Schreiben vom 11. Februar 1891, Bl. 143–47, Bl. 146R.

69 Hoesch Archiv, DHHU 1580. Gutachten vom 15. Juli 1903; ausführlich bei: Brüggemeier, Meer der Lüfte, S. 289 ff.

70 Wilhelm H. Riehl, Die Naturgeschichte des Volkes als Grundlage einer deutschen Social-Politik. Bd. 1. Stuttgart, Tübingen 1854, S. 30 ff.

71 Ernst Rudorff, Über das Verhältnis des modernen Lebens zur Natur. In: Preußische Jahrbücher 45 (1880), S. 261–276, S. 276.

72 Andreas Knaut, Zurück zur Natur! Die Wurzeln der Ökologiebewegung. Greven 1993, S. 31; vgl. Klaus Bergmann, Agrarromantik und Großstadtfeindschaft. Meisenheim am Glan 1970.

73 Ernst Rudorff, Heimatschutz. München 1904, S. 44.

74 Paul Schultze-Naumburg, Die Entstellung unseres Landes. 3. Aufl. o. O. 1909, S. 64; ders., Aufgaben des Heimatschutzes. München 1908, S. 8; ders., Entwicklung und Ziele des Heimatschutzes in Deutschland. In: Heimatschutz 7 (1911), S. 134.

[75] Vgl. Ulrich Linse, »Der Raub des Rheingoldes«. Das Wasserkraftwerk Laufenburg. In: Ders., Von der Bittschrift zur Platzbesetzung. Konflikte um technische Großprojekte. Berlin 1988, S. 11–63.

[76] Mitteilungen des Bundes Heimatschutz 1 (1904/5), S. 150; zitiert nach: Knaut, Natur, S. 424.

[77] Vgl. Arne Andersen, Heimatschutz. Die bürgerliche Naturschutzbewegung. In: Franz-Josef Brüggemeier und Thomas Rommelspacher (Hg.), Besiegte Natur. Geschichte der Umwelt im 19. und 20. Jahrhundert. 2. Aufl. München 1989, S. 143–157, S. 151.

[78] Rainer Wolf, Der Stand der Technik. Geschichte, Strukturelemente und Funktion der Verrechtlichung technischer Risiken am Beispiel des Immissionsschutzes. Opladen 1986, S. 39.

[79] Andersen, Heimatschutz, S. 149.

[80] Zitiert nach: Knaut, Natur, S. 34, S. 65, S. 365.

[81] Knaut, Natur, S. 241.

[82] Ähnlich: Wilhelm H. Rollins, Bund Heimatschutz. Zur Integration von Ästhetik und Politik. In: Jost Hermand (Hg.), Mit den Bäumen sterben die Menschen. Zur Kulturgeschichte der Ökologie. Köln u. a. 1993, S. 149–181.

[83] Stenographische Berichte des Preußischen Hauses der Abgeordneten, 18. Leg. Per., 5. Session. Sitzung vom 30. März 1898, S. 1958 f.

[84] Protokoll der Besprechung wegen Erhaltung von Naturdenkmälern im Ministerium der geistlichen pp. Angelegenheiten vom 13. Dezember 1898; zitiert nach: Knaut, Natur, S. 43.

[85] Hugo Conwentz, Die Gefährdung der Naturdenkmäler und die Vorschläge zu ihrer Erhaltung. Berlin 1904, S. 187.

[86] So begrüßte er in seiner Denkschrift den Aufschwung der Industrie (S. 69), den wachsenden Tourismus (S. 14) oder die zunehmenden Meliorationen (S. 35) und gab sich damit zufrieden (S. 53), daß »hier und da ein einzelnes Moor vor jedem Eingriff des Menschen bewahrt und zu Studienzwecken erhalten« bleibe.

[87] Knaut, Natur, S. 49.

[88] Vgl. Jochen Zimmer (Hg.), Mit uns zieht die neue Zeit. Die Naturfreunde. Zur Geschichte eines alternativen Verbandes in der Arbeiterkulturbewegung. Köln 1984; ders., Soziales Wandern. Zur proletarischen Naturaneignung. In: Brüggemeier und Rommelspacher, Besiegte Natur, S. 158–167. Als zentrales Konzept entwickelten die Naturfreunde das »soziale Wandern«, das Naturerleben und politische Agitation miteinander verbinden sollte.

[89] Naturfreund, 1906, S. 138.

[90] Hans-Peter Schmitz, Naturschutz – Landschaftsschutz – Umweltschutz: Der Touristenverein »Die Naturfreunde« als ökologisches Frühwarnsystem der Arbeiterbewegung. In: Zimmer, Neue Zeit, S. 184–204.

91 Vgl. Helmut Konrad und Arne Andersen (Hg.), Ökologie, technischer Wandel und Arbeiterbewegung. Wien, Zürich 1990.

92 Beitrag Liebknechts in: Stenographische Berichte des Preußischen Hauses der Abgeordneten, 21. Leg. Per., 5. Session. Sitzung vom 13. November, Sp. 8002.

93 Adolf Levenstein, Die Arbeiterfrage. Mit besonderer Berücksichtigung der sozialpsychologischen Seite des modernen Großbetriebes und der psychophysischen Einwirkungen auf die Arbeiter. München 1912, S. 363, 368, 372.

94 Zitiert nach: Ulrike Gilhaus, »Schmerzenskinder der Industrie«: Umweltverschmutzung, Umweltpolitik und sozialer Protest im Industriezeitalter in Westfalen 1845–1914. (= Forschungen zur Regionalgeschichte, Bd. 12). Paderborn 1995, S. 502.

95 Ralf Henneking, Chemische Industrie und Umwelt. Konflikte um Umweltbelastungen durch die chemische Industrie am Beispiel der schwerchemischen, Farben- und Düngemittelindustrie der Rheinprovinz (ca. 1800–1914). (= Zeitschrift für Unternehmensgeschichte, Beiheft 86). Stuttgart 1994. Henneking hat 182 Proteste gegen Konzessionsanträge chemischer Fabriken im Rheinland untersucht. Hierbei war in nur 62 Fällen der eindeutige Nachweis einer zweistelligen Teilnehmerzahl möglich. Typisch sei »der Protest eines Einzelnen oder einer kleinen Gruppe von höchstens fünf bis zehn Personen gewesen«. (S. 395).

96 Ebd., S. 397.

97 Richard Wagner, Offenes Schreiben an Herrn Ernst von Weber, Verfasser der Schrift: ›Die Folterkammer der Wissenschaft‹. In: Ders., Gesammelte Schriften und Dichtungen. Bd. 10. 2. Aufl. Leipzig 1888 (1885), S. 194–210.

98 Vgl. Werner Krabbe, Gesellschaftsveränderung durch Lebensreform. Strukturmerkmale einer sozialreformerischen Bewegung im Deutschland der Industrialisierungsperiode. Göttingen 1974.

99 Ludwig Klages, Mensch und Erde. In: Freideutsche Jugend. Zur Jahrhundertfeier auf dem Hohen Meißner 1913. Jena 1913, S. 89–107.

100 Besonders verbreitet waren solche Zusammenschlüsse im Falle von Wasserverschmutzungen, da hier Schäden einfacher nachweisbar und die Gruppe der Geschädigten überschaubarer waren. So wurde 1873 der »Verein zur Förderung der Fischerei in Ruhr und Lenne« gegründet und 1881 die »Rheinisch-Westfälische Fischereigenossenschaft«; vergleichbare Zusammenschlüsse gab es auch in anderen Regionen, die Fachzeitschriften befaßten sich immer wieder mit der Flußverschmutzung und ihren Auswirkungen auf die Fischbestände, und Fischer setzten sich nachdrücklich für die Verabschiedung eines Wassergesetzes ein.

101 Stenographische Berichte des Preußischen Hauses der Abgeordneten, 21. Leg. Per., 5. Session. Sitzung vom 14. November 1912. Rede Lieb-

knechts und Stellungnahme des Abgeordneten Woyna (freikonservativ), Sp. 8074–76.

102 Ebd., Sitzung vom 16. November 1912, Sp. 8254.

103 Ebd., Sitzung vom 14. November 1912, Sp. 8124.

104 Zu erwähnen ist noch der »Internationale Verein gegen Verunreinigungen der Flüsse, des Bodens und der Luft«, der 1877 in Nürnberg gegründet worden war, sich jedoch vor allem mit der Flußverschmutzung durch Kanalisationen befaßte.

105 Die Bedeutung dieser Gruppierungen wird auch für die aktuelle Umweltpolitik betont; vgl. Volker v. Prittwitz, Das Katastrophenparadox. Elemente einer Theorie der Umweltpolitik. Opladen 1990, S. 116 ff.

106 Werner Reineke, Grundbesitz und Bergbau. Münster 1914, S. 27; vgl. Gillhaus, Schmerzenskinder, S. 434 ff.

107 Stolberg, Saubere Luft, S. 321.

108 Vgl. Reineke, Grundbesitz.

Kapitel 3

1 Heinz Bergerhoff, Untersuchungen über die Berg-und Rauchschädenfrage mit besonderer Berücksichtigung des Ruhrbezirks. Diss. Godesberg/Bonn 1928, S. 71–78.

2 Clemens Winkler, Wann endet das Zeitalter der Verbrennung? Freiberg 1900, S. 4–7, S. 12–15; vgl. Joachim Radkau, Technik in Deutschland. Vom 18. Jahrhundert bis zur Gegenwart. Frankfurt/M. 1989, S. 286.

3 Wilhelm Ostwald, Energetische Grundlagen der Kulturwissenschaft. Leipzig 1909, S. 49 f.

4 Walther Rathenau, Deutsche Gefahren [1913]. In: Ders., Gesammelte Schriften. Bd. 1, Berlin 1918, S. 267 ff.; Ernst Friedrich, Wesen und geographische Verbreitung der »Raubwirtschaft«. In: Petermanns Mitteilungen 50 (1904), S. 68 ff.

5 Walther Rathenau, Deutschlands Rohstoffversorgung [Dezember 1915]. In: Ders., Gesammelte Schriften. Bd. 5, Berlin 1925, S. 75 ff.; ebd., Die Neue Wirtschaft [Januar 1918], S. 215 ff.

6 Vgl. Radkau, Technik, S. 222 ff.

7 Hoimar von Ditfurth, Wir haben keine andere Wahl. In: Geo 1980, S. 148 ff.

8 Herman E. Daly und John B. Cobb, For the Common Good. Redirecting the Economy toward the Community, Environment and a Sustainable Future. Boston 1989. Daly arbeitete lange für die Weltbank, Cobb ist ein führender Moraltheologe.

9 Vgl. Franz-Josef Brüggemeier und Thomas Rommelspacher, Blauer Himmel über der Ruhr. Geschichte der Umwelt im Ruhrgebiet 1840–1990. Essen 1992, S. 55 f.

[10] StA Münster, Reg. Arnsberg I GA 343.

[11] Matthias Heymann, Verfehlte Hoffnungen und verpaßte Chancen: Die Geschichte der Windenergienutzung in Deutschland 1890–1990. In: Environmental History Newsletter 2 (1990), S. 3.

[12] Bundesarchiv Koblenz, R 154–485. Bericht an die Landesanstalt vom 24. November 1930.

[13] Vgl. Klaus-Georg Wey, Umweltpolitik in Deutschland. Kurze Geschichte des Umweltschutzes in Deutschland seit 1900, Opladen 1982, S. 90–101; HStA Düsseldorf. Reg. Düsseldorf 48597. Verhandlungen zur Bildung eines Wupperverbandes am 2. Juli 1926 im Rathaus Elberfeld.

[14] Zitiert nach: Brüggemeier/Rommelspacher, Blauer Himmel, S. 107.

[15] Vgl. Raymond H. Dominick, The Environmental Movement in Germany. Prophets and Pioneers: 1871–1971. Bloomington 1992.

[16] Vgl. Kerstin Kretschmer, Braunkohle und Umwelt. Zur Geschichte des nordwestsächsischen Kohlenreviers (1900–1945). Frankfurt/M. 1998; Arno Kleinebeckel, Unternehmen Braunkohle. Geschichte eines Rohstoffs, eines Reviers, einer Industrie im Rheinland. Köln 1985.

[17] Vgl. Robert Jütte, Geschichte der alternativen Medizin. Von der Volksmedizin zu den unkonventionellen Therapien heute. München 1996, S. 237 ff.

[18] Siedlungsverband Ruhrkohlenbezirk (Hg.), Bisherige Tätigkeit des Ausschusses für Rauchbekämpfung beim Siedlungsverband Ruhrkohlenbezirk. Essen 1928, S. 11 ff.

[19] Ebd., S. 16 f.

[20] Bundesarchiv Koblenz, R 154–92.

[21] Bundesarchiv Koblenz, R 154–12026. Schreiben vom 27. Juli 1931.

[22] Die folgende Darstellung stützt sich auf: Ulrich Linse, Ökopax und Anarchie. Eine Geschichte der ökologischen Bewegung in Deutschland. München 1986, S. 95–124.

[23] Zitiert nach: ebd., S. 85, S. 102.

[24] Zitiert nach: ebd., S. 88, S. 90 f.

[25] Marie L. Heuser, Was grün begann, endete blutigrot. Von der Naturromantik zu den Reagrarisierungs-und Entvölkerungsplänen der SA und SS. In: Dieter Hassenpflug (Hg.), Industrialisierung und Ökoromantik. Geschichten und Perspektiven der Ökologisierung. Wiesbaden 1991, S. 43–64, S. 58.

[26] Michael Kater, Die Artamanen – Völkische Jugend in der Weimarer Republik. In: HZ 213 (1971), S. 605.

[27] Zitiert nach: Jochen Zimmer, »Grüne Inseln im Klassenkampf«? Umweltschutzpolitik bei den Naturfreunden zwischen naturromantischer Ethik und sozialpolitischem Engagement. In: Ders. und Wolf Erdmann (Hg.), Hundert Jahre Kampf um die freie Natur. Illustrierte Geschichte der Naturfreunde. Essen 1991, S. 42.

28 Zitiert nach: Linse, Ökopax, S. 55.

29 Ulrich Klose, Fünfzig Jahre staatlicher Naturschutz. Gießen 1957, S. 25.

30 Carl J. Fuchs, Heimatschutz und Volkswirtschaft. In: Der Deutsche Heimatschutz. Ein Rückblick und Ausblick. München 1930, S. 151 f.

31 Ebd., S. 54.

32 Klose, Naturschutz, S. 31.

33 Paul Schultze-Naumburg, Kunst und Rasse. München 1928, S. 124; ders., Die Gestaltung der Landschaft. In: Der Deutsche Heimatschutz. Ein Rückblick und Ausblick. München 1930, S. 14; vgl. Rolf P. Sieferle, Fortschrittsfeinde? Opposition gegen Technik und Industrie von der Romantik bis zur Gegenwart. München 1984.

34 Zitiert nach: Doris Kaufmann, Heimat im Revier? Die Diskussion über das Ruhrgebiet im Westfälischen Heimatbund während der Weimarer Republik. In: Edeltraut Klueting (Hg.), Antimodernismus und Reform. Beiträge zur Geschichte der deutschen Heimatbewegung. Darmstadt 1991, S. 189.

35 Richard W. Darré, Um Blut und Boden. Reden und Aufsätze. München 1932, S. 208.

36 Anna Bramwell, Blood and Soil. Richard Walther Darré and Hitler's »Green Party«. Abbotsbrook 1985, S. 171; vgl. Heuser, Was grün begann, endete blutigrot.

37 Werner Schoenichen, »Das deutsche Volk muß gereinigt werden.« – Und die deutsche Landschaft?. In: Naturschutz 14/11 (1932/3), S. 205–209.

38 Klose, Naturschutz, S. 33.

39 Zitiert nach: Karl-Heinz Ludwig, Technik und Ingenieure im Dritten Reich. Düsseldorf 1974, S. 62; vgl. Michael Wettengel, Staat und Naturschutz. Zur Geschichte der staatlichen Stelle für Naturdenkmalpflege. In: HZ 257 (1993), S. 355–399.

40 Klose, Naturschutz, S. 34 f.

41 Zitiert nach Volker Ludwig, Die Entstehung des Naturschutzgebietes »Hohenstoffeln«. Ein Beitrag zur deutschen Naturschutzgeschichte zwischen 1919 und 1939. MA-Arbeit. Köln 1996, S. 62.

42 Vgl. Wettengel, Staat und Naturschutz, S. 387 f. Wey, Umweltpolitik, S. 147 ff.

43 Hierzu: Karl Ditt, Naturverständnis und Naturschutz im Dritten Reich. Manuskript, Münster 1997.

44 Alwin Seifert, Im Zeitalter des Lebendigen. Natur, Heimat, Technik. Dresden, Planegg 1941, S. 24.

45 Vgl. Thomas Zeller, The Myth of the Green Autobahn. Nature, Technology, and Highway Design in Nazi Germany. Manuskript, München 1998.

46 Klose, Naturschutz, S. 32.

[47] Franz Lawaczek, Technik und Wirtschaft im Dritten Reich. Ein Arbeitsbeschaffungsprogramm. München 1932.

[48] Hans D. Hellige, Entstehungsbedingungen und energietechnische Langzeitwirkungen des Energiewirtschaftsgesetzes von 1935. In: Technikgeschichte 53 (1986), S. 123–155.

[49] Die folgenden Ausführungen stützen sich auf: Matthias Heymann, Die Geschichte der Windenergienutzung, 1890–1990. Frankfurt/M. 1995.

[50] Zitiert nach: Ebd., S. 168.

[51] Zitiert nach: Juristische Wochenschrift 66 (1937), S. 1237 ff.

[52] StA Münster, Reg. Arnsberg I GA 343, Schreiben des Gewerbeaufsichtsamtes Hagen vom 6. Dezember 1937, des Reichsministeriums für Luftfahrt vom 15. Juli 1938, sowie des Reg. Präsidenten v. Arnsberg vom 9. Mai 1942.

[53] Bundesarchiv Koblenz, R. 154–17. Stellungnahme der Landesanstalt vom 20. August 1936.

[54] Ebd., Schreiben der Chemischen Industrie vom 12. November 1941.

[55] Bundesarchiv Koblenz, R 154–12026. Schreiben vom Januar 1942.

[56] Max Wirth und Otto Muntsch, Die Gefahren der Luft und ihre Bekämpfung. 3. Aufl. Berlin 1940.

[57] StA Münster, Reg. Münster 27984. Protokoll der Vorstandssitzung des Ruhrverbandes vom 26. November 1937.

[58] Zitiert nach: Wey, Umweltpolitik, S. 102.

[59] Seifert, Zeitalter, S. 26, S. 28.

[60] Ebd., Vorwort von Fritz Todt.

[61] Vgl. Gert Gröning und Joachim Wolschke-Bulmann, Naturschutz und Ökologie im Nationalsozialismus. In: Die alte Stadt, 1983, S. 11.

[62] Zitiert nach Gert Gröning und Joachim Wolschke-Bulmahn, Die Liebe zur Landschaft. Bd. 3. Der Drang nach Osten. München 1987, S. 28; die folgenden Abschnitte stützen sich auf diese bahnbrechende Arbeit.

[63] Vgl. Mechthild Rössler und Sabine Schleiermacher (Hg.), Der »Generalplan Ost«. Hauptlinien der nationalsozialistischen Planungs- und Vernichtungspolitik. Berlin 1993.

[64] Vgl. Gröning und Wolschke-Bulmahn, Landschaft.

[65] Zitiert nach: Ebd., S. 30 f. Rössler und Schleiermacher, Generalplan Ost, S. 132.

[66] Abgedruckt bei Rössler und Schleiermacher, Generalplan Ost, S. 136–147; die folgenden Zitate stammen aus diesem Dokument.

[67] Milan Hauner, A German Racial Revolution? In: Journal of Contemporary History 19 (1984), S. 669–687.

Kapitel 4

[1] Diese und die folgenden Zahlen nach: Statistisches Jahrbuch 1993, S. 680 f; Statistisches Bundesamt (Hg.), Bevölkerung und Wirtschaft 1872–1972.

Wiesbaden 1972; Rainer Geißler, Die Sozialstruktur Deutschlands. Zur gesellschaftlichen Entwicklung mit einer Zwischenbilanz zur Vereinigung. 2. Aufl. Opladen 1992; Meinhard Miegel, Die verkannte Revolution. Stuttgart 1983.

2 Josef Mooser, Abschied von der »Proletarität«. Sozialstruktur und Lage der Arbeiter in der Bundesrepublik in historischer Perspektive. In: Werner Conze und Mario R. Lepsius (Hg.): Sozialgeschichte der Bundesrepublik Deutschland. Stuttgart 1983, S. 143–186, S. 162.

3 Umweltbundesamt (Hg.), Daten zur Umwelt 1984, S. 104 ff.; 1992/93, S. 186 ff.

4 Vgl. Christian Pfister (Hg.), Das 1950er Syndrom. Der Weg in die Konsumgesellschaft. Bern 1995.

5 Statistisches Bundesamt (Hg.), Datenreport 1994. Zahlen und Fakten über die Bundesrepublik Deutschland. Bonn 1994, S. 279.

6 Umweltbundesamt (Hg.), Daten zur Umwelt 1986/87, S. 146 ff.

7 Vgl. Pfister, 1950er Syndrom.

8 Mellinghoff, Die Grünpolitik im Ruhrgebiet mit besonderer Berücksichtigung der Rauchbekämpfung. In: VDI-Bericht 7 (1955), S. 82; vgl. Der Spiegel Nr. 33/1961, S. 22.

9 Sturm Kegel, Die Luftverunreinigung. Derzeitiger Zustand, technische und organisatorische Möglichkeiten der Abhilfe. In: P. Vogeler und E. Kühn (Hg.), Medizin und Städtebau. Ein Handbuch für den gesundheitlichen Städtebau. Bd. 2. München 1957, S. 71.

10 Vgl. Wey, Umweltpolitik, S. 173 ff.

11 Vgl. Umweltbundesamt (Hg.), Daten zur Umwelt 1984, S. 98 f.; 1986/87, S. 186 f.; beide Bände bieten eine gute Zusammenstellung der damals bekannten Probleme.

12 Vgl. Hans-Jochen Luhman, Die Gefahr einer ubiquitären Dioxin-Verbreitung. Ein Beispiel einer latenten schleichenden Katastrophe. In: Jahrbuch Ökologie 1993. München 1992, S. 215–227.

13 Vgl. Prittwitz, Katastrophenparadox, S. 107 ff.

14 HStAD Reg. Düsseldorf BR 1015/22. Schreiben an die Anwohner einer chemischen Fabrik vom 9. Oktober 1951, Bl. 131 f.

15 Vgl. Dominick, Environmental Movement, S. 125 ff.; Otto Kraus, Über den bayerischen Naturschutz. Eine Rückschau. München 1979.

16 Die folgende Darstellung stützt sich weitgehend auf: Thomas Rommelspacher, Zwischen Heimatschutz und Umweltprotest. Konflikte um Natur, Umwelt und Technik in der BRD 1945–65. In: Forum Geschichtskultur, Information 1/1998. Essen 1998, S. 22–29.

17 Vgl. Wolfgang Engelhard, Naturschutz. Seine wichtigsten Grundlagen und Forderungen. München 1954.

18 Rheinhausen 1951.

[19] Vgl. Reiner Weichelt, Die Entwicklung der Umweltschutzpolitik im Ruhrgebiet am Beispiel der Luftreinhaltung 1949–1962. In: Rainer Bovermann, Stefan Goch und Heinz-Jürgen Priamus (Hg.), Das Ruhrgebiet – ein starkes Stück NRW. Politik in der Region 1946–1996. Essen 1996, S. 476–498; ders., Silberstreif am Horizont. In: Sozialwissenschaftliche Informationen 22 (1993), S. 169–180.

[20] J. Weißner, Erfahrungen über Rauchschäden im Ruhrbezirk. In: Mitteilungen aus dem Markscheidewesen 61 (1954), S. 162–172.

[21] Zitiert nach: Hans-Peter Vierhaus, Umweltbewußtsein von oben. Zum Verfassungsgebot demokratischer Willensbildung. Berlin 1994, S. 86.

[22] Ebd., S. 86.

[23] Zitiert nach: Weichelt, Silberstreif, S. 171.

[24] Zitiert nach: Alfred Barthelmeß, Landschaft, Lebensraum des Menschen: Probleme von Landschaftsschutz und Landschaftspflege geschichtlich dargestellt und dokumentiert. Freiburg 1988, S. 239.

[25] Udo Margedant, Entwicklung des Umweltbewußtseins in der Bundesrepublik Deutschland. In: Aus Politik und Zeitgeschichte 29/1987, S. 17 f.

[26] Anton Metternich, Die Wüste droht. Die gefährdete Nahrungsgrundlage der menschlichen Gesellschaft. Bremen 1947, S. 7 ff.

[27] Günther Schwab, Der Tanz mit dem Teufel. Ein abenteuerliches Interview. Hannover 1958, S. 458 ff.

[28] Metternich, Wüste, S. 8.

[29] Vgl. Oliver Geden, Rechte Ökologie. Umweltschutz zwischen Emanzipation und Faschismus. Berlin 1996, 55 f., 105 ff.; Albrecht Lorenz und Ludwig Trepl, Das Avocado-Syndrom. Grüne Schale, brauner Kern: Faschistische Strukturen unter dem Deckmantel der Ökologie. In: Politische Ökologie 11 (1993/94), S. 17–24.

[30] Zitiert nach: Klaus Barthelt und Klaus Montanus, Begeisterter Aufbruch. Die Entwicklung der Kernenergie in der Bundesrepublik Deutschland bis Mitte der siebziger Jahre. In: Jens Hohensee und Michael Salewski (Hg.), Energie – Politik – Geschichte. Nationale und internationale Energiepolitik seit 1945. Stuttgart 1993, S. 89; vgl. Joachim Radkau, Aufstieg und Krise der deutschen Atomwirtschaft 1945–1975. Verdrängte Alternativen in der Kerntechnik und der Ursprung der nuklearen Kontroverse. Reinbeck 1978; Wolfgang D. Müller, Geschichte der Kernenergie in der Bundesrepublik Deutschland. Bd. 1. Anfänge und Weichenstellungen. Stuttgart 1990.

[31] Vgl. Radkau, Atomwirtschaft, S. 89, S. 441.

[32] Schwab, Teufel, S. 406.

[33] Frankfurt/M. 1961.

[34] Otto Kraus, Bis zum letzten Wildwasser? Gedanken über Wasserkraftnutzung und Naturschutz im Atomzeitalter. Aachen 1960, S. 34 ff.

[35] Vgl. Vierhaus, Umweltbewußtsein, S. 105 f.

[36] Zitiert nach: Ebd., S. 103.

[37] Vgl. Margedant, Umweltbewußtsein; Edda Müller, Sozial-liberale Umweltpolitik. Von der Karriere eines neuen Politikbereichs. In: Aus Politik und Zeitgeschichte 47–48 (1989), S. 3–15.

[38] Zitiert nach: Vierhaus, Umweltbewußtsein, S. 132.

[39] Vgl. Geden, Rechte Ökologie, S. 105 ff.

[40] Vgl. Markus Mauritz, Natur und Politik. Die Politisierung des Umweltschutzes in Bayern. Eine empirische Untersuchung. Neustraubing 1995, S. 68.

[41] Frankfurt/M. 1973.

[42] Zitiert nach: Margedant, Umweltbewußtsein, S. 20 f.

[43] Zitiert nach: Vierhaus, Umweltbewußtsein, S. 85.

[44] Der Spiegel, Nr. 47, 48, 49 vom 16., 23. und 30. November 1981.

[45] Stern vom 24. März 1983 und 5. Juli 1984.

[46] Die Zeit vom 19. Oktober 1984, S. 17 ff.; Der Spiegel, Nr. 37 vom 14. Februar 1983, S. 72.

[47] Müller, Kernenergie, S. 139, S. 308 ff.

[48] Global 2000, Der Bericht an den Präsidenten. Frankfurt/M. 1980.

[49] Vgl. Michael Strübel, Internationale Umweltpolitik. Entwicklungen, Defizite, Aufgaben. Opladen 1992, S. 145 ff.

[50] Vgl. die Beiträge in: Bürgeraktion »Das bessere Müllkonzept Bayern e.V.« (Hg.), Müll vermeiden, verwerten, vergessen? Kommunale Aufgaben, ökologische Pflichten. Ulm 1991.

[51] Vgl. Matthias Baerens und Ulrich v. Arnswald, Die Müll-Connection. Entsorger und ihre Geschäfte. München 1993.

[52] Vgl. Frankfurter Allgemeine Zeitung vom 13. Januar 1998; Westdeutsche Allgemeine Zeitung vom 14. Januar 1998.

[53] IPCC = Intergovernmental Panel on Climatic Change.

[54] Vgl. New York Times Magazine vom 2. Dezember 1990.

[55] Umweltbundesamt (Hg.), Daten zur Umwelt 1997, S. 167.

[56] Vgl. ebd., Daten zur Umwelt 1997, S. 156 ff.

[57] Bruce N. Ames und Lois S. Gold, The Causes and Prevention of Cancer. The Role of the Environment. In: Ronald Bailey (Hg.), The True State of the Planet. New York 1995, S. 141–175, S. 142.

[58] Vgl. Umweltbundesamt (Hg.), Daten zur Umwelt 1997, S. 207.

[59] Ebd., S. 201 ff.

[60] Umwelt-Magazin 2 (1990), S. 80; vgl. Karl O. Henseling, Ein Planet wird vergiftet. Der Siegeszug der Chemie: Geschichte einer Fehlentwicklung. Reinbek 1992; Rainer Grießhammer und Dieter Seifried (Hg.), Gute Argumente: Chemie und Umwelt. München 1993; Verband der chemischen Industrie e.V., Positionen zur Chemie mit Chlor. Frankfurt 1996.

61 Vgl. Udo E. Simonis (Hg.), Präventive Umweltpolitik. Frankfurt/M., New York 1988; vgl. Martin Jänicke (Hg.), Umweltpolitik der Industrieländer. Entwicklung – Bilanz – Erfolgsbedingungen. Berlin 1996.

62 Frankfurter Allgemeine Zeitung vom 24. November 1996.

63 Heinrich Spiecker u. a. (Hg.), Growth Trends in European Forests. Studies from 12 Countries. Berlin 1996; vgl. Süddeutsche Zeitung vom 7./8. und 14./15. September 1996.

64 Herbert Gruhl, Ein Planet wird geplündert. Die Schreckensbilanz unserer Politik. 4. Aufl. Frankfurt/M. 1978, S. 234 f., S. 289 f.; vgl. Geden, Rechte Ökologie, S. 75 ff.

65 Hans Jonas, Das Prinzip Verantwortung. 7. Aufl. Frankfurt/M. 1987, S. 262 ff.

66 Interview mit Jens Reich in: Der Spiegel vom 3. April 1995, S. 42 ff.

67 Ulrich Beck, Die Erfindung des Politischen. Frankfurt/M. 1993, S. 224 f.

68 Ulrich Beck in: Die Zeit vom 22. September 1995.

69 Zitiert nach: Kevin W. Kelley (Hg.), Der Heimatplanet. Frankfurt/M. 1989, S. 34, S. 38; vgl. Sachs, Planet.

70 Kenneth E. Boulding, The Economics of Coming Spaceship Earth. In: Harold Jarrett (Hg.), Environmental Quality in a Growing Economy. Baltimore 1966, S. 9; John McCormick, Reclaiming Paradise. The Global Environmental Movement. Bloomington 1989, S. 67 f.

71 Barbara Ward und René Dubos, Only One Earth. Harmondsworth 1972. Dubos stammt aus Frankreich.

72 Ernst U. v. Weizsäcker, Erdpolitik. Ökologische Realpolitik an der Schwelle zum Jahrhundert der Umwelt. 4. Aufl. Darmstadt 1994.

73 Vgl. Antoinette M. Mannion, Global Environmental Change. A Natural und Cultural Environmental History. 3. Aufl. Burnt Mill 1994; Amartya Sen, Poverty and Famines: An Essay on Entitlement and Deprivation. New York 1981; Dennis Avery, Saving the Planet with Pesticides. In: Bailey, Planet, S. 49–82.

74 Vgl. Herwig Birg, Die Weltbevölkerung. Dynamik und Gefahren. München 1996; Nicholas Eberstadt, Population, Food and Income: Global Trends in the Twentieth Century. In: Bailey, Planet, S. 7–47; Hans Thomas (Hg.), Bevölkerung, Entwicklung, Umwelt. Herford 1995.

75 Vgl. McCormick, Reclaiming Paradise; Strübel, Internationale Umweltpolitik; Tony Brenton, The Greening of Machiavelli. The Evolution of International Environmental Politics. London 1994.

76 United Nations Environment Programmes. In Defence of the Earth. The Basic Texts on Environment: Founex, Stockholm, Cocoyoc, Nairobi 1981.

77 Vgl. McCormick, Reclaiming Paradise, Kap. 6–8.

78 So zuletzt der Jahresbericht des Worldwatch Institutes: State of the World 1998; vgl. dazu Frankfurter Allgemeine Zeitung vom 12. Januar 1998.

79 Vgl. Jürgen Kopfmüller und Reinhard Coenen (Hg.), Risiko Klima. Der Treibhauseffekt als Herausforderung für Wissenschaft und Politik. Frankfurt/M. 1997; Paul Crutzen und Michael Müller (Hg.), Das Ende des blauen Planeten? Der Klimakollaps: Gefahren und Auswege. München 1989; Rainer Grießhammer u. a., Ozonloch und Treibhauseffekt. Reinbeck 1989.

80 Vgl. Hugh S. Cole u. a. (Hg.), Thinking about the Future. A Critique of the Limits of Growth. London 1973; Timothy O'Riordan, Environmentalism. London 1981.

81 Gerhard Sardemann, Beeinflussung des globalen Klimas durch den Menschen: Historische Entwicklung und Stand des Wissens zum anthropogenen Treibhauseffekt. In: Kopfmüller und Coenen, Risiko Klima, S. 55 ff.

82 Robert C. Balling Jr, Global Warming. Messy Models, Decent Data, and Pointless Policy. In: Bailey, Planet, S. 83–107; Aaron Wildavsky, But is it True? A Citizen's Guide to the Environmental Health and Safety Issues. Cambridge/Mass. 1995.

83 T.M.L. Wigley, Implications of Recent CO_2-Emission-limitation Proposals for Stabilization of Atmospheric Concentrations. In: Nature 390 (1997), S. 267; Klaus Hasselmann, Climate-change Research after Kyoto. In: Nature 390 (1997), S. 225 f.

84 Klaus M. Meyer-Abich, Im gemeinsamen Boot. Gewinner und Verlierer beim Klimawandel. In: Sachs, Patient, S. 184–210.

85 Bild der Wissenschaft 3 (1993), S. 74–77.

86 Gruhl, Planet, S. 328 ff.

87 Vgl. auch Ulrich Petschow u. a., Umweltreport DDR. Bilanz der Zerstörung, Kosten der Sanierung, Strategien für den ökologischen Umbau. Frankfurt/M. 1990; Arnim Bechmann u. a., Umweltpolitk in der DDR. Dokumente des Umbruchs. Berlin 1991.

88 Bericht des Ostberliner Umweltministeriums, vermutlich aus dem Jahre 1988/89; zitiert nach: Strübel, Internationale Umweltpolitik, S. 63.

89 Science 1990. 20. April, S. 295.

90 Naujoks, Ökologische Erneuerung, S. 26.

Resümee und Ausblick

1 Dennis Meadows u. a., Die Grenzen des Wachstums. Bericht des Club of Rome zur Lage der Menschheit. Stuttgart 1974, S. 99.

Abkürzungen

DVföG	Deutsche Vierteljahresschrift für öffentliche Gesundheits-pflege
GStA	Geheimes Staatsarchiv Preußischer Kulturbesitz
HStA	Hauptstaatsarchiv
HZ	Historische Zeitschrift
Leg.Per.	Legislatur-Periode
Reg.	Regierung
StA	Staatsarchiv
Sp.	Spalte

Literatur

Abelshauser, Werner (Hg.), Umweltgeschichte. Umweltverträgliches Wirtschaften in historischer Perspektive. (= Geschichte und Gesellschaft, Sonderheft 15). Göttingen 1994.

Andersen, Arne, Der Traum vom guten Leben. Alltags- und Konsumgeschichte vom Wirtschaftswunder bis heute. Frankfurt/M. 1997.

Andersen, Arne, Historische Technikfolgenabschätzung am Beispiel des Metallhüttenwesens und der Chemieindustrie 1850–1933. Stuttgart 1996.

Bailey, Ronald (Hg.), The True State of the Planet. New York 1995.

Bayerl, Günther, Norman Fuchsloch und Torsten Meyer (Hg.), Umweltgeschichte – Methoden, Themen, Potentiale. Münster, New York 1996.

Beck, Ulrich, Risikogesellschaft. Essays und Analysen. Frankfurt/M. 1991.

Bramwell, Anna, Ecology in the 20th Century. A History. New Haven 1989.

Brüggemeier, Franz-Josef und Thomas Rommelspacher, Blauer Himmel über der Ruhr. Geschichte der Umwelt im Ruhrgebiet 1840–1990. Essen 1992.

Brüggemeier, Franz-Josef und Michael Toyka-Seid (Hg.), Industrie-Natur. Lesebuch zur Geschichte der Umwelt im 19. Jahrhundert. Frankfurt/M. 1995.

Brüggemeier, Franz-Josef, Das unendliche Meer der Lüfte. Luftverschmutzung, Industrialisierung und Risikodebatten im 19. Jahrhundert. Essen 1996.

Büschenfeld, Jürgen, Flüsse und Kloaken. Umweltfragen im Zeitalter der Industrialisierung (1870–1918). Stuttgart 1997.

Dominick, Raymond H., The Environmental Movement in Germany. Prophets and Pioneers: 1871–1971. Bloomington 1992.

Geden, Oliver, Rechte Ökologie. Umweltschutz zwischen Emanzipation und Faschismus. Berlin 1996.

Gilhaus, Ulrike, »Schmerzenskinder der Industrie«: Umweltverschmutzung, Umweltpolitik und sozialer Protest im Industriezeitalter in Westfalen 1845–1914. (= Forschungen zur Regionalgeschichte, Bd.12). Paderborn 1995.

Gröning, Gert und Joachim Wolschke-Bulmahn, Die Liebe zur Landschaft. Bd.3. Der Drang nach Osten. München 1987.

Hassenpflug, Dieter (Hg.), Industrialismus und Ökoromantik. Geschichte und Perspektiven der Ökologisierung. Wiesbaden 1991.

Henneking, Ralf, Chemische Industrie und Umwelt. Konflikte um Umweltbelastungen durch die chemische Industrie am Beispiel der schwerchemischen, Farben- und Düngemittelindustrie der Rheinprovinz (ca. 1800–1914). (= Zeitschrift für Unternehmensgeschichte, Beiheft 86). Stuttgart 1994.

Henseling, Karl O., Ein Planet wird vergiftet. Der Siegeszug der Chemie: Geschichte einer Fehlentwicklung. Reinbek 1992.

Hermand, Jost (Hg.), Mit den Bäumen sterben die Menschen. Zur Kulturgeschichte der Ökologie. Köln u.a. 1993.

Herrmann, Bernd (Hg.), Umwelt in der Geschichte. Beiträge zur Umweltgeschichte. Göttingen 1989.

Heymann, Matthias, Die Geschichte der Windenergienutzung. 1890–1990. Frankfurt/M. 1995.

International Atomic Energy Agency (Hg.), One Decade after Chernobyl. Summing up the Consequences. Wien 1996.

Jänicke, Martin (Hg.), Umweltpolitik der Industrieländer. Entwicklung – Bilanz – Erfolgsbedingungen. Berlin 1996.

Karisch, Karl-Heinz und Joachim Wille (Hg.), Der Tschernobyl-Schock. Zehn Jahre nach dem Super-GAU. Frankfurt/M. 1996.

Klenke, Dietmar, Bundesdeutsche Verkehrspolitik und Motorisierung. Konfliktreiche Weichenstellungen in den Jahren des Wiederaufstiegs. Stuttgart 1993.

Klueting, Edeltraut (Hg.), Antimodernismus und Reform. Beiträge zur Geschichte der deutschen Heimatbewegung. Darmstadt 1991.

Kluge, Thomas und Engelbert Schramm, Wassernöte. Umwelt- und Sozialgeschichte des Trinkwassers. Aachen 1986.

Knaut, Andreas, Zurück zur Natur! Die Wurzeln der Ökologiebewegung. Greven 1993.

Küster, Hansjörg, Geschichte der Landschaft in Mitteleuropa. Von der Eiszeit bis zur Gegenwart. München 1995.

Linse, Ulrich, Ökopax und Anarchie. Eine Geschichte der ökologischen Bewegung in Deutschland. München 1986.

Linse, Ulrich, Von der Bittschrift zur Platzbesetzung. Konflikte um technische Großprojekte. Berlin 1988.

Mannion, Antoinette M., Global Environmental Change. A Natural and Cultural Environmental History. 3. Aufl. Burnt Mill 1994.

Mauritz, Markus, Natur und Politik. Die Politisierung des Umweltschutzes in Bayern. Eine empirische Untersuchung. Neutraubing 1995.

McCormick, John, Reclaiming Paradise. The Global Environmental Movement. Bloomington 1989.

Meadows, Dennis u.a., Die Grenzen des Wachstums. Bericht des Club of Rome zur Lage der Menschheit. Stuttgart 1974.

Müller, Edda, Innenwelt der Umweltpolitik. Sozial-liberale Umweltpolitik – (Ohn)macht durch Organisation? 2. Aufl. Opladen 1995.

Müller, Wolfgang D., Geschichte der Kernenergie in der Bundesrepublik Deutschland. Bd. 1. Anfänge und Weichenstellungen. Stuttgart 1990.

Münch, Peter, Stadthygiene im 19. und 20. Jahrhundert. Das kommunale

Engagement in der Wasserversorgung und Abwasser- und Abfallbeseitigung unter besonderer Berücksichtigung Münchens. Göttingen 1993.

Naujoks, Friedhelm, Ökologische Erneuerung der ehemaligen DDR. Begrenzungsfaktor oder Impulsgeber für eine gesamtdeutsche Entwicklung? Bonn 1991.

Petschow, Ulrich u.a., Umweltreport DDR. Bilanz der Zerstörung, Kosten der Sanierung, Strategien für den ökologischen Umbau. Frankfurt/M. 1990.

Pfister, Christian (Hg.), Das 1950er Syndrom. Der Weg in die Konsumgesellschaft. Bern 1995.

Prittwitz, Volker v., Das Katastrophenparadox. Elemente einer Theorie der Umweltpolitik. Opladen 1990.

Radkau, Joachim, Aufstieg und Krise der deutschen Atomwirtschaft 1945–1975. Verdrängte Alternativen in der Kerntechnik und der Ursprung der nuklearen Kontroverse. Reinbek 1978.

Sachs, Wolfgang (Hg.), Der Planet als Patient. Über die Widersprüche globaler Umweltpolitik. Berlin 1994.

Schauerhammer, Ralf, Sackgasse Ökostaat. Kein Platz für Menschen. Wiesbaden 1991.

Sieferle, Rolf P., Der unterirdische Wald: Energiekrise und Industrielle Revolution. 2. Aufl. München 1982.

Simmons, Ian G., Environmental History. A Concise Introduction. Oxford 1993.

Simson, John v., Kanalisation und Städtehygiene im 19. Jahrhundert. Düsseldorf 1983.

Spelsberg, Gert, Rauchplage. Hundert Jahre saurer Regen. Aachen 1984.

Spiecker, Heinrich u.a. (Hg.), Growth Trends in European Forests. Studies from 12 Countries. Berlin 1996.

Stolberg, Michael, Ein Recht auf saubere Luft? Umweltkonflikte am Beginn des Industriezeitalters. Erlangen 1994.

Strübel, Michael, Internationale Umweltpolitik. Entwicklungen, Defizite, Aufgaben. Opladen 1992.

Trepl, Ludwig, Geschichte der Ökologie. Vom 17. Jahrhundert bis zur Gegenwart. Frankfurt/M. 1987.

Turner, Billie L. (Hg.), The Earth as Transformed by Human Action. Global and Regional Changes over the past 300 Years. Cambridge 1993.

Vierhaus, Hans-Peter, Umweltbewußtsein von oben. Zum Verfassungsgebot demokratischer Willensbildung. Berlin 1994.

Weizsäcker, Ernst U. v., Erdpolitik. Ökologische Realpolitik an der Schwelle zum Jahrhundert der Umwelt. 4. Aufl. Darmstadt 1994.

Wey, Klaus-Georg, Umweltpolitik in Deutschland. Kurze Geschichte des Umweltschutzes in Deutschland seit 1900. Opladen 1982.

Wildavsky, Aaron, But is it True? A Citizen's Guide to Environmental Health and Safety Issues. Cambridge/Mass. 1995.

Worster, Donald (Hg.), The Ends of the Earth. Perspectives on Modern Environmental History. Cambridge 1988.

Zimmer, Jochen (Hg.), Mit uns zieht die neue Zeit. Die Naturfreunde. Zur Geschichte eines alternativen Verbandes in der Arbeiterkulturbewegung. Köln 1984.

Zirnstein, Gottfried, Ökologie und Umwelt in der Geschichte. Marburg 1994.

Dank

Die Umweltgeschichte ist eine sehr junge Disziplin. Die Vorarbeiten zu diesem Bereich sind noch gering. Es ist deshalb eine besondere Herausforderung, einen Überblick über die Entwicklung in den letzten hundertfünfzig bis zweihundert Jahren zu verfassen. Das habe ich nur gewagt, weil die Herausgeber dieser Reihe mich ausdrücklich dazu aufgefordert, mir Mut gemacht und viel Geduld bewiesen haben. Dafür danke ich ihnen, vor allem Hans Woller, der das Manuskript sehr gründlich gelesen und viele wichtige Hinweise gegeben hat.

Nicht weniger wichtig waren die langjährigen Diskussionen und die Zusammenarbeit mit Thomas Rommelspacher, der die Entstehung auch dieses Textes kritisch begleitet und immer wieder seinen Rat gegeben hat. Unterstützt hat mich insbesondere meine Frau, der ich für ihre vielfältige Hilfe und die sowohl kritischen wie aufmunternden Kommentare sehr herzlich danken möchte. Ebenfalls danken möchte ich Marc Stöber für zahlreiche Zuarbeiten, Wolfgang Faßnacht und Jens Ivo Engels für kritische Lektüre, Florian Leuthner sowie nicht zuletzt Harald Pinl, der beeindruckend effektiv die Fertigstellung des Textes begleitet und ermöglicht hat.

Freiburg, Juli 1998

Register

Der Autor

Franz-Josef Brüggemeier, geboren 1951, Studium und Promotion in Geschichte und Medizin, 1995 bis 1998 Professur für Technik- und Umweltgeschichte in Hannover, seitdem Inhaber des Lehrstuhls für Wirtschafts- und Sozialgeschichte an der Universität Freiburg. Mitglied der Lenkungsgruppe der Ausstellungen ›Feuer und Flamme. 200 Jahre Ruhrgebiet‹ (Oberhausen 1994/1995) und ›mittendrin. Sachsen-Anhalt in der Geschichte‹ (Vockerode 1998).

Zahlreiche Veröffentlichungen zur Geschichte des 19. und 20. Jahrhunderts, mit Schwerpunkt auf der Sozial-, Wirtschafts- und in den letzten Jahren auf der Umweltgeschichte. Veröffentlichungen u. a.: ›Leben vor Ort. Ruhrbergleute und Ruhrbergbau. 1889–1919‹ (1984); ›Blauer Himmel über der Ruhr. Geschichte der Umwelt im Ruhrgebiet. 1840–1990‹ (1992, zusammen mit Th. Rommelspacher); ›Das unendliche Meer der Lüfte. Luftverschmutzung, Industrialisierung und Risikodebatten im 19. Jahrhundert‹ (1996).

20 Tage im 20. Jahrhundert

Herausgegeben von Norbert Frei, Klaus-Dietmar Henke und Hans Woller

20 Tagesereignisse aus den letzten hundert Jahren bilden den Ausgangspunkt für eine umfassende Darstellung der historischen, gesellschaftlichen
und kulturellen Entwicklung vom Beginn des Jahrhunderts bis zum Ende
des Jahrtausends. Als Ergebnis liegt damit eine Bilanz des 20. Jahrhunderts
vor.

Brigitte Röthlein
Mare Tranquillitatis, 20. Juli 1969
Die wissenschaftlich-technische
Revolution
dtv 30613 (1997)

Wilfried Loth
Helsinki, 1. August 1975
Entspannung und Abrüstung
dtv 30614 (1998)

Harold James
Rambouillet, 15. November 1975
Die Globalisierung der Wirtschaft
dtv 30615 (1997)

Mária Huber
Moskau, 10. März 1985
Die Auflösung des sowjetischen
Imperiums
dtv 30616 (1999)

Franz J. Brüggemeier
Tschernobyl, 26. April 1986
Die ökologische Herausforderung
dtv 30617 (1998)

Klaus-Dietmar Henke
Berlin, 9. November 1989
Die deutsche Frage
dtv 30618 (1999)

Walther L. Bernecker
Port Harcourt, 10. November 1995
Aufbruch und Elend
in der Dritten Welt
dtv 30619 (1997)

Lutz Niethammer
Boston, 26. Dezember 2000
Schöne neue Welt: Erwartung
und Erfahrung
dtv 30620 (1999)

dtv portrait

Herausgegeben von Martin Sulzer-Reichel
Originalausgaben

**Biographien bedeutender Frauen und Männer aus
Geschichte, Literatur, Philosophie, Kunst und Musik**

Deutsche Geschichte der neuesten Zeit
im dtv

Herausgegeben von Martin Broszat, Wolfgang Benz
und Hermann Graml in Verbindung mit dem
Institut für Zeitgeschichte, München.

Deutsche Geschichte der neuesten Zeit
im <u>dtv</u>

Naturwissenschaft im dtv

John D. Barrow
**Warum die Welt
mathematisch ist**
dtv 30570

William H. Calvin
**Der Strom, der bergauf
fließt**
Eine Reise durch die
Chaos-Theorie
dtv 36077
**Die Symphonie des
Denkens**
dtv 30467
**Wie der Schamane den
Mond stahl**
Auf der Suche nach dem
Wissen der Steinzeit
dtv 33022

**Chaos, Quarks und
Schwarze Löcher**
Das ABC der neuen
Wissenschaften
Hrsg. von Ib Ravn
dtv 33011

Jack Cohen, Ian Stewart
Chaos und Antichaos
Ein Ausblick auf die
Wissenschaft des 21. Jhs.
dtv 33003

Richard E. Cytowic
**Farben hören, Töne
schmecken**
Die bizarre Welt der Sinne
dtv 30578

Antonio R. Damasio
Descartes' Irrtum
Fühlen, Denken und das
menschliche Gehirn
dtv 33029

Hoimar von Ditfurth
**Die Wirklichkeit des
Homo sapiens**
Naturwissenschaft und
menschliches Bewußtsein
dtv 33000
**Im Anfang war der
Wasserstoff**
dtv 33015

Hans Jörg Fahr
**Zeit und kosmische
Ordnung**
Die unendliche Geschichte
von Werden und
Wiederkehr
dtv 33013

Karl Grammer
Signale der Liebe
Die biologischen Gesetze
der Partnerschaft
dtv 33026

Jean Guitton, Grichka und
Igor Bogdanov
**Gott und die
Wissenschaft**
Auf dem Weg zum
Meta-Realismus
dtv 33027

Naturwissenschaft im dtv

Stephen Hart
Von der Sprache der Tiere
dtv 33012

Gerald Hühner
»Zwei mal zwei ist vier?«
Mutmaßungen über
Selbstverständliches
dtv 33004

Lawrence M. Krauss
**»Nehmen wir an, die Kuh
ist eine Kugel...«**
Nur keine Angst vor
Physik · dtv 33024

Philip Johnson-Laird
Der Computer im Kopf
Formen und Verfahren der
Erkenntnis · dtv 30499

Josef H. Reichholf
**Das Rätsel der
Menschwerdung**
Die Entstehung des
Menschen im Wechselspiel
mit der Natur · dtv 33006

Paul Scheipers
**Menschen, Mars und
Moleküle**
Ein naturwissenschaftli-
ches Kaleidoskop
dtv 33023

Ian Stewart
**Die Reise nach
Pentagonien**
16 mathematische Kurz-
geschichten · dtv 33014

Frederic Vester
**Denken, Lernen,
Vergessen**
Was geht in unserem Kopf
vor? · dtv 33045
Neuland des Denkens
Vom technokratischen
zum kybernetischen
Zeitalter · dtv 33001

Was treibt die Zeit?
Entwicklung und
Herrschaft der Zeit in
Wissenschaft, Technik
und Religion
Hrsg. von Kurt Weis
dtv 33021

What's what?
Naturwissenschaftliche
Plaudereien
Hrsg. von Don Glass
dtv 33025

Das neue What's what
Naturwissenschaftliche
Plaudereien
Hrsg. von Don Glass
dtv 33010

Berthold Wiedersich
Das Wetter
Entstehung, Entwicklung,
Vorhersage · dtv 30552

Fred Alan Wolf
Die Physik der Träume
Von den Traumpfaden der
Aboriginies bis ins Herz
der Materie · dtv 33005